新时代依法治校典型案例

中学依法治校管理手册

上册 教育教学治理手册

总主编 费春斌

主　编 胡渝江　苏　俊　贾雷雷　张茹茂

副主编 庞　梅　方　锐　左　莉　凌文泉

西南大学出版社

国家一级出版社 全国百佳图书出版单位

图书在版编目(CIP)数据

中学依法治校管理手册 / 费春斌总主编. -- 重庆：西南大学出版社, 2025. 1. -- ISBN 978-7-5697-2885-9

Ⅰ. G637-62

中国国家版本馆CIP数据核字第2025KA3030号

中学依法治校管理手册

ZHONGXUE YIFA ZHIXIAO GUANLI SHOUCE

费春斌　总主编

责任编辑:朱司琪
责任校对:段林宏
装帧设计:观止堂_未氓
排　　版:夏　洁
出版发行:西南大学出版社(原西南师范大学出版社)
网　　址:http://www.xdcbs.com
地　　址:重庆市北碚区天生路2号
邮　　编:400715
电　　话:023-68868624
经　　销:全国新华书店
印　　刷:重庆新生代彩印技术有限公司
成品尺寸:170 mm×240 mm
印　　张:34
字　　数:556千字
版　　次:2025年1月 第1版
印　　次:2025年1月 第1次印刷
书　　号:ISBN 978-7-5697-2885-9

定　　价:98.00元

上册编委会

前言

重庆求精中学创建于1891年，是中国近代最早的新式学堂之一，重庆直辖后首批重点中学，重庆市第一所获评全国文明单位的中学。学校位于重庆市政治、经济、文化、商贸中心城区渝中区，地处上清寺中山四路抗战文化一条街，毗邻中共重庆市委、重庆市人民政府，是一所享誉海内外的百年名校。

学校秉承"百年树人，精益求精"办学理念，全力打造"向往的教育"，助力师生"幸福的成长"。以"向往的教育，幸福的成长"之愿景，切实办好"人民满意的学校"。通过善待、唤醒、聚合、成就每一名师生家长朋友，引领师生家长相互走近走进，全面全域五化改进教育教学管理服务，一起探索能够让人变得越来越有智慧和轻松，越来越幸福和充实的教育，能让每个人在原有的基础上逐步改进并进入良好的持续发展状态，帮助师生家长实现在原有基础上的幸福成长，获得持续幸福生活的能力，让校园成为每一个学生身心两健、幸福成长的生命绿洲！

学校坚持认为只有将依法治校当作治校方略，形成依法治校的育人氛围，才能真正实现"向往的教育"落地生根。故而坚持"人为法本，法为校基"的依法治校原则，着眼于师生家长的教育需求、成长需求，按照"法理、情理、道理、条理"的"四理"行动机制，全面健全学校体制机制，大力推进依法治校多维融合。把"依法治校促建和谐校园，规范办学铸就向往教育"当作办学特色之一。坚持推进活动落实，注重法治文化熏染。坚持日常严抓，常态教育，多维学习，依法促建，科学推进学校创新发展。学校联动校家社三方力量，构建的"校家社联动的纠纷化解'五级交流沟通机制'"在日常广泛沟通的基础上，依法以理，将校园纠纷化解于萌始阶段，保障学生身心两健成长，充分营造了"有困难找老师、找年级、找学校"的良好氛围。学校民主管理氛围浓厚，学生自主管理、校家社和谐沟通成效明显，同时也在依法治校的过程里，培养了学生法治意识、法治思维，师生的精神文明、身心健康都得到了极大发展。

学校先后获得全国文明单位、全国五四红旗团委、全国全民国防教育先进集体、全国德育科研先进单位、联合国教科文组织中国教育学术交流中心实验基地、全国中学生志愿服务示范校创建单位、重庆市首批未成年人思想道德建设先进单位、重庆市首批智慧校园建设示范学校、重庆市示范高中课题研究先进集体暨成果研究特等奖学校等百余项重大荣誉。也曾作为中学代表受邀参加北京大学毕业典礼;获得清华大学生源基地等殊荣。这也充分说明了深入推进依法治校,对于“五育并举”地全面培养人才意义重大、作用非凡。

多年来,学校在不断探索和实践过程里,积累了一些新时代中学依法治校的规章制度及经验做法,其中有基于学校章程的体制机制建设,也有具体工作的章法条款。有些是多年实践积累而成,有些尚属发展过程中新的探索,难免有缺漏偏差之处,欢迎同行指正,亦是帮助我们裨补阙漏、科学改进。以此为感。

回望求精历史,桃李千枝竞放,谱写了璀璨华章。展望求精未来,我们也将在依法治校的道路上,传承百年荣光,再写崭新篇章。

重庆市求精中学校　党委书记　费春斌

上册目录

第一板块　章程

学校章程 ……002

教育集团章程 ……018

第二板块　岗位职责

学校党委书记岗位职责 ……022

校长岗位职责 ……023

专职党委副书记岗位职责 ……024

副校长岗位职责 ……025

学校纪委书记岗位职责 ……026

学校工会委员主要职责 ……027

学校党委办公室主任、副主任职责 ……028

学校行政办公室主任、副主任职责 ……029

学校教务处主任、副主任职责 ……030

学校学生处主任、副主任职责 ……035

学校总务处主任、副主任职责 ……036

学校信息中心主任、副主任职责 ……037

教科室主任(副主任)岗位职责 ……038

学校督导室主任工作职责 ……039

学校保卫科科长工作职责 ……040

膳食科科长工作职责 ……042

财务科科长职责 ……043

学校团委书记工作职责 ……………………………………………………044
年级主任岗位职责 …………………………………………………………044
年级组长岗位职责 …………………………………………………………045
教研组长和备课组长职责 …………………………………………………046
班主任岗位职责 ……………………………………………………………047
学校教师工作职责 …………………………………………………………048
学校教务员一岗位职责 ……………………………………………………056
学校教务员二岗位职责 ……………………………………………………056
学校实验员岗位职责 ………………………………………………………057
图书管理员岗位职责 ………………………………………………………058
信息技术教师工作职责 ……………………………………………………058
心理健康教师工作职责 ……………………………………………………059
学校网管员工作职责 ………………………………………………………060
档案员工作职责 ……………………………………………………………060
学生事务员职责 ……………………………………………………………061
夜间校医值班员职责 ………………………………………………………061
学校学籍员岗位职责 ………………………………………………………062
党委办公室党务干事岗位职责 ……………………………………………063
办事员工作职责 ……………………………………………………………064
人事干部岗位职责 …………………………………………………………064
固定资产管理员工作职责 …………………………………………………065
采购员的工作职责 …………………………………………………………066
出纳岗工作职责 ……………………………………………………………066
会计岗工作职责 ……………………………………………………………067
会计档案管理岗工作职责 …………………………………………………068
基建管理岗工作职责 ………………………………………………………069
票据管理岗工作职责 ………………………………………………………069
预算管理岗工作职责 ………………………………………………………070
学校安保工作职责 …………………………………………………………071

学校门卫岗位职责 ……073
学校消防安全管理人职责 ……074
学校消防安全责任人职责 ……074
法治副校长工作职责 ……075
法治宣传员工作职责 ……076
法律顾问职责 ……076
食堂员工工作职责 ……078
校医工作职责(分工) ……079
文印员工作职责 ……080
水电维修工工作职责 ……080
汽车驾驶员工作职责 ……081
学生公寓管理员工作职责 ……081
学生会各部门岗位职责 ……084

第三板块　学校管理

学校党委民主议事决策制度 ……088
学校教职员工代表大会制度 ……090
学校校务委员会章程 ……091
事业单位人事管理条例 ……095
校务公开工作制度的实施方案 ……096
重庆市中小学教师职业道德“十不准” ……100
教师职业道德行为规范 ……100
学校教师廉洁从教管理制度 ……100
重大问题请示汇报制度 ……102
教职工考勤请假制度 ……103
工会会员慰问规定 ……104
学校家长委员会筹建方案 ……105
书记校长接待日制度 ……107

书记校长信箱管理办法 ……109
校家社联动的纠纷化解“五级交流沟通机制” ……111
家校纠纷回应制度 ……111
行政印章使用规则 ……114
校园网管理制度 ……114
信息中心工作制度 ……116
督导室工作制度 ……117
督导干事工作职责 ……120
内部控制分事行权机制 ……121
学校干部轮岗交流办法 ……127
学校内部专项审计制度 ……129
内部审计工作管理办法 ……129
学校日常业务中不相容职务分离控制制度 ……134
学校财务管理制度 ……134
学校预算管理内部控制制度 ……136
学校收支管理内部控制制度 ……142
学校合同管理内部控制制度 ……151
学校建设项目管理内部控制制度 ……156
学校校刊编制流程及风险控制方案 ……162
学校采购管理内部控制制度 ……162
学校国有资产管理内部控制制度 ……167
学校公物损坏赔偿制度 ……174
学校零星维修管理制度 ……175
学校校园环境管理制度 ……175
校园文化建设方案设计流程 ……176
学校卫生工作制度 ……176
学校垃圾分类工作制度 ……177
校园清洁卫生管理措施 ……179
校园卫生防疫工作制度 ……182

公务用车管理办法 ……187
学校公务用车加油卡使用管理规定 ……188
差旅费管理暂行办法 ……190

第四板块　党建工作

学校党建工作制度 ……192
“三会一课”制度 ……195
发展党员工作制度 ……196
发展党员工作程序 ……197
民主评议党员制度 ……201
党费收缴制度 ……202
党支部换届选举党员大会议程 ……203
党组织联系和服务群众制度 ……204
党务公开工作制度 ……206
党风廉政建设责任制度 ……207
党内监督制度 ……208
学校民主生活会制度 ……209
学校党委理论学习中心组学习制度 ……210
干部廉洁自律准则 ……213
学校党委领导班子建设制度 ……213
学校党委谈心谈话制度 ……215
学校党委党员管理制度 ……215
学校党员学习制度 ……217
学校党员学习考勤制度 ……220

第五板块　教育教学常规

学校升降国旗制度 ……222
班主任工作常规要求 ……223

德育专干岗位职责 ······224
班主任工作例会制度 ······225
班会课制度 ······226
年级组管理制度及考核办法 ······227
先进班级评选制度 ······231
班主任绩效工资考核及执行办法 ······234
班主任工作档案制度 ······250
学校值周设置 ······250
学校家访制度 ······252
学校教学常规管理实施细则 ······253
学校教学管理办法 ······257
学校教务处日常管理办事程序 ······262
学校教师培训管理制度 ······263
学校教育科研工作制度 ······267
学校教研组、备课组校本教研制度 ······275
听课评课制度 ······277
教研组长、备课组长会议制度 ······279
新教师见习(试用)期内教学工作要求 ······280
学校班主任“老带新”协议 ······281
学校学科教学“老带新”协议 ······282
学校教师优质课竞赛制度 ······283
学校教职工加班代课制度 ······285

第一板块

章程

学校章程

第一章 总则

第一条 我校实行党组织领导的校长负责制,全面推进素质教育,培养全面发展的基础人才,保障学生、教职工、学校管理人、学校、举办人的合法权益,规范学校管理,促进学校沿着“依法治校”的轨道健康发展,建设现代学校制度,根据《中华人民共和国宪法》《中华人民共和国教育法》《中华人民共和国教师法》《中华人民共和国义务教育法》等有关法律法规,结合学校实际,制定本章程。

第二条 学校全称为××××,英文表述为××××;学校本部住所地址为重庆市渝中区××××,邮政编码为400015;官方网址为××××;官方微信公众号为××××。

第三条 学校由重庆市渝中区教育委员会举办,登记管理机关为重庆市渝中区事业单位登记管理局。学校为实施六年制(高中、初中)教育的全日制公办教育机构,具有独立法人资格,独立承担法律责任。

第四条 本校面向重庆市招生,招生对象为本区域适龄学生,办学规模以渝中区教育委员会核定的班级和人数为准。

第五条 本章程规定了学校的基本制度和根本任务,是学校的根本制度和行为准则,在学校规章制度中具有最高效力,其他规章制度、规定不得与本章程相抵触,学生、学生家长、教职工、学校管理人、学校都应当严格遵守。

第二章 办学理念与学校文化

第六条 学校办学愿景:向往的教育,幸福的成长。以人文教育为主线,营造精致的学校文化;以探究实践为抓手,形成主动学习的氛围;以开放合作为途径,拓展师生的国际视野;以和谐发展为追求,提升学校的办学水平。努力成为一所:具有高尚高雅的人文环境、和谐共融的温馨校园、创意精进的教师团队、优质卓越的教学质量、与现代国际教育接轨,具有合作开放特征的充满活力的全国一流名校。

办学宗旨:坚持以习近平新时代中国特色社会主义思想为指导,全面贯彻落实党的教育方针,坚持社会主义办学方向,坚持为党育人、为国育才,落实立德树人根本任务,培养德智体美劳全面发展的社会主义建设者和接班人。

追求目标:为了学生的卓越发展,为了教师的专业发展,为了学校的特色发展。让每一位师、生、家长的身心都得到健康成长,在自身原有基础上进一步发展,在校园内都能感受到成长的幸福。

办学理念:百年树人,精益求精。

学校发展目标:

1.办学目标:围绕“向往的教育,幸福的成长”办学愿景,“办好人民满意的教育”办学宗旨,遵循育人为本、课改创新、五化改进、质量核心、张扬特长、整体优化的工作方针,坚持科学发展,创新管理机制,提高办学水平,扩大办学规模,拓宽交流渠道,推进教育现代化的进程,把学校建设成为一所办学质量一流、师资队伍精良、教育教学水平领先、学生发展全面、办学特色鲜明的与直辖市主城区地位相适应的全国一流名校。

2.教师发展目标:造就一支忠诚于党的教育事业、适应教育改革发展及素质教育需要、具有现代教育思想、有较高教学水平和较强科研能力的学者型、专家型教师队伍;人格健全、师德高尚、业务精良、乐于奉献、依法执教,使其在教书育人的神圣事业中实现社会价值与自我发展。建立起民主、平等、合作的新型师生关系,真正体现“享受课堂,点燃生命,追求卓越,完善人生”的教师精神。

3.学生培养目标:以“立校之本在于树人,树人之本在于树德”的育人方针为指导,遵循“以生为本,全面育人”的教育理念,培养学生德、智、体、美、劳全面协调发展,加强学生新时代体育、美育、劳动教育、社会实践等,努力将学生培养成适应未来社会需要的、具有“大思想、大志向、大精神、大气概、大情怀、大智慧”等“六大品格”的、能实现“强国梦”的科技人才与人文人才及各类高素质的社会主义合格建设者和可靠接班人。

第七条 确立“以德治校、依法治校、民主理校、质量立校、科研兴校、特色强校”办学方针,“乐于奉献、追求卓越”学校文化精神,夯实“国防、信息技术、体艺、科技、大健康”办学特色,形成“让学生成才,让家长满意,让领导放心,让社会认可”的办学标准。

1.学校校训:求真、求实、求新、求精。

2.学校三风:

校风:报国、修德、博学、尚美、健体。

教风:重道、敬业、务实、创新。

学风:博学、审问、慎思、明辨、笃行。

3.学校标识:略。

4.校徽:略。

5.校歌:略。

6.纪念日:11月18日。

第八条 学校根据依法治校、规范办学、自主发展的要求,定期制订发展规划,并形成和健全自评机制,促进学校可持续发展。

第三章 治理结构和运行机制

第九条 发挥学校党组织领导作用

(一)学校党委全面领导学校工作,履行把方向、管大局、作决策、抓班子、带队伍、保落实的领导职责。

1.坚持以习近平新时代中国特色社会主义思想为指导,增强“四个意识”、坚定“四个自信”、做到“两个维护”,贯彻党的基本理论、基本路线、基本方略,坚持为党育人、为国育才,确保党的教育方针和党中央决策部署在中小学校得到切实贯彻落实。

2.坚持把政治标准和政治要求贯穿办学治校、教书育人全过程各方面,坚持社会主义办学方向,落实立德树人根本任务,团结带领全校教职工推动学校改革发展,培养德智体美劳全面发展的社会主义建设者和接班人。

3.讨论决定事关学校改革发展稳定及教育教学、行政管理中的“三重一大”事项和学校章程等基本管理制度,支持和保证校长依法依规行使职权。

4.坚持党管干部原则,按照有关规定和干部管理权限,负责干部的选拔、培训、考核和监督。讨论决定学校内部组织机构的设置及其负责人的人选,协助上级党组织做好学校领导人员的教育管理监督等工作。

5.坚持党管人才原则,按照有关规定做好教师等人才的聘用、培养、管理、服务和职称评审、奖惩等相关工作。

6.开展社会主义核心价值观教育，抓好学生德育工作，做好教职工思想政治工作和学校意识形态工作，加强师德师风建设和学校精神文明建设，推动形成良好校风教风学风。

7.加强学校各级党组织建设和党员队伍建设工作，严格执行“三会一课”等党的组织生活制度，发挥基层党组织战斗堡垒作用和党员先锋模范作用。

8.坚持全面从严治党，领导学校党组织的纪律检查工作，落实党风廉政建设主体责任。

9.领导工会、共青团、妇女组织、少先队等群团组织和教职工大会（教职工代表大会），强化党建带团建、队建，加强学生会和学生社团管理，做好统一战线工作。

10.讨论决定学校其他重要事项。

（二）学校党组织实行集体领导和个人分工负责相结合的制度。凡属重大问题都要按照集体领导、民主集中、个别酝酿、会议决定的原则，由学校党委会议集体讨论作出决定。党委班子成员根据集体的决定和分工，切实履行职责。

（三）学校党组织书记主持党组织全面工作，负责组织党组织重要活动，督促检查党组织决议贯彻落实，督促党组织班子成员履行职责、发挥作用。

第十条　支持和保证校长行使职权

校长在学校党组织领导下，依法依规行使职权，按照学校党组织有关决议，全面负责学校的教育教学和行政管理等工作。

1.研究拟订和执行学校发展规划、基本管理制度、内部教育教学管理组织机构设置方案。研究拟订和执行具体规章制度、年度工作计划。

2.组织开展教学活动和教育教学研究，加强教育教学管理，深化教育教学改革，负责招生、就业和学生学籍管理。

3.加强学生德育、体育、美育、劳动教育和心理健康教育，提高学校思政课教学质量。组织开展学校文化活动和科学普及活动，建设文明校园。

4.研究拟订和执行学校重大建设项目、重要资产处置、重要办学资源配置方案，管理和保护学校资产。

5.研究拟订和执行学校年度预算、大额度支出，加强财务管理和审计监督。

6.加强教师等各类人才的日常教育管理服务工作,依据有关规定与教师以及内部其他工作人员订立、解除或终止聘用合同。

7.做好学校安全稳定和后勤保障工作。

8.组织开展学校对外交流与合作工作,加强学校与社会、家庭的联系,形成育人合力。

9.向学校党组织报告重大决议执行情况,向教职工大会(教职工代表大会)报告工作,支持群团组织开展工作,依法保障师生员工合法权益。

10.履行法律法规和学校章程规定的其他职权。

第十一条　建立健全议事决策制度

(一)学校党委会议讨论决定学校重大问题。党委会议由党委书记召集并主持,不是党委班子成员的行政班子成员根据工作需要可列席会议。会议议题由学校领导班子成员提出,党委书记确定。会议应当有半数以上党委班子成员到会方能召开;讨论决定干部任免等重要事项时,必须有三分之二以上党委班子成员到会。

(二)校长办公会议(校务会议)是学校行政议事决策机构,研究提出拟由学校党委讨论决定的重要事项方案,具体部署落实党委决议的有关措施,研究处理教育教学、行政管理等工作。会议由校长召集并主持。会议成员一般为学校行政班子成员,不是行政班子成员的党委班子成员可参加会议。会议议题由学校领导班子成员提出,校长确定。会议应当有半数以上行政班子成员到会方能召开。校长应当在广泛听取与会人员意见基础上,对讨论研究的事项作出决定。

(三)学校党组织会议和校长办公会议(校务会议)要坚持科学决策、民主决策、依法决策。讨论决定学校重大问题,应当在调查研究基础上提出建议方案,经学校领导班子成员特别是党组织书记与校长充分沟通且无重大分歧后提交会议讨论决定。对涉及干部工作的方案,在提交党组织会议讨论决定前,应当在一定范围内进行充分酝酿。对事关师生员工切身利益的重要事项,应当通过教职工大会(教职工代表大会)或其他方式,广泛听取师生员工的意见和建议。对专业性、技术性较强的重要事项,应当经过专家评估及技术、政策、法律咨询。会议决定的事项如需变更、调整,应当按照决策程序进行复议。

（四）学校建立行政会议制度。行政会议由校长负责召集和主持，必要时校长可委托副校长主持召开，由校级党政全体负责人和行政职能部门及工会、共青团主要负责人参加（年级组长受邀可列席），讨论、落实、执行学校具体工作意见。

第十二条　建立以教师为主体的教职工（代表）大会制度，保障教职工参与学校民主管理和进行民主监督。

教职工（代表）大会行使审议建议权、审议通过权和评议监督权。凡与教职工利益直接相关的福利和校内分配实施方案以及有关教职工聘任、考核、奖惩的办法，须经教职工（代表）大会审议通过。

学校工会作为教职工（代表）大会的工作机构，依法保障学校民主管理、民主监督的落实，维护教职工的合法权益。

第十三条　学校设置党委办公室、行政办公室、教务处、学生处、总务处、教科室、信息中心、外联办、咨询中心、保卫科、团委、工会等职能部门，分别承担相应的管理职能。学校可以根据需要另行设置、调整职能部门。

各职能部门及其常设机构各司其职，分工合作，提升管理效能，确保各项工作圆满完成。

第十四条　建立校务委员会，负责审议学校章程、发展规划和其他重大规章制度、人事与财务方案等校内重大事项。委员人数9位，由学校领导2位、教职工代表2位、家长代表2位、校友代表2位及社区代表1位组成。校长是校务委员会主任。重大事项决策时也可召集由普通教师代表、校级家长委员会代表、社区代表参加的扩大会议。校务委员会作为党组织领导的校长负责制的补充和完善，是学校内部管理体制的重要组成部分。

建立学术委员会（或专家委员会），在学校教育科研的规划制定、项目策划与督导、成果评定以及教师队伍建设等方面发挥咨询、评议作用。

建立家长委员会，增进家校沟通，积极完善家长委员会的组织形式和运行规则，不断扩大家长对学校办学活动和管理行为的知情权、参与权和监督权；由校级家长委员会通过民主方式选举一定人数的家长代表加入校务委员会，保障学生家长参与学校与学生利益密切相关的重大决议和管理工作。

第十五条　建立健全信息公开制度。学校实行校务公开，切实保障教职工的知情权、参与权和监督权；同时向社会公开学校相关信息并保护有关当事人隐私权,以适当方式为学生及其家长了解学生的学业成绩及其他有关情况提供便利,接受社会、家长的监督。

第十六条　建立法律顾问制度。学校与律师事务所签订《聘请法律顾问合同》,聘请律师作为学校法律顾问。为学校重大决策等非诉讼性法律事务和涉及学校的诉讼、仲裁、执行等诉讼法律事务提供法律意见;经学校委托以学校法律顾问身份对特定事项进行调查、协调、代理诉讼,反映实情并提供相关的法律意见。

第十七条　学校建立健全校内权益救济制度,保障学生和教职工的合法权益。

学校建立校内申诉制度。分别成立校内学生申诉处理机构(学生处)和校内教师申诉处理机构(工会),明确申诉处理机构的人员组成、受理及处理规则。

学校建立健全争议调解机制。通过学校工会,就教职工与学校的劳动(人事)争议进行调解;通过学校所在社区人民调解委员会,就学生、教职工、学校间的民事纠纷进行调解。

第十八条　建立健全校园安全制度,制定校园安全应急预案,长期开展安全教育,组织安全演练,加强校舍、交通、消防、饮食卫生、周边环境治安以及教育教学安全管理,管控安全事故发生。

学校按照国家有关规定投保学生意外伤害校方责任险,鼓励学生自愿购买人身意外伤害险。发生意外伤害事故时要及时行动开展救助,应细化发生意外事故的处理流程,明确校方、教师和学生各自担负责任的界限。

第十九条　学校依法接受教育部门及其他政府相关部门的管理和监督,接受社会、家长的监督,听取社会各界对学校工作的意见和建议。

第四章　教育教学管理

第二十条　确立教育教学工作在学校的中心地位,确立教学质量是学校的生命意识,以优化教育教学管理为着力点,以国家课程体系校本化实施为抓手,全面提升学校教育教学质量,促进学生素质全面发展。

学校建立健全年级组、教研组、备课组等教育教学基层管理机制。

实施年级目标权责制,年级主任和年级组长在学校相关部门统筹下负责本年级的德育、教学工作，统筹教师分工与管理、年级教育活动、学生管理工作等。

教研组长负责组织、引领教师进行学科教学研究，定期开展教学研讨活动，按学校安排参加各种培训和学术活动，贯彻落实教学计划，完成各项教学任务，并协助教学管理部门做好教师教学五环节的常规检查与评比。

备课组长负责本年级组教学活动的开展，组织本组教师进行制定教学计划、统一教学进度、研究考试命题、开展集体备课等教学日常工作，完成教育教学任务。

第二十一条　以班级文化和社团建设为切入点，以德育实践为载体，切实提高学校德育工作的实效性。

加强班级文化建设，增强集体凝聚力，鼓励创新，努力使班级成为学生的精神家园、学习乐园。

学校的学生社团是基于学生共同的兴趣和愿望自发组成的，由学校外聘以及校内教师担任专业指导，并在校学生处和团委指导下，通过学生自主管理与学校管理相结合的方式开展形式多样的社团活动。社团课程凸显文学、艺术、体育、科技等教育特色，旨在挖掘学生特长、锻炼学生才能、培养公民意识、提升学生综合素养。通过每学期评选优秀社团及优秀社团团长以及校内外搭建的各种展示平台，激励学生全面发展。

第二十二条　学校贯彻国家课程、地方课程和校本课程三级管理体制，认真执行国家和地方课程计划，编制符合学校特点的课程方案，形成学校特色课程体系。

学校按照课程设置标准实施教育教学，确保开齐课程，开足课时。注重教育教学效果，形成良好的校风、教风和学风。

学校充分发挥学科课程和综合实践活动课的整体功能，尊重人的成长规律和教育规律，对学生进行德育、智育、体育、美育和劳动教育，促进学生全面发展，学有所长。

学校严格按规定开设基础型课程、拓展型课程和探究型课程，并在时间上予以保证，同时积极开设校本课程。进一步加强课堂教学有效性的探索，基本形成“独立学习与合作学习相结合”的教学模式。

第二十三条　加强教学管理，注重学科建设，提高教学质量。

学校采用班级授课制。汉语言文字为学校的基本教学语言文字,学校使用全国通用的普通话和规范字。

1.教学管理:加强教学常规管理,保证正常教学秩序。

2.教学质量监控:根据课程标准(教学大纲)的要求,通过多种方式测评教育教学质量,做好学生成绩统计、分析工作。

3.教材教辅资料管理与学生课外负担监控:严格执行规定,走减负提质的道路,教材、学习资料实行征订统一管理,任何人不得擅自向学生推销征订教辅资料。

4.加强学习困难学生转化。在杜绝有偿家教、集体补课的前提下,关注学生的个体差异,组织义务指导活动,提高学习困难学生的学习兴趣与信心。

第二十四条　学校营造民主、自由、科学的研究氛围,构建对话、合作、反思、共享的研修文化,鼓励教师开展教育教学改革和实验。

以教育科研引领先行,完善教育科研操作程序和奖励办法,设立教育科研优秀项目奖,提升学校科研水平;通过校本研修引导教师自觉地把科研与日常教育教学工作结合起来,提高通过科研解决实际问题的能力。

以“课堂教学的有效性研究”为抓手,提高随堂课的教学质量,开展“构建高效课堂”主题教研,完善教学评价标准,提升教师教学设计能力、课堂驾驭能力、总结反思能力。

第二十五条　学校成立以党委班子成员、学生处负责人、团队负责人、年级主任和年级组长等组成的德育工作领导小组,在学校党委集体领导下开展学校德育工作。

学校实行全员德育的德育管理模式。书记、校长负责,教职工参与,实行教书育人、管理育人、服务育人。构建德育目标体系,健全德育管理机制,建立学校、家庭、社会三方合作的育人网络,优化德育活动过程。

加强社会主义核心价值观教育,以树立社会主义民主法治、自由平等、公平正义理念为目标的公民意识教育,积极引导学生理解并正确地行使权利,依法维护自身合法权益,并尊重他人权利,履行相应义务,增强社会责任感。

建立心理辅导(咨询)室,建立学生心理健康档案,配备专(兼)职教师开展工作。

每年开展大型校园文化活动,开展一年一度的体育节、科技节、艺术节、财商活动、心理健康周等。以丰富的校园文化生活，激发学生的兴趣爱好，展示学生的个性特长。

第二十六条 学校严格执行有关学校体育、卫生工作的法规规章，通过日常体育活动以及各类体育竞赛活动增强学生体质，开展健康教育，培养学生良好的卫生习惯、健身习惯与基本的运动技能。

通过体育课、课外活动等保证学生每天一小时体育活动时间，每年举办一次体育运动会和多次体育单项比赛。

建立卫生室和学生健康档案，定期体检，预防传染病、常见病及食物中毒。学校完善卫生工作制度，不断改善环境卫生条件，在校园内的任何地方实施禁烟。

第五章 学生

第二十七条 凡被学校录取或转入学校学习的受教育者即取得学校学籍，为学校学生。

学校设置初一年级至初三年级、高一年级至高三年级。初中阶段的义务教育，按就近免试入学的原则，招收学校服务区内适龄儿童、少年入学，实行秋季始业。不属学校服务区内的新生，按上级教育行政部门的有关规定办理入学手续。

第二十八条 学生享有下列权利：

1.参加教育教学计划安排的各种活动，使用教育教学设备、图书等资料；

2.按照国家有关规定获得奖学金、贷学金、助学金；

3.在学业成绩和品行上获得公正评价，完成规定的学业后获得相应的学业证书；

4.对学校给予的处分不服，向有关部门提出申诉，对学校、教师侵犯其人身权、财产权等合法权益，提出申诉或者依法提起诉讼；

5.法律法规规定的其他权利。

第二十九条 学生应当履行下列义务：

1.尊重法律、法规，遵守《中学生守则》，遵守学校章程及规章制度，遵守公共秩序和学生行为规范要求；

2.尊师爱校，团结同学，参加集体活动，促进身心健康，养成良好的思想品

德和行为习惯;

3.努力学习,完成规定的学习任务;

4.承担在学生自治活动中当选职务的相应职责;

5.爱护学校提供的教育教学资源;

6.遵守《学校中学生一日常规》;

7.法律法规规定的其他义务。

第三十条　按照市、区教育行政部门有关学生学籍管理的规定实行学籍管理,健全学生学籍档案,依法办理学生转学、休学、复学等手续,依法对学生给予奖励和处分。

学校对修完修学年限内规定课程且综合素质、学科学习业绩合格的学生,准予毕业。

建立学生成长档案,对学生实施综合素质评定,促进学生全面发展。每学期评价结果记入学生本人成长手册。

第三十一条　学校对符合入学条件而家庭经济困难的学生,通过助学金等形式提供资助。

第三十二条　建立少代会组织,保障学生自主管理和学生合法权益。学生干部一般通过民主选举产生。

支持学生自治,鼓励学生参与校园民主管理,通过协商、选举、演讲、辩论、竞争、妥协等方式在校园内学习民主生活方式,培养现代公民素养与健康人格。

第三十三条　建立健全学生评教、评校制度,支持学生参与班级和学校的民主管理与监督,锻炼培养学生公民意识。

第三十四条　为保障学生在校期间的合法权益,学校及教职工应当做到:

1.平等对待学生。关注学生个体差异,因材施教,促进学生充分发展。不得歧视学生。

2.尊重学生人格。不得对学生实施体罚、变相体罚或者其他侮辱人格尊严的行为,严禁用讽刺、威吓等方式给学生心理造成伤害。

3.尊重学生隐私。保护学生个人信息,未经学生及其监护人同意,不得随意使用、披露学生个人隐私。

4.不得非法收缴学生财物。为保护学生安全、保障校园秩序，可以对学生违纪的相关物品采取必要措施予以处理，但应及时与监护人联系。

5.不得随意处分学生。处分学生应当依据法律法规及市教育行政部门有关学生学籍管理的规定，听取学生及其监护人的意见，并且应根据学生监护人要求举行听证会。

第三十五条　学校对德智体美劳诸方面表现突出、有某方面突出成绩或进步显著的学生，予以表彰和奖励，并记入学生本人成长手册。

学校对违反校纪校规的学生予以批评教育，并可依据《学校学生奖惩制度》对情节严重者给予相应处分。

第六章　教职工

第三十六条　学校教职工由教师、其他专业技术人员、管理人员和工勤人员等组成。

学校实行聘用合同制，与教职工订立聘用合同。

学校执行国家教师资格制度、公开招聘制度和教师专业技术职务评聘制度，依法实行学校用人制度。

学校根据编制部门核定的编制数额、岗位数和岗位任职条件及教育行政部门、学校相关规定聘用教职工，公开招聘，竞争上岗，对聘用人员实行岗位管理和绩效工资制度。

第三十七条　教职工享有下列权利：

1.进行教育教学活动，开展教育教学改革和实验；

2.从事科学研究、学术交流，参加专业的学术团体，在学术活动中充分发表意见；

3.指导学生的学习和发展，评定学生的品行和学业成绩；

4.按时获取工资报酬，享受国家规定的福利待遇、休息、节假日以及寒暑假期的带薪休假；

5.对学校教育教学、管理工作和教育行政部门的工作提出意见和建议，通过教职工代表大会或者其他形式，参与学校的民主管理；对学校重大事项有知情权；对不公正待遇或处分有申诉权；

6.参加与学校教育教学工作相关的进修或者其他方式的培训；

7.使用学校设施设备、图书音像资料及其他教育教学用品;

8.法律法规规定的其他权利。

第三十八条　教职工应履行下列义务:

1.遵守宪法、法律和职业道德,为人师表;

2.贯彻国家的教育方针,遵守规章制度,执行学校的教学计划,履行教师聘约,完成教育教学工作任务;

3.对学生进行宪法所确定的基本原则的教育和爱国主义、民族团结的教育,法治教育以及思想品德、文化、科学技术教育,组织、带领学生开展有益的社会活动;

4.关心、爱护全体学生,尊重学生人格,促进学生在品德、智力、体质等方面全面发展;

5.制止有害于学生的行为或者其他侵犯学生合法权益的行为,批评和抵制有害于学生健康成长的现象;

6.不断提高思想政治觉悟、道德修养和教育教学业务水平。

7.法律法规规定的其他义务。

第三十九条　其他职工按照合同履行岗位职责及其他义务,学校依法保障其合法权益。

第四十条　制定教师专业发展、师训计划,鼓励和支持教师参与学术研究、考察交流和进修培训,促进教师专业成长。

学校为老师继续教育创造条件,积极安排教师提高学历、能力学习。教师进修应根据学校的工作的需要,以在职为主、自学为主、所教学科为主。学校支持和鼓励教师从事教育科研。

本校新聘任的教师开展教学活动,必须根据学校制定的“师徒结对、同伴互助”等制度以及相关考核细则,不断提高自己的教学能力。

第四十一条　保证教职工工资、社会保险、福利待遇按照国家和本市有关规定执行,逐步改善教职工的工作条件、环境,帮助解决教职工遇到的实际困难。

第四十二条　建立健全班主任选配、聘任、培训、考核、评优等制度,切实加强班主任队伍建设,提升敬业精神、教育理念,提高班主任工作的责任感和班主任业务水平。根据学校规定召开班主任会议,明确要求,共同学习。

教师应当遵照《中小学班主任工作规定》，履行职责，完成任务，享受相应待遇与权利。

第四十三条 建立教职工业务档案，每年对教职工的职业道德、工作能力、工作态度和工作绩效进行考核，考核结果作为续聘、转岗、解聘、晋升工资、实施奖惩等的依据。

学校将师德表现作为教师考核、职务评聘、进修深造和评优评先等的首要内容。

第四十四条 学校对在教育教学、科研、管理服务等方面表现优异、业绩突出者予以表彰和奖励。

学校对违反学校章程、规章制度和聘用合同，或在工作中造成失误和不良影响的教职工，视情节轻重，按照有关规定予以批评教育和惩处。

第七章 学校资产及财务管理

第四十五条 学校具体经费来源包括财政补助收入、事业收入、上级补助收入、社会捐助收入和其他合法收入等。

第四十六条 学校资产受法律保护，任何单位、个人不得侵占、私分和挪用。

学校对侵占校舍、场地、设施等的行为和侵犯学校名称权及无形资产的行为，应积极履行国有资产管理职责，依法追究侵权者的责任。

对学校财物造成损坏的应当依法赔偿。

第四十七条 学校建立健全财产、物资管理制度，建立账目，落实专人管理，定期清点，及时做好变更、增减手续。

第四十八条 学校向教职工和学生提供符合国家安全标准的教育教学设施设备，有计划地进行学校基本建设和维护修缮工作，并及时检查、维修，消除安全隐患。

第四十九条 学校加强对体育设施、会议设施、图书馆、实验室、劳技室、计算机房等专用教室与设施的管理，充分发挥教学设施、仪器设备、体育器材、图书音像资料的使用效益，防止设备设施的闲置和浪费。

第五十条 学校如遇因政府规划调整等不可抗拒因素而需要迁址、合并、分立或终止时，应当及时制订保护学校资产安全的方案，并依法进行资产清算。

第五十一条　学校建立健全财务管理制度。学校财务活动实行民主管理和财务公开。

学校执行国家统一的会计制度,配备具有专业资格的会计人员,依法进行会计核算,建立健全内部会计监督制度,保证会计资料合法、真实、准确、完整。

学校依法向政府部门提出年度预算安排意见,经批准后执行,并接受上级教育行政部门和财政、税务、审计、监察等相关部门的监督。

第五十二条　学校严格执行国家收费政策,规范收费行为,按照有关部门确定的项目和标准收费,各项收入按照有关规定严格管理,行政事业性收入实行收支两条线管理。

第五十三条　学校依法接受社会各界的捐赠,建立健全受赠财产的使用制度,加强对受赠财产的管理并接受社会监督。

第八章　学校与家庭、社会

第五十四条　学校主动与社会、家庭联系沟通,加强学校、家庭、社会密切配合的育人体系建设,形成教育合力,鼓励学校创新学校、家庭、社会三位一体教育的新模式、新方法。

学校根据教育教学需要,聘请兼职教师和校外学生辅导员。

学校建立或者利用社会资源建立德育、科普、法治、社区等各类教育基地,定期组织开展校外教育活动。

第五十五条　学校根据一定的民主程序,本着公正、公平、公开的原则,在自愿的基础上,组织家长选举出班级、年级、校级三级家长委员会。符合条件的家长委员会可以通过民政部门审批,注册为一个社团或非营利组织。

家长委员会应当制定自己的章程或规则,在学校的指导下履行参与学校管理、参与教育工作、沟通学校与家庭等职责,做好德育、保障学生安全健康、推动减轻学生课业负担、化解家校矛盾等工作。

学校应当建立与家长委员的联席会议制度,通报学校发展规划及其进展、教育教学工作情况,听取家长委员会的意见和建议,取得支持和帮助。此外,应当为家长委员会的召开提供一定的条件。

第五十六条　学校建立教师与家长的日常联系机制。教师特别是班主任应密切联系家长，做好家庭访问工作，形成家校教育合力，促进学生健康成长。

第五十七条　学校通过加强内部建设，树立良好的公共形象，在相应区域内发挥积极作用，服务于学习型城市建设。

学校配合社区有组织有秩序的开放校内文化设施和体育场地。可利用社会力量或机构组建“社区体育俱乐部”等模式管理学校体育场地开放事宜，并发动社区志愿者一起参与开放式的管理。

学校依托社区，开发社区教育资源，开展社会实践活动，为学生创造服务社区和实践体验的机会。

学校所在社会基层政府（街道）委派一位负责人，作为社会代表加入校务委员会，参与学校决策、管理，为学校发展提供社会支持。

第五十八条　学校建立校友会组织，发挥校友的宣传、桥梁、教育、助学、咨询等作用，促进学校发展。

由校友会通过民主方式选举一定人数的校友代表加入校务委员会，参与学校决策、管理，为学校发展贡献力量。

第五十九条　学校根据办学实际需要，开展校际互动合作，不断扩大对外交流，拓展教育视野，提升办学水平。

学校开展国际教育合作与师生交流，加强与各地区教育合作及师生交流，合作交流要遵守相应的法规，按相关规定聘请外籍教师和东部发达地区教师，面向世界推进教育理念、教育内容、教育方式的创新优化。

第九章　附则

第六十条　学校建立健全本章程统领下的学校规章制度体系。规章制度的立、改、废均依照民主程序进行。

第六十一条　本章程未尽事宜，由学校依照本章程规定程序修订、补充。本章程条款内容与法律、法规、规章不符的，以法律、法规、规章的规定为准。

第六十二条　本章程经学校教职工（代表）大会审议并由全体代表的2/3以上的多数通过，校党委会议审议并由全体委员的2/3以上的多数通过，报重庆市渝中区教育委员会备案，自备案之日起生效。

第六十三条　本章程的修订需由校党委会或1/3以上教职工（代表）大会

代表提出方可进行,修订程序和生效条件参照本章程第六十二条的规定。

第六十四条　本章程使用的“以上、以下”用语均包含本数。

第六十五条　本章程由学校党委会负责解释。

(审校:沈丹　贾雷雷　张茹茂)

教育集团章程

第一章　总则

第一条　为认真落实渝中区教委关于集团化办学的有关要求,促进教育优质均衡发展,提高渝中教育公共服务水平,经渝中区教委批准,组建××××教育集团(以下简称“教育集团”)。

第二条　制定本章程,旨在加强教育集团内部的统筹协调发展,规范教育集团内部的办学行为,更好落实《中华人民共和国教育法》《中华人民共和国教师法》以及市区相关政策、规定。

第三条　渝中区教委是××××教育集团行政主管部门。

第四条　××××是教育集团龙头学校,成员学校为××××、××××,采用龙头校引领指导、成员校协同共进相结合的发展模式。

第五条　教育集团发展目标:以课程改革为核心实施素质教育,以先进的教育理念引领成员学校特色发展,进一步提升教育集团各校的整体品位和社会信誉。

第二章　教育集团理事会

第六条　教育集团成立理事会,理事会是教育集团的最高决策机构。理事会承担教育集团的领导工作,遵照教育集团章程对重大事项作出决策,协调和规范集团的办学行为。具体职责包括但不限于:

1. 充分发挥龙头学校的示范作用。理事会应充分发挥龙头学校在教育集团内部的示范作用,龙头学校和成员学校共同努力,力争教育集团各校教育质量整体提升,在区内及全市基础教育中处于领先地位。

2. 对外宣传。理事会负责制定教育集团标志、标识、符号,统一负责教育集团的对外形象宣传,不断提升教育集团的品牌效应。

3.教育、教学管理。理事会统一协调教育集团内各成员学校之间的教育、教学管理,包括教学安排、学生活动、教学研究、教育科研以及师资培训等。

4.监管与考核。成员学校必须遵守国家相关法律法规和集团理事会的规定。理事会对成员学校负有监管、考核职责。

第七条　理事会组成。教育集团理事会由龙头校领导和成员学校法人及相关负责人组成。龙头校校长担任集团理事会理事长。

第八条　理事会会议。理事会会议一般每学期至少举行一次,会议由理事长或常务副理事长召集,会议主要议题是总结和讨论教育集团整体及集团内各成员学校发展的重大问题。经教育集团理事长或成员半数提议,教育集团理事会也可以举行临时会议,讨论提议之议题。

第九条　理事会下设机构。教育集团在龙头校内设置党建管理部、理事会办公室以及教学管理部、德育管理部、研训管理部三个业务管理部门。各下设机构职责如下:

1.理事会办公室为教育集团的执行机构,在理事会的领导下,负责处理教育集团的日常事务,包括拟定教育集团工作计划、总结、对外宣传、工作迎检以及其他需要协调的工作。

2.党建管理部。党建管理部职责是:干部队伍建设,开展党组织共建活动,成员由各校党组织书记及党务工作者构成。

3.教学管理部。教学管理部职责是:整合教学资源,提高教学效率;促进教学改革;研究教育评价,保证教学质量;搭建网络平台,实现资源共享。教学管理部成员由各校分管教学的校级干部、中层干部组成,主要以“教学”为核心开展各项工作。

4.德育管理部。德育管理部职责是:搭建多种平台,促进学生发展;发挥各校特色,培养特色人才。德育管理部成员由各校分管德育的校级干部、中层干部组成,以“学生发展”为核心,以“活动”为载体,整合教育集团优势资源,发挥其最大效能,提高教育效率,建设优质德育环境,为学生幸福人生奠定坚实道德品质基础。

5.研训管理部。加强教育教学研究,指导教师以科研促进教学质量的提高;加强教师队伍建设,为提高教师业务水平提供机会和搭建平台,通过名师引领等方式,促进教师专业发展。研训管理部成员由各校分管教育科研的校级干部和分管干部、教师的中层干部组成,主要以"教育科研和干部、教师培训"为核心开展各项工作。

第三章　龙头学校的权利和义务

第十条　龙头学校受教育行政部门委托,根据相关政策、文件要求,与各成员学校协商合作共进事宜。在需要进行深度合作事项时,可签订单独的双方项目合作协议。

第十一条　龙头学校向成员学校输出教育、教学、科研、课改管理经验。

第十二条　龙头学校在管理理念、教育教学、教研活动、干部教师培训、教师交流等方面有对各成员学校引领指导并共享教育资源的义务。

第四章　成员学校的权利和义务

第十三条　成员学校有向理事会提出学校需求并得到尊重的权利,理事会应就成员学校需求的合理性进行可行性研究。

第十四条　成员学校有严格执行理事会决议的义务。

第十五条　各成员学校在各项工作中应合法合规使用教育集团名称,维护教育集团整体形象,保护教育集团无形资产。同时,未征得龙头学校的同意,不得擅自以龙头学校名义开展工作。

第五章　章程的修改、解释和生效

第十六条　本章程经教育集团理事会全体成员讨论并经三分之二以上成员通过方可进行修改。

第十七条　本章程的解释权在教育集团理事会。

第十八条　本章程报渝中区教委批准后生效。

(审校:庞梅　王延杰)

第二板块

岗位职责

学校党委书记岗位职责

学校党组织书记主持党组织全面工作,负责组织党组织重要活动,督促检查党组织决议贯彻落实,督促党组织班子成员履行职责、发挥作用,推动党建工作与教育教学、德育和思想政治工作等深度融合,支持和保证校长依法依规行使职权。

一、学习宣传贯彻习近平新时代中国特色社会主义思想,特别是习近平总书记关于教育的重要论述,深刻领悟"两个确立"决定性意义,增强"四个意识"、坚定"四个自信"、做到"两个维护",贯彻党的基本理论、基本路线、基本方略,贯彻落实新时代党的组织路线和党的教育方针,带头执行党中央决策部署、市委工作要求和上级党组织有关工作安排。

二、团结带领全校教职员工坚持社会主义办学方向,落实立德树人根本任务,推动学校改革发展,培养德智体美劳全面发展的社会主义建设者和接班人。

三、主持研究由党组织决策的事关学校改革发展稳定及教育教学、行政管理中"三重一大"事项和学校章程等基本管理制度。

四、负责学校党组织领导班子自身建设,主持政治理论学习、民主生活会、组织生活会及其他重要会议,履行谈心谈话职责,做好班子成员的思想政治工作。

五、坚持党管干部原则,按照有关规定和干部管理权限,负责组织学校干部的教育、培训、选拔、考核和监督,按有关规定向上级党组织推荐干部。

六、坚持党管人才原则,按照有关规定,主持研究人才工作规划、重要人才政策,做好教师等人才的聘用、培养、管理、服务和职称评审、奖惩等相关工作。

七、组织开展社会主义核心价值观教育,履行意识形态工作第一责任人职责,抓好学生德育工作,做好教职员工思想政治工作,加强师德师风建设和学校精神文明建设。

八、抓好学校各级党组织建设和党员队伍建设工作,代表学校党组织定期向党员大会(党员代表大会)、上级党组织报告工作;指导所属基层党组织和党务工作者认真履职，严格执行“三会一课”等党的组织生活制度，保证基层党组织战斗堡垒作用和党员先锋模范作用的充分发挥。

九、履行全面从严治党第一责任人职责，督促班子成员履行“一岗双责”，领导学校党的纪律检查工作，压实党组织党风廉政建设主体责任。

十、负责协调学校党、政及工会、教职工代表大会、共青团、妇女组织、少先队等之间的工作关系，强化党建带团建、队建，加强学生会、学生社团管理，做好学校统一战线和民族宗教工作。

十一、履行党章和有关规定明确的其他职责。

（审校：沈丹　贾雷雷）

校长岗位职责

校长是学校法定代表人，在学校党组织领导下，依法依规行使职权，按照学校党组织有关决议，全面负责学校的教育教学和行政管理等工作。

一、研究拟订和执行学校发展规划、基本管理制度、内部教育教学管理组织机构设置方案，组织制定和实施具体规章制度、年度工作计划。

二、组织开展教学活动和教育教学研究，加强教育教学管理，深化教育教学改革，负责招生、学籍管理、奖励与违规处理等工作。

三、组织开展学生德育、体育、美育、劳动教育和心理健康教育，推动学校思政课创新，提高思政课教学质量，开齐开足各类课程，组织开展学校文化活动、科学普及活动，建设文明校园，促进学生德智体美劳全面发展。

四、研究拟订和执行学校重大建设项目、重要资产处置、重要办学资源配置、无形资产授权使用等方案，管理和保护学校资产。

五、研究拟订和执行学校年度预算、大额度支出和年度追加预算，重大捐赠，以及其他大额度资金运作方案，加强财务管理和审计监督。

六、加强教师等各类人才日常教育管理服务工作，研究拟订、执行学校薪酬分配和福利待遇方案。依据有关规定与教职员工订立、解除或终止聘用合同。

七、做好学校安全稳定和后勤保障工作。

八、组织开展学校各类对外交流与合作，加强学校与社会、家庭的联系，形成育人合力。

九、向学校党组织报告重大决议执行情况,向教职工大会(教职工代表大会)报告工作,支持群团组织开展工作,依法保障师生员工合法权益。

十、履行法律法规和学校章程规定的其他职权。

(审校:沈丹　贾雷雷)

专职党委副书记岗位职责

一、带头认真学习马克思列宁主义、毛泽东思想、邓小平理论、“三个代表”重要思想、科学发展观和习近平新时代中国特色社会主义思想,深刻领悟“两个确立”决定性意义,增强“四个意识”、坚定“四个自信”、做到“两个维护”,不断提高政治理论素质和政策水平。积极宣传、贯彻执行党的路线、方针和政策,落实好党委的决议、决定、指示,维护集体权威。

二、协助党委书记确保学校的教育教学和管理工作始终与党的指导方针保持一致,贯彻执行党的各项政策和决定。

三、参与学校党委的日常工作,协助党委书记制定党建工作计划,并组织实施。同时,负责指导各党支部的工作,确保党建工作的顺利开展。

四、围绕学校的中心任务,协助党委书记有针对性地开展思想政治工作,帮助师生树立正确的世界观、人生观和价值观。

五、在党委领导下,负责学校干部的管理、考核以及后备干部的考察培养,确保学校干部队伍的素质和能力符合学校发展的需要。

六、指导学校工会、妇委会、团委、学生会等群团组织按照各自的章程开展工作,协助党委书记负责全校教职工、全校学生的思想政治教育工作,促进学校各项事业的健康发展。

七、协助党委书记落实党风廉政建设责任制工作,加强师德师风教育,推动廉政文化进校园活动。

八、完成学校党委交办的其他任务。

(审校:沈丹　王延杰　贾雷雷)

副校长岗位职责

学校副校长协助校长处理日常工作，根据分工，着重抓好分管的部门和工作。

一、副校长的岗位职责如下：

1. 在校长的统一指导下，主持分管的日常工作。

2. 负责督促、检查、贯彻落实学校的总体目标，规划各项规章制度，制定各项长、短期工作计划。

3. 认真落实党的教育方针，自觉接受国家机关的领导和监督，执行主管部门的各项决定。

4. 协助校长开好校长办公会议，讨论、制定工作计划，做好工作总结，处理好日常行政事务工作。

5. 注重教育、教学实践，加强教育规律的研究，更新观念，注重改革，协助校长推进学校的科学化管理。

6. 协助校长抓好学校管理工作，不断改善办学条件，提高办学效率。

7. 负责协调各处室、部门和年级组的工作，保持全校工作的有序稳定进行。

8. 定期向校长汇报工作，接受指导。

二、具体分管教学、教研和教务工作的副校长，要侧重抓好以下几个方面：

1. 直接领导教导处分管教学、教研、教务工作的主任、副主任，审查其工作计划的制定、落实，听取工作汇报，并给予指导意见。

2. 要以主要精力抓好教育教学工作，深入教育教学第一线，一学期至少听课20节；参加学科教研活动5次；参加教研组长工作会2次；召开学生座谈会2次，听取学生对学校工作的意见。从实际出发，提出学校教学改革的方案和计划，并负责指导实施。

3. 直接领导学校教育科研工作，提出学校教学改革的要求和教育研究的课题，并带领教导处成员及相关人员进行课题的研究。

4.切实抓好教师队伍建设,有计划、有措施,不断提高教师的业务水平和业务能力。

5.与部门负责人协商确定教学人员的工作安排,经校长批准后落实。

6.协助完成学校的招生工作。

三、具体分管德育和总务后勤工作的副校长,要侧重抓好以下几个方面:

1.直接领导学生处分管学生工作的主任和副主任,审查其工作计划的制定、落实,听取工作汇报,并给予指导意见。

2.要以主要精力抓好学校的德育工作。参加班主任工作会议;指导年级组长和班主任的工作,从实际出发,提出学校德育工作创新思路和方案,并负责指导实施。

3.抓好班主任队伍的建设,与部门和年级负责人协商确定年级组长和班主任的工作安排,经校长批准后落实。

4.直接领导总务处、工会等工作,审查其工作计划,推动和检查计划的落实。

5.协助校长做好群众性组织工作,切实抓好教职工队伍的建设,有计划、有措施地不断提高教职工的业务能力和职业道德水平。

6.协助校长做好资产管理、工程建设、环境卫生等工作。

(审校:贾雷雷　王延杰)

学校纪委书记岗位职责

一、在校党委领导下,主持校纪委的全面工作。

二、认真学习并坚决贯彻党的路线、方针、政策和上级纪委文件、学校党委决议,确保在思想上和行动上与党中央保持一致,确保纪委的工作与学校党委的决策保持一致,并有效执行。

三、协助党委抓好党风廉政建设,落实党风廉政建设责任制,把握纪委工作的正确方向。

四、参加党委会议,参与学校“三重一大”的讨论和决策,参与学校重要管理制度及实施程序的制定，参与对学校中层干部的考评以及任免、调整、奖惩等重大问题的决定，负责对中层干部的廉政谈话和诫勉谈话。

五、组织领导校纪委工作人员紧紧围绕学校的中心任务，定期或不定期地向校党委和上级纪委请示、汇报工作，充分调动纪检干部工作积极性和创造性，圆满完成学校党委和上级纪委部署的各项工作任务。

六、组织、领导对违纪案件的查处及党纪申诉案件的复查工作，并按组织原则和干部管理权限通过组织进行处理，确保纪检监察工作的公正性和有效性。

七、组织纪检监察干部学习政治理论和业务知识，研究廉政问题，抓好纪检监察队伍自身建设。

（审校：沈丹　王延杰）

学校工会委员主要职责

一、工会主席

学校工会主席是学校工会的法定代表人，在上级教育工会和学校党委的领导下，主持工会全面工作。制定工会工作计划和做好工作总结，负责工会委员会建设，做好学校工会干部的培训工作。主持工会委员会的选举工作。负责筹备教职工代表大会，并向大会报告工作，在教代会闭会期间，监督、检查大会决议、决定的贯彻执行情况，并完成教代会要求的各项工作。

二、组织委员

做好新会员的岗前培训和工会小组的学习工作。组织传达学习上级工会和学校党委的有关文件和会议精神，配合学校做好教职工的思想政治工作。

三、宣传委员

负责工会的宣传、各项活动的信息报道等工作。宣传党的方针政策，配合学校各项工作，进行宣传报道，争先创优，搞好文明组室创建工作，表彰岗位能手、好人好事，弘扬正气。

四、文体委员

积极开展符合教职工特点的文体活动。关心教职工的精神生活,提高教职工文体活动的参与率,提升文体活动的质量。

五、生活委员

协助学校行政部门,负责送温暖慰问活动(生日卡、妇女节、儿童节、教师节等),教职工的帮困扶助工作,看望生病住院的教职工,慰问离世教职工亲属等。

六、经费审查委员

认真贯彻执行党和政府的财经政策、纪律、法规,以及上级工会的各项财务工作规章制度。严格按照《中华人民共和国工会法》的有关规定,做好经费审查工作,收好、管好、用好工会各项经费,管好工会财产;审查本单位的预算、决算编制执行是否符合国家规定;督促工会财务认真执行有关财务工作条例和财经纪律、财务制度,督促工会定期公布账目。

七、女工委员

关心女教职工思想工作,依法维护女教职工的特殊利益。策划和实施富有女性特点的教育活动。协助做好妇幼保健宣传工作。热心为大龄未婚会员组织联谊活动。主动配合做好“巾帼文明岗”先进集体和个人、“最美家庭”等系列评比工作。

(审校:刘艳　王延杰)

学校党委办公室主任、副主任职责

在学校党委的领导下,负责党委办公室的日常工作。具体履行以下工作职责:

一、带头认真学习马克思列宁主义、毛泽东思想、邓小平理论、“三个代表”重要思想、科学发展观和习近平新时代中国特色社会主义思想,深刻领悟“两个确立”决定性意义,增强“四个意识”、坚定“四个自信”、做到“两个维护”,不断提高政治理论素质和政策水平。积极宣传、贯彻执行党的路线、方针和政策,落实好党委的决议、决定、指示,维护集体权威。

二、围绕党委总体工作思路,协助党委书记提出党建工作长远规划及年度工作计划,制定切实可行的工作方案,抓好指导,检查、督促落实。

三、加强调查研究,全面熟悉和掌握所辖基层党组织的状况,做到情况明、信息灵,并及时准确向党委反馈核实情况,提出合理的工作意见和建议,对调研中的重大事项及时向党委请示报告。

四、抓好党建的规范化管理工作,建立健全各种表、簿、册及制度建设,管好党员活动室。积极做好党员发展及评处工作。督促各党支部党员按时缴纳党费。

五、在学校党委的集体领导下,坚持党管人才原则,按照有关规定,协助党委书记、副书记做好人才工作规划、重要人才政策制定,做好教师等人才的聘用、培养、管理、服务和职称评审、奖惩等相关工作的执行。

六、在学校党委的集体领导下,协助党委书记做好学校各级党组织建设和党员队伍建设工作,指导学校基层党组织和党务工作者认真履职,严格执行"三会一课"等党的组织生活制度,保证基层党组织战斗堡垒作用和党员先锋模范作用的充分发挥。

七、在学校党委的集体领导下,坚持党管干部原则,按照有关规定和干部管理权限,协助党委书记具体负责做好学校干部的教育、培训、选拔、考核和监督工作。负责协调学校党、政及工会、教职工代表大会、共青团、妇女组织、少先队等之间的工作关系,强化党建带团建、队建,做好学校统一战线和民族宗教工作,及时完成党委和上级党组织交办的其他工作。

(审校:沈丹 王延杰 陈星舟)

学校行政办公室主任、副主任职责

办公室主任职责

一、在校长的直接领导下,全面负责学校办公室的工作。根据学校工作规划,制定办公室学期工作计划,期末做出工作总结。

二、完成上级主管部门和其他部门的文件签收、转发,组织做好重庆教育委员会、渝中教育网等网站上的通知的下载、转达;发布学校的有关通知和告示。

三、组织做好公务接待工作。

四、组织学校级别的会议并落实会议决议。

五、做好日常校内各部门工作的协调,应对和处理学校的突发事件。安排、指导、协调、督促档案员和办事员的工作。

六、协助学校领导抓好教职工聘任、调动、职称评审、工资调整等相关人事工作。做好教职工年度评优、考核的组织工作。

七、做好对内为教职工服务的各项工作和档案管理。

八、做好绩效核定工作。

九、做好公车管理和驾驶员培训教育工作。

十、做好教职工考勤工作,请假及销假事宜。

办公室副主任职责

一、协助办公室主任组织完成学校工作计划、总结和其他有关文书、发言稿的起草以及大事记、备忘录、通讯录的编写工作。

二、协助做好日常校内各部门工作的协调,应对和处理学校的突发事件。安排、指导、协调、督促档案员和办事员的工作。

三、协助学校领导抓好教职工聘任、调动、职称评审、工资调整等相关人事工作。做好教职工年度评优、考核的组织工作。

四、协助做好对内为教职工服务的各项工作。

五、抓好学校的宣传阵地建设,积极反映多彩的校园生活,增强师生对学校的归属感和凝聚力。

六、做好学校法人证书、公章和校长签章的管理。

(审校:贾雷雷　陈星舟)

学校教务处主任、副主任职责

教务处主任职责

教务处主任是校长领导教育教学工作的主要助手,是学校教育教学工作的设计者和执行者。教务处主任在学校校长(分管副校长)领导下具体负责学校教育教学、教师人事安排、校本教研、教师考核与业务进修、课程改革、学籍管理与班级编排、教务等方面的组织管理工作，主持学校教务处工作，主要职责是：

一、组织管理教育教学工作

（一）协助校长落实“学校工作以教学为中心”的指导思想，组织教师学习贯彻教学计划、课程标准以及上级有关教学工作的法规政策，制定并实施学校的年度教学工作计划；完成学校教学工作总结。

（二）负责学校教育教学质量目标的起草工作，通过学校校长确定学校年度各年级教育教学质量目标，制定质量目标责任书和年度教学质量奖励方案。

（三）负责每学年各年级教育教学质量的统计与分析，负责计算年度各年级教学质量奖金。通过校长审核确定各年级质量奖金数额。

（四）实施教学常规管理，建立稳定的、科学的、有利于学生全面发展的教学秩序，负责教师教学设计（教案）和课件的检查和课堂巡视工作。

（五）负责学校常规校本教研的组织与管理，主持教研组长、备课组长会议，指导教研组和备课组工作，检查教研组（备课组）工作计划和教师学科教学计划及其实施情况。帮助教研组根据学科特点和教学实际需要开展教学（课题）研究，改进教学方法，使用先进的教学技术手段。总结交流教学经验，不断提高教师的教学水平。

（六）组织、策划和领导各学科教师参加全国、市、区各级优质课大赛和基本功技能大赛，制定学校各学科学生奥林匹克竞赛辅导方案，并实施相关方案，力争获取优异成绩。

（七）联系年级进行教育教学管理，为年级教育教学质量发展提供强有力的多方面支持。

（八）了解各门学科的课程标准、教材，熟悉或精通两门或两门以上学科，成为指挥教育工作的“行家”。

（九）深入教育教学第一线，每学期听课30节以上，掌握教学第一手资料，发现问题，及时给予指导并解决。及时通过行政会汇报教师课堂教育教学情况，实施年度学生对教师的教育教学综合评价，并上交评价报告。

(十)组织召开年级组、教研组教学质量分析会。指导教师搞好质量分析。提出进一步提高教育教学质量的措施与方法。

(十一)根据国家课程改革及市区进修学院等教研活动需要,组织教师参加课程改革学习与业务进修。

1.根据各级行政主管部门、教师进修学院及学校教育事业发展需要,有计划地组织教师参加多种进修学习。

2.制定年度青年教师培训方案,实施青年教师培养计划,采取各种措施提高青年教师教育教学业务能力,帮助他们过好教材教法教学基本功关。

3.制定学校骨干教师培养计划和骨干教师评选方案,为学校优秀教师成长提供理论学习和教学实践活动的时间和空间。

(十二)领导和组织学生开展课外活动,活跃学生的课余生活,开发学生潜能,培养学生的创造能力。

二、组织领导教务工作

(一)根据国家及市区教育教学计划,制定学校课程计划和课时计划,负责各年级各班课程表、作息时间表和课外活动表的编制等。

(二)领导教务处副主任进行每学年各年级教材及教学辅助资料的征订和教材的发放工作。

(三)负责每学年新生编班、成绩考核、奖惩、休学、转学、毕业等各项工作,负责学生学籍管理工作。

(四)负责教师业务档案的管理工作,及时记录、搜集、归类。

(五)领导教务处副主任管理图书室、阅览室、实验室、自然仪器保管室、电教室、文印室等教学辅助部门。

(六)领导教务处副主任开展学校内、外一切考务工作,组织学校各阶段教学质量检测,制定考场考务文件并主持考务办公室工作。

(七)负责实施每学年高考及中考工作。

(八)负责每学期学校教育教学资料的建档、归档工作。形成学校完整的教育教学资料体系。

(九)根据学校发展和新课程改革需要,规范实验室、语音室、音乐室、美术室、科技活动室、综合实践活动室、学生阅览室、图书室、计算机房、多媒体

教室等的建设,负责相关多功能室的规划和创建工作等

三、教师教育教学考核

(一)负责每学年全校教师业务考核与教育教学质量分析评估,负责教师教育教学绩效等级的评定工作。

(二)负责每学年度教研组长、备课组长教育教学工作绩效评估工作,提名教研组长、备课组长候选人。

(三)负责教师课堂教学能力考核,确定教师职称评定课堂教学能力考核标准。为教师职称评定提供教育教学质量绩效分析和课堂教学能力分析。

(四)负责每学年度教师编制的计算,提供教师需求计划,在校长领导下,组织实施新教师(新大学生和调动教师)的考核与认定。为学校引进教师提供考核综合数据。

(五)根据教师年度绩效考核,负责教师人事与年级人事调配的初步编排,在校长领导下,完成年度教师人事安排工作。

(六)组织实施各师范大学学生实习工作,提高师范大学毕业生课堂教学能力。

教务处副主任职责

教务处副主任是教务主任实施学校教育教学管理的重要助手,在教务处主任领导下实施教育教学管理工作,协助教务处主任分管教务处部分工作,主要职责是:

一、教育教学工作

(一)协助教务处主任落实"学校工作以教学为中心"的指导思想,组织教师学习贯彻教学计划、课程标准以及上级有关教学工作的法规政策。

(二)协助教务处主任实施教学常规管理,建立稳定的、科学的、有利于学生全面发展的教学秩序,协助教务处主任检查教师教学设计(教案)和课件。

(三)协助教务处主任开展校本教研工作,参加教研组长、备课组长会议,指导教研组和备课组工作,协助教务处主任检查教研组(备课组)工作计划和教师学科教学计划及其实施情况。帮助教研组根据学科特点和教学实际需要开展教学(课题)研究,不断提高教师的教学水平。

(四)协助教务处主任进行年级教育教学管理,为年级教育教学质量发展提供强有力的多方面支持。

(五)了解各门学科的课程标准、教材,熟悉或精通两门或两门以上学科,成为指挥教育工作的“行家”。

(六)深入教育教学第一线,每学期听课30节以上,掌握教学第一手资料,发现问题,及时给予指导并解决。参与年度学生对教师的教育教学综合评价工作。协助教务主任完成成绩统计与评价。

(七)参加年级组、教研组教学质量分析会。指导教师搞好质量分析。提出进一步提高教育教学质量的措施与方法。

(八)组织学生开展课外活动,活跃学生的课余生活,开发学生潜能,培养学生的创造能力。

二、教务工作

(一)负责每学年各年级教材及教学辅助资料的征订和教材的发放。

(二)协助教务处主任进行教师业务档案的管理工作,及时记录、搜集、归类。

(三)负责图书室、阅览室、实验室、自然仪器保管室、电教室、文印室等教学辅助部门的工作。

(四)负责学校内、外一切考务工作,组织学校各阶段教学质量检测,制定考场考务文件。

(五)协助教务处主任实施每学年高考及中考考场工作。

(六)协助教务处主任开展每学期学校教育教学资料的建档、归档工作。形成学校完整的教育教学资料体系。

(七)管理学校实验室、语音室、音乐室、美术室、科技活动室、综合实践活动室、学生阅览室、图书室、计算机房、多媒体教室。

三、教师教育教学考核

(一)协助教务处主任开展教师业务考核与教育教学质量分析评估工作。

(二)协助教务处主任开展教师课堂教学能力考核工作。

(审校:庞梅　赵忠　陈星舟)

学校学生处主任、副主任职责

一、负责学校德育工作，协助学校党政领导组织全体教职工学习研究德育相关法律法规以及上级文件，认真贯彻执行德育工作的有关方针、政策。

二、制定学校德育工作计划，检查督促计划执行情况。做好每学期德育工作小结和每学年德育工作书面汇报。

三、统筹校团委、医务室、心理咨询室、学生宿舍、体育器材保管室的日常管理工作。

四、管理并指导班主任工作，定期召开年级组长工作例会或班主任工作例会，部署班主任工作；每学年组织召开一次德育论坛；指导年级组长、班主任教育处理学生违纪等事宜。

五、负责安排德育常规管理及考评工作；做好班级工作量化管理，指导班主任做好学生操行评定，组织开展学生的评优评先评审表彰工作。

六、抓好学生的爱国主义教育、安全教育、心理健康教育、法治教育、国防教育、环境教育等教育活动。

七、组织学生开展丰富多彩的教育活动，重点抓好升旗仪式、主题班会、重大纪念日（节日）庆典活动及有关的专题教育活动。

八、抓好学生文明行为的养成教育，落实校园环境卫生和学生个人卫生的监督与检查工作。

九、指导体艺工作，统筹管理校田径队、校排球队、校舞蹈队，指导艺术学生的日常训练及比赛工作。

十、指导家长学校开展活动，密切学校与社会的联系，建立家校社教育网络，多渠道开展学校德育工作。

十一、组织军训、社会实践活动及公益劳动，组织开展课外文体、科技等活动。

十二、及时上报德育材料，宣传报道德育动态。引导学生开展健康的网络教育活动，为学生的学习与交流提供信息平台。

十三、收集、整理学校德育相关材料，做好归档及管理工作。

十四、完成德育迎检工作，辅助完成其他部门的各项迎检工作。

十五、完成学校领导交办的其他临时性德育工作。

（审校：陈磊　陈星舟）

学校总务处主任、副主任职责

学校总务处主任职责

总务处主任是校长领导学校总务工作的助手,负责组织管理学校的总务工作。主要协助校长按学校教育教学目标和勤俭办学的原则,组织管理后勤工作,为教育教学服务,为师生服务。

一、认真贯彻执行党和国家的有关方针、政策,遵纪守法、廉洁奉公。

二、根据学校工作计划,拟订总务工作的年度计划,组织实施并检查其执行情况。

三、建立和健全有关总务工作的规章制度,明确职工岗位责任,提高工作效率。

四、根据学校制度规定,审批总务处相关支出,重大开支报校长审批,并及时做好账,及时会审,及时公布。

五、全面掌握校产校具情况,及时供应教学资源,做好教学设备的处理和添置工作,搞好校产校具的保管及维修工作。

六、抓好学校的基建及校舍的维修管理,加强环境管理和校园绿化美化工作。

七、保证教学工作物资设备的供应。关心师生生活,创造条件、改善教师学生的办公学习条件。

八、加强学校的一切安全隐患排查,及时排除与处理。

九、加强后勤工作人员的政治思想工作,合理安排岗位工作,调动其工作积极性,关心其业务进修和技术培训,努力提高服务质量。

十、定期向领导汇报工作。

学校总务处副主任职责

总务处副主任协助总务处主任完成总务处工作,组织管理后勤工作,为教育教学服务,为师生服务。主要领导和组织总务处的全体工作人员努力做好学校后勤工作,并定期向主任和分管校领导报告工作。

一、认真贯彻执行党和国家的有关方针、政策,遵纪守法、廉洁奉公。

二、负责抓好基建,管理维修好校舍、水电设施、体育场地。落实校园绿化,加强校园建设,逐步达到绿化、美化、净化的要求。

三、加强环境卫生管理,保持学校环境卫生的整洁。

四、管理好学校资产,落实管理制度,定期检查保管员的工作,做到学校固定财产账实一致。

五、落实好每届学生的设施设备完好,定期督促检查,确保学校财产不受损失。

六、负责保证学校教学设备的完好使用,保证教学秩序的顺利进行。

七、分校区抓好常规管理工作,确保水电气的使用。

八、经常巡查校园,发现财物被损,立即追查责任,维修处理,定期检查校舍安全情况,做好记载。

九、协助总务处主任完成其他相关工作。

(审校:凌文泉　王际川　陈星舟)

学校信息中心主任、副主任职责

信息中心主任职责

一、协助上级领导制定校园网建设及网络发展的总体规划,组织并实施学校信息化建设的目标和任务。

二、协助上级领导制定网络中心日常工作计划,安排并管理网络中心的日常工作。

三、负责制订、完善中心的各项规章制度。

四、制定中心各类人员的岗位责任制。

五、负责网络中心工作人员的队伍建设。

六、对中心工作人员的分工和工作时间进行安排。

七、熟悉各种网络设备和系统软件的安装、配置,处理各种突发故障。

八、为学校各计算机局域网及各部门信息平台建设提供技术支持和指导。

九、拓展信息中心业务范围,充分发挥校园网的作用。

十、负责在学校党委领导下协助分管领导做好信息中心各项工程的实施。

信息中心副主任职责

一、协助主任制定信息技术中心的长远建设规划及年度实施计划。

二、协助主任完善信息技术中心各项规章制度,抓好日常管理。

三、负责信息技术中心的思想政治工作,加强组织建设,强化队伍素质。

四、积极开展对外技术服务,着力提升信息技术中心的业务能力和服务水平。

五、积极参加学术交流活动,努力推广网络信息技术,不断促进学校信息化建设。

六、完成领导交办的其他工作。

(审校:吴朋　陈星舟)

教科室主任(副主任)岗位职责

一、定期组织教师学习相关的教育思想、教育科研理论,拟定学校教育科研工作计划,并认真组织实施。

二、做好学校教育科学研究重要课题的确定。

三、及时、准确、有效地收集和介绍教育科学研究信息,为校长的教育科学研究决策提供咨询,为学校的教育决策提供科学的依据,为教师的教育科学研究活动提供情报。

四、切实抓好校内教育科学研究试验项目的落实、总结和成果的推广工作,亲自参与领导学校新承担的各级课题项目的研究。

五、负责学校教育科学研究的普及工作,组织各种活动,努力提高学校教育科研骨干的政治思想素质和科学研究能力。

六、做好学校相关的对外宣传工作,配合校长室抓好各项需先试点再推广的工作。

七、定期组织教育科研成果交流会,编制教育论文集,总结推广教育改革和教育科研的成果。

八、协助教务处指导、考核、评估教师的教学工作,切实推进学校的素质教育。

九、教科室副主任协助主任做好学校教育科学研究的有关工作。

(审校:李卫国 方锐)

学校督导室主任工作职责

督导室主任在学校党委书记的领导下,以提高教学质量为核心职责,致力于完善教学质量监控体系,全面监控学校教学工作运行状况,做好督查、指导等方面的工作。

一、完善教学质量监控体系,建立二级督导组织。制订和完善督导工作的规章制度,明确各级督导组织、督导员的工作职责。

二、指导各年级督导组开展各项教学督导活动。

三、对全校教师课堂教学和实践教学质量实行监控督查,督促教务处、教研组和年级组检查任课教师到课、执行授课计划及各个教学环节情况,规范教学行为。

四、督导青年教师尽快熟悉教学过程,掌握教育教学规律,改进教学方法。

五、督导室成员要经常深入课堂开展督导听课,每周开展教学秩序巡查不少于1次,要认真填写听课记录及教学巡查记录。

六、定期召开督导工作例会,交流情况,分析工作。每学期召开一次总结会议,总结学期工作,为提高教学质量提出建议和意见。

七、督导学生处和教务处做好每学期的学生评教和教师评学工作,做好评教、评学信息的统计、分析、上报工作。

八、督导学生处和年级组织做好学生信息员工作,做好学生信息员的信息收集、处理工作,定期向分管校领导汇报。

九、督导学生处每学期开展一次学生满意度调查,就教风学风、学生管理、后勤保障等诸方面进行测评,并对测评数据进行科学分析,为领导科学决策、改进工作提供第一手资料。

十、督导其他职能部门做好教学检查、考风考纪建设等工作。

十一、督导学生处检查各年级工作计划的制定和执行情况,确保任务完成的质量和效率。

十二、完成领导交办的其他督导相关工作。

(审校:庞梅　赵忠　方锐)

学校保卫科科长工作职责

保卫科是学校保卫工作的主管部门,是学校的消防、安全保卫机构,在主管校长领导下进行学校治安综合治理的日常工作。保卫科科长职责是:

一、认真贯彻学校和上级公安机关的指示,贯彻依靠群众、预防为主、确保重点、保障安全的方针,组织师生进行综合治理,提高学校的自防、自卫和自治能力。

二、负责落实安全保卫责任制和安全技术防范措施,做好防止盗窃、火灾、破坏和其他灾害事故的工作。

三、负责制定治安保卫、安全检查、防火等工作的规章制度,制定要害和重点部位的安全保卫措施,经常检查执行情况。

四、搞好学校内部的综合治安管理工作,防止各种刑事犯罪活动的发生,经常深入现场,进行调查研究,加强对要害部门和薄弱环节的安全防治工作,堵塞漏洞,防患于未然。

五、加强治安秩序管理,开展法治宣传教育,增强师生员工法治观念,预防和减少违法犯罪行为。

六、及时准确地了解、掌握学校动态,负责配合公安机关查处校内刑事案件和治安案件。

七、负责全校的安全防火工作,严密消防制度、健全消防组织、定期进行业务训练,管理消防设备,开展防火宣传,进行防火检查,对火灾隐患提出整改意见。

八、加强对门卫的领导与管理,建立值班制度,做好接待和来访登记工作。

九、建立健全治安保卫管理制度,做好平时与假日的值班保卫工作。

十、负责办理校领导和公安机关交办的其他工作。

十一、在校长和分管副校长的领导下，具体负责学校日常安全管理工作。根据学校安全工作计划，制定部门实施细则，定期向分管安全工作的副校长汇报学校安全工作情况。

十二、按时参加上级有关部门召开的安全会议并按相关要求上报学校安全工作计划、总结、报表、材料、信息等。

十三、坚持每天对校园及其重点部位进行巡查，发现安全隐患，立即责成有关部门进行整改并启动责任追究制度，规定完成整改的时间。问题严重的要及时向分管副校长汇报，制定详尽的整改方案。建立健全安全隐患排查整改台账，相关负责人及时在记录表上签字。

十四、结合学校安全工作实际，开展治安、消防、交通等校园安全宣传教育。

十五、履行校园日常安全管理和活动安全管理职责，检查督促各部门落实各种活动安全预案及安全措施。

十六、负责校园“三防”（人防、物防、技防）建设，管理安保人员，维护安防设施。

十七、负责学校门卫管理，夜间、节假日值班和巡逻安排，加强对值班人员的管理和检查。

十八、负责全校消防栓、灭火器、报警器、疏散通道等消防设备的日常检查和维护，保证校内消防器材的完好、有效，确保正常使用。

十九、配合学校安全工作领导小组主动与相关部门联系、协调，建立密切的工作关系，搞好校园周边环境综合治理。

二十、校内发生安全事故或突发事件，要在第一时间赶到现场，及时向学校安全工作领导小组汇报，并根据应急预案配合指挥组落实报警、抢救、疏散、保护现场、调查取证、信息上报等工作，妥善处理突发事件。

二十一、根据有关规定妥善保管视频监控录像资料，并建立资料档案。

二十二、完成领导小组交办的其他安全工作。

（审校：姜宇龙　方锐）

膳食科科长工作职责

一、负责学校膳食管理的全面工作。执行国家的法律、法规和学院的各项规章制度,完成后勤处下达的目标任务。

二、负责膳食科年度工作计划、工作总结。

三、负责膳食科维修改造工作计划和预算,安排专人负责临时性维修改造工作。

四、每天一次餐饮安全工作查,发现的问题及时指出,及时整改。巡查有记录,有负责人签字的整改通知留档。

五、每月前五个工作日内上报上月盈亏情况,每天做前一天的盈亏情况统计。

六、负责膳食科及服务部各类人员的岗位职责,规章制度、工作流程、实施细则、记录表格等的制定与实施,做好年终工作总结。

七、牵头对入库货物进行检查核对,核对内容包括货品、规格、质量、重量、价格、票证、台账登记等内容,检查情况有记录。

八、牵头对各个食堂的留样及记录情况进行检查,检查有详细记录,需整改的应有整改人签字的整改通知,每月不少于2次。

九、负责校内餐饮从业人员的政治业务学习、思想教育、安全教育、职业道德规范教育和业务指导等工作,特别是安全教育,必须有详细的学习记录,每学期不得少于10次。

十、定期召开伙食监督工作会,每学期不得少于2次,听取就餐师生的意见和建议,及时整改存在的问题。会议应有相关记录。

十一、对各部门的签单做好详细的登记和管理,及时办理经费划拨手续。

十二、牵头开展对电路、罐装液化气使用、灭火器情况的监督检查工作,每星期不得少于1次,检查有登记,整改有通知及整改情况反馈。

十三、负责各类临时性订餐的安排、服务工作。

十四、做好员工工资的结算工作。

十五、做好固定资产的管理工作,包括登记、日常维修、报废、防盗等工作。

十六、完成处领导交办的其他工作。

(审校:王龙锐　张茹茂)

财务科科长职责

一、负责建立、健全财务管理体系,对财务部门的日常管理、年度预算、资金运作等进行全面管理。

二、在学校总体制度规范下,组织制订、完善学校财务制度、核算规范和工作流程,并监督制度的执行情况。

三、建立学校内控制度中涉及财务的部分,完善财务治理及整改,参与学校基建工程、后勤工程及资产采购等各项业务,参加行政会并汇报财务工作,撰写财务科计划、总结等,有效监督学校按财务制度合规开展经济业务,管控财务风险和经营风险。

四、组织领导财务部门开展财务管理和会计核算,协调学校各部门的关系,保证财务部门正常工作秩序。

五、负责主持财务报表及财务预、决算的编制工作,为学校经济决策提供及时有效的财务分析,有效监督预算执行。

六、负责税务整体筹划和管理,按时完成纳税申报、年度审计和汇算清缴工作。

七、协调工商、银行、税务及相关部门的关系,学校建设期对接银行项目贷款工作,权衡筹资成本,掌握学校资产负债结构;统筹管理和运作资金并对其进行有效的风险控制。

八、按照财务管理要求,定期或不定期向书记、校长、党委会、行政会汇报财务状况和重大事宜等。

九、定期公开预算、决算,定期向教职工公开财务情况、向学生公示收费情况。每月将报销的费用分发给处室、年级负责人,进行成本控制。每月将数据发送给学校财务负责人,以便掌握学校教职工收入情况。

十、负责财务部门团队建设,不断提高财务队伍业务素质,满足财务管理需要。

(审校:邹丹　方锐)

学校团委书记工作职责

一、团委书记是学校共青团工作的负责人,在上级团委、学校党委的领导下负责全校的基础团务工作。

二、主持召开团委会和各年级团支部书记会,传达校党委和上级团委的指示,研究确定本校团的工作任务和目标。

三、根据上级部门的工作部署,主持制定团委工作计划,并检查、督促和总结工作。

四、组建学生会、广播站、社团组织,开展多元化活动,并使其很好地服务于广大学生。

五、抓好共青团的组织建设、思想建设和作风建设工作。

六、做好团员发展工作、团员档案管理工作和团员关系转出、转入工作;按时收缴团费;协助档案室做好团的资料归档工作。

七、配合学生处做好学生日常生活、学习、纪律的管理工作和清洁卫生的督促、检查工作。

八、组织青年学生开展各种有益的文娱、体育、科技、实验等活动,使学生在活动中积累知识、增长才干、增强能力。

九、加强班级团支部的建设,及时做好团支部的改选、调整和充实。

十、做好少先队推优入团工作及积分入团工作。

十一、指导团干部改善和活跃团的组织生活,加强对团员的教育和管理,发挥团员的先锋模范作用。

十二、完成校党委和上级团委交办的其他各项任务。

(审校:王颖　方锐)

年级主任岗位职责

一、全面负责本年级教育教学常规管理,具体执行实施学校工作计划和管理目标。

二、负责组织本年级教师完成学校及各处室布置的各项具体工作。根据学校教育教学工作计划和要求,结合本年级实际,拟定本年级工作计划,经常督促、检查各备课组、任课教师对各项计划的贯彻落实情况。

三、负责组织本年级教师学习党的路线、方针、政策和国家的有关法律、法规和教育理论,以提高教师的思想水平和业务能力。

四、定期召开班主任工作会议,研究布置德育工作,分析学生的思想状况,使本年级学生教育管理具有针对性。同时,加强班主任工作的评估、总结,并推广班主任工作经验。

五、加强年级教学、教研工作,并监督实施、检查和考评。抓好年级的纪律风气和学风建设,在处室统筹协调下开展各年级"教学大比武"活动。

六、具体组织各班级、各备课组开展各种实践和课外活动,如学科竞赛、强基计划培训、优生对抗赛、科技文化体育艺术节、研学等活动,充分发挥学生的个体特长和培养学生的创新意识。

七、协调本年级教师之间的关系、班主任与任课教师之间的关系、班与班之间的关系、教师与学生之间的关系,使本年级师生成为团结、合作、奋进的集体,共同完成年级奋斗目标。

八、督促本年级教师遵守各项规章制度,并搞好考勤记录,批准教师1天以内的请假,协助行政办公室汇总年级教师月工作量津贴发放。

(审校:沈丹　王延杰　张茹茂)

年级组长岗位职责

一、根据学校工作计划及年级特点协助年级主任制定年级工作计划,落实本年级的常规管理工作,组织和协调本年级的教育、教学活动,具体落实学校教育工作计划的实施,协调年级组的整体工作。

二、管理和指导本年级班主任工作,组织班主任学习德育工作理论,研讨工作方法,提高工作水平。督促本年级班主任制订班主任工作计划,记录好班主任手册,并检查落实情况。负责本年级学生的思想教育,指导班主任建立学生档案,落实帮教计划,帮助班主任解决工作中遇到的困难,指导班主任对学生的德育评价工作。

三、积极做好本年级教师思想政治工作,协助年级主任组织好年级组教师的集中学习和各类活动。及时发现年级组内存在的问题并妥善解决。抓好年级组教师典型,发扬先进,带动全组。

四、督促各班搞好公益活动和安全卫生工作;协同班主任及时妥善处理学生中的偶发事件;协助团队干部开展团队活动;协调组织本年级各项文体竞赛等活动。

五、适时召开年级组学生或学生干部会议,解决学生德育方面存在的问题。召开年级组学生家长会,全面汇报学生总体情况,加强与家长的联系。督促班主任做好学生家访工作,落实"控流"措施,减少学生非正常辍学。

六、按照学校规定,安排本年级教师的请假代课,做好代课的统计工作。

七、抓好年级办公室常规管理,做好各种相关记录,搞好办公室环境布置和卫生值日工作。

八、协助学校做好班主任工作的检查和考核工作,完成学校布置给本年级的所有工作。学期结束做好总结并将有关资料及时收集汇总,遇到重大问题及时向年级主任和学校请示汇报。

(审校:庞梅　赵忠　张茹茂)

教研组长和备课组长职责

一、教研组长的职责

(一)组织领导:负责组织和领导本学科的教研活动,推动教师之间的交流与合作。

(二)教学计划:参与制订和修订学科教学计划和教学进度安排。

(三)教学质量:监控和评估本学科的教学质量,提出改进建议。

(四)教学研究:引领本学科教师进行教学法、教材内容等方面的研究与探索。

(五)培训与发展:组织本学科教师的业务学习和专业发展活动。

(六)新教师指导:协助新教师快速适应教学工作,提供必要的指导和支持。

(七)行政协调:传达学校的教育政策和信息。

二、备课组长的职责

（一）课程准备：组织本年级或班级的教师进行集体备课，确保教学内容的准备充分且统一。

（二）教案审核：审查和协调各教师的教案，保证教学质量和标准的统一性。

（三）资源共享：促进教学资源的共享，包括试卷、教辅材料等。

（四）教学探讨：定期组织教师讨论教学中遇到的问题和挑战，分享经验和策略。

（五）学生学习：关注学生的学习状况，分析成绩，找出问题并提出改进措施。

（六）沟通协作：加强与家长和其他学科教师的沟通，以更好地服务于学生的学习和发展。

（七）作业监督：监督并协调学生作业的布置与批改，确保作业质量。

（审校：庞梅　赵忠　张茹茂）

班主任岗位职责

一、做好学生的教育引导工作。认真落实学校德育工作的要求，积极主动地与其他任课教师一道，利用各种机会开展思想道德教育，引导学生明辨是非、善恶、美丑，从身边的小事做起，逐步树立社会主义荣辱观，确立远大志向、增强爱国情感、明确学习目的、端正生活态度、养成良好的行为习惯。

二、做好班级的管理工作。加强班级的日常管理，维护班级良好的教学和生活秩序。上好每周一的班会课。坚持正面教育为主，对学生的点滴进步及时给予表扬鼓励，对有缺点错误的学生要晓之以理、动之以情，进行耐心诚恳的批评教育。做好学生的综合素质评价工作，科学公正地评价学生的操行，向学校提出奖惩建议。努力营造互助友爱、民主和谐、健康向上的集体氛围，形成有特色的充满活力的班级和团（队）文化。加强安全教育，增强学生的自护意识和能力。

三、组织好班集体活动。指导班委会、少先队中队、团支部开展工作，担任好少先队中队辅导员,组织开展丰富多彩的团队活动;积极组织开展班集体的社会实践活动、课外兴趣小组、社团活动和各种文体活动,充分发挥学生的积极性和主动性,培养学生的组织纪律观念和集体荣誉感。

四、关注每一位学生的全面发展。教育学生明确学习目的,端正学习态度,掌握正确学习方法,培养学生良好学习习惯、生活习惯、劳动习惯,增强创新意识和学习能力。了解和熟悉每一位学生的特点和潜能,善于分析和把握每一位学生的思想、学习、身体、心理的发展状况,科学、综合地看待学生的全面发展,及时发现并妥善处理偶发事件。为每位学生的全面发展创造公平的发展机会。

五、班主任是学校教育工作最基层的组织者和协调者。班主任老师要协调好各任课教师,做好班级的管理和建设工作、学生的教育和引导工作,积极支持少先队、共青团、班委会开展班级活动,还应成为沟通学校、家庭、社会的纽带,及时了解学生在家庭和社区的表现,引导家长和社区配合学校共同做好学生的教育工作。

六、严格按上级和学校规定的收费项目和标准收取费用,并按时足额上缴,严禁私自乱收费。

七、制订好班主任计划,检查计划执行情况,做好总结工作。不断提高工作水平。

八、认真完成学校和年级布置的临时任务。

(审校:程明　张茹茂)

学校教师工作职责

为了进一步规范学校教师教育教学行为,认真贯彻党的教育方针、切实执行《中华人民共和国义务教育法》和相关的教育法规,加强教学管理,维护学校正常教学秩序,特制订本工作职责规范。

一、书写教学计划规范要求

(一)教师个体教学计划规范要求

1.教师教学计划制定的依据是本学科课程标准、教材以及学生情况。

教学计划是实现教学目标和任务的系统规划。在开学第一、二周内完成。

2.教学计划的内容。

(1)学生基本情况的分析:学习态度、学习习惯、基础知识、自学能力、智力水平、心理素质等。

(2)对教材的简要分析:本学期教材在学科教材中的地位和作用,教材的基本结构,知识点和重难点。

(3)确定本学期的教学目标:培养能力目标,发展智力和学科德育目标。

(4)教学时间分配及进度。

(5)承担其他任务:如课外活动辅导,开设选修课,各种课题实验等要填写申报表并均有相应的教学辅导计划。

(二)备课组(两人及两人以上)工作计划规范要求

备课组工作计划由备课组共同制订,备课组长执笔完成。一般包括以下内容:

1.确定年级教学进度计划,理化生还应同时考虑实验计划、实验研究计划。

2.确定年级总体教学目标。

3.制订提高本年级本学科教学质量的具体措施。

4.制订备课组教研活动计划(含中心发言人的确定、发言的内容和备课方式)。

5.确定单元检测题的命题人。

(三)教研组工作计划规范要求

教研组工作计划由教研组共同制订,教研组长执笔完成,一般包括以下内容:

1.制订教育理论、各地教学经验和教改信息的学习计划。

2.制订教研活动计划。

3.制订提高学科教学质量的具体措施。

4.制订开展教育科研及推广教研成果的计划。

5.制订学科课外科技活动、文体活动、竞赛活动计划。

6.制订本组培养青年教师及老带新计划。

二、教师备课规范要求

(一)钻研学科课程标准和教材,结合学生实际,考虑德育渗透内容,侧重教学设计和学法指导,重视能力培养。写好课时教案。教案应有如下几方面内容:

1.教学时间(第×周第×节)。

2.课题和课型。

3.教学目标。

4.教学重点和难点。

5.教学方法。

6.教学过程。

(1)导入新课;

(2)讲授新课——要求体现教师自己的教学思路及解决重点、难点的方法、步骤(重在体现授课思路,体现如何教);

(3)本课小结;

(4)布置课后作业。

7.课后反思。

(二)公开课必须集体备课,写好规范详细的教案,由教研组长签名后交付复印。

(三)提前备好课,写好教案,上课前一天准备教具。演示实验或分组实验,教师要先完整地做一遍。

(四)复习课、练习课、试卷作业讲评课、作文课同样应写教案,可以写简案。测验要在教案中注明,不单独占用一课时的教案。

(五)课前应复习教案,对教案可以进行必要的修改。

(六)对教学效果进行反思和检查,写好“课后反思”。

三、教师上课规范要求

上课是教学的中心环节和基本形式,上好课是教师的基本职责。

(一)上课预备铃响,上课教师进入教室,组织好学生做好上课准备,并清点学生人数。上课铃响后师生互致问候,开始上课。下课铃响后师生互相道别后休息。

(二)教师在上课前要做好充分准备。上课时应带齐教科书和有关教具、仪器、教案和有关资料,不能无教材无教案到教室授课。

(三)教师在上课时要衣着整洁,仪表端庄,举止得体。不能因衣着配饰不当分散学生注意力。

(四)要按课程标准、教材内容授课,不得在授课时间内讲与教学无关的事。

(五)教师在教学中要严格按教学计划行课,在一学期里不得随意提前完成教学任务,也不能不完成教学任务。

(六)认真实施课时授课计划(教案),注重教学过程中的信息反馈,及时进行必要的调整,以求获得最佳效果。

(七)教学目的明确,讲授知识正确,脉络清晰,语言简洁、流畅,音量速度适当,富有逻辑性、启发性、趣味性,尽量用普通话教学。教学中要善于启发调动学生主动地、生动活泼地学习,注意培养学生的能力。

(八)板书设计合理,字迹工整,书写规范,大小适度,不写错别字。

(九)教师在上课时,若遇偶发事件,应冷静、及时、妥善处理。遇重大问题无法解决时,要及时向有关领导汇报处理。不得体罚和变相体罚学生。

(十)按课表上课。未经同意,任何人不得改变课堂设置和课时安排,未经教务处同意不得私自停课,擅自换课、调课或代课。因公或因私请假须持有关证明(会议通知或病情证明等),按学校有关规定履行请假、销假手续。未经同意,任何人不得把校外人员带入课堂。

(十一)要关心爱护学生,不挖苦、嘲讽学生。

(十二)上课过程中不得接打电话。

(十三)教师上体育课时,首先清点人数,弄清未到学生的原因。要加强安全教育,防范安全事故。学生活动过程中教师必须在现场,否则出现安全事故教师要承担责任。不得提前下课。

四、教师听课规范要求

教师是影响教学质量的关键因素。教师的教学能力、教学经验、教学态度及教学效果如何能通过听课充分把握;听课可以加强教学管理,促进教师相互学习,提高教师教学水平,有助于提高教学质量。

(一)学习型听课

1.新入职的青年教师,必须每周听本学科课不少于2节,每学期听课至少40节。

2.教师每学期听课不少于20节。

3.听课教师要有听课笔记。

(二)指导型听课

1.教研组长、备课组长、骨干教师每学期听课不少于25节。

2.要求有听课笔记,每次听课后必须向讲课教师提出指导性评价且要有记录。

(三)检查型听课

1.校级领导、行政干部每学期听课不少于30节。

2.根据情况,教务处组织不定期的检查性听课每学期不少于2次。

五、自习辅导规范要求

(一)要保证辅导时间,按时到班辅导,对无故不到班辅导的,按学校纪律规定处理。

(二)辅导内容:包括学法指导、习惯培养,一切非智力因素的培养和提高,也包括质疑能力的培养。

(三)辅导方法:对不同层次的学生进行个别辅导,对特长生的辅导,主要是指路(发展方向),指法(学习方法),有计划地严格培训;对差生的辅导,应重在帮助他们解决一些思路上的具体困难,树立信心,改进学法,查漏补缺,跟上教学进度。

(四)教师不得从事有偿家教。不准安排本校学生到家里辅导,否则视为有偿家教。

六、作业布置与批改规范要求

(一)布置作业的内容要符合课程标准和教材的要求,紧扣核心素养培养,所有布置的作业,教师必须先做一遍。布置作业难易要适度,份量要适当,一般以中等水平学生为准,作业尽量在课内安排时间完成。要减轻学生负担,不准私自和变相私自订购教辅资料及试题,加重学生学习负担和经济负担,要给学生留有自学的时间和参加课外文体活动或科技活动的时间。

(二)作业批改要及时,以便教师了解自己的教学效果,学生了解自己的学习结果。

(三)作业批改的方式可根据实际情况决定。要全收全改,提倡对学困生当面批改。对作业中反映出来的倾向性问题应有记载和分析。作业批改要有对错符号,要落批改时间。

(四)作业批改后,要针对学生作业中的普遍性问题,进行集体评讲,对特殊性问题进行个别辅导。同时要引导学生逐步掌握自我评价的一般思路和方法。

(五)对少数缺交作业或作业态度不认真的学生要及时教育,督促其补交或纠正。

(六)教务处将定期抽查布置作业次数和批改作业的情况,抽查结果记入教师绩效考核。

七、实验指导规范要求

(一)教学中的演示实验和学生实验是培养学生动手能力、求实精神、科学态度、科学研究方法和创造性思维的重要手段,是教学工作不可缺少的重要环节。必须按课程标准和教材要求认真完成各项实验。充分利用现有设备做好每一个实验,鼓励教师自制和改进教具,鼓励教师将现代教育技术引入课堂。

(二)对演示实验的基本要求:

1.必须提前三天填写实验通知单,交实验员准备。

2.课前准备实验器材、药品。教师必须亲自做当堂课所有实验等,作为备课的一个重要内容,保证实验达到预期的效果。

3.实验完毕,将废弃物妥善处理,及时将器材、设备或药品交还实验室并做好清洁整理工作。

(三)对学生分组实验的基本要求:

1.提前三天填写实验通知单,交实验员准备。

2.实验前要指导学生预习。使学生明确实验目的、内容、要求和有关注意事项。教师必须讲清楚本实验可能存在的安全隐患和防范措施;教师必须讲清楚不按操作要求进行实验可能造成的危害,否则教师要承担相应责任。教师在课前要协助实验员对实验器材药品进行认真检查,确保实验正常进行。

3.实验时要管好学生纪律,加强安全防范,杜绝安全事故的发生。因教育不力、管理不善造成学生伤害事故的教师要承担责任。做好课堂组织工作和现场实验指导。帮助学生分析和解决实验中遇到的各种问题。实验过程中,教师不得离开实验室。

4.及时布置、认真指导学生书写实验报告,及时收取、批改、发还实验报告,并针对存在的问题进行必要的评讲。

5.实验完毕,要协助实验员完成财产的清理,对损坏、遗失的仪器物品按规定处理,并按照上级主管部门的要求,及时填写有关表册。

八、成绩考核和评定规范要求

(一)学校统一组织对部分学科的半期和期末考试。测验范围必须包括每个单元,放在期末新课结束之前。

(二)要认真确定命题人。半期考试的命题教师由学校指定或备课组商定。单元检测的命题教师由教研组或备课组自定,在确定命题教师时,既要充分发挥骨干教师的作用,又要注意新老结合,培养青年教师。

(三)要保证命题质量。

1.要有科学的内容。一是学科意义上的正确性;二是要学科教育上的合理性。

2.要有准确的目的。要紧扣教材,针对近几年高、中考及会考的实际,结合学生的实际情况,进行命题。

3.覆盖面要宽,难度要恰当。命题难度、区分度要适当。要注意效度、信度。防止出“偏、难、怪”题,试题内部和试题之间应避免互相交叉。

4.试题表述要简明,命题技巧要提高。要尽量使试题小中见大,少中得多。要合理赋分。

5.要做好保密工作。在命题、校对、打印稿件时,要防止将试题或答案泄露给学生。

(四)要严肃考纪,端正考风。

(五)半期考试必须流水阅卷,合理评分。力求客观、公正。要及时上交学生成绩,及时做好质量分析(包括成绩、问题、改进教学的措施等)。

（六）评讲要及时。要充分肯定成绩，实事求是地指出问题，分析产生错误的原因，指导学生进行总结，并给学生介绍防止差错的方法和应试策略。帮助个别学生克服怯场心理，增强心理承受力，提高应试水平。

（七）各学科要不断探索不同考试类别的功能、命题原则、实施程序和方法。要适当开展理化生实验和计算机操作考试、英语听力考试等。

九、教研活动规范要求

教研活动由教研组长主持，全组教师按时参加。要做好考勤登记，活动内容记载交教务处检查，开展教研活动要注意以下问题：

（一）教研组活动的主要任务是，依据活动计划，以研究教材教法为重点，以提高教师素质为根本，以提高学生素质为中心课题，全面提高教育教学质量。

（二）每个教研组每周必须开展一次教研活动，时间为2节课，每个教师要积极参加教研活动，服从工作安排，认真完成学校、教研组、备课组交办的教研任务。

（三）每学期都要组织教师学习（集体或自学）教育理论、教育方针、重要教育经验和信息。

（四）每次活动，要主题鲜明，准备充分，从实际出发，重点解决一至两个问题，确定每单元备课中心发言人。

（五）在教研活动时间内，除重点研究教材教法外，还要研究落实教学过程中几个薄弱环节——作业批改、课外辅导、培优补差、狠抓中下等生等。

（六）每个教师都要制订自我进修计划。凡没有教过毕业班的青年教师都要落实“老带新”一帮一的对子。“老带新”对子中的青年教师除了虚心向指导教师学习外，还要充分利用教研活动来提高自己的自身素质。教研组、备课组每学期应安排一次交流学习。

十、教学工作总结规范要求

（一）教学工作总结按时间划分可为半期总结、期末总结、学年总结。

（二）每学期半期考试后，教师、年级组、教研组、教务处管理人员，都要围绕“教学”这个中心进行一次认真的总结。检查计划执行情况。总结出经验，找准存在的问题。提出下半学期的改进措施。

(三)考试后,各年级要对“教学质量”进行认真分析,对教学工作进行认真总结。备课组要写出备课组工作总结。

不按本规范要求从事教学的要在绩效考核中扣减相应分值。造成不良后果的应当提请“教学事故”认定,认定为“教学事故”的按相关规定从重处理。

(审校:庞梅　赵忠　王延杰)

学校教务员一岗位职责

一、负责管理学校阅卷系统和实施阅卷系统的操作,进行试卷读卡及数据统计与分析。

二、负责学校试卷题库建设和试题整理归档工作。

三、负责学校教学铃声系统的调试与管理,进行定期维护与调整。

四、参与学校油印室教师和学生教学资料的油印和数量统计工作——常态工作。

五、参与学校半期、期末及各种大型考试考务相关工作,参与试卷的分发、收集、装订或考务室的布置等。

六、参与学校课程调整工作,参与课程管理和统计工作。

七、负责新教师的招聘考核工作。

八、负责迎检材料的收集与准备。

九、其他临时性工作。

(审校:庞梅　王延杰)

学校教务员二岗位职责

一、负责学校校本教研管理和相关资料的发放,教研组长、备课组长例会会议记录与重点教研活动管理。

二、负责学校内部各学科优质课、展示课、研究课等的接待及相关工作的协调。

三、负责学校每周市、区、校各级教研活动安排表的张贴及工作安排。

四、负责学校每周各教研组校本教研活动的考勤与每周考勤情况统计表的填报与上报、张贴等。

五、负责教务处档案资料的装订与上交、整理、归档等。

六、参与学校半期、期末及各种大型考试考务相关工作,参与试卷的分发、收集、装订或考务室的布置等。

七、其他临时性工作。

（审校:庞梅　王延杰）

学校实验员岗位职责

一、负责实验室仪器设备的存放与管理

(一)搞好实验室环境管理;

(二)做好仪器设备的验收及计划采购工作;

(三)做好仪器设备的登记建账工作;

(四)做好仪器设备的陈列摆放工作;

(五)做好仪器设备的保养、维护工作;

(六)做好仪器设备的维修工作;

(七)做好仪器设备的清产核资及工作变动时的交接手续;

(八)开展实验室管理及实验教学研究工作。

二、负责实验室仪器设备的使用管理

(一)与任课教师一起制定实验教学计划,认真组织实施,确保实验开出率;

(二)做好实验课的准备工作;

(三)做好仪器设备的借、还登记工作;

(四)做好损耗仪器的报损工作;

(五)开放实验室,搞好第二课堂及与实验有关的社团服务工作;

(六)做好实验教学的协调组织与管理;

(七)协助高中理化生教师做好高中实验考试的准备工作。

三、实验室安全管理

(一)以防护为主,确保实验教学安全;

(二)经常检查,确保用电安全;

(三)管好用好化学危险品;

(四)定期检查实验室消防设施。

四、实验室档案管理

(一)做好实验室各项记录;

(二)认真做好实验室学期工作总结。

五、服从教务处主任的工作安排,协助主任做好教务处其他工作

(审校:庞梅　王延杰)

图书管理员岗位职责

一、建立健全图书账册。

二、做好图书保管和借阅工作。

三、搞好图书室环境清洁,做好防火、防尘、防霉、防蛀工作。

四、做好图书的检查和修补工作。

五、做好借书人要爱护图书的宣教工作。

六、报纸、信件的收发工作。

七、报刊的征订工作。

八、服从教务处主任的工作安排,协助主任做好教务处其他工作。

重庆市求精中学校教务处

2023年12月27日

信息技术教师工作职责

一、学科教学。负责信息技术课程的设计、讲授、作业布置和检查,以及测试等常规教学工作。这包括充分的备课,如教案的编写、教具及教学课件的准备等。

二、维护和管理。负责学校计算机及网络设备的维护和软件更新，包括电脑网络维护、保养工作，以及办公文件的打印和防病毒工作。

三、教学研究。积极参与信息技术教育教学研究活动，探索教学方法，总结经验，并撰写相关论文。

四、学生指导。对学生进行信息技术知识教育，组织并参与信息学奥林匹克竞赛培训，培养学生对信息技术的兴趣。

五、技术支持。为学校其他部门提供技术支持，包括网络管理、设备维护、电脑修理等。

六、职业发展。持续学习和更新计算机软硬件知识，以适应信息技术教育的不断发展。

七、职业素养。遵守教师职业道德，关心爱护学生，以身作则。

八、协作与沟通。与其他教师协作，参与组内会议。

九、创新和奉献。具有创新精神和奉献意识，不断提高教育质量，满足家长、学校的要求。

（审校：吴朋　王延杰）

心理健康教师工作职责

一、主要工作

心理健康教师在学校德育处的领导下，全面负责校园内的心理健康教育宣传工作，营造心理教育的校园氛围；负责开展学校学生发展性和补救性心理教育工作，包括班级团体辅导、保健及心理选修课和心理咨询等，调节教师工作压力；协助学校德育工作的开展。

二、具体任务

1. 根据《中小学心理健康教育指导纲要》和学校德育处工作精神的指导，按计划、有步骤地开展工作；

2. 贯彻预防性心理教育为主的工作方针，深入学生学习活动中，了解学生心理问题的倾向，适时地开展心理教育及宣传工作；

3. 严格按照《心理咨询人员工作守则》开展咨询工作，热情接待学生、家长的来访咨询，认真处理他们提出的各种问题，帮助学生及其家长调节心理状

况,并对心理偏常的学生进行及时的诊断和鉴别;

4.主动协助校学生处和各班班主任开展各项工作,积极为学校教育教学工作提供相关的专业意见;

5.通过各种途径在全校范围内积极开展各种心理健康宣传活动,提高全校师生对心理健康常识的认识,从而提高自我觉察能力;

6.每学年度开始对初一、高一新生开展心理健康测试工作,建立学生心理健康档案,并认真做好其管理和使用工作;

7.协助处理学生行为、心理偏常事件;

8.进行教师心理素质的提高和优化工作,进行适当的辅导;

9.加强业务学习,不断提高业务水平,提高心理健康教育科研能力,承担心理辅导咨询方面的科研工作,积极总结心理辅导咨询经验,探索心理辅导咨询工作的理想模式;

10.认真完成学校及学生处布置的临时任务。

(审校:蒋京灵 王延杰)

学校网管员工作职责

一、负责网络、办公设备的日常维护,及时排除各种故障。

二、负责服务器各类病毒的防范与清除。

三、负责服务器、路由器、交换机等网络设备的管理和维护。

四、负责学校内部机房、网络的管理和维护。

五、负责网络设备维护,协助设计综合布线。

六、负责简单通信线路的维护。

七、完成上级领导交办的其他事务。

(审校:吴朋 王延杰)

档案员工作职责

一、接受办公室主任领导。

二、认真学习《中华人民共和国档案法》《中华人民共和国保守国家秘密法》和现代档案管理知识技术，遵守档案管理制度，掌握现代化档案工具的使用，不断提高档案管理水平。

三、热爱档案管理工作，工作勤奋、严谨细致、积极主动、热心服务，为全校教职工查阅档案资料提供方便。

四、及时贯彻执行上级各部门关于档案工作的各项方针政策和业务规范。了解学校行政分工，密切与学校各部门联系，了解其职责范围和工作规律，及时收集各部门的资料进行整理归档。

五、学习和掌握电脑管理软件，熟悉档案内容及存放的位置，减少盲目性，提高工作质量和工作效率，做好一年一度的档案立卷工作。

六、及时、准确填写有关材料，做好统计上报工作。

七、加强对档案库房管理，定期对档案库房进行检查。对机密档案和资料要做好保密工作。负责搞好档案室的日常清洁卫生工作和防火、防盗、防尘、防潮、防虫、防遗失等工作。

八、完成校领导交办的其他工作。

九、按规定对陈旧和失效的档案资料进行妥善处理。

（审校：贾雷雷　王延杰）

学生事务员职责

一、负责安排、管理劳动班级的劳动任务。

二、负责学生校服的订购、发放、补办等。

三、负责学生牛奶的订购、发放等。

四、上级布置的其他临时性事务工作。

夜间校医值班员职责

一、值班时间为每周周日至周五（晚17:30—次日晨07:30），负责住读部学生突发疾病的应急处理。

二、参与住读部学生夜间管理。

（审校：蒋京灵　王延杰）

学校学籍员岗位职责

一、要确立为教学第一线服务的思想,勤恳踏实、认真负责地做好学籍管理和其他教务工作。

二、建立学生学籍卡规范的管理制度,实现学籍的电子化管理。学籍卡的有关信息要及时收集登录。期中、期末、调研考试后及时存档各科成绩电子版和纸质版。

三、做好开学前的准备工作,如新生信息登记表、学籍登记表、点名册等,都必须在开学初发到各年级、各班级。开学前,负责办理学生的转学、休学、复学等手续(办理时必需有主管领导批准签名),填写学生登记表及毕业证书,做好毕业证的发放和核查工作。

四、准确掌握各年级学生增减情况,做好学生数据统计工作。开学两周内,做好学生的注册工作并完成全校学生概况的调查统计工作。按时填写好向区教委汇报的学生情况报表。

五、考试结束后要认真督促、汇总、验收各科考试成绩,负责做好每次考试成绩的计算机统计工作,将统计结果及时报送校长室和教务处。每次统计结果均应妥善归档保存。

六、协助做好每次考试的考务工作,包括清点、分发、装订试卷等。

七、负责做好高三、初三毕业生的材料工作。将学生招生志愿表输入电脑并按时上报区教育考试中心;学生招生志愿表电脑打印稿的复核校对工作;指导班主任按规定做好学生材料袋并进行复核清点后按时送交区教育考试中心。于开学初向教务处主任报告各年级学生数。

八、负责发放高三毕业班学生(大学已录取学生)档案,同时回收录取通知书复印件,做好登记签字工作。

九、负责办理已毕业学生和在校学生有关学历、成绩证明。

十、按规定妥善保管下列材料:学生情况登记表、学生学籍卡、学生各科成绩登记表、考试成绩统计资料、学生学籍变更材料(转学、退学、休学等)、学生补考成绩和升留级记录、新生招生材料和名册、毕业生的有关材料和去向登记表。

十一、负责学校高、初中学籍管理,负责学生学籍档案的建立和转进、转出、病休、复学、借读等。

十二、负责每学期开学教务处各项学籍数据的统计与上报。

十三、负责高考及中考报名的各项相关工作,负责学生高中考各种档案材料的建档、统筹与整理工作。负责高中考学生体检及军飞、民飞报名等各项工作。

十四、负责学校教务处档案室档案管理与整理工作。

十五、参与学校半期、期末及各种大型考试考务相关工作,参与试卷的分发、收集、装订或考务室的布置等。

十六、负责高初中各学科各时间段的毕业会考报名及相关数据的收集及填表等。

十七、负责高初中每届毕业学生名单的确定,装档。

十八、服从教务处主任的工作安排,协助主任做好教务处其他工作。

(审校:庞梅　王延杰)

党委办公室党务干事岗位职责

一、在党委办公室(副)主任的指导下开展工作,承担学校党委学年工作计划、总结、报告、决议等重要文件的起草工作。及时完成党委重要文件材料的起草、征求意见等工作。

二、协助党委办公室做好党委各类会议安排,做好会前收集议题、议程拟制、通知参会人员、布置会场等各项准备工作,并做好记录。

三、负责党委各种会议记录,必要时根据要求整理印发会议纪要。

四、根据党委意图和要求,拟定有关调查问卷,经党委书记审核后印发给相关人员,做到发放到人,及时回收,及时汇总,将意见、建议反馈给党委书记。

五、做好对党委各党支部、各群众团体的协调、服务工作。督促和检查各党支部贯彻党委决议的情况,及时向党委汇报,对发现的问题提出解决措施。

六、协助党委办公室安排好领导班子民主生活会,并做好记录。会后要以书面形式向区教育党工委报告民主生活会情况。

七、协助党委办公室制定党委相关工作日程,编辑整理党委工作大事记。

八、做好党委信息编辑、上报工作。及时收集、掌握学校各种工作动态和信息资料,必要时与行政办公室、教科室、学生处等配合,及时、准确、全面地向区教育党工委上报学校工作动态和信息。

九、做好党委办公室重要会议、决议等的保密工作。

十、按照区教育党工委办公室的要求,定期登陆、维护红岩智慧党建信息平台。必要时督促各支部管理员及时登陆维护。

十一、协助党委办公室每学期期末做好学校行政干部的民主评议工作。

十二、协助党委办公室(副)主任受理人民来信、接待群众来访和参与处置突发事件。

十三、做好党委及党委负责同志交办的其他工作。

(审校:沈丹　王延杰　贾雷雷)

办事员工作职责

一、协助办公室主任处理日常行政事务工作。

二、负责学校宣传工作的资料搜集、整理等工作。

三、负责接待工作的一些具体事务。

四、负责学校考勤工作的具体事务,完成代课加班等的统计工作。

五、负责渝中教育网、重庆教育网等的信息接收及传送。

六、协助主任联系各处室、年级组有关工作。

七、负责编制每周的备忘录及每学期的教职工通讯录。

(审校:张茹茂　贾雷雷)

人事干部岗位职责

一、负责学校教职工的调配、借用、聘用、辞职等相关工作的报批、审核并办理相关手续。这包括新进人员的报到、转正以及晋升等工作。

二、负责本校教职工的工资、社保基金核算、福利、津贴以及升晋级和奖惩的报批和管理工作。同时，需要及时、准确地做好各种统计报表。

三、负责本校教职工人事档案的登记、整理和归档管理工作，指导和协助教务处做好专业技术人员业务考核档案的管理。

四、办理教职工的调动、退休等手续，同时做好病事假、旷职、旷课等相关扣奖造单和教师表彰处分等的登记工作。

五、坚持四项基本原则，认真学习和坚持执行党和国家的人事政策、制度和规定，认真贯彻上级有关人事工作的指示。同时，协助学校领导做好教职工的思想工作和有关政策的宣传、解释工作。

六、负责做好本校专业技术人员的需求预测，协助做好教职工的业务进修、岗位培训的计划安排工作。

七、完成好学校安排的其他工作。

（审校：张茹茂　贾雷雷）

固定资产管理员工作职责

一、遵纪守法、廉洁奉公，服务师生。

二、建立设备及工业建（构）筑物固定资产卡片和各类台账。包括设备分类管理台账、设备封存台账、年度措施及零购新增设备台账。

三、定期组织固定资产清查。

四、组织编制、修订《设备使用手册》。

五、组织编制“设备一览表”。

六、负责办理固定资产领用、租赁和调拨手续，并组织固定资产报废鉴定。办理报废设备对外处理手续，做好残值核算相关工作。

七、负责设备零购计划的编制。

八、有权监督固定资产的合理使用，对违反有关规定的行为有权制止。

九、对领用、租赁或调拨固定资产手续不全行为，有权拒绝执行。

十、做好处室临时分配的其他工作。

（审校：凌文泉　王际川　贾雷雷）

采购员的工作职责

一、认真贯彻执行党和国家的有关方针、政策,遵纪守法、廉洁奉公。

二、凡有购置计划和批准手续的物资,按相关流程规范采购,必须注意质量,及时供应,满足需要,在符合规定要求的前提下,尽量选购价廉物美、耐用的物品。

三、购回的物品必须及时交付保管员验收,购物的票据必须经主管领导、保管员和经手人分别签字后,及时向财会人员报销,完清财务手续。

四、严格执行财经制度,自觉接受学校及财务人员的业务监督。

五、保质保量完成本职工作。

六、负责保证学校教学设备的完好使用,保证教学秩序。

七、做好学校临时分配的其他工作任务。

(审校:凌文泉　王际川　贾雷雷)

出纳岗工作职责

一、遵守国家财经法律,法规和规章,严格执行《中华人民共和国会计法》和《会计基础工作规范》,遵守各项财务管理制度和管理办法,确保会计资料的合法、真实、准确、及时、完整。

二、严格遵守银行存款和现金管理制度,负责办理单位银行结算和现金收付业务。

三、根据会计填制的记账凭证,办理款项收付。收款后及时签字,并将凭证移交会计保管。

四、根据需要及时提取备用金,库存现金做到日清月结、定期盘点,做到账款相符,库内不准代保管私人或未作凭证的现金。

五、准确办理银行各项结算业务,收取银行结算凭证,及时登记银行存款日记账,对未达账款要及时查询,不得签发空头支票,不得将银行账户出借给任何单位或个人办理结算。与银行核对账单,并编制银行余额调节表。

六、建立支票使用登记簿。出具支票要求做到手续齐全,去向明确。

七、负责单位工资、福利等发放工作。

八、妥善保管现金、支票、收据、重要的空白凭证，并采取有效措施，预防盗窃、失火事故的发生。

九、积极完成单位领导交办的其他工作。

（审校：邹丹　陈星舟）

会计岗工作职责

一、岗位职责

（一）遵守国家财经法律、法规和规章，严格执行《中华人民共和国会计法》和《会计基础工作规范》，遵守各项财务管理制度和管理办法，确保会计资料的合法、真实、准确、及时、完整。

（二）严格按照规定设置会计科目，进行会计核算。

（三）根据财政部门的要求和单位的实际情况，负责编制年度部门预算和财务决算，并按时送审上报，做到部门预算和决算数据真实、计算准确、内容完整、说明清楚。

（四）掌握各项费用的开支范围和标准，负责单位日常财务核算工作，认真报账、记账、结账，做到手续不完备不报账，内容不真实不报账，数据不准确不报账；做到账证相符、账账相符、账实相符。

（五）负责单位在职和退休人员医疗保险费用的计缴报销工作；负责在职人员住房公积金的缴存和退出以及其他日常工作。

（六）定期分析、检查预算执行情况，及时掌握单位预算执行情况，主动向领导汇报财务执行情况，为领导提供决策依据。

（七）妥善保管会计凭证、账簿、报表和其他有关会计档案，按规定装订，并按要求及时归档。

（八）加强内部财务监督、检查工作。

（九）积极完成单位领导交办的其他工作。

二、任职资格

（一）遵守职业道德，树立良好的职业品质、严谨的工作作风，严守工作纪律,努力提高工作效率和工作质量。

(二)熟悉财经法律、法规、规章和国家统一会计制度,并结合会计工作进行广泛宣传。

(三)具备必备的专业知识和专业技能。

(四)熟悉本单位的业务管理情况,运用掌握的会计信息和会计方法,为改善单位内部管理、提高经济效益服务。

(审校:邹丹　陈星舟)

会计档案管理岗工作职责

一、岗位职责

(一)认真贯彻执行《会计档案管理办法》等有关档案管理工作的法规、制度,保证会计档案妥善保管、有序存放、方便查阅,严防毁损、散失和泄密。

(二)做好会计档案的收集、整理、鉴定、保管、统计、编目和利用工作。电算化档案还要做好防磁、防潮、防尘,保证其完整无缺,有效利用。

(三)对移交的会计档案,应当编制会计档案移交清册,原则上应当保持原卷册的封装。个别需要拆封重新整理的,档案管理人员应当会同会计主管人员、经办人员共同拆封整理,以分清责任。

(四)负责会计档案调阅工作,会计档案的调阅要严格按照会计制度规定的调阅手续进行办理。

(五)负责定期检查会计档案的到期情况,按规定办理会计档案的移交、销毁手续。

(六)接受上级主管部门的业务指导和监督检查。

(七)定期向领导汇报档案管理情况。

(八)完成领导交办的其他任务。

二、任职资格

(一)做事认真负责。

(二)有较强的沟通能力、数字统筹能力、学习能力。

(三)具备良好的职业操守、敬业精神与责任感、团队协作精神。

(审校:邹丹　陈星舟)

基建管理岗工作职责

一、岗位职责

(一)负责提交项目立项申请,组织工程项目的可行性研究工作。

(二)负责组织编制工程项目的概预算,上报领导审批。

(三)负责确定工程项目的项目相关人员的职责、权限。

(四)负责确定工程项目的实施方式,主持项目招标工作。

(五)负责审核工程项目进度计划及进度款支付计划。

(六)负责监督工程项目的进度和质量,保证工程质量和安全。

(七)负责处理工程进行过程中的突发、异常情况,根据权限或及时解决或上报。

(八)负责审核竣工验收报告,竣工决算书后上报单位领导审批。

二、任职资格

(一)具备良好职业道德。

(二)具备良好的业务素养。

(三)熟悉基建相关法律制度及招投标流程。

(审校:邹丹 陈星舟)

票据管理岗工作职责

一、岗位职责

(一)根据票据管理的法规、制度,负责各类票证的领、发、使用、核销。

(二)按票证类别设置票证总账,按领用对象设置票据明细账,将票据领、用、缴、存及时登记入账,并定期盘点核对,与单位核签,做到账实相符报各科室;草拟单位预算执行分析报告,报领导班子审议。

(三)票据发放坚持“计划控制,限额管理”原则,每月根据收费项目和票据使用计划,及时报财政审批后确定票据的需要量。每月及时发放各科室票据,确保单位收费工作正常开展。

(四)单位票据的领用实行“票款同步,核旧领新”制度,在缴销时核实收入是否入账,对收入未入账票据不得核销,停止供应票据并追究相关人员责任。

(五)及时清理发出的票据。对需要回收、长期不用的票据应督促缴回;对不按票据管理制度使用票据的科室不得发放票据。

(六)监督各科室票据使用情况,如发现短缺或丢失等违纪现象,要及时查明原因,将情况以书面形式上报领导处理。

(七)完成领导交办的其他工作。

二、任职资格

(一)遵守职业道德,树立良好的职业品质、严谨的工作作风,严守工作纪律,努力提高工作效率和工作质量。

(二)熟悉财经法律、法规、规章和国家统一会计制度,并结合会计工作进行广泛宣传。

(三)具备必备的专业知识和专业技能。

(四)熟悉本单位的业务管理情况,运用掌握的票据管理的相关工作流程方法,为改善单位内部管理、提高经济效益服务。

(审校:邹丹　陈星舟)

预算管理岗工作职责

一、岗位职责

(一)组织制定预算管理的有关办法、管理规定和细则,报单位领导班子审批。

(二)负责预算日常管理的组织协调工作;组织年度预算编报工作,明确预算编报的政策依据、标准和具体要求;指导并组织各科室进行预算编制。

(三)对各科室编制的预算草案进行审查、评价、协调和平衡,并提出具体的指导意见。

(四)对预算草案进行汇总,并编制单位的总预算,上报单位领导班子审批。

(五)负责对经批复下达的年度部门预算进行内部分解、细化经济开支事项，确定预算执行规则，并审核各业务部门预算指标执行申请。

（六）制定预算考核方案；对预算执行结果进行考核评价。

（七）监督各科室预算的执行；对各科室预算的执行情况进行检查。

（八）汇总各科室提出预算调整及追加方案，审查追加预算的合理性，并报领导班子审批。

（九）负责检查和分析年度预算执行情况，并将预算执行情况通报各科室；草拟单位预算执行分析报告；报领导班子审议。

二、任职资格

（一）具备良好的沟通协调能力，能积极与各业务科室相关人员沟通，及时了解和掌握各业务科室预算编制的科学性及合理性。

（二）具备良好的计划执行能力，严格控制执行单位预算执行进度，通过有效组织各类资源和对任务优先顺序的安排，保证计划的高效、顺利实施。

（审校：邹丹　陈星舟）

学校安保工作职责

学校安保岗位是一个维护校园秩序，保障师生安全，塑造学校形象的重要岗位。因此，全体安保人员必须高度重视，认真负责，努力履行岗位职责。

一、岗位要求

（一）学校安保人员应加强自身学习，努力提高政治思想水平和业务技能，要自觉树立从事安保工作的光荣感和责任心，注意培养爱岗敬业的职业精神，无私无畏的道德、品行，主动热情的服务意识，精明强悍的防卫本领，争做一个有理想、有道德、守纪律、肯奉献的新一代安保员。

（二）学校安保人员在自觉、自律的基础上，必须接受相关的专业培训，经考试合格择优录用后方可上岗。安保人员要珍惜岗位，钻研业务，除能胜任日常的安保工作外，还应正确保管和使用消防器材、警务器具等，要具备一定的安保救防知识和应对突发事件的能力。

二、文明值勤

(一)学校安保人员要坚持文明执勤,树立良好形象。要统一着装,规范佩戴,站姿端正,坐姿大方,注意保持仪容仪表的端庄整洁。要注意文明用语、微笑服务、坚持原则、以理服人。要忠于职守、严于律己、廉洁奉公、注意保密。

(二)学校安保人员要做到在岗期间不迟到、不早退、不打瞌睡、不串岗闲聊、不干私活、不会私客,不准与校内外人员发生争执、谩骂、动粗斗殴。

三、安保防范

(一)学校安保人员要严格执行学校会客制度、学生离校制度、货物车辆进出校制度等,对因公来校人员,要礼貌用语,热情接待。对私自擅入人员,要坚持原则,坚决劝阻,把好大门,对个别学生无理由混出学校及社会闲杂人员混入学校,要坚决制止,切实维护学校正常教学秩序。

(二)学校安保人员要加强校内巡视,特别是夜间巡逻,要注意各类门窗、电器、水电煤开关的关闭。要及时做好巡视记录及整改工作,要确保夜间学校红外报警系统的正常工作。

(三)学校安保人员要提高警惕,加强防范。一旦发生险情事故,要临危不惧,挺身而出,控制局面,保护现场并及时报警。要切实协助学校、社区、公安、消防等部门做好防盗、防灾、防事故、防破坏工作,为学校安全和社会治安做贡献。

四、权利义务

(一)学校安保人员要心系岗位,有权利和义务就加强学校安保工作向有关方面提出合理化建议和意见,能主动提出改进工作的方法和措施。

(二)学校安保人员在岗期间应识大体,顾大局,遵章守纪,要自觉接受派出单位和用人学校的考核,对存在的问题与不足,要虚心听取意见,努力加以整改。

(审校:姜宇龙　方锐)

学校门卫岗位职责

一、按时上下班，严格执行门卫制度，不允许未经同意的非本校人员进入校园。对爬围墙入校的学生或其他人员，要进行教育和制止。对想要强行入校的校外人员，必须教育、制止并及时报告学校德育处或学校领导。及时收缴学生携带的管制刀具和其他危险物品，及时制止校内外发生的打架斗殴事件。

二、加强自身修养，坚持文明执勤，礼貌待人，遇事冷静。对不服从管理的人员，应耐心解释、说明，不得用不文明的方式对待任何人。

三、接听电话时，态度要和蔼，语气要亲切。拿起听筒，首先说："您好，这里是×××中学"，然后耐心地倾听对方的询问。回答时，应耐心细致，遇有不清楚的问题，应首先说："对不起"，然后核实情况，尽可能向对方提供帮助，或作出解释，不得简单甚至粗鲁地回答对方的问题或拒绝提供可能的帮助。

四、接待来访人员，先问清事因，然后与被访人员或部门联系。经同意的，办理登记手续，留下有效证件，方可入校，否则不许入校，同时做好外来车辆的停放工作。

五、上学期间，不允许学生离开校园。学生因病或其他特殊情况需提前离开校园的，必须持有德育处及班主任批准的请假条，否则不予以放行。

六、师生携带学校的公用物品出校门的，必须经学校有关领导同意；搬运私人大件物品出校的，应得到主人允许。不符合上述要求的，一律不得放行。

七、坚守岗位，不得擅离职守，不做与工作无关的事情，时刻注意进出校园的人员及值班室周围、校门外50米范围内的情况，特别要严防校园周边高危人员和社会闲散人员进入校园。

八、每周五下午放学后要关好门窗，劝离滞留学校学生；周末及节假日要做好校内值班巡查并做好记录，对异常情况必须及时处置或报学校有关领导。

九、保持值班室内外清洁，发现垃圾应及时清扫。爱护值班室内外的设施设备，发现问题或故障应及时报修，不得影响工作。交班前，整理好室内物品。

十、认真记录值班期间发生和处理的各种情况以及接听的重要电话,及时报告有关领导。交班时,应将重要事项向交班人交代清楚。

(审校:姜宇龙　方锐)

学校消防安全管理人职责

一、消防安全管理人对单位的消防安全责任人负责,实施和组织落实消防安全管理工作。

二、负责拟订年度消防工作计划,组织实施日常消防安全管理工作。

三、组织制订消防安全制度和保障消防安全的操作规程并检查督促其落实。

四、按照国家标准、行业标准配置消防设施、器材,设置消防安全标志,并定期组织检验、维修、确保完好有效。

五、负责拟订消防安全工作的资金投入和组织保障方案。

六、组织实施防火检查和火灾隐患整改工作。

七、组织实施对本单位消防设施、灭火器材和消防安全标志的维护保养,确保其完好有效,确保疏散通道和安全出口畅通。

八、组织管理专职消防队或者志愿消防队。

九、在员工中组织开展消防知识、技能的宣传教育和培训,组织灭火和应急疏散预案的实施和演练。

十、指挥本单位初期火灾的扑灭。

十一、单位消防安全责任人委托的其他消防安全管理工作。

十二、应当定期向消防安全责任人报告消防安全情况,及时报告涉及消防安全的重大问题。

(审校:姜宇龙　方锐)

学校消防安全责任人职责

一、确保单位新建、扩建、改建(含室内装修、用途变更)等建设工程的消防设计、施工符合国家工程建设消防技术标准。

二、按照《中华人民共和国消防法》等有关规定的要求对单位新建、扩建、改建(含室内装修、用途变更)等建设工程办理相关消防手续,确保建设工程的合法性。

三、单位属于公共聚集场所,在投入使用、营业前应向场所所在地的县级以上地方人民政府公安机关消防机构申请消防安全检查。未经消防安全检查或者经检查不符合消防安全要求的,不得投入使用、营业。

四、贯彻执行消防法规,保障单位消防安全符合规定,掌握本单位的消防安全情况。

五、将消防工作与本单位的生产、科研、经营、管理等活动统筹安排,批准实施年度消防工作计划。

六、为本单位的消防安全提供必要的经费和组织保障。

七、确定逐级消防安全责任,批准实施消防安全制度和保障消防安全的操作规程。

八、组织防火检查,督促落实火灾隐患整改,及时处理涉及消防安全的重大问题。

九、根据消防法规的规定建立专职消防队、志愿消防队。人员密集场所应组建志愿消防队,志愿消防队员的数量不应少于本场所从业人员数量的30%。

十、组织制定符合本单位实际的灭火和应急疏散预案,并实施演练。

(审校:姜宇龙　方锐)

法治副校长工作职责

一、协助学校按照有关法律法规制定完善校园安全管理制度,落实各项安全防范措施。

二、协助学校加强安全工作,结合中小学学生特点,开展有针对性的交通、消防、治安等安全宣传及法治教育。

三、协助学校做好对有不良行为学生的教育转化工作,落实具体帮教措施。

四、协调有关部门对学校周边治安环境进行整治,严肃查处侵害师生合法权益和滋扰校园的案件,建立长效机制,维护学校周边治安秩序。

五、配合政法部门妥善处理在校师生违法案件,督促学校妥善处理校园内发生的严重违规违纪问题。

六、协助学校与社会、家庭等方面建立联系,完善"三位一体"法治教育机制,落实各项治理措施。

七、完成领导小组交办的其他安全工作。

(审校:姜宇龙　贾雷雷)

法治宣传员工作职责

一、协助法治副校长开展教育法治宣传教育活动,采取多种形式,丰富活动内容。

二、加强与学校法治工作的联系,积极培育典型,推进依法治校的创建工作。

三、定期组织学校法治宣传员开展业务学习,提高普法队伍的法律知识和业务水平。

四、负责发放法治宣传资料,及时宣传新颁布的法律法规。

五、负责管理教育法治宣传橱窗,按时更换内容。

六、协助人民调解组织化解矛盾纠纷,开展以案说法活动。

七、认真完成上级交办的各项普法工作任务。

(审校:姜宇龙　贾雷雷)

法律顾问职责

总则

第一条　目的:为加强和规范学校法律顾问管理,促进学校依法行政、依法治校,特制定本制度。

第二条　适用范围:学校聘请法律顾问适用本制度。

第三条　适用对象:本制度所称法律顾问是指学校根据处理学校法律事务的需要,从校内外聘请的、为学校提供法律服务的法律专业人士。

第四条　基本原则：法律顾问在开展具体工作时应当遵循勤敏、敬业、高效的原则。

法律服务

第五条　法律服务范围：学校法律顾问服务面向学校，包括提供法律咨询意见、修改合同文本、提供非诉讼法律服务等内容。

具体包括：

（一）基础服务内容

1. 为学校当好法律参谋；

2. 为学校的对外经济往来把关；

3. 帮助学校草拟、修改、审查合同、诉讼文书和其他相关法律事务的文书；

4. 为学校参加诉讼、仲裁和非诉讼调解提供法律咨询，免费为学校代理部分诉讼、仲裁和非诉讼调解；

5. 提供定期或者不定期上门服务；

（二）为学校的制度构建服务

1. 为学校制定章程化管理制度；

2. 协助学校构建现代学校制度的法律框架；

3. 协助学校建立师生校内申诉制度；

4. 为学校处理学生人身伤害事故提供意见和帮助，协助学校依法建立快速反应程序；

（三）其他特色服务

1. 为学校内部管理及管理层决策提供法律咨询意见；

2. 帮助学校草拟、修改、审查内部管理规章与制度；

3. 根据学校要求，每年为学校和其他教育机构的管理层、教职员工、学生提供一次定向法律宣讲；

4. 根据学校要求，为学校和其他教育机构教职员工及学生提供大型免费法律咨询服务。

（四）日常法律顾问服务以外的专项服务

1. 帮助学校办理转制，办理变更登记等法律文书和事务；

2. 经学校同意，接受学校教职员工的委托，为其提供法律服务；

3.经学校同意,为青少年犯罪问题提供法律咨询和为青少年犯罪嫌疑人辩护;

4.接受学校委托,为学校代理日常法律服务免费项目以外的各类诉讼案件和仲裁案件;

5.应聘担任学校的法治副校长或法治教育宣讲人;

6.其他日常法律顾问服务工作以外的服务。

第六条　学校法律顾问的工作职责:

(一)为学校的行政行为、合同行为、重大决策等非诉讼性法律事务提供法律意见;

(二)就涉及学校的诉讼、仲裁、执行等法律事务提供法律意见;

(三)经学校指派,以学校法律顾问身份对特定事项进行调查、协调、代理诉讼,反映民意和社会实情,并提供相关的法律意见。

(审校:贾雷雷)

食堂员工工作职责

一、努力做好本职工作,确立“服务育人”的观点,严禁态度粗鲁、脏话流话,提倡微笑服务。

二、搞好团结,实行合理分工与合作,按时为师生提供安全、可口的食品。

三、做好物品采购入库、出库使用登记和索证索票工作,杜绝采购使用劣质、腐烂、变质、过期、三无食品。做好试餐、食品留样、各类餐具清洗消毒工作。

四、提倡业余进修,提高烹饪技术,提高饭菜质量。

五、坚持做好食堂清洁卫生工作和个人卫生工作,按时参加体检和培训,持证上岗,保证个人身体健康,杜绝“病从口入”的现象,保证师生健康。

六、改进技术,降低损耗,延长餐具使用时间,落实好“开源节流”的措施。

七、严禁未经允许的非食堂工作人员进入操作间、烹调间、配餐间和食品保管间。

八、认真完成学校安排的其他临时工作。

(审校:王龙锐　贾雷雷)

校医工作职责(分工)

分管校级领导:党委副书记。

分管部门领导:学生处主任。

校医A:

一、负责医务室全面工作,制定医务室卫生工作计划,编写工作总结及卫生工作会议记录。

二、负责学生常见病的防治工作。

三、负责校园环境卫生督查工作。

四、负责健康教育工作,按照季节性发病特点开展讲座,每月出健康教育专栏一期,并摄影留存。

五、收集整理有关工作存档资料,组织学生体检,并进行资料整理、统计分析。

六、负责制定卫生工作制度及传染病防控措施。

七、负责教职工部分医疗、报销相关工作。

八、负责管理医务室器械、账本。

九、参与学生常见病的医疗护理工作。

十、学生处临时性工作和其他常规工作。

校医B:

一、负责预防保健工作:(1)疫情登记报告;(2)学生因病缺课统计报告;(3)传染病登记报告。

二、参与校园环境卫生督查工作,并将结果呈报和公告。

三、组织学生体检及体检资料整理,建立健康档案,负责相关统计工作。

四、督查食堂、小卖部、住读部卫生工作。

五、负责教职工健康体检专业知识指导相关工作。

六、负责制定卫生工作制度及传染病防控措施。

七、密切配合体育老师进行经常性的体育卫生教育及对体育卫生监督,防止运动量过大和体育事故。

八、参与学生常见病的医疗护理工作。

九、负责学校教职工计划生育工作(生育证、再生育证的办理)。

十、学生处临时性工作和其他常规工作。

(审校:蒋卓　邓梅洁　贾雷雷)

文印员工作职责

一、认真学习党的方针政策,树立为教学服务的思想,热爱本职工作,积极主动地努力完成工作任务。

二、严格执行文印室规章制度。

三、保质保量完成每天的速印、复印任务,所印的文件、试题、讲议、图表等材料,力求字迹清楚、美观大方并符合规格。

四、根据先后、缓急有序地进行文印。尽量做到不积压、不无故拖延时间。

五、严格执行保密制度,对保密材料要妥善保存及时处理,严禁漏题、泄密事故的发生,严禁烟火,注意安全。

六、努力钻研业务,掌握油印技术,力求操作熟练,能排除一般故障,对所使用的印刷机械经常检修,保持机械性能完好。

七、对纸张、油墨妥善保管,勤俭节约,杜绝浪费。

八、期中、期末考试,必须提前做好准备工作。

九、经常主动热情地征询教师意见和要求,不断提高复印、油印质量。

十、服从教务处主任的工作安排,协助主任做好教务处其他工作。

(审校:赵忠　贾雷雷)

水电维修工工作职责

一、遵纪守法、廉洁奉公、热爱学校、积极工作。

二、电工房、配电室内保持清洁通风,不准存放设备以外的任何物品。

三、熟悉学校供水供电的管路、线路和地下电缆的分布。

四、严守操作规程,按时完成水管线路以及供水供电设备的维修和保养任务,协助抄表员每月抄水电表。

五、加强日常巡查,出修及时,认真做好校园水电等工作的记录。

六、接到报修任务后,应立即维修,保证教学设备的正常使用。

七、对师生要热情服务,做到令师生安心、放心,服务满意。

八、保质保量完成自己的工作,做好学校临时分配的其他工作。

(审校:凌文泉　王际川　贾雷雷)

汽车驾驶员工作职责

一、司机必须服从学校领导的派车安排,每次出车须凭派车单。

二、车辆由司机专人保管,未经主管领导同意,不能把车辆借给他人使用。

三、司机出车返回后,车辆必须立即进校。不得把车停留在其他地方或者在外过夜。

四、司机要爱护车辆,平时认真做好车辆的例行保养工作,发现车有故障,及时修好,不能带故障行驶。

五、司机在行车过程中要节约用油,车辆的简单维修和调试要自己来做。

六、司机要熟知交通常识,努力做到无交通违章和事故,文明驾车。

七、服从领导临时的工作安排。

(审校:贾雷雷)

学生公寓管理员工作职责

一、认真学习有关法律和治安保卫常识,坚守岗位,忠实职责,按校纪校规对宿舍进行常规管理,建立健全入宿就寝制度,做好寄宿生的生命财产安全保卫和宿舍管理工作。提倡人性化管理,严禁使用粗暴方式和不文明语言。

二、严格作息时间,不擅离岗位,在学生入宿时间内,宿管员一律不得离开宿舍。学生离开宿舍后,宿管员要逐层检查宿舍,防止学生滞留在宿舍内。

三、定时开启宿舍楼门,非入宿时间锁好楼门,上课时间不准学生及其他人员进入宿舍。

四、坚持卫生检查、就寝点名(每天一次并做好记录),指导寄宿生搞好室内、室外的清洁卫生。

五、按作息时间开关电灯,做好节电、节水工作。

六、严格校产使用保管责任制度,及时检查、清点宿舍内的公物,如有损坏及时查明原因,严格赔偿制度。

七、对寄宿生进行爱护公物、节水节电、安全卫生、防火防盗、遵守校纪校规等方面的教育,对做得好的寄宿生进行表扬奖励,对做得差的进行批评教育。

八、保持宿管室内的整洁卫生,做寄宿生的表率;做好新生接待、安排住宿工作;做好防火防盗工作;做好各项工作的记录整理工作。

附件:宿管员具体工作内容及要求

一、坚持督促学生按时起床、就寝,培养学生良好的起居生活习惯。

1.按学校规定的起床时间,准时开大门、关电,检查各寝室睡懒觉现象,并做好记录(房号、班级、姓名),及时处理。

2.按学校规定的就寝时间,督促学生按时就寝,关好大门。检查各寝室学生归宿情况,维护就寝纪律(查房后半小时再休息)。对违纪学生(如:晚归、未归、吵闹、打架、不关灯、点蜡烛、抽烟、娱乐活动、窜楼层、窜房间、错床位等)进行及时教育,并作好记录(房号、班级、姓名、违纪情况)报德育处。

3.督促学生勤洗澡、勤洗衣、勤换洗床单被套,讲究个人卫生。

4.督促并指导学生抓好内务整理,寝室内各种物品要有序、规范摆放,床被须整齐叠放。

二、坚持每天检查寝室情况,确保宿舍楼环境整治及财产安全。

1.检查时间及内容

(1)上午,检查财产是否损坏。

(2)下午,检查各寝室卫生是否整洁。

2.检查要求

(1)将检查结果认真记录,卫生检查应评定成绩。

(2)检查中必须认真、细致、耐心、真实。

(3)发现卫生间有易堵物品,督促学生进行清理,并加强对学生的教育。

(4)严禁学生将饭菜、零食带入寝室。

3.督促指导学生搞好寝室文化建设,美化宿舍。

三、坚持每天督促学生按时上课,确保学生的学习时间。

1.每天督查3次:上午(晨读前)、下午、晚上课前15分钟开始督促。

2.按时清查各寝室留宿人员,若有特殊情况(如学生生病、家长来访等)要求学生如实填写重庆市求精中学学生出入宿舍楼登记表,无特殊情况,一律不许学生在上课及节假日期间滞留寝室。

四、坚持做好上课期间学生出入宿舍楼管理工作。

1.学生必须凭班主任签名的请假条进入宿舍楼。

2.寄宿生请假不留校就寝的,必须持有班主任和德育处审批的请假条;对私自不留校就寝的,宿管员要第一时间告知班主任或与监护人联系,掌控学生去向,以防意外事故发生。对请假及私自离寝学生,宿管员要如实作好记录。

五、坚持每天巡视宿舍楼,确保财产安全,对突发事件采取应急措施。

1.上午、下午、晚上至少巡视1次并做好记录。

2.检查各寝室门锁,未锁门的作好记录,再帮学生锁好门。

3.卫生间存放易堵物品应收管。

4.检查电路、水路等情况,发现有安全隐患或已损坏的,要及时报告学校予以整改。

5.发现问题详细记录,及时通报和处理。

六、坚持做好学生思想、安全、纪律教育工作,让学生住得安全,学得专心。

1.细心观察学生的心理状况及日常行为;深入寝室,加强沟通,多了解、多询问、多引导、多关爱;端正工作作风,改进工作方法,增强工作能力,提高工作水平。

2.加强对学生进行各种安全教育,做好防电、防火、防盗、消毒等工作:严禁学生私拉电线、使用电炉等违规电器,如遇停电学生使用蜡烛等照明时,应督促学生正确使用并按时熄灭,严禁学生熄灯后使用蜡烛等照明;督促学生按时关好门、窗、柜,贵重物品及现金要妥善收藏保管;不定期对宿舍楼和寝室进行消毒,预防疾病的发生。

3.抓好纪律教育,严禁学生在寝室、楼道追赶打闹,严禁男女学生互串寝室,严禁学生就寝后谈天吵闹或放音乐,严禁学生留宿一切非本寝室人员。

4.禁止一切社会闲杂人员进入寝室,如遇无理取闹和蓄意破坏特别是准备实施暴力的,必须立即报告德育处并紧急处置。

5.及时并正确处理寄宿生之间发生的各种矛盾纠纷。

6.遇学生生病第一时间通知校医处置,如需送医通知家长和班主任,同时参与送医工作。

7.认真完成学校和学生处布置的临时工作。

(审校:彭进 王延杰)

学生会各部门岗位职责

一、校团委

1.贯彻落实上级和校团委、学生会部署的各项工作。

2.负责各部门的考评考核工作,并将考评成绩上报校团委。

3.负责督查各部门工作决议的执行情况,按时向校团委汇报。

4.做好团员证的颁发、补发、回收、注册等工作。制定年度团籍注册实施制度。

5.协助校团委开展业余团校工作,负责报名、组织上团课等。

6.做好每次的会议记录,收集整理相关档案和材料。

7.负责通知和联系各部门,传达学生会工作要求。

二、组织部

1.组织、策划、负责开展各种活动。

2.协助团委书记做好团员证的颁发、补发、回收、注册等工作。制定年度团籍注册实施制度。

3按规定做好每学期各部门评优、表彰工作。

4.负责每次学生会会议的组织准备工作。

5.负责学生会每次正式会议的考勤工作。

6.做好每次的会议记录,收集整理相关档案和材料。

7.协助其他部门工作的开展。

三、宣传部

1.负责团委、学生会以及社团活动的宣传海报制作。
2.各种活动的宣传工作。
3.上级及学校下达的相关指示精神的宣传。
4.贯彻落实团委、学生会部署的各项工作。
5.协助其他部门工作的开展。

四、文艺部

1.策划并组织学校各种文艺活动的开展,丰富校园文化生活。
2.负责学校各方面文艺人才的筛选储备。
3.负责各种文艺节目的排练。
4.培养文艺后备人才。
5.贯彻落实团委、学生会部署的各项工作。
6.参与各社团的活动合作。
7.协助其他部门工作的开展。

五、学习部

1.组织开展各种学习活动,增强校园的学习氛围。
2.端正部分同学的学习态度,提供科学的学习方法。
3.贯彻落实团委、学生会部署的各项工作。
4.协助其他部门工作的开展。

六、文明礼仪部

1.训练学生文明礼仪岗。
2.提供各种集会颁奖活动的服务。
3.策划开展文明礼仪宣传活动,净化校园环境。
4.协助其他部门工作的开展。

七、学生权益部

1.是学生与学生会沟通的桥梁。

2. 通过各种方式和途径,了解师生对学生会工作的意见、建议。

3. 在学校教学、实践、后勤服务、校园医疗和校园治安等方面参与学生和学校的协商工作,维护学生的正当合法权益。

4. 开展维权活动,宣传维权思想,把维权和自律相结合,帮助学生认清自己应有的权利和应尽的义务。

5. 协助其他部门工作的开展。

八、纪律监督部

1. 学生会纪律监督部是一个纪律严明的部门,自我教育、自我管理,全心全意为同学们服务是其宗旨。

2. 严格进行纪律、卫生等方面的监督、检查工作。

3. 督促学生会内的纪律检查。

4. 维护学校大型活动的入场秩序及会场秩序。

5. 设立文明校园服务队,对全校学生文明礼仪工作进行检查、监督。

6. 协助其他部门工作的开展。

(审校:王颖　王延杰)

第三板块

学校管理

学校党委民主议事决策制度

一、议事原则

(一)坚持集体领导、民主集中、个别酝酿、会议决定的原则。严格执行党委会的议事规则和决策程序,在议事范围内的事项,必须由党委会集体讨论决定,任何个人或少数人无权作出决定。

(二)坚持解放思想、实事求是的原则。党委委员平时要深入基层,开展经常性的调查研究,了解新情况,研究新问题,总结新经验。在会上,党委委员应当充分发表个人意见,对研究的问题要有鲜明的态度。

(三)坚持民主科学决策的原则。实行在民主基础上的集中和集中指导下的民主相结合,不搞个人说了算,也不搞极端民主化。党委会讨论决定重要事项时,要充分发扬民主,意见比较一致时,方可进行表决。对于意见分歧较大的议题,除紧急事项外,应当暂缓作出决定。会议决定多个事项时,应逐项进行表决。表决可根据讨论事项的不同内容,分别采取口头、举手或投票的方式。讨论决定干部人事任免等重要事项,要实行表决制。会议主持人要当场宣布表决结果。列席会议的成员不参加表决。党委会必须有半数以上的委员到会方可召开。研究干部人事问题时,应有三分之二以上的委员到会。赞成数超过应到会委员人数的半数为通过,未到会委员需会后征求意见。

(四)坚持督查督办的原则。党委会决定的事项,由党委有关部门负责工作落实情况的督查。决定执行和工作进展情况,应当及时向书记和党委会报告,并在一定范围内通报。执行中如发现新的情况需要进行调整或更改的,经书记同意后,可在党委会议上复议,但在重新作出决定前,不得有任何与会议决定相违背的言论和行动。

(五)坚持理论学习和联系群众的原则。坚持和完善党委会集体学习制度,定期组织中心组学习。要把民主集中制教育放在重要位置,增强党委委员贯彻执行民主集中制、维护党委领导班子团结和谐的自觉性。组织开好民主生活会,开展积极的批评和自我批评。

（六）坚持党委会及其委员内部监督的原则。进一步健全和落实党风廉政建设责任制，落实述职述廉和报告个人有关重大事项制度。书记要发挥党风廉政建设责任制第一责任人的作用，落实对党委委员的组织监督，同时要自觉接受党委委员的监督。党委委员之间要互相提醒、互相监督。积极推进党务公开，拓宽党员和党组织参与党内事务的渠道。

二、议事范围

（一）传达贯彻上级党委、教育部门的重大决策、重要工作部署及重要指示，提出贯彻落实的具体意见。

（二）审定我校发展规划、计划的建议，有关财政预算的建议，规模较大的投资、工程、土地等项目安排，金额较大的财、物的使用，重要民生问题和社会稳定工作，干部人事管理权限内有关人员的录用、推荐、任免、调整、考核、奖惩等事项；审定以党委名义发出的重要文件；审定重要会议的报告或讲话。

（三）研究和决定对重大事件和突发性事件的处理办法。面对突发事件和紧急情况，来不及召开党委会的，书记或副书记或委员根据职责分工可临机处置，事后应及时向党委会和书记报告。

（四）研究决定应该由领导班子讨论决定的其他事项。

（五）通报情况，交流工作意见等。

三、议事程序

（一）党委会一般每月不少于一次，如遇重要情况则随时召开。书记根据有关规定和工作需要，在充分听取委员意见的基础上确定党委会议议题。凡提交党委会审议的议题，事先都要认真研究，在此基础上形成具体讨论意见。一般不临时增加会议议题。

（二）党委会讨论决定重大事项之前，应当进行充分酝酿。需要提交党委会议审议的重要事项，可先由书记和副书记、有关委员进行酝酿，也可由书记委托副书记或有关委员进行酝酿。会前酝酿不得以任何形式代替党委会决策。

（三）涉及干部人事任免事项，要按干部选拔任用工作规定程序，在民主推荐、考察的基础上，经书记与副书记、组织委员、纪委书记共同酝酿后向党委会提名，为党委会决定干部任免做准备。

(四)根据需要确定党委会列席人员。每次党委会议均应作记录,党委会议通过的决定、决议和文件或形成的纪要,经党委书记同意,可在一定范围内通报或向社会公开。

四、议事纪律

(一)对党委会作出的决定,班子成员必须坚决执行,自觉维护集体领导的权威,不允许个人擅自改变,在言论上和行动上不得有任何公开反对的表示。

(二)对于党委会决定事项的讨论过程、委员所发表的个人意见等,必须严守秘密,不得向外泄露。

(三)班子成员如有违反党纪国法的问题,党委会应根据有关情况提出处理意见,并按照有关党纪、国法规定的程序予以处理。

(审校:沈丹　王延杰)

学校教职员工代表大会制度

(按上级教职工代表大会要求修改)

一、学校要定期召开教职员工代表大会,就学校各项重大决策进行讨论。

二、听取学校发展规划、教职工队伍建设、教育教学改革、校园建设以及其他重大改革和重大问题解决方案的报告,提出意见和建议。

三、听取学校年度工作、财务工作、工会工作报告以及其他专项工作报告,提出意见和建议。

四、讨论通过学校提出的与教职工利益直接相关的福利、校内分配实施方案以及相应的教职工聘任、考核、奖惩办法。

五、审议学校上一届(次)教职工代表大会提案的办理情况报告。

六、按照有关工作规定和安排评议学校领导干部。

七、通过多种方式对学校工作提出意见和建议,监督学校章程、制度和决策的落实,提出整改意见和建议。

八、讨论法律法规规章规定的以及学校与学校工会商定的其他事项。

(审校:刘艳　王延杰)

学校校务委员会章程

第一章　总则

第一条　建立和健全现代学校制度,提高学校依法治校、民主管理水平,构建和谐校园。根据学校的发展和实际情况,制定本章程。

第二条　校务委员会作为学校管理体制的重要组成部分,是家庭、社会参与学校管理,维护学生权益的有效途径,是现代学校制度下实行党组织领导的校长负责制的补充和完善。

第三条　校务委员会侧重于协调学校外部关系,要紧密联系学校和学生实际,结合家长、社会对教育的需求变化,应对学校管理中的矛盾,在国家法律、法规允许的范围内,发挥自身的职能作用。

第二章　性质

第四条　校务委员会的性质是学校的审议机构,主要是在校长主持下对校长办公会提出的重大决策进行审议,并制定实施方案。

第三章　宗旨

第五条　校务委员会的宗旨是提高学校领导机构的决策能力,发扬民主和集体智慧,建立科学决策的保证机制和民主监督机制。

第四章　职责与工作原则

第六条　校务委员会的主要职责:

(一)审议学校的办学理念、办学方针、发展规划、年度工作计划和招生计划等。

(二)审议学校的基础建设项目、设备购置、师资队伍和制度建设等问题。

(三)审议学校财务预算和决算方案。

(四)审议学校年度工作总结。

(五)审议学校的其他重大事项。

第七条　校务委员会的工作原则:

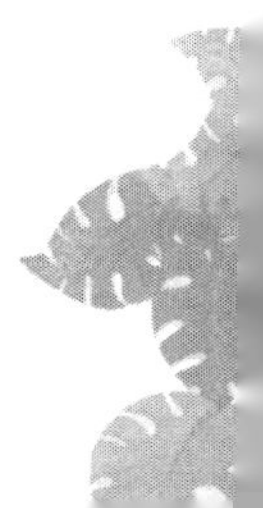

(一)依法治校原则。凡是国家法律法规政策有明确规定的,校务委员会应当坚决依法执行。

(二)以生为本原则。以校务委员会为平台,密切学校、家庭、社会的联系,整合各方面教育资源和力量,服务于全体学生,促进学生全面发展。

(三)民主集中原则。审议决定有关事项时要发扬民主,在广泛听取委员的意见和建议的基础上,通过委员会决议形式作出相应决定。

(四)沟通协调原则。要发挥委员的优势和特点,加强与各方面的沟通与协调,争取社会对教育的支持,共同研究解决教育热点、难点问题。

(五)多元利益原则。在把握促进教育改革和发展大方向的同时,要尊重并充分考虑学校、社会、家长、学生等多方主体的利益。

第五章　委员及其权利与义务

第八条　校务委员会委员由学校领导、上级教育主管部门、财政管理部门、社区管理部门、人大代表、教师代表、学生家长代表和社会知名人士、专家学者等人员担任。委员人数根据学校规模和管理实际需要确定,应为单数,其中学校委员不应超过三分之一。

第九条　校务委员会委员中,学校领导指校长、书记等校级领导;教师代表由教职工推举产生;学生家长代表由年级家长委员会负责推选;社会知名人士由学校直接任命;上级部门代表由本部门委派。

第十条　校务委员实行聘任制,任期一般为三年。其中学校领导随职务变动、学生家长代表随学生毕业升学而作相应调整。

第十一条　学校应为委员参与校务委员会工作创造条件,主动与校外委员所在单位联系。

第十二条　学校对为学校发展做出突出贡献的委员给予表彰。

第十三条　委员的权利:

(一)具有听取学校学期和学年工作报告,了解学校办学基本情况和发展规划、决策的知情权。

(二)具有应邀参加学校相关会议,提出意见和建议的参与权。

(三)具有提出有关学校管理、学生发展和涉及家长切身利益的相关事项的建议的提案权。

（四）具有参加校务委员会工作例会，审议有关事项并作出决定的表决权。

（五）具有听取校务委员会工作汇报，对校务委员会审议决定事项的执行情况进行监督的权利。

第十四条　委员的义务：

（一）按时参加校务委员会工作例会，遇到特殊情况不能参加时，履行请假手续。

（二）主动加强与所代表方的联系，收集和提出社会对学校教育的意见和建议，并及时向学校反馈。

（三）宣传学校办学成果、发展规划和重大决策，协调学校、家庭、社会的关系，以多种方式支持学校办学。

（四）根据校务委员会的安排进行专项调研，提出有代表性的议题，维护学生切身利益。

（五）完成校务委员会安排的其他工作。

第六章　工作与议事规则

第十五条　校务委员会依据本章程和相关工作制度开展工作。

第十六条　校务委员会设名誉主任委员3名，主任委员1名，副主任委员4名，委员30名。主任委员主持校务委员会会议。主任委员由学校校长担任。副主任委员由校长提名，校务委员会审议通过。校务委员会常设机构为校长办公室，依据校务委员会决议，统筹协调开展工作。每次开会前校长办公室要做好会务和组织工作，会议期间负责校务委员会会议的记录、决议的起草、档案资料的收集整理以及委员的联络工作。

第十七条　校务委员会实行工作例会制，每学年集中开会至少两次。会议除通报学校办学、管理和发展情况，听取委员的意见和建议外，重点审议决定学生管理、学生发展和涉及家长切身利益的事项。

第十八条　校务委员会非会议期间，校外委员应当主动了解学校教育教学实际及社会影响。通过调查研究，向学校提出合理化建议；协调各方面关系，使学校工作得到社会各界的理解和支持。遇特殊情况，经校务委员会主任或者多数委员提议，可以召集临时会议。

第十九条 校务委员会建立工作总结和工作汇报机制。审议有关议题,沟通相关情况。决议执行情况须在校务委员会工作例会上予以通报。每学年结束时,校务委员会主任应通过不同方式向学校、家长和社会汇报校务委员会工作。

第二十条 校务委员会审议的议题由校长提交,应当将拟审议的议题文稿提前印发给全体委员。

第二十一条 校务委员会工作例会必须有三分之二以上委员参加,必要时可以邀请议题相关人员列席会议。

第二十二条 校务委员会例会在主任委员或者受主任委员委托的副主任委员主持下召开。一般先由议题提交人对议题作简要说明,委员然后展开讨论,在广泛听取意见后,由主持人集中各方面意见,经集体表决作出决定。

第二十三条 校务委员会表决实行少数服从多数方式。根据工作需要,可以采取口头表决、举手表决或者无记名投票的方式。出席会议的校务委员半数以上赞成,表决事项方为通过。校务委员有表决权,列席人员无表决权。

第二十四条 校务委员会讨论议题发生严重分歧时,一般应当暂缓作出决定,本着充分协商的原则,待进一步交换意见后,再安排讨论,必要时可以提请上级有关部门予以协调。

第七章 附则

第二十五条 家庭和社会通过校务委员会参与学校管理,是现代学校制度的组成部分。本《章程》需经学校教职工(代表)大会讨论通过后,以正式文本形式上报区教委批准、备案。

第二十六条 本章程如需修改,应由校务委员会讨论决定,经学校教职工(代表)大会通过,报区教委备案。

第二十七条 校务委员会依据本章程,制定相关工作细则。

第二十八条 本章程自公布之日起实施。

校务委员会职责

一、审议学校的办学理念、办学方针、发展规划、年度工作计划和招生计划等。

二、审议学校的基础建设项目、设备购置、师资队伍和制度建设等问题。

三、审议学校财务预算和决算方案。

四、审议学校年度工作总结。

五、审议学校的其他重大事项。

校务委员会例会制度

为了加强学校制度化管理，提高管理质量，达到统一思想、制定政策、部署工作、落实任务的目的，特制定本制度。

一、参加会议人员：校务委员会成员。

二、会议时间：每学年集中开会至少两次（特殊情况可临时决定召开会议）。

三、会议内容：通报学校办学、管理和发展情况，听取委员的意见和建议，审议决定学校重大决策、学生管理、学生发展和涉及家长切身利益的事项。

四、参加会议要求：

1.必须有三分之二以上委员参加方可举行，必要时可以邀请相关人员列席会议。

2.会议议题与开会时间须在会前以书面形式通知委员。

3.会议必须备好记录本，指定专人做好会议记录，以便存档。

4.积极参加会议，除有特殊原因不能到会须提前请假外，委员应按时到会，并表达意见和建议。

5.与会人员要积极参与会议讨论，充分表达意见和建议，并按会议要求进行表决。

6.委员要执行会议决议。

（审校：贾雷雷　王延杰）

事业单位人事管理条例

略。

校务公开工作制度的实施方案

实行校务公开是学校面向社会,依法治校,加强民主管理和民主监督,促进学校改革和发展的重要举措。积极推进校务公开制度,有利于引导、保护和发挥广大教职工参与学校改革、支持学校改革的主人翁积极性和创造性;有利于团结和动员广大教职员工贡献自己的聪明才智;有利于促进廉政建设,进一步密切干群关系,保持学校稳定。近年来,我校在全面推行校务公开工作中取得了明显成效。为了进一步把我校校务公开工作引向深入,结合我校实际情况,特制定校务公开工作制度实施方案。

一、校务公开的指导思想

以习近平新时代中国特色社会主义思想为指导,全心全意依靠教职员工办学;进一步完善以教代会为主要内容的教职工民主参与、民主管理,民主监督制度,推进学校民主政治建设;推进决策民主化、科学化,提高学校管理水平和加强干部队伍的思想作风建设,促进廉政建设,促进学校改革与发展。

二、校务公开应遵循的原则

在实施校务公开过程中,必须遵循:(1)遵守国家的法律法规,维护教职员工民主权利,依法办事的原则:(2)立足于原有民主制度,不断完善和拓展,逐步推进的原则:(3)坚持从学校实际出发,实事求是,突出重点,注重实效的原则;(4)调动教职工的积极性和创造性,有利于工作,促进学校和谐发展的原则。

三、校务公开的组织领导

按照“党委统一领导,学校行政主持,工会、教导处协调,其他部门各负其责,教职工群众积极参与”的领导体制和工作机制的要求,成立以党委书记任组长,校长为副组长的校务公开工作领导小组。下设校务公开工作小组,具体负责校务公开工作的安排部署、情况综合、督促检查、组织考核。各部门要积极主动地落实校务公开的各项规定,切实担负起实施校务公开的责任。

四、校务公开的内容和事项

实行校务公开，应做到凡是涉及校内改革和师生员工切身利益的重大决策，涉及重大项目的审批和学校管理的重大事项，涉及党风廉政建设中的重大问题，除国家规定保密以及涉及商业秘密、个人隐私等法律法规另有规定以外，都应予以公开，当前校务公开的重点是：

1.学校的发展规划、改革方案、工作计划、工作总结及其实施情况，重大事项的决策过程与结果。

2.学校制定的各项有关经费的预算及使用情况，其他各项收入来源、支出及使用情况。

3.工资、奖酬金及各种补贴发放的办法、标准和使用等规章制度、办事规程、廉政规定。

4.学校的基本情况。

5.干部的选拔任用，各岗位人员的聘用、考核、晋级、奖惩、职称评定等的政策、办法、程序和结果。

6.学科建设计划、教学计划的修订、课程安排、教学任务分配、考试安排和纪律等有关事项。

7.基建、修缮工程的规划、设计、预算、招投标、工程竣工结算等情况。

8.学校大宗办公用品、教学仪器设备、图书、教材的购置。

9.人才引进、教职工在职学习培训情况。

10.领导干部党风廉政建设和审计监督有关方面的情况。

11.学生管理制度和办法，包括对学生各种奖励、处分，救助的发放等有关信息。

12.招生政策、招生计划、招生执行情况及其收费依据、收费标准。

五、校务公开的形式

1.教职工代表大会。教代会是校务公开的基本形式，凡属教代会职权范围内有关事项，在教代会上公开。

2.设置定点公开栏。定期或不定期公布校务公开有关情况和学校建设与发展重要信息。

3.召开各种座谈会、民主协商会、情况通报会或其他书面通报。

4.以校长接待日、教学开放、班队会开放等形式公开校务。

六、校务公开工作职责

1.党委

(1)充分发挥政治核心和组织领导作用,高度重视,加强领导。

(2)把实行校务公开制度纳入重要议事日程,定期研究实施校务公开制度的政策措施、工作重点、目标要求、实施方案等重大问题。

(3)负责总体部署安排和检查指导工作,协调在推行校务公开中相关组织及部门的工作,确保校务公开制度落实。

(4)充分发挥监督保障作用,把校务公开制度作为加强党风廉政建设的一项重要任务,承担起校务公开制度实施的监督考核工作。

2.行政

(1)充分发挥在校务公开制度中的主体作用,尊重职工的知情权、参政权和监督权,为顺利推进校务公开工作创造和提供必需条件。

(2)负责提出符合制度规定的应公开的事项,责成有关部门认真落实公开事项,自觉提供公开的有关内容和资料,做到材料齐全清楚,内容真实。

3.工会

(1)充分发挥自身的优势,做好职工的宣传教育和发动工作,组织职工积极参与校务公开活动。

(2)要与有关方面加强联系,密切配合,积极主动做好校务公开的日常工作。

(3)充分发挥教代会为校务公开的基本形式和载体的作用,主动探索其他有效辅助形式,努力提高民主参与,民主监督的水平,不断地把校务公开工作引向深入。

七、校务公开的程序

1.工会委员、教代会代表提出并整理需要公开的内容,向校务公开领导小组报告。

2.校务公开领导小组审议确定公开的事项及形式。

3.实施校务公开,接受群众的评议和监督。

4.工会委员、教代会代表以适当方式听取、收集群众意见,向领导小组反馈信息,及时解答群众的疑问。

5.将每次公开的有关资料存档,以备检查。

八、学校有关事项办事程序

1.财务管理(医疗保险等)

公布标准→分班收取→财务结算→缴纳民政。

2.招生管理

(1)招生:接收名册→发通知单→编制班级;

(2)转学:本人申请→学校同意→渝中区教委审批;

(3)休学:本人申请→医院证明→学校同意→报渝中区教委批准;

(4)插班生:本人要求→学校同意→报教委批准。

3.基建管理

申报项目→上级审批→编制预算→招标议标→组织施工→质量鉴定→工程结算。

4.教师职评

公布条件→本人申请→组织考核→上级审批→公布结果。

5.评优考核

(1)评优:公布指标→民意测验→领导小组测评→公布结果;

(2)考核:自填考核表→学校考核→公布结果。

6.制度制订

领导草拟→行政讨论→教代会通过→公布实施。

九、校务公开的基本要求

1.推行校务公开是管理体制改革的重要举措,各处室、各年级组必须高度重视,加强领导,精心组织。

2.推行校务公开,既要维护教职员工参与民主管理和民主监督的权利,又要维护和支持校领导依法行政、依法管理的权利。

3.校务公开的核心是公开,关键是真实和及时。各处室、各年级组要对校务公开的信息严格审核并及时公布,信息的发布要由专人负责。

十、校务公开的监督评价

学校成立由督导室副主任担任组长,学校教师为成员的校务公开监督小组,对校务公开落实情况进行监督。把校务公开纳入党风廉政建设责任制考核体系和干部年度考核体系,考核结果与集体和部门负责人的评优评先晋级挂钩。对不认真落实校务公开有关规定,或者弄虚作假,造成严重后果的,要追究有关责任人的责任。

附录:校务公开的内容、范围、责任部门及时间要求

1. 学校的发展规划、改革方案、工作计划、工作总结及其实施情况,重大事项的决策过程与结果,党政办公室,随时公布。

2. 学校制定的各项规章制度、办事规程、廉政规定,党政办公室、各相关职能部门,随时公布。

3. 学校有关经费的预算及使用情况,其他各项收入来源、支出及使用情况,总务处,一年一次。

(审校:贾雷雷　王延杰)

重庆市中小学教师职业道德“十不准”

略。

教师职业道德行为规范

略。

学校教师廉洁从教管理制度

为了确保教师在教育教学过程中保持清廉、正直的品行,树立良好的师德师风,提高教育教学质量,特制定教师廉洁从教管理制度。

一、基本原则

教师应当遵守国家法律法规和职业道德规范，不得利用职务之便谋取私利，不得参与任何形式的违法违规活动。

教师应当自觉抵制社会不良风气的侵蚀，不接受家长、学生或其他利益相关者的吃请、礼品、礼金等，保持清正廉洁的形象。

二、行为规范

教师应当公正公平地对待每一个学生，不得因个人喜好、利益关系等原因偏袒或歧视学生。

教师应当严格遵守学校的教学计划和课程安排，不得私自调整课程、增加或减少课时等。

教师应当认真备课、上课，不得敷衍塞责、应付了事。同时，要尊重学生的学习权利，不得剥夺学生上课、考试等机会。

教师应当尊重学生的隐私权和人格尊严，不得泄露学生的个人信息或侮辱、体罚学生。

三、财务管理

教师应当遵守学校的财务管理制度，不得私自挪用、侵占学校或学生的财物。教师应当如实填写教学经费使用报表，不得虚报、冒领教学经费。教师不得有从事有偿家教，私自向学生出售教材、试卷等违规行为，不得利用职权向学生或家长推销商品或服务等。

四、监督与考核

学校应当建立健全教师廉洁从教的监督机制，加强对教师行为的监督和管理。学校应当定期对教师的廉洁从教情况进行考核和评价，将考核结果作为教师职称评定、评优评先等的重要依据。对于违反廉洁从教规定的教师，学校应当依法依规进行处理，情节严重的应当给予相应的纪律处分或追究法律责任。

五、培训与教育

学校应当定期组织教师参加廉洁从教的培训和教育活动，提高教师的廉洁自律意识和能力。学校应当加强对新入职教师的廉洁从教教育，确保他们

从一开始就树立正确的职业道德观念。学校应通过举办廉洁从教经验交流会、青年教师座谈会、案例研讨会等形式,分享成功经验、探讨问题困惑,推动廉洁从教工作的深入开展。

(审校:沈丹　王延杰)

重大问题请示汇报制度

为更好地贯彻民主集中制,保证全校的集中统一,使全校的管理更加科学、规范、有序,特制定本制度。

一、本文所指的重大问题主要包括以下几种:

(1)凡组织师生外出活动的,如组织旅游、夏令营、军训、社会实践活动等。

(2)发现有可能扰乱学校秩序、威胁师生安全的隐患。

(3)组织校内外教育教学活动需要停课的。

(4)发现有违反教育法规,违反学校规章、制度,影响学校声誉的。

(5)教育、教学、管理以及重大经费开支上的重大决策。

二、全校教职员工对学校的重大问题要遵守组织原则,履行请示、汇报的职责,不得欺上瞒下自作主张。

三、组织重大活动应事先进行请示,事后进行汇报,发现学校有重大问题有可能造成不良后果的要主动进行汇报。

四、学校实行分级管理,请示汇报应根据问题的性质和学校内部的分工向有管理职权的部门领导进行请示汇报。请示汇报一般应自下而上逐级进行,重要的紧迫问题可以越级汇报。没有管理权限的组织或领导不得随便表态。

五、请示汇报根据不同情况采取口头、书面两种形式。对重大的活动、复杂的问题,需要事后进行查询备案的、发生事故的要采取书面报告的形式。

六、对重大问题请示后应在有关领导做出正式决定后执行,有不同意见应按组织原则反映,在决定未改变前行动上不得违反。

七、对下级的请示,上级领导应及时研究给予答复。

八、对重大问题及时汇报从而避免后果的应予表扬或奖励,对重大问题不请示汇报的应给予批评教育,造成后果的应给予经济处罚、行政处分。

（审校:贾雷雷　王延杰）

教职工考勤请假制度

在充分尊重、信任和理解教职工的前提下,为了更好体现“以人为本”的治校理念,充分激发全校教职工的工作积极性和自觉性,提高工作效率,学校对原来的考勤请假制度进行修改,修改后的考勤请假制度如下:

一、教职工必须履行按时出勤的义务。学校不能允许教职工违反考勤制度的行为。

二、教学人员实行“四保证”(保证按时上课、按时参加教研活动、按时出席会议及活动、按时到达值班岗位)前提下的弹性坐班制。行政人员、教辅人员、后勤人员实行坐班制(上午8:00—11:30,下午14:30—17:30)。

三、考勤由年级组长、以教研组为单位办公的教研组长、各处室指定的人员执行,月底汇总到办公室。考勤表应张贴在各部门办公室的显眼位置,教职工凡涉及考勤问题(包括因公外出)时,应及时向考勤负责人说明并由考勤负责人或当事人在考勤表上进行登记,以备核查。如无记录,按未履行请假手续处理。

四、门卫对教职工上班时间内进出校门情况进行登记,每日报办公室;办公室根据门卫记录并对照部门考勤表的记录,每月将教职工考勤情况经核实整理后报校长室。

五、教职工在一个月内迟到三次按旷工半天处理。半天内迟到或早退一小时以上亦按旷工半天处理。

六、教职工因病请假不足半天且不耽误工作的,可直接向部门负责人口头申请,经批准后记考勤,不算缺勤。

七、在不耽误工作的前提下,因事请假不足半天且一个月中不超过两次的,可直接向部门负责人口头申请,经批准后记考勤,不算缺勤;两次以上的部分累计,按事假处理。

八、请假半天以上必须事先填写请假单,病假应附医院证明,事假应写清事由。如遇紧急情况不能事先请假的,事后应及时补办。

九、请假到期不能上班的,必须再填写请假单,经批准方可续假。不能来校续假的,应以电话、书信等方式提出申请,返校后补填请假单。

十、凡请假手续不完备的,不予准假。未经请假或请假未准而不上班者,按旷工处理。

十一、请假审批程序及权限:

1.半天以下的由年级组长、教研组长或部门负责人批准。

2.半天以上三天以下的,本人填写请假单由年级组长、教研组长或部门负责人签署意见,报主管主任签署意见后,由主管副校长审批。

3.三天以上的,由本人填写请假单经年级组长、教研组长或部门负责人签署意见,报主管主任签署意见后,由校长审批。

4.教职工在填写请假单时,应将离岗期间的工作安排同时写明。

5.婚假、产假、丧假按有关规定执行,但须办理请假手续。

6.请假期满回校上班,应向有关审批人销假。未经销假造成考勤统计失误,由请假人负责。

7.不得越级请假和越权批假,否则后果由请假人和批假人共同承担。

8.教职工因公外出,需到办公室填单备案。

十二、各部门考勤负责人和门卫应该认真严肃地履行考勤管理的职责,并承担因疏忽或失职而造成考勤失实的后果;教职工如故意违反考勤制度,学校将视情况按规定给予处罚。

本制度经学校行政会议讨论通过,自二〇〇三年九月一日起执行。

(审校:贾雷雷　王延杰)

工会会员慰问规定

依照重庆市总工会2023年8月31日颁发的渝工发〔2023〕5号文件《重庆市基层工会经费收支管理实施细则》特制定我校工会相关慰问规定:

逢年过节可以向全体会员发放节日慰问品。逢年过节的年节是指国家规定的法定节日(即:元旦节、春节、清明节、劳动节、端午节、中秋节和国庆节)。节日慰问品原则上为符合中国传统节日习惯的用品和职工群众必需的生活用品等。其中春节慰问标准不超过1200元,劳动节、国庆节慰问标准均为400元，元旦节、清明节、端午节、中秋节慰问标准均为300元。我校工会采取便捷灵活的现金发放方式发放。

工会会员生日慰问费：500元。

工会会员结婚：1000元的慰问品。

工会会员符合政策生育：500元的慰问品。

工会会员退休离岗：一次性赠送价值不超过1000元的纪念品。如召开座谈会可按本次拟退休会员人均不超过200元标准购买干果、水果等。

工会会员因病手术或住院，每次慰问800元，且对同一会员因病手术或住院慰问每年累计不超过1600元。

工会会员出现重病、灾害等重大困难，提交申请经工会委员会审核研究报上级工会和学校行政按相关政策规定给予慰问。

（审校：刘艳）

学校家长委员会筹建方案

一、筹建宗旨

为积极构建学校、家庭、社会一体化的教育体系，增强家庭与学校之间的有效沟通，形成教育合力，使学校教育和家庭教育达到"同步"、教师和家长教育达到"同心"、学校和社区教育达到"合力"，努力营造有利于青少年健康成长的育人环境，发挥家长委员在学校决策和发展中的特殊作用，进一步与家长增加信息交往、全方位沟通，并使家长更好地支持和参与学校部分管理工作，不断提高学校家长委员会工作的主动性、针对性和实效性。特决定筹建新一届家长委员会。

二、组织结构

1.学校家长委员会（主任、副主任、秘书长、常委）。

2.年级家长委员会（主任、副主任、委员）。

3.班级家长委员会（主任和委员）。

三、必备条件

1. 热心于人民教育事业，具有一定活动组织能力的家长代表，通过申报，自愿加入家长委员会，经班级推荐，学校研究确定，即为家长委员会会员。

2. 具有本社会层面的代表性，具有一定的出谋划策、参政议政的能力。

3. 了解教育法规，关心学校教育，具有正确的教育思想，具有一定的号召力和影响力。

4. 热心家长委员会工作，自愿为学校教育、家庭教育和社会教育献计出力，拥有参与家长委员会工作的时间和精力。

5. 具有一定的文化程度、有一定的组织协调能力。

四、操作流程

家长自荐—班级、年级推荐—学校研究决定—成立校家长委员会。

五、具体步骤

1. 在家长自荐和班主任推荐的基础上，各班成立由3~5名学生家长组成的班级家长委员会，选出一名班级家长委员会主任，其他为委员。

2. 班主任填写班级家委会登记表和求精中学校家长委员会推荐表，并上报年级组。

3. 在班主任推荐的基础上，各年级成立来自各班的共5~7名家委会成员组成年级家长委员会，选出一名年级家长委员会主任和一名副主任，其他为委员会委员。年级家委会主任、副主任和一名委员代表由年级组长推荐为学校家长委员会候选人，填写年级家委会登记表，并在班主任填写的求精中学校家长委员会推荐表上签字推荐，连同班级家委会登记表，一并上报校长室。

4. 学校家委会，经学校研究决定委员名单，设主任1名，副主任3名(其中一位由学校负责人兼)，秘书长1名(由学校负责人兼)，家长委员会委员若干名。每届家长委员会委员任期三年，经评选可连任。每学年入学年级学生家长代表替补毕业年级家长代表为委员。委员随学生毕业自动离会。如果主任、副主任离会，学校将征得家委会同意重新任命。

六、工作制度

1. 与学校紧密协作，发动家长配合学校做好学生各项教育工作。

2.配合学校教育思想，宣传家庭教育的重要性，传播、交流家庭教育的科学知识和经验，促进家长创设有利于孩子学习、成长的家庭环境。对所在社区家庭教育情况进行咨询，提高家长的对家庭教育的重视度，树立新时代的家长形象，使家长在家庭教育中起积极作用，做孩子的表率、典范。

3.协调学校与社会、家庭的关系，增强教育的合力。动员所有家长，积极学习教育知识，参与学校组织的家长活动和家长培训。

4.广泛搜集家长对学校的意见和要求，分析、归纳家长们所反映的问题，将有关意见、建议及时提供给学校。

5.通过参与学校的重大活动或组织听课等，关心、了解学校各方面工作，对学校的办学方向、教育质量、教师工作、行政管理等方面提出建设性意见，做出适当的评价，实行必要的监督。

6.结合实际情况，组织家长协助解决学校、年级在教育教学中出现的具体问题。每学期为学校改进办学水平提供至少1份提案。负责学生活动及其方式的意见征求，负责年级学生教辅资料的征订意见征求，与书商竞价，签订合同，组织收费等。

七、召开会议

新当选的学校家委会委员将参加×月×日召开的本学年家长委员会第一次会议。

（审校：陈磊　王延杰）

书记校长接待日制度

为进一步规范教师职业行为，全面提高教师师德水平，营造良好的教书育人环境，及时听取和解决学校师生员工在工作、学习和生活中存在的问题，广泛听取广大师生员工、学生家长和社会各界群众对学校工作的意见、建议和批评，接受群众咨询，受理群众诉求，切实帮助群众解决实际问题，不断改进学校工作，推进教育行风建设，努力办好人民满意的教育，经学校党委会研究，特制定书记校长接待日制度。

一、接待时间及领导

时间:书记校长接待日定于每周的星期三,时间上午9:00—11:00,下午15:00—17:00(如遇节假日则向后顺延一周)。

接待人员:学校安排一名校级干部(书记、校长、副书记、副校长、校长扩大会成员)负责接待工作,并安排工作人员负责记录。

二、接待地点

学校行政会议室。

三、接待对象

全校师生员工、学生家长及社会各界群众。

四、接待事项

全校师生员工在教育教学、科研、管理、学习、生活等方面遇到的问题,对学校建设和发展等方面的意见、建议。学生家长及社会相关人士对学校教师职业行为、教育行风建设、学校收费及其他工作的意见、建议和批评等。

五、接待要求

(一)负责接待的校领导要按时到位,耐心听取接待对象所反映的各种问题,工作人员做好记录。每次接待日后,工作人员必须将记录整理归类,并附处理意见送呈校长审阅,审阅后归档留存。

(二)在接待过程中,师生员工反映出的在思想认识方面的问题,接待人要做耐心细致的思想工作,帮助师生员工提高认识,统一思想。对广大师生员工反映的问题,属一般性的问题且在职权范围内能解决的,应立即予以解决;不在职权范围内的事项应及时转至其他校级领导或相关处室负责人尽快处理;重大事项须提交校长办公会研究解决。

(三)对学生家长及社会相关人士提出的意见和建议,能解决的要明确解决时限,因条件等各种原因所限暂时不能解决的,应在7个工作日内予以回复。

(四)对因故不能到校的人员,学校设立惠民服务热线电话,方便其咨询。

(五)每学期结束时,对本学期书记校长接待日工作做出总结,并在全校教职工大会上宣读。

此制度从公布之日起执行。

（审校：贾雷雷　张茹茂）

书记校长信箱管理办法

书记校长信箱是加强学校与师生、家长沟通的重要渠道，欢迎全校师生及家长利用书记校长信箱积极建言献策、反映问题、质疑问难、申诉要求。为进一步加强我校网络信访工作，推进学校的民主化和科学化决策建设，维护师生员工的合法权益和学校稳定，制定书记校长信箱管理办法。

一、办公室职责

学校办公室负责书记校长信箱日常工作，具体职责如下：

（一）收集信息，整理来信，报校长阅批；

（二）一般来信，经校长阅批后转发至各相关部门处理；涉及教工的违规问题经校长阅批后转发至相关单位部门调查核实情况；

（三）督促各相关单位认真处理问题，及时反馈处理结果；

（四）与来信者联系，听取其对处理结果的意见；

（五）评价各相关单位对来信处理工作的质量；

（六）年度总结信访工作，向校长办公会汇报受理信访工作情况。

二、批办单位职责

各批办单位要高度重视来信处理工作，具体职责如下：

（一）接受批办信件后及时向来信人了解情况，制定解决问题方案；

（二）客观公正地处理来信人反映的问题，将处理结果及时向来信人反馈，力求给予满意答复；

（三）按照工作流程要求，按时向办公室汇报处理结果；

（四）批办单位对反响强烈、有可能影响校园稳定的突出问题，要高度重视，认真调研，及时解决，并做好稳定工作，防止校园内发生群体事件；对于师生及家长反映的合理、符合政策并有条件解决的问题，应当积极稳妥地予以解决，不得推诿；对学校暂时无条件解决的问题，应当向师生及家长做出解释和说明，争取师生及家长的理解。

三、书记校长信箱来信处理流程

(一)办公室收到师生及家长来信后,及时整理并登记书记校长信箱来信批办单,原则上3个工作日以内呈报书记、校长阅批;

(二)对于一般的来信问题,校长批办后由办公室将书记校长信箱来信批办单转交相关单位办理,并做好督办工作;

(三)各批办单位负责人收到书记校长信箱来信批办单后,要认真了解情况,提出解决方案,并向来信者反馈处理意见;

(四)各批办单位在3个工作日内,将填写处理结果的书记校长信箱来信批办单返回办公室。对于无法按期办结的问题,要说明原因和办结的预期时间;

(五)办公室根据书记校长信箱信息批办单向校长汇报问题的处理情况;

(六)办公室征求来信者对处理结果的满意情况,填入信息登记表;

(七)经书记批准,办公室将处理后的书记校长信箱来信批办单保密存档。

(八)办公室将整理出具有普遍性、代表性、政策性的来信内容,公开答复。

四、对书记校长信箱管理相关工作的要求

(一)为了使来信反映的问题能够及时得到解决,要求来信人尽可能实名,对于匿名反映事件原则上不予解决;

(二)来信人要遵守国家法律、法规,反映问题真实,诉求合理,语言文明;

(三)办公室要根据来信人的要求做好保密工作,不得将检举揭发信转至当事人或向外泄露有关内容;

(四)批办单位坚持依法、依规、公正地处理好职责范围内的信访事项,不得相互推诿、拖延办理,更不得激化矛盾;

(五)办公室与来信人、信访事项有直接利害关系的,应当回避;

(六)对于因工作失职而造成重大事故的,将按照校纪校规追究相关责任。

本办法由办公室负责解释,自发布之日起施行。

(审校:贾雷雷　张茹茂)

校家社联动的纠纷化解“五级交流沟通机制”

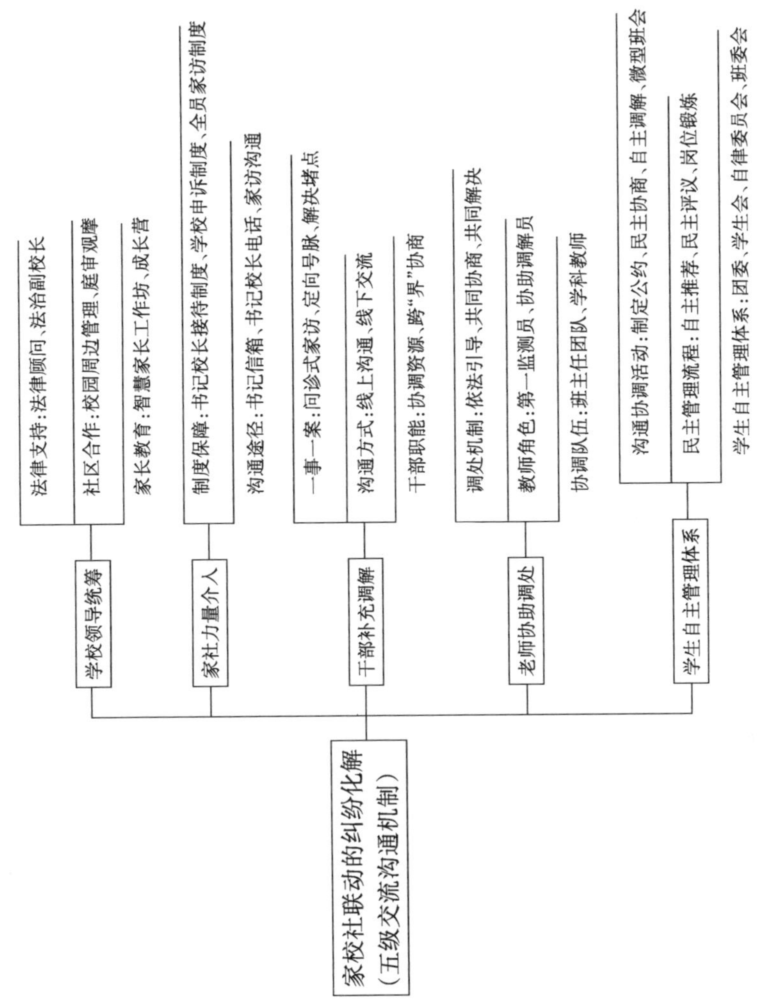

家校纠纷回应制度

一、指导思想

为保障校园安全，切实做到发现得早，化解得了，控制得好，处理得了，确保教育教学工作顺利推进和教育大局的稳定，根据上级有关文件精神，经校

党委会研究,决定制定本制度。

二、矛盾纠纷排查方式

认真做好教师的思想建设工作,利用周二集中学习时间,除对国家方针政策进行集中学习外,还要搜集案例对教职工进行职业道德教育和法治教育。增强法律意识,提高教职工在相互融洽的关系中团结合作、理解支持的能力。对教职工之间的矛盾纠纷进行调解,采取召开民主生活会、个别谈心等方式把矛盾纠纷解决在萌芽状态。学校利用家长会、学校开放日、家访等形式积极向家长宣传学校教育,争取家长及社会人士对教育的更大支持,大力打造“家长放心,人民满意”的学校。妥善处理校园周边关系,教育好学生不破坏周边设备设施,不损害群众利益。虚心听取周边群众的意见和建议,如周边环境中存在对学校校产和师生安全有极大隐患的人事,要时刻提高警惕,不能解决的及时报告上级部门和公安机关。

三、重点疑难纠纷报告制度

对发生多次纠纷或重大纠纷不能妥善解决的,要及时报告有关部门进行解决,要做到真实、逐级上报。每次情况的调查和协调要做好相关记载,以备上级部门参考和检查。调查情况必须有除当事人外的两人以上在场。

四、领导轮流值班制度

行政领导实行24小时轮流电话值班制。在上班期间,行政人员轮流值班,保证办公室有人值班,对来访者进行接待。对来访电话进行登记、答复、处理和汇报。

五、接待登记制度

学校实行关门上课,对学生家长来访,由门卫进行登记。开门登记之前对来访者要进行询问,询问内容为姓名、住址、身份、来意等;在询问时要察言观色,保证不放可疑人员进入校园;询问还要注意文明礼貌,做到文明值勤,礼貌待人。学校全体教职工对来访学生家长要热情接待,耐心倾听学生家长的诉求,了解事情的来龙去脉,对来访者提出的重要意见和建议要作好记录,并及时报告学校行政领导。

六、限期处理制度

对校园内发生的师生有关人员的矛盾纠纷和学校教师与学生家长之间的纠纷，要按照逐级处理的原则及时进行处理。对本班内发生的学生之间、科任教师间的矛盾原则上由班主任进行协调处理；班主任不能处理的交由教务处主任和负责教学的副校长处理；校内外其他纠纷交由分管领导先进行调查处理，不能解决的矛盾纠纷要及时报告保卫科。全体教职工必须做到不推诿责任，不把小纠纷都推向领导，不把矛盾上交；在处理中，还应兼顾学校及其他教师利益，做到以人为本。

七、督查回访制度

对家校矛盾纠纷进行调解处理后，要定期进行检查、了解现状，要找当事人谈心，听取当事人意见反馈。如果当事人还有不服或不满，要进行开导与说服教育，以达到彻底化解矛盾、增强内部团结的目的。

八、责任追究制度

在矛盾纠纷调查过程中，每一位教师都应本着以人为本，大化小，小化了的原则去帮助需要我们关心的教师和学生家长。在调解处理过程中，调解领导组应本着实事求是、公正无私的原则进行调解工作。

九、对以下几种情况将进行责任追究

（一）矛盾纠纷当事人蓄意扩大事态，不服从调解组调解的。

（二）其他教职工拉帮结派、扇风点火、搬弄是非、制造矛盾的。

（三）调解组成员对本校发生的矛盾不及时妥善处理或不公正处理的。

对违反以上三条的教职工将视其情节轻重给予：批评教育、警告、纳入年度考核、移交上级部门等处理。

（审校：陈磊　张茹茂）

行政印章使用规则

一、学校行政印章的种类和管理部门

学校行政印章包括“××××学校”公章、“××××学校”钢印、法人签字章。管理部门是学校行政办公室。

二、用章注意事项

(一)用章申请必须准确说明用章的缘由、依据,需用章材料的全称、份数,需加盖的印章名称,用章申请的落款需加盖单位公章,注明联系人和电话。

(二)需加盖公章的材料必须与涉及内容相一致,并在行政办公室做好用印登记。

(三)以学校名义对外的文字材料,应按照公文制发程序经校领导签发后用章。

(四)以学校名义发出的新生录取通知书、工作证、毕业(结业、进修)证、聘任证书、学生证等各种证书,均由有关部门负责人同意并签字后派专人统一送行政办公室审核并加盖公章。

(五)学生在校证明(学籍卡复印件等)如需盖章,需学生本人(或家长)持所在班级班主任、年级主任或相关部门负责人签字的证明方可加盖公章。

校园网管理制度

一、总则

(一)为了确保学校校园网络系统的安全、促进学校计算机网络系统的应用和发展、保证校园网络的正常运行,根据《中华人民共和国计算机信息网络国际联网管理暂行规定》和国家有关法律法规制定本管理制度。

(二)本管理制度所指的校园网络系统,是由校园网络设备、配套的网络线缆设施及网络服务器、工作站构成,为校园网络应用目标及规则服务的硬件、软件的集成系统。

(三)任何部门和个人,未经信息中心同意、不得擅自安装、拆卸或改变网络设备,所有需要改动、拆迁的网络线路及设备必须经过信息中心许可并报请学校批准方可进行,具体实施须有信息中心人员技术参与和监督。对于违反本规定的,信息中心有权报请学校给予批评及处理。

(四)任何部门和个人、不得利用联网计算机从事危害校园网及本地局域网服务器、工作站的活动,不得危害或侵入未授权的服务器、工作站。

二、安全保护

(一)与校园网相连的计算机房建设应当符合国家的有关标准和规定。

(二)在校园内从事任何施工、建设不得危害及干预干扰计算机网络系统的安全和正常运转,有关网络线路及设备的所有施工方案必须由信息中心参与协调并报请学校批准并在信息中心人员的监督下执行,否则由此引起的损失由施工方负责。

(三)校园网与国际联网的计算机必须在校园网管理部门备案,个人用户必须与信息中心签订用户使用网络责任书。

(四)校园网络系统发生违法案件,由各部门在24小时内向校保卫科及公安机关报告。

(五)严禁在校园网上使用来历不明、易引发病毒传染的软件;严禁使用对其他用户的隐私构成威胁的黑客软件;对于来历不明的可能引起计算机病毒的软件应使用公安部门认可的杀毒软件检查、杀毒;由于违反本条规定造成校园网损失的,视损害程度追究当事人法律、经济责任。

(六)校园网应使用具有合法版权的软件,维护知识产权。

(七)任何部门和个人不得在校园网及其联网计算机上录阅传送不符合法律法规规定或公序良俗,以及涉密的图文。

(八)未经信息中心同意,不得将有关服务器、工作站上的系统软件、应用软件转录、传递到校外。

(九)校园网系统软件、应用软件及信息数据要实施保密措施。信息资源保密等级可分为:(1)可向网络公开的;(2)可向校内公开的;(3)可向有关部门或个人公开的;(4)仅限于本部门内使用的;(5)仅限于个人使用的。

三、法律责任

(一)所有违反国家相关法律、法令、法规,违反本制度的规定的及其他非法行为,由信息中心会同校保卫科向学校报告,提请学校乃至公安部门处以警告或停机整顿,严重者依据国家相关法律追究法律责任。

(二)故意输入计算机病毒,造成危害校园网及子网系统安全的,按《中华人民共和国计算机信息系统安全保护条例》中第二十三条的规定予以处罚。

(三)对于运行无合法版权的网络软件而引起的版权纠纷由网络服务器、工作站的使用部门负责人及使用者(个人)承担责任。

(四)任何部门或个人违反本规定,给学校校园网及子网系统造成损失的,应当依法承担民事责任。

四、附则

(一)本管理制度由学校信息中心负责解释。

(二)本管理制度自学校发布之日起施行。

(校对:吴朋　张茹茂)

信息中心工作制度

信息中心是校园网运行、控制、管理的中枢,是我校实现教育信息化的网络平台,是为师生提供优质教育资源和实现网络智能化的中心,对外是宣传、展示我校教育教学成果的窗口。是保障校园网正常运行、集中放置校园网核心设备之重地,为了加强管理,更好地为教育、教学服务,根据《中华人民共和国计算机信息系统安全保护条例》,特制定本制度:

一、网管人员要加强业务学习,认真履行工作职责,爱护设施设备,规划和维护网络配置,使整个校园网络系统经常处于良好运行状态,确保各项管理、教学软件正常运行、信息交流畅通

二、非网管人员不得随意进入信息中心,要保持良好的网络设备运行环境,不准在信息中心吸烟、饮食、喧哗。严禁在网管室内存放易燃、易爆、有毒物品,腐蚀性物品,强磁场物品,放射性物品。

三、每日检查信息中心机房线路,防止用电超负荷和电线短路。要定期

做好软件备份和计算机病毒检查处理,任何外来软件必须进行计算机病毒检查,确认无病毒后方可使用。

四、信息中心要装置调温、调湿、稳压、防火、防盗等设备,保证网络设备的安全运行。

五、信息中心要建立完整、规范的校园网设备运行情况档案及网络设备账目,认真做好各项资料(软件)的记录、分类和妥善保存工作。

六、信息中心内设备均属专用设备,一律不许外借和挪做它用。对违反规定者要追究责任。

七、信息中心工作人员调入调出时,要及时做好有关网络设备运行情况档案资料、室内设备清点和账目交接手续。

八、要建立日常和节假日值班制度,做好防火、防盗等防范措施,严防出现事故。

九、未经允许,严禁对计算机信息网络功能进行删除、修改或者增加。

十、未经允许,严禁对计算机信息网络中存储、处理或者传输的数据和应用程序进行删除、修改或者增加。

十一、严禁故意制作、传播计算机病毒等破坏性程序,以及其他危害计算机信息网络安全的行为。

十二、严禁进行煽动颠覆国家政权,推翻社会主义制度,破坏国家统一的活动。

十三、严禁宣扬封建迷信、淫秽、色情等危害儿童身心健康的内容。

十四、严格执行国家《网络数据安全管理条例》和本校《校园网管理制度》。

(审校:吴朋　张茹茂)

督导室工作制度

一、总则

(一)为了加强对学校教育教学工作的过程管理,促进教育教学质量的全面提高,建立学校督导室工作制度。

(二)在督导的同时,抓好全校教育教学研究工作,引导教师撰写论文、研

究课题,并对各科课堂教学进行深入跟踪研究,推动课改,提高全体教师的教学水平。

(三)督导室接受学校委托,进行专项督导并完成交付的其他工作任务,应紧紧围绕学校教育教学工作的中心任务和改革发展目标,以求真务实的精神做好工作,为学校领导决策提供参考。

(四)督导室以督教、督学、督管为工作定位。以严格要求、细致认真、实事求是为原则,以把握现状、控制过程、反馈结果、咨询参谋为工作目的。

(五)勤沟通多交流是做好督导室工作的基础。督导室积极配合教务处、教科室、学生处、年级组,围绕学校的各项教育教学教研工作,充分发挥督导室的检查、督促、帮助、指导的职能。

二、组织

督导室成员必须具备以下条件:

(一)坚持党的教育方针,以办好人民满意的教育为宗旨,努力做好本职工作。

(二)熟悉有关教育政策、法规和学校的规章制度,有较高政策水平、业务水平和较丰富的教育教学管理经验。

(三)责任心强,作风正派,坚持原则,办事公道,深入实际,敢说真话。

三、职责

(一)督导室人员工作职责

1.对教师贯彻执行教育政策、法规和学校的规章制度情况进行监督。

2.对教师进行教学评价和业务考核,随堂听课,并根据听课情况与授课教师交换意见;参与学校对教师的课堂测评和综合评价。

3.对教师进行业务培训和教学指导,经常性地对教师进行培训和指导,帮助教师提高业务水平,督导落实青年教师培养计划,对学校的教学工作提出意见和建议。

4.有计划地深入教学第一线,了解教学工作实施情况,提出改进工作的意见和建议;监督和检查教师履行教学工作规范、教书育人和完成教学工作任务的情况,重点是教师备课、课堂教学、课后辅导、作业批改、期中期末考试命题审查和试卷分析、成绩评定的科学性和可靠性等各个教学环节履行职责情况；

5.监督和检查各年级实施教学和教学管理工作情况，主要是工作计划落实，师生的日常管理，学风、班风建设，班主任培养与建设、学生的行为养成教育、安全教育以及住校生管理等。

6.监督和检查学校各职能部门支持、服务教学工作情况。

7.反映各职能部门、各年级和广大师生对教学管理及教学有关工作的意见和要求，对教学工作中出现的问题进行调查研究，并向学校提出意见和建议。

8.参与完善和推动学校教学督导制度及评估指标体系，督导落实学生成绩跟踪管理教学评价方案在各年级的实施。

9.负责开展落实学校的课题研究计划。

10.监督和检查各职能部门对学校重点工作和专项工作的计划落实情况。

(二)督导室的日常工作内容

1.督导工作要做到学年有规划、学期有计划，每月有小结、学期有总结。

2.注重收集和整理有关的教学文件、教学档案和资料。努力完成各项督导任务，并按有关规定撰写督导报告，并定期发布。

3.积极参加学校的各类教学、科研活动。经常积极主动地深入教学第一线，调查了解教学工作情况，及时反馈有关信息。

4.召开有关人员的座谈会，进行调查、测试和个别专访。

5.建立督导工作发布平台，及时发布教育教学督导相关信息。

6.坚持四个结合的工作方法。即定期检查与经常检查相结合、重点检查与全面检查相结合、专题汇报与经常汇报相结合、检查督促与参谋指导相结合。

四、权利

(一)有权对学校各职能部门和年级组教育教学管理工作以及服务教学的情况进行监督，对教学决策按程序提出意见或建议。

(二)有权对全校教师的教学工作(包括履行教学工作规范、遵守教学纪律、教书育人、落实各个教学环节的情况)进行检查和监督，并提出意见或建议，也能对教师任用、考核、晋升等向学校行政提出意见或建议。

(三)有权对干扰和影响学校教学秩序的行为进行制止。

(四)有权对不认真教学的教师、不认真学习的学生、违反教学纪律的学生和教职工向各年级组和学校提出处理意见或建议;行使督导室的工作职责,实事求是地总结督导情况和资料,提出建议,供学校党委和行政表彰先进或督促有关责任人整改。

(审校:赵忠　张茹茂)

督导干事工作职责

督导室在学校党委书记的领导下,以提高教学质量为核心,完善教学质量监控体系,掌握学校教学工作运行状况,做好督查、指导、服务等方面的工作。督导干事主要负责配合书记和督导室主任完成督导室的各项督查、检查、服务等工作。

一、岗位责任

(一)认真履行职责:严格按照学校要求,完成各项督导任务。

(二)维护学校利益:确保学校教育教学工作的顺利进行。

二、工作内容

(一)教学督导:定期检查教师教学情况,包括教案、课堂教学等。

(二)学生管理督导:关注学生学习状态和行为规范。

(三)校园秩序督导:监督校园环境和安全状况。

三、工作流程

(一)制定计划:根据学校工作安排,制定督导工作计划。

(二)实施检查:按照计划进行各项督导工作。

(三)记录反馈:及时记录发现的问题,并向相关部门反馈。

四、工作要求

(一)客观公正:以事实为依据,客观评价各项工作。

(二)严格保密:对督导过程中涉及的信息严格保密。

(三)定期汇报:定期向学校领导汇报督导工作进展情况。

五、工作纪律

(一)遵守校规校纪:严格遵守学校的各项规章制度。

(二)廉洁自律:不得接受任何形式的贿赂或好处。

六、考核与奖惩

(一)考核机制:建立科学的考核体系,定期对督导干事进行考核。

(二)奖励制度:对工作表现优秀的督导干事给予表彰和奖励。

(三)惩处措施:对违反工作制度或工作不力的督导干事进行批评教育,情节严重者予以相应处罚。

（审校:赵忠　张茹茂）

内部控制分事行权机制

内部控制机制建设包括:经济活动的决策、执行、监督实行有效分离;建立健全议事决策机制、内部控制关键岗位责任制、内部监督稽核机制。

一、经济活动决策、执行、监督实行有效分离

进行经济活动的组织架构和岗位设置,既要服从“三定方案”规定要求,在现有编制内按照内部控制的要求设计,又要从单位经济活动特点出发,建立联合工作机制。决策、执行和监督相互分离机制侧重点为:

(一)过程分离:决策(授权审批)、执行、监督过程分离。

(二)岗位分离:申请与审批、审批与执行、执行与监督、决策与监督分离,会计记录与财产保管、财产保管与清查稽核等岗位相分离。

二、建立健全议事决策机制

单位重大经济事项实行班子集体决策制度,防范“一言堂”或者“一支笔”造成的决策风险和腐败风险。

(一)重大经济业务事项内容

纳入本制度的重大经济事项包括:

1.年度财务预算、决算;

2.超过五万元的支出;

3.经济分配方案,主要是指职工劳保、奖金及福利待遇分配等;

4.非正常经济(资产)损失的处置;

5.对外捐赠资金、资产;

6.单位基本建设投资;

7.资金筹集等其他经济业务重大事项。

(二)重大经济事项决策原则

1.科学、依法、民主、集体决策的原则。重大事项必须集体讨论后按规定程序报批,坚决禁止书记、校长独断专行的决策行为。

2.专家咨询和评估的原则。对专业性、技术性较强的重大事项,必须进行专家论证、技术咨询、决策评估。

3.公示原则。坚持政务公开、透明,特别是涉及教职工切身利益问题的决策,必须进行公示,广泛听取教职工意见。

4.谁决策、谁负责的原则。实行重大经济事项领导负责制和责任追究制。参与决策有关人员在集体讨论时应明确个人意见(同意、反对、弃权)。

5.财务室充分论证的原则。财务人员根据国家有关法律法规,从单位预算资金的安排情况、自有资金状况、资金筹措能力、财务和预算制度等方面对有关重大经济事项的可行性提出意见和建议,对重大经济事项支出的合理性、合法性及预算安排进行审核。

(三)集体决策的程序集体决策采取党委会、教代会的形式,由党委书记负责主持,财务负责人参加,必要时有关分校负责人列席参加(会议列席人员由书记确定)。

1.确定议题。会议议题由党委书记根据分管校长和相关部门的提议确定。

2.准备材料。会议所需文件、需审议的决策方案或草案及说明等资料,由分管校长组织相关部门提前准备。

3.酝酿意见。会议召开的时间、议题一般应提前通知与会人员。必要的会议材料应于会前送达。与会人员要认真熟悉材料,酝酿意见,做好发言准备。

4.充分讨论。议题由分管校长或有关负责人作简要说明,与会人员应就议题充分讨论并发表明确的意见。讨论时,坚持一把手末位表态制,党委书记在听取其他与会人员的意见后再表明自己的意见。

5.逐项表决。会议实行逐项表决,议题经充分讨论后,进行表决。

6.作出决定。党委书记根据会议讨论、表决情况,对决策事项作出通过、不予通过、修改或者再次审议的决定。作出通过决定的,由党委书记签发;作出修改决定的,由承办部门依照会议要求修改后报分管校长审定,由党委书记签发;属重大原则或者实质内容修改的,作出再次审议决定,按程序重新审议。

7.形成纪要。重大行政决策事项,指定专人负责会议记录和整理会议纪要。党委书记长否定多数人意见作出最后决定的,须在会议纪要中说明理由。会议作出的决定,领导班子成员必须坚决执行,任何个人无权改变。

在执行过程中,确需进行重大调整或变更的,应经领导班子集体研究。进行集体决策重大事项,必须有三分之二以上组成人员到会方能举行,并且分管(副)校长必须到会,如分管副校长因故无法到会,除特别紧急事项须立即进行决策外,该事项应留待下次会议决定。遇突发事件和紧急情况,来不及领导集体讨论决定的,分管副校长应及时报告。

三、建立健全内部控制关键岗位责任制

建立健全内部控制关键岗位责任制,明确校内各岗位职责及分工,确保不相容岗位相互分离、相互制约和相互监督。加强对内部控制关键岗位工作人员的管理。

(一)按照权责对等原则建立健全关键岗位责任制,明确岗位职责及分工,确保不相容岗位相互分离、制约和监督。

1.岗位构成。内部控制关键岗位是指与预算业务管理、收支业务管理、政府采购业务管理、资产管理和内部监督等经济业务有关的审批、执行和监督等岗位。主要包括预决算编制和绩效评价、资金管理、票据管理、印章管理、物资和固定资产的采购和管理,以及内部监督等。

2.制定岗位责任制的原则。岗位责任制的制定要坚持才能与岗位相统一的原则、职责与权利相统一的原则和考核与奖惩相一致的原则。

3.岗位责任制的形式和内容。以书面形式描述关键岗位的专业能力和职业道德要求,明确岗位职责、岗位权利以及与其他岗位的关系。

(二)关键岗位工作人员管理

1.实行轮岗制度。单位经济活动关键岗位实行轮岗制度,轮岗周期为5年(特殊原因或特殊岗位可适当缩短或延长轮岗时间),若到期未轮岗,需委托第三方会计、审计机构专项审计,出具审计报告。

2.把好人员入口关。关键岗位人员要具备与其工作岗位相适应的资格和能力,包括知识、技能、专业背景和从业资格等。

3.加强业务培训和职业道德教育。在每年的学习计划中安排相应内容,对关键岗位工作人员进行业务培训和职业道德教育,使其及时、全面、准确掌握国家有关法律法规政策,不断提升专业技能和业务水平,不断提高职业道德修养。

四、建立健全内部监督稽核机制

学校成立内部监督稽核机构(人员兼职),负责检查单位内部管理制度和机制建立与执行情况,以及内部控制关键岗位及人员配置情况等,及时发现内部控制存在的问题并提出改进建议。

(一)内部监督检查频率

每年至少进行一次全面监督检查(每年委托第三方专业内控机构专家检查,出具内控风险评估报告。财务资料检查至少5年一次,委托第三方专业的会计、审计机构监督检查,出具正式审计报告),必要时根据需要不定期地对内部控制开展各项专项检查、抽查等监督检查工作。

(二)内部监督检查内容

1.单位层面内部控制制度建立和执行情况,具体包括:

(1)单位经济活动的决策、执行和监督是否实现有效分离;权责是否对等;议事决策机制是否建立;重大经济事项的认定标准是否确定而且一贯地执行。

(2)内部管理制度是否符合国家有关规定尤其是国家明确的标准、范围和程序;内部管理制度是否符合本单位的实际情况。

(3)授权审批的权限范围、审批程序和相关责任是否明确;授权审批手续是否健全;是否存在未经授权审批就办理业务的情形;是否存在越权审批、随意审批情形。

(4)岗位责任制是否建立并得到落实;关键岗位轮岗制度是否建立或采取了替代措施,是否存在不相容岗位混岗的现象。

(5)内部控制关键岗位工作人员是否具备与其工作岗位相适应的资格和能力。

2.业务层面内部控制制度建立和执行情况,具体包括:

(1)预算业务重点检查:预算编制、预算执行制度是否建立并得到有效执行;预算执行分析机制是否建立并得到有效执行;预算与决算相互反映、相互促进的机制是否建立并得到有效执行;全过程的预算绩效管理机制是否建立并得到有效执行等。

(2)收支业务重点检查:收支是否实施归口管理并得到有效执行;印章和票据的使用、保管是否存在漏洞;相关凭据的审核是否符合要求;定期核查的机制是否建立并得到有效执行等。

(3)政府采购业务重点检查:政府采购活动是否实施归口管理并得到有效执行;政府采购与财会、资产管理等岗位之间是否建立沟通协调机制并得到有效执行;政府采购申请的审核是否严格;验收制度是否建立并得到有效执行;是否妥善保管政府采购业务相关资料等。

(4)资产管理重点检查:各类资产是否实施归口管理并得到有效执行;是否按规定建立资产记录、实物保管、定期盘点和账实核对等财产保护控制措施并有效执行等。

(三)监督检查程序

1.制定监督检查工作方案。内部监督机构制定监督检查工作方案。方案中应当明确检查的依据、范围、内容、方式、实施计划、人员构成等相关内容。监督检查工作方案经单位负责人批准后实施监督检查。

2.实施监督检查:

(1)内部监督机构获取相关的文件和资料,掌握内部控制建立情况。例如,单位相关的内部管理制度,各类经济活动的业务流程图、内部控制关键岗位的岗位责任书,以及相关的财务数据等。通过查阅相关文件和资料,了解内部控制是否覆盖了单位的全部经济活动,是否符合单位的实际情况,是否针对风险点选择了恰当的控制措施以及以前发现的问题是否及时采取措施整改等。

(2)根据了解的经济活动业务流程,确定监督检查的范围和重点,综合运用各种检查方法对内部控制建立和执行的有效性进行测试,记录测试结果,编制工作底稿。根据测试结果,分析查找内部控制缺陷。

(3)复核和验证。在实施监督检查的过程中,监督检查工作人员应当遵循客观、公正、公平的原则,如实反映检查测试中发现的问题。对于检查测试中发现的问题应及时与相关业务部门沟通,并就存在的问题和改进建议与相关业务部门达成一致。监督检查的结果和改进建议应当经过相关工作人员复核和验证。

3.编制自我评价报告。自我评价报告内容包括:

(1)内部监督检查和评价的依据,即《×××学校内控规范》和单位相关内部管理制度;

(2)内部监督检查和评价的范围,即全面检查评价还是就某特定业务内部控制的检查和评价;

(3)内部监督检查和评价的程序和方法,即内部监督工作流程以及现场测试采用的主要方法;

(4)以前检查中发现的内部控制缺陷及其情况;

(5)本次检查中发现的内部控制缺陷及改进意见或建议;

(6)内部控制建立和执行有效性的评价、结论及改进意见和建议。

4.对内部控制制度建立和执行有效性评价包括两方面内容:

一是对内部控制的有效性进行自我评价。侧重于单位层面内部控制,主要包括以下四个方面:

(1)内部控制制度建立的合法性,即行政事业单位在内部控制制度建立过程中,是否做到以内部控制的基本原理为前提,以相关法律法规和相关规定以及《×××学校内部控制规范》作为依据。

(2)内部控制制度建立的全面性,即内部控制制度的建立是否覆盖了所有经济活动、经济活动的全过程、所有内部控制关键岗位、各相关部门及工作人员和相关工作任务都具备约束力。

(3)内部控制制度建立的重要性,即内部控制制度的建立是否重点关注了单位的重要经济活动和经济活动的重大风险。

(4)内部控制制度建立的适应性,即内部控制的建立是否根据外部环境的变化、单位经济活动的调整和自身条件的变化适时地调整关键控制点和控制措施。

二是对内部控制执行的有效性进行自我评价。主要侧重于业务层面内部控制,主要包括以下四个方面:

(1)各个业务控制在监督检查期内是如何运行的。

(2)各个业务控制是否得到了持续、一致的执行。

(3)相关内部控制机制、内部管理制度、岗位责任制、内部控制措施是否得到了有效执行。

(4)执行业务控制的相关工作人员是否具备必要的权限、资格和能力。

5.提交自我评价报告。自我评价报告应当提交单位负责人,由单位负责人对拟采取的整改计划和措施作出决定,以改进单位内部控制。

6.应用自我评价报告。自我评价报告应当作为行政事业单位完善内部控制的依据和考核评价相关工作人员的依据。

对于执行内部控制成效显著的相关部门及工作人员提出表扬表彰,对违反内部控制制度的部门和人员提出处理意见;对于认定的内部控制缺陷,内部控制职能部门或牵头部门应当根据单位负责人的要求提出整改建议,要求责任部门或岗位及时整改,并跟踪其整改落实情况;对已经造成损失或负面影响的追究相关工作人员的责任。

(审校:邹丹 张茹茂)

学校干部轮岗交流办法

第一条 为进一步加强干部队伍建设,根据《党政领导干部选拔任用工作条例》的有关规定,结合学校干部队伍建设实际,特制定本办法。

第二条 轮岗交流原则

(一)轮岗交流坚持与干部日常调整、竞争上岗相结合,有计划、分步骤进行,逐步实现制度化、经常化。

(二)轮岗交流一般在学校部门间进行。

(三)原则上同一部门正、副职领导干部不同时轮岗交流,如有确实需要轮岗交流的,由学校党委根据实际情况研究确定。

(四)在同一工作岗位任职超过10年的,若到期未轮岗,可由第三方对单位和岗位人员进行审计,无问题则可继续在此岗位任职。

第三条　轮岗交流对象

学校各部门正、副职领导干部或其他需要轮岗交流的人员。

第四条　轮岗交流条件

(一)因工作需要轮岗交流的。

(二)作为后备干部需要加强轮岗锻炼的。

(三)缺少教育教学一线工作经验或者岗位经历单一的。

(四)在同一工作岗位任职超过10年的。

第五条　轮岗的纪律要求

(一)被确定为轮岗交流的干部,应当自觉服从学校党委作出的轮岗决定及相关要求。

(二)在轮岗离职前,严格按照学校党委的要求认真做好工作和公共财物的交接。

(三)自学校党委决定并宣布之日,一周内到新岗位上岗,并尽快转换角色,积极主动投入工作。

第六条　轮岗的组织实施

(一)干部轮岗交流工作,在学校党委的领导下,由办公室组织实施。

(二)干部轮岗交流工作,一般在职务(岗位)空缺或年度考核时一并进行,必要时可按照学校党委的安排随时作调整。

(三)办公室根据学校党委的部署和决定,按照轮岗交流的范围、对象、条件及原则,征求分管校领导及科室意见后,提出轮岗交流人选。必要时听取本人意见。

(四)党委集体讨论决定,办公室办理手续。在干部轮岗交流之前,学校主要领导、纪委书记须进行谈话,与轮岗人员面对面交心谈心,做好思想工作,并针对其岗位职责提出工作要求,重点要强调勤政廉政。

第七条　干部轮岗交流离职前,及时办理工作交接手续。原岗位工作同志必须向新任同志提供相关资料、介绍有关情况,不得以任何理由推诿。

第八条　本办法自下发之日起施行。

(审校:王延杰　张茹茂)

学校内部专项审计制度

为加强学校内部审计工作，落实对六大经济业务活动中的关键岗位采取专项审计，充分发挥审计工作的作用，特制定本制度。

一、内部审计是独立监督和评价学校经济活动的真实、合法和效益的行为。

二、学校内部审计工作接受区教委计财科的业务指导、管理和监督。

三、学校设立内部审计联络人，配合区教委对学校进行内部审计。

(一)对学校的财务收支及有关的经济活动、经济效益进行审计。

(二)对学校各项维修和新建工程进行审计。

(三)配合上级对学校校领导进行任期经济责任审计。

(四)对学校固定资产投资、管理进行审计。

(五)对学校内部控制制度的健全性和有效性以及风险管理进行审计。

(六)完成区教委要求办理的其他审计事项。

(审校：邹丹　张茹茂)

内部审计工作管理办法

一、总则

(一)为了建立健全学校内部审计制度，规范和加强内部审计工作，提升内部审计工作质量，充分发挥内部审计作用，提高资源绩效，促进教育事业发展，根据《中华人民共和国教育法》《中华人民共和国审计法》《审计署关于内部审计工作的规定》《教育系统内部审计工作规定》等有关法律法规，结合学校实际，制定本办法。

(二)学校内部审计是指学校内部审计机构、审计人员对学校财务收支、经济及管理活动、内部控制、风险管理实施独立、客观的监督、评价和建议，以促进单位完善治理，实现目标的活动。

(三)学校内部审计工作坚持审计检查与审计评价相结合，采取事前审

计、事中审计、事后审计等不同方式,组织开展不同形式的审计业务活动。

二、机构和人员

(一)审计部门是学校实施内部审计监督的职能部门,在学校党委的领导下开展内部审计工作,向学校党委负责并报告工作,同时接受国家审计机关、市教委审计机构及有关行业协会的检查和业务指导。

(二)学校依照国家法律、法规和审计规章,设置独立的内部审计机构,保障内部审计工作开展所需的经费和其他工作条件,配备具有审计、会计、经济、法律、工程管理等专业素质的工作人员。同时,支持和保障内部审计机构通过多种途径开展继续教育,提高内部审计人员的职业胜任能力。

(三)根据工作需要及学校安排,学校内部审计部门可以委托社会中介机构对有关事项进行审计,可聘请兼职审计人员。学校审计部门负责对委托审计事项进行质量控制和业务考评。

(四)内部审计部门在审计过程中应当严格执行内部审计制度,保证审计业务质量,提高工作效率。审计人员办理审计事项应当严格遵守职业道德规范,忠于职守、客观公正、廉洁自律、保守秘密,并保持适度的职业谨慎。与被审计单位或审计事项有利害关系的,应当回避。

(五)学校应当保障内部审计机构和内部审计人员依法依规独立履行职责,任何单位和个人不得打击报复。

(六)对忠于职守、坚持原则、认真履职、成绩显著的内部审计人员,学校应予以表彰。

三、职责和权限

(一)审计部门按照国家有关规定和学校相关要求,履行下列职责:

1.对学校贯彻落实党和国家、教育部门重大政策措施情况进行审计监督;

2.对学校发展规划、重大决策、重大措施以及年度业务计划执行情况进行审计监督;

3.对学校预算编制、执行及决算编制情况进行审计;

4.对学校的专项资金筹措、拨付、管理和使用情况进行审计;

5.对学校工程项目进行预算、结算和决算审计;牵头组织对重大基建工程项目实施全过程委托跟踪审计;

6.对学校固定资产投资项目进行审计；

7.对学校经济管理和效益情况进行审计；

8.对学校内部控制及风险管理情况进行审计；

9.对学校中层干部履行经济责任情况进行审计；

10.协助学校主要负责人督促落实审计发现的问题的整改工作；

11.学校和上级主管部门交办的其他事项。

（二）审计部门在履行审计职责时，具有下列主要权限：

1.要求被审计单位按时报送发展规划、重大决策、重大措施、内部控制、风险管理、财政财务收支等有关资料（含相关电子数据，下同），以及必要的技术文档；

2.参加单位有关会议，召开与审计事项有关的会议；

3.参与研究制定有关的规章制度，提出制定内部审计规章制度的建议；

4.检查有关财政财务收支、经济活动、内部控制、风险管理的资料、文件和现场勘查实物；

5.检查有关计算机系统及其电子数据和资料；

6.就审计事项中的有关问题，向有关单位和个人开展调查和询问，取得相关证明材料；

7.对正在进行的严重违法违规、严重损失浪费行为及时向学校主要负责人报告，经同意作出临时制止决定；

8.对可能转移、隐匿、篡改、毁弃的会计凭证、会计账簿、会计报表以及与经济活动有关的资料，经学校主要负责人批准，有权予以暂时封存；

9.提出纠正、处理违法违规行为的意见和改进管理、提高绩效的建议；

10.对违法违规和造成损失浪费的被审计单位和人员，给予通报批评或者提出追究责任的建议；

11.对严格遵守财经法规、经济效益显著、贡献突出的被审计单位和个人，可以向学校主要负责人提出表彰建议；

12.对审计工作的重大事项，按照有关规定向主管领导和上级主管部门反映；

13.上级主管部门或学校规定的其他权限；

14.学校党政领导应当定期听取内部审计工作汇报，加强对内部审计工作

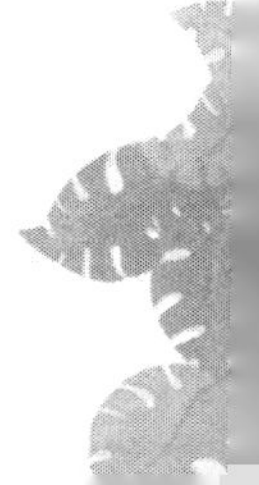

规划、年度审计计划、审计质量控制、问题整改和队伍建设等重要事项的管理;

15. 内部审计部门可以利用国家审计机关、上级内部审计机构和社会中介机构的审计结果;学校内部审计结果,采取适当方式在合适范围内公开,经批准后,可以提供给有关单位(部门)。

四、审计程序

(一)确定审计事项。审计部门根据学校总体安排和上级内部审计机构的部署,制定年度审计工作计划,报经学校批准后实施。拟增列审计项目,应根据工作需要由学校决定;或由相关部门提出申请,经批准后组织实施。

(二)启动审计事项。在审计工作开展前编制审计工作方案,做好审计立项、成立审计组、开展审前调查、送达审计通知书和承诺书、对送审资料作明确要求等准备工作。

(三)实施审计事项。审计组应通过审核、观察、询问、函证、检查、分析、测试等方法,取得充分、可靠、相关的审计证据,编制审计工作底稿。对于审计中发现的一般问题,及时与被审计对象或相关单位沟通,推动整改工作;对于审计中发现的违法违纪等问题线索,应及时移交学校纪检监察部门调查处理。

(四)出具审计报告。审计项目完成后,审计组应当出具审计报告初稿,征求被审计对象意见,被审计对象应当自收到审计报告征求意见稿要求的10个工作日内,书面回复审计意见,逾期不回复视作无异议。

(五)对被审计对象提出的异议,审计组应组织核定相关审计证据,对确有错误或偏差的审计结论应重新进行取证,对审计报告征求意见稿中与事实不符的内容和文字表述,作出必要的修改和调整。

(六)审计完成后,审计部门应及时向学校提交审计报告,审计报告应符合审计目的、审计范围和审计发现。审计报告经主管校领导审批后,根据情况报送相关校领导、相关单位(部门)以及被审计对象,以便及时落实相关整改措施。

(七)审计整改。明确被审计单位主要负责人为整改第一责任人,对审计发现的问题和提出的建议,被审计单位应当及时制订审计整改方案,逐项整改落实到位，并将整改结果书面告知内部审计机构。

（八）建立审计档案。审计事项结束后，应当建立审计档案，并按照学校档案管理有关规定管理和归档。

五、责任追究

（一）违反本规定，有下列行为之一的被审计单位和个人，学校根据有关规定严肃处理，对违反财经法规、党纪、政纪或触犯法律的，按有关规定移交纪检、监察或司法机关处理：

1. 拒绝接受或者不配合内部审计工作的；

2. 拒绝、拖延提供与内部审计事项有关的资料，或者提供资料不真实、不完整的；

3. 转移、隐匿、篡改、销毁有关文件和会计资料的；

4. 转移、隐匿违法所得的财产的；

5. 弄虚作假，隐瞒事实真相的；

6. 阻挠审计人员行使职权，抗拒、破坏监督检查的；

7. 拒不执行审计决定的；

8. 报复陷害审计人员和检举人员的；

9. 违反国家规定或者学校内部规定的其他情形。

（二）违反本规定，有下列行为之一的审计人员，学校根据有关规定严肃处理，对违反财经法规、党纪、政纪或触犯法律的，按有关规定移交纪检、监察或司法机关处理：

1，利用职权，谋取私利的；

2. 弄虚作假，徇私舞弊的；

3. 玩忽职守，给国家和单位造成重大经济损失的；

4. 泄露国家秘密和被审计对象隐私的；

5. 违反国家规定或者学校内部规定的其他情形。

六、附则

（一）本办法由学校审计部门负责解释。

（二）本办法自学校印发之日起执行。

（审校：邹丹　张茹茂）

学校日常业务中不相容职务分离控制制度

一、分离原则:不相容岗位。

二、不得由一人办理货币资金业务的全过程。

(一)会计职务与出纳职务分离,出纳人员不得兼任稽核、会计档案保管和收入、支出、费用、债权、债务账目的登记工作;

(二)会计职务与审计职务分离;

(三)支票保管职务与印章保管职务分离;

(四)支票审核职务与支票签发职务分离,支票签发职务由出纳担任,其他会计人员不得兼任;

(五)银行印鉴保管职务、企业财务章保管职务、人名章保管职务分离。

三、不得由一人保管支付款项所需的全部印章,不得由同一部门或个人办理合同业务的全过程。

(一)合同签署(或委托签署)职务与条款订立职务分离;

(二)条款订立职务与法律顾问职务分离;

(三)合同谈判职务与合同定价职务分离;

(四)合同履行职务与收付款职务分离;

(五)合同审计职务与上述职务分离。

四、不得由同一部门或个人办理固定资产采购业务的全过程。

(一)批准采购职务与采购经办职务分离;

(二)询价定价职务与确定供应商职务分离;

(三)采购职务与验收职务分离;

(四)付款审批职务与付款执行职务分离;

(五)采购职务、入库登记职务、会计记录职务分离。

(审校:邹丹　张茹茂)

学校财务管理制度

为进一步规范财政资金支出行为,防范化解财务风险,保障财政资金安全、规范、高效使用，特制定此管理制度。

一、严格收入管理，应当将各项收入全部纳入单位预算，统一核算，统一管理。教育收费等非税收入，应当按照国库集中收缴规定及时足额上缴国库或财政专户，不得隐瞒、截留、占用、挪用、坐支、拖欠或者私分，以及违规转移到所属工会等使用。

二、严格规范收费行为，不得违规提高收费标准，不得违规收取“择校费”，不能有以个人及企业名义收取赞助费等乱收费现象。

三、严格账户管理，开立、变更、撤销银行账户，须经财政局审批。开户行必须选择渝中区内银行。同一类型账户，原则上只能开设一个。

四、严格支出管理，严禁超预算或者无预算安排支出，虚列支出、转移或者套取预算资金。严禁违规截留挪用项目资金，严禁外部单位及企业代列收支，严禁设立并坚决查处“小金库”、“账外账”。

五、严格执行国库集中支付制度，严禁违规向本单位实有资金账户划转资金、违规提取和使用现金。严格按照公务卡管理办法规定使用公务卡结算。学校及直属单位应加强资金拨付审核，做好支付事项、支付凭证及其附件的真实性、合法性核查。

六、加强政府采购管理，学校及直属单位采购依法制定的集中采购目录以内的或者采购限额标准以上的货物、工程和服务，必须严格执行政府采购制度，不得直接发包、不得分零采购。

七、切实加强和规范校园建设项目、维修维护资金管理，严格执行《重庆市渝中区人民政府关于印发〈重庆市渝中区区级投资项目管理办法〉的通知》（渝中府发〔2020〕20号）及《渝中区中小学幼儿园维修管理办法（2021年）试行》，严格执行招投标程序，严禁超概算支出，严禁超进度超比例付款。

八、加强财务管理，任何单位和个人不得以虚假的经济业务事项或者资料进行会计核算，不得伪造、变造会计凭证、会计账簿及其他会计资料，不得提供虚假的财务会计报告。记账人员与经济业务事项和会计事项的审批人员、经办人员、财务保管人员的职责权限应明确，并相互分离、相互制约。会计、出纳岗位必须分设，出纳人员不得兼任稽核、会计档案保管和收入、支出、费用、债权债务账目的登记工作。财政票据、支票、银行预留印鉴章、U盾等不得由出纳单独管理或一人管理。会计、出纳至少每月一次对会计账簿、账单及资金交接对账表进行核对,出纳应当每日对库存现金进行核对,财务主管定期监督检查,保证账证相符、账账相符、账实相符。

九、加强内部会计监督、会计审查,确保内部控制制度落实落地。学校及下属单位应当按月度、季度、年度向教育主管部门报送财务报告,教育主管部门应定期开展财务监督检查。

坚持把纪律和规矩挺在前面,时刻保持对财经法纪的敬畏意识,主动加强监管,自觉接受监督。把资金管理和使用情况监督检查作为日常工作的重要内容。对发现的违纪违规问题,严格依纪依法追究责任,涉嫌犯罪的,移送有关国家机关依法处理。

(审校:邹丹　张茹茂)

学校预算管理内部控制制度

一、总则

(一)为进一步加强学校预算管理,促进预算管理制度化、规范化、科学化,根据《中华人民共和国预算法》(2018年修正)、《中华人民共和国预算法实施条例》(国务院令第729号)、《部门决算管理制度》(财库〔2013〕209号)、《重庆市市级预算管理办法》、《重庆市预算审查监督条例》及相关法律法规,结合学校实际情况,制定本制度。

(二)学校预算是单位根据学校发展目标和计划编制的年度财务收支计划。学校预算由收入预算和支出预算组成。

二、管理机构及其职责分工

(一)预算管理实行"集体决策、归口统筹、分级执行、执行监督"的层级管理形式,具体划分为预算决策机构、归口统筹管理机构、预算执行机构及预算监督机构四个层级。

(二)党委会是学校预算管理的决策机构,其职责是:

1.负责审议有关预算管理的制度、规定和政策;

2.负责根据学校发展目标、年度规划等,预测、制定并审议单位的预算控制总体目标;

3.审查学校预算方案、预算草案,并提出必要的修正建议;

4.审查预算考核方案;

5.审查和审批预算调整方案。

(三)财务室是牵头编制预算和督促预算执行的职能部门,其职责是:

1.指导并组织各科室进行预算编制;

2.对各科室编制的预算草案进行审查、评价、协调和平衡,并提出具体的指导意见;

3.对预算草案进行汇总,并编制学校的总预算,上报党委会;

4.制定预算考核方案;

5.监督各科室预算的执行,对各科室预算的执行进度进行统计分析;

6.审查预算调整的合理性,并报党委会审批;

7.对预算执行结果进行考核评价。

(四)各科室是预算编制和执行的主体,其职责是:

1.根据职能职责及工作安排,按照预算报表要求,编制本部门相关预算草案;

2.提供与学校编制预算相关的人员情况、资产存量、建设规模、采购计划、履约合同、政策依据、预算测算、实施计划等基础数据及有关信息;

3.按照预算批复及相关规定严格执行预算。预算执行中根据实施情况提出预算调整意见;

4.对预算项目全过程负责,开展预算绩效目标编报、预算执行情况分析、项目实施工作总结、预算执行结果绩效分析、项目实施结果运用等工作。

(五)监督检查小组是学校预算监督机构。其主要职责是:监督预算编制、预算执行与分析、决算、预算绩效管理等环节。

三、预算编制与分解下达

(一)预算编制原则

1.量入为出,收支平衡。根据收入规模安排经费支出,确保各项工作计划有序实施,避免资金短缺和浪费;

2.统筹兼顾,真实全面。预算要覆盖单位所有收支,要根据单位财政内外资源情况,统筹安排各项收支计划,各项收支要符合客观实际,要有真实可靠

的预算依据,不得隐瞒和虚列收支内容;

3.保障重点,注重绩效。各项支出的安排要坚持科学、合理、必须的原则,重点保障单位当期中心工作和重点工作,着力提高资金使用的社会效益和经济效益。

(二)预算编制内容:主要包括收入预算、支出预算和政府采购预算等。

(三)预算编制依据

1.上级部门的编制要求与总体原则;

2.学校中期财政规划;

3.学校年度工作计划;

4.资产占用和使用情况;

5.以前年度预算执行情况;

6.以前年度资金结转和结余情况。

(四)预算编制方法

收入预算以上年实际完成情况为基础,剔除非正常的一次性收入因素,充分考虑政策性、管理性增减因素和收入变化趋势,由此核定预算年度的收入计划。

基本支出预算分为人员经费和公用经费,人员经费根据预算年度人员情况和薪资标准进行测算。公用经费预算由财务室牵头各业务科室,根据日常工作需要,结合社会物价水平和财力可能进行测算。

项目支出是由各科室根据中期财政规划,结合预算年度特定任务或工作目标,对已纳入项目库中的项目进行确认和细化。项目预算必须细化到具体项目,明确项目内容、实施目标和用款计划等。

(五)预算编制程序:实行“二上二下”

1.“一上”:财务室依据上级文件,根据财政部门、上级主管部门的统一安排,提早部署未来三年支出规划和下年度部门预算的编制工作,使各科室明确预算编制的指导思想、原则和具体要求。各科室根据预算要求提出三年支出规划和下年度部门预算,经财务室审核汇总,形成三年支出规划和下年度部门预算草案,经党委会审议通过后上报上级主管部门和财政部门;

2.“一下”:财务室根据财政部门和上级主管部门下达的预算控制数和财力平衡情况,下达各科室预算控制数;

3.“二上”：各科室对下达的预算控制数进行确认修正，经分管领导审核同意后提交财务室。原则上各科室预算总额不得突破“一下”控制数。财务室对各科室“二上”预算进行审核汇总，形成正式预算草案，经党委会审议通过后上报上级主管部门和财政部门；

4.“二下”：财务室根据财政部门和上级主管部门批复分解下达各科室。

（六）预算分解下达程序

年初，各科室按照“二上”预算数、项目文本等基础数据编制项目资金使用计划，财务室汇总后报党委会集体研究，根据党委会有关决议印发预算分解实施表。

四、预算执行与分析

（一）预算年度开始后，在预算未正式批准下达之前，财务室可根据上年度同期的预算支出数据安排支出。预算一旦批准下达，各业务科室应严格执行，在批复的预算额度和范围内尽早分解落实工作任务，原则上不得超预算安排支出。

（二）各项经费开支必须按费用报销有关规定执行审核审批流程。所有开支事项必须明确预算归属，提供真实、合法、有效的票据，按规定履行审批程序。

（三）凡列入政府采购目录的货物、工程和服务项目，必须严格执行政府采购程序，由总务处依据政府采购相关规定确定采购方式，落实采购计划，各科室不得擅自购买和签订合同。

（四）预算执行应严格按照上级文件规定的预算执行进度要求执行，对年内没有启动或进度完成滞后、需要跨年度继续完成的项目，经办部门应该提前说明原因，并及时按要求办理预算调整手续。

五、预算调整

（一）预算调整（含增加和调减）

1. 预算调整是指在年度预算执行中，由于不可抗力、上级部门政策调整、临时安排工作等不可预见因素造成的新增/调减预算；

2. 预算调整应严格履行以下程序：由业务科室提出调整原因与预算需求，财务室审核后形成调整草案，报党委会研究同意后，教委汇总后报财政局下

达预算调整文件,业务科室按调整预算执行;

3.若调整预算需上报的,按上级最新文件要求申报同意后执行。

(二)预算内调剂

1.预算内调剂是指在学校年度预算内,不同部门或会计明细科目之间的调剂;

2.预算内调剂应履行以下程序:由业务科室提出申请,财务室在部门预算批复范围内提出审核意见和调整建议,经分管领导、单位负责人审批,教委汇总后报财政局下达预算调整文件,以此更新相关预算明细科目指标,作为预算执行的依据;

3.若调剂预算需上报的,按上级最新文件要求申报同意后执行。

六、决算

(一)决算是指在年度终了,根据财政部门决算编审要求,在日常会计核算的基础上编制的、综合反映学校预算执行结果和财务状况的总结性文件。

(二)决算报表体系由四部分组成,具体包括:基础数据表、填报说明、分析表和分析报告。

(三)每个会计年度结束后,必须根据《部门决算管理制度》(财库〔2013〕209号)的要求,按照财政部门关于决算的工作部署,在全面清理核实收入、支出、资产、负债,并办理年终结账的基础上编制决算,并在规定时间内报送。

(四)决算必须经财务负责人和单位负责人审阅签章并加盖学校公章。单位负责人对决算的真实性、合法性负法律责任。

七、预算项目绩效管理

(一)事前绩效评估管理

1.根据财政部门工作要求,需在申请列入项目库之前完成的事前绩效评估工作应及时完成,未按照要求开展事前绩效评估或事前绩效评估结果为差的政策和项目原则上按规定不得列入年度预算项目库;

2.对于重大财政政策和项目,采取公众参与、专家论证或者聘请第三方机构独立开展绩效评估等方式开展事前绩效评估工作,出具事前绩效评估报告。

(二)绩效目标管理

1.绩效目标的编制。业务科室根据项目特征,编制项目绩效目标和绩效指标,没有设置绩效目标、绩效指标,或绩效目标、绩效指标不符合相关要求的,不得纳入学校预算编审环节;

2.绩效目标的审核。新增项目由业务科室提出项目绩效目标和绩效指标,交业务科室负责人审核、分管领导审签,由财务室汇总,经主要领导审签后,上报上级主管部门。延续以前年度的项目,直接按照相关规定执行;

3.绩效目标的调整。经财政部门批复的预算绩效目标一般不予调整。预算执行中因特殊原因确需调整的,应按照绩效目标管理要求和预算调整流程报批。

(三)绩效运行监控管理

1.健全绩效运行监控机制,动态掌握政策和项目进展,以及资金使用和绩效目标完成情况,重点监控是否按照绩效目标执行、绩效目标实现程度与预算执行进度是否匹配等,对监控发现的管理漏洞和绩效目标偏差,及时采取有针对性的措施予以纠正;

2.及时将绩效运行监控结果反馈给上级主管部门。

(四)绩效评价管理

各科室通过填报项目自评表或编制自评报告的方式实施项目绩效自评。财务室汇总审核各科室项目自评表或绩效自评报告,根据年初确定的整体绩效目标,填写绩效目标评价表或绩效评价报告,向上级主管部门上报。

(五)绩效结果应用管理

财务室依据财政部门或其他上级部门的反馈意见落实绩效评价结果,向各科室传达整改意见并监督落实、改进自身管理。

八、预决算公开

财务室应按照上级文件规定的内容和时间,依据政府信息公开相关程序对预决算进行公开。

九、附则

(一)本制度由财务室负责解释。

(二)本制度自发布之日起施行。

(审校:邹丹　陈星舟)

学校收支管理内部控制制度

一、总则

(一)为了进一步规范学校的财务行为,加强学校财务管理和监督,提高资金使用效益,保障单位健康发展、收支内部控制,强化廉政风险防控机制建设,提高单位管理水平,根据《行政事业单位内部控制规范(试行)》(财会〔2012〕21号)、《政府会计准则——基本准则》等规定,结合学校实际情况,制定本制度。

(二)收支管理内部控制目标

1.合理保证经济活动合法合规;

2.资产安全和使用有效;

3.财务信息真实完整;

4.有效防范舞弊和预防腐败;

5.提高公共服务的效率和质量。

(三)收支管理内部控制任务

1.建立健全收支管理内部控制制度;

2.合理设置岗位;

3.对收支业务实施归口管理;

4.严格执行收支两条线管理规定;

5.加强支出事前申请控制;

6.加强支付控制;

7.加强票据及印章管控。

二、管理机构及其职责分工

(一)收支管理机构实行决策机构、管理机构、执行机构与监督机构相分离的设置方法。

(二)党委会议作为学校收支管理的决策机构的主要职责

1.审议年度收入及支出计划;

2.审议重大项目、大额资金支出(大额资金支出界定:5万元及以上的);

3.听取学校收入、支出状况分析的报告；

4.审议学校收支管理制度、流程及各项管理制度。

(三)财务室作为收支归口管理机构的主要职责

1.设置出纳和会计岗。出纳人员对签批手续完备的单据办理收付工作，会计人员负责按规定对各项经济业务收支进行账务处理；

2.负责各项收入核算、上缴，确保所有收入纳入财务管理；

3.负责拟定收支管理相关制度、流程及各项管理制度；

4.负责确定采购、资产及建设项目等相关业务领域活动的支出事项；

5.负责会计核算、报表编制和收支情况分析；

6.负责公务卡管理；

7.负责银行账户管理；

8.负责票据管理；

9.负责会计档案管理；

10.接受区教委、审计部门监督和审计。

(四)业务科室作为收支管理的执行机构的主要职责

1.负责按职责及工作任务编报年度项目计划及资金使用计划；

2.负责按分解下达的预算指标、项目计划细化支出事项，并组织实施；

3.对经办经费支出事项的合规性、合法性负责，办理经费支出票据、材料等的收集、整理、报备等工作；

4.负责根据预算批复安排各项收支，确保预算严格有效执行；

5.接受监督检查小组对经费支出的监督检查；

6.负责按照收支管理相关要求执行收支业务；

7.配合审计做好相关协助工作。

(五)监督检查小组作为收支管理的监督机构的主要职责

1.建立健全内部监督制度，明确各相关科室在内部监督中的职责权限；

2.监督业务科室收支业务活动是否有效实施归口管理；

3.监督财务室印章和票据的使用、保管；

4.监督财务室相关凭据的审核是否符合要求。

三、收入管理

(一)各项收入由财务室管理并进行会计核算,严禁设立账外账。业务科室签订涉及收入的合同协议后及时将合同等有关材料提交财务室作为账务处理依据,确保各项收入应收尽收,及时入账。对应收未收项目应当查明情况,明确责任主体,落实催收责任。

(二)非税收入范围

1. 国有资源(资产)有偿使用收入;

2. 其他收入。

(三)学校非税收入的征收应按照政府财政管理信息系统的要求,纳入政府非税收入征收管理系统征收。

四、支出管理

(一)支出事项的执行方式

根据管控关口前移、重事前控制、提高单位运行效率的原则,把学校支出事项的执行方式分为直接执行、采购执行和需要事前申请审批执行三种。其中,采购物资须在钉钉APP上通过物品申购流程后方可执行,5000元以上的费用支出(除人员经费和日常公用经费外)须在钉钉APP上通过事前审批流程后方可执行。

由外部标准控制的事项、常规性基本支出事项采用直接执行方式,如人员工资、津贴补贴、社会保障缴费、住房公积金、医疗费、其他工资福利支出,以及保障运转的水、电、物管、邮电等日常管理和服务费用。

采购执行分为政府集中采购、分散采购和自行采购执行。政府集中采购目录范围以内限额以上的事项,按照政府集中采购的相关规定履行相应的执行审批程序;政府集中采购目录范围以外限额以下需要采购的事项,按照学校规定履行相应的执行审批程序。

(二)借款办理程序

优先使用公务卡结算方式办理公务消费预支。职工因公出差、零星采购、临时公务接待等情况需要小额借款的,须按照《学校内部控制流程手册》借款流程办理借款手续。

(三)报销支付按照《学校内部控制流程手册》支出管理报销支付流程

执行。

(四)经费支出报销票据的总体要求

1.验证发票真实性;

2.发票抬头完整、准确;

3.大小写金额相符;

4.加盖印章正确。定额发票必须有对方单位盖章,无签章的发票不予报销;

5.发票的项目填写齐全;

6.原始单据金额及张数与报销单据一致;

7.批量购买的物资,发票无法载明明细的,必须附有销售单位加盖印章的明细清单;

8.白条及收据不得报销;

9.凡涉及费用支出的文件、合同(协议)、会议纪要、验收报告等,业务科室在申请款项报销时,须同时向财务室提供原件作为付款依据;

10.所有财务费用报销单据由经办人签名确认,业务科室负责人对费用发生的真实性、合法性、合理性进行审核,财务室对发票的合规性进行审核,凡凭证要素不齐全、审批手续不完整的,财务室应当予以退回或要求补证,最后由业务分管领导和财务分管领导签字同意后予以报销;

11.报销时电子发票和纸质发票的法律效力、基本用途、基本使用规定相同。

(五)支出核算和归档管理

与支出业务相关的合同等材料应当提交财务室作为账务处理的依据,财务室根据支出凭证及时准确进行核算。

五、票据管理

(一)学校票据主要指银行票据和财政票据。银行票据主要包括现金支票、转账支票,财政票据主要包括非税收入一般缴款书(电子版)、资金往来结算票据等。

(二)票据由财务室归口管理。银行票据由财务人员到银行购买并保管使用,财政票据由财务人员到区教委办理,并通过财政票据电子化暨非税收

入收缴管理系统办理财政票据申领、使用及提出核销申请等工作。

(三)银行支票的签发,必须由财务人员负责办理,必须进行限额,不准签发空头支票和空白支票,也不能签发远期支票。如确需领用空白支票的,经办人报分管领导审核和主要领导审批后,填制银行支票领用单,并必须进行限额。

(四)财政票据应在规定的范围内使用,按照规定填写,填写错误的,应当另行填写。因填写错误等原因而作废的财政票据,应当加盖作废戳记或者注明“作废”字样,并完整保存各联次,不得擅自销毁。填写财政票据应当统一使用中文。票据使用人员不得转让、出借、代开、买卖、擅自销毁、涂改财政票据;不得串用财政票据,不得将财政票据与其他票据互相替代。年度终了,出纳与会计进行票据核对。

(五)财政票据核销,财务人员向区教委提出申请,由区教委对财政票据进行核销。

(六)财政票据销毁由区教委组织实施。

(七)加强财政票据管理监督检查工作。督促相关人员按规定领购、使用、管理票据,及时发现和纠正违反规定使用财政票据的行为。财政票据管理人员岗位发生变动时,应当按照《会计基础工作规范》相关要求做好财政票据管理移交工作。

六、公务卡管理

(一)按照《重庆市财政局关于实施公务卡结算目录的通知》(渝财库〔2013〕39号)规定,规范实施公务卡结算,减少现金使用。

公务卡实行“一人一卡”实名制管理。公务卡的卡片和密码均由职工个人负责保管。

有新增、调动和离退休职工时,应及时组织办理公务卡的申办和注销手续。

(二)公务卡使用

1.公务支出原则上应使用公务卡结算,使用后,及时向财务室申请办理报销手续;

2.个人消费可用公务卡结算,但不得办理财务报销手续,学校不承担持卡人个人消费行为引致的一切后果。

(三)报销支付

1.在预算管理一体化系统中“公务卡管理”模块完成财务报销、银行划款等业务;

2.持卡人申请办理公务卡报销业务时,应填写费用报销单,附公务卡刷卡凭据和发票等相应报销凭证,并完成报销审批手续;

3.财务室应按照现行管理制度和市级公务卡结算目录的规定,对职工公务卡消费进行合规性审核,符合报销条件的予以报销;不符合报销条件的部分不予报销,由持卡人自行承担还款责任;

4.对于符合学校财务管理规定的职工借款,财务室应将借款资金转入职工公务卡,不出借现金。对已纳入公务卡结算目录的公务支出,因特殊情况未能刷卡支付,经财务室审核符合报销条件的,应将报销资金转入职工公务卡,不报销现金。

七、现金管理

加强现金管理,严格控制个人借款(突发事件、个人慰问金除外),做到日清月结。严格执行《现金管理暂行条例》的规定,遵守现金使用的范围及标准。不得白条抵库,不得设外账和小金库。定期或不定期进行现金库存盘点,保险柜不能存放私人钱物。每月核对出纳现金日记账和会计账面库存现金余额。

八、银行账户

(一)财务室办理学校银行账户的开立、变更、撤销手续,并负责银行账户的使用和管理。

(二)学校开立的银行账户应保持稳定。确因特殊情况需要变更开户银行的,应按规定将原账户撤销,并将原账户的资金余额(包括存款利息)如数转入新账户。

(三)学校银行账户撤户时,预算收入汇缴专用存款账户的资金余额按规定缴入国库或财政专户,其他账户资金余额转入学校基本存款账户。

(四)学校按照相关规定进行银行账户年检。

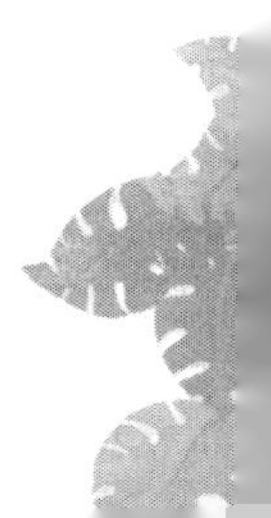

九、会计核算

(一)政府会计由预算会计和财务会计构成。预算会计实行收付实现制,另有规定的,依照其规定。财务会计实行权责发生制。学校对其自身发生的经济业务或者事项进行会计核算。政府会计核算应当以学校持续运行为前提。

(二)政府会计核算应当划分会计期间,分期结算账目,按规定编制决算报告和财务报告。会计期间至少分为年度和月度。会计年度、月度等会计期间的起讫日期采用公历日期。

(三)政府会计核算应当采用借贷记账法记账。

(四)政府会计核算应严格按照《政府会计制度——行政事业单位会计科目和报表》(财会〔2017〕25号)、《政府会计准则——基本准则》(财政部令第78号)及其具体准则(含《政府会计准则第1号——存货》《政府会计准则第2号——投资》《政府会计准则第3号——固定资产》《政府会计准则第4号——无形资产》《政府会计准则第3号——固定资产》应用指南等)、《政府会计准则制度解释第1号》(财会〔2019〕13号)的要求执行。

十、财务收支分析报告

定期向教委和财政部门以及其他有关的报表使用者提供财务报告。年度财务报告包括资产负债表、收入费用表等主表,有关附表以及会计报表附注等。

十一、会计档案

(一)学校在进行会计核算等过程中接收或形成的,记录和反映学校经济业务事项的,具有保存价值的文字、图表等各种形式的会计资料,包括通过计算机等电子设备形成、传输和存储的电子会计档案,应当列入会计档案收集归档范围:

1.会计凭证,包括原始凭证、记账凭证;

2.会计账簿,包括总账、明细账、日记账、固定资产卡片及其他辅助性账簿;

3.财务会计报表,包括月度、年度财务会计报表;

4.其他会计资料类,包括银行存款余额调节表、银行对账单、纳税申报表、会计档案移交清册、会计档案保管清册、会计档案销毁清册、会计档案鉴定意见书及其他具有保存价值的会计资料。

(二)加强会计档案管理工作,建立和完善会计档案的收集、整理、保管、利用等管理制度,采取可靠的安全防护技术和措施,保证会计档案的真实、完整、可用、安全。办公室负责管理学校的会计档案。财务室按照归档范围和归档要求,负责定期将应当归档的会计资料整理立卷,编制会计档案保管清册。

(三)会计档案的保管期限分为永久、定期两类,从会计年度终了后的第一天算起,定期一般分为30年和10年。

(四)当年形成的会计档案,在会计年度终了后,可由财务室临时保管一年,再移交办公室保管。财务室临时保管会计档案最长不超过三年。临时保管期间,会计档案的保管应当符合国家档案管理的有关规定,且出纳人员不得兼管会计档案。

(五)会计档案在同一年度内区分保管期限排列。

1.保管期限为永久的会计档案,按照形成时间先后顺序排列;

2.保管期限为30年的会计档案,会计凭证排列在前,会计账簿排列在后,会计凭证按记账分类、逐月按凭证号先后顺序排列;会计账簿按总账、明细账、日记账、其他账簿等顺序排列;

3.保管期限为10年的会计档案,按照财政总预算、税收会计单位10年保管期限的会计凭证、财务会计报告、银行存款余额调节表、银行对账单、纳税申报表等依次排列。

(六)学校会计档案移交清册、保管清册、销毁清册及会计档案鉴定意见书纳入全宗卷管理。交接会计档案时,交接双方应当办理会计档案交接手续。

学校移交会计档案应当编制会计档案移交清册,列明应当移交的会计档案名称、卷号、册数、起止年度、档案编号、应保管期限和已保管期限等内容。交接会计档案时,交接双方应当按照会计档案移交清册所列内容逐项交接,并由交接双方的单位有关负责人负责监督。交接完毕后,交接双方经办人和监督人应当在会计档案移交清册上签名或盖章。

(七)定期对已到保管期限的会计档案进行鉴定,并形成会计档案鉴定意见书。经鉴定,仍需继续保存的会计档案,应当重新划定保管期限;保管期满,确无保存价值的会计档案,可以销毁。

(八)会计档案鉴定工作应当由学校档案管理部门牵头,组织学校相关科室、人员共同进行。

经鉴定可以销毁的会计档案,应当按照以下程序销毁:

1.学校档案管理部门编制会计档案销毁清册,列明拟销毁会计档案的名称、卷号、册数、起止年度、档案编号、应保管期限、已保管期限和销毁时间等内容;

2.学校主要领导、档案管理负责人、财务负责人、档案管理经办人、财务部门经办人在会计档案销毁清册上签署意见;

3.学校档案管理部门负责组织会计档案销毁工作,并与财务部门共同派员监销。监销人在会计档案销毁前,应当按照会计档案销毁清册所列内容进行清点核对;在会计档案销毁后,应当在会计档案销毁清册上签名或盖章。

电子会计档案的销毁还应当符合国家有关电子档案的规定,并由单位档案管理部门、财务部门和信息系统管理部门共同派员监销。

严格按照相关制度利用会计档案,在进行会计档案查阅、复制、借出时履行登记手续,严禁篡改和损坏。学校保存的会计档案一般不得对外借出。确因工作需要且根据国家有关规定必须借出的,应当严格按照规定办理相关手续。

十二、财务监督

(一)财务监督主要包括对预算管理、收入管理、支出管理、结转和结余管理、资产管理等的监督。

(二)工作人员违反本制度规定的,按照《财政违法行为处罚处分条例》处理。违反《中华人民共和国会计法》《中华人民共和国档案法》(主席令第四十七号)等规定的,按有关法律法规处理。

十三、附则

(一)本制度由财务室负责解释。

(二)本制度自发布之日起执行。

(审校:邹丹　陈星舟)

学校合同管理内部控制制度

第一章 总则

第一条 为规范学校的合同管理,预防和控制合同风险,根据《中华人民共和国民法典》、《行政事业单位内部控制规范(试行)》(财会〔2012〕21号)及相关法律法规,结合学校实际,制定本制度。

第二条 对外签订的各类合同、协议一律适用于本制度,劳动合同、招标采购、工程建设等有明确规范的合同(协议)文本除外。本单位原则不签订对外担保合同。

第二章 管理机构及其职责

第三条 合同管理机构设置:学校合同管理实行"决策机构、管理机构、执行机构以及监督机构"四个层次的管理。

第四条 行政会议是本单位合同管理的决策机构;行政办公室是本单位合同管理的管理机构;主办科室是本单位合同管理的执行机构;监督检查小组是本单位合同管理的监督检查机构。

第五条 行政会议是本单位合同管理的决策机构。其主要职责:

(一)确定是否需要订立合同;

(二)审定合同管理内部控制制度体系及相关政策;

(三)审定合同纠纷调处的意见;

(四)审定合同风险管理措施及实施结果;

(五)对重大合同进行审议;

(六)对造成重大经济损失的科室、人员进行责任追究。

第六条 行政办公室是合同的归口管理部门,具体履行以下职责:

(一)宣传贯彻国家颁布的法律、法规和规章;

(二)制定合同管理制度并组织实施;

(三)负责合同文本法律审查和合同审查会签程序流转;

(四)组织合同标准文本的起草、颁布、推广和修订;

(五)监督合同履行情况,协助解决合同纠纷;

(六)合同文本、对方当事人资信证明材料等的备案管理;

(七)管理合同专用章和法定代表人授权委托书;

(八)维护合同管理台账及其他统计信息;

(九)其他与合同管理有关的工作。

第七条 财务室是合同的财务审查部门,主要履行以下职责:

(一)负责审查合同金额是否在预算内,定价是否合理;

(二)负责审查财务条款是否准确、规范、齐备,是否符合财务管理制度要求;

(三)负责审查付款方式是否满足预算执行要求;

(四)负责审查合同涉及的其他问题。

第八条 业务科室负责代表单位订立和履行合同。业务科室负责人是本部门经办合同的第一责任人,负责管理本科室在履职过程中产生的合同签订和履行工作,并确定具体承办人作为合同经办人落实相关工作。

业务科室在合同订立和履行过程中主要承担以下职责:

(一)组织对方当事人资格审查,将对方当事人的资格审查材料交行政办公室备案;

(二)负责合同文本的拟定、送审、对接、修改、备案;

(三)组织合同项目的协商或谈判;

(四)签署和履行合同,处理合同履行中的问题,向行政办公室通报合同履行情况;

(五)保管合同文本以及合同履行过程中产生的签证、记录,合同变更、索赔等档案材料,并在合同执行完毕后移交行政办公室归档;

(六)负责处理合同纠纷。

第九条 监督检查小组是合同管理的监督检查机构,负责合同管理全过程的监督与检查,促进合同管理工作的完善。其主要职责:

(一)监查合同管理制度的制定和落实情况;

(二)监查合同资料保管和合同管理台账建立情况;

(三)监查合同形式、内容的合法性;

(四)监督合同的签订和履行情况;

(五)参与合同纠纷的处理情况；

(六)对于在签订、履行和管理合同工作中，因违反合同管理制度，造成重大经济损失的人员责任情况进行调查，并向行政会议或党委会汇报；

(七)监查与合同事务相关的其他情况。

第三章 合同文本起草

第十条 合同文本由业务科室负责起草。起草合同时，应对涉及权利义务关系的条款认真审查并根据实际情况进行修改。

第十一条 合同起草前，业务科室应从维护单位利益出发，就合同事项与合同相对方进行充分谈判、协商。

对于影响重大、涉及较高专业技术或法律关系复杂的合同，应当组织法律、技术、财务等工作人员参与谈判，必要时可聘请外部专家参与相关工作。谈判过程中的重要事项和参与谈判人员的主要意见，应当予以记录并妥善保管。

第十二条 合同文本一般应当具备以下条款：

(一)合同主体的名称或者姓名和住所；

(二)合同标的以及项目的详细内容(数量、质量等)；

(三)合同的价款及付款方式；

(四)合同当事人的权利和义务；

(五)履行期限、地点和方式；

(六)违约责任及赔偿损失的计算方法；

(七)合同变更、解除及终止的条件；

(八)合同争议解决方式；

(九)生效条件、订立日期。

第十三条 订立的合同不得有下列内容：

(一)超越单位职权范围的承诺或者义务性规定；

(二)违反法律规定以单位作为合同保证人；

(三)其他违反法律、法规、规章或者损害国家、社会公共利益的约定。

第十四条 需要在合同中做出专门约定的具体事项，可以合同附件的形式单独起草，附件作为合同的组成部分，与合同正文具有同等法律效力。

第四章　合同审查和签署

第十五条　合同订立实行审查制度。未经审查或经审查不合格的,不得订立合同。

第十六条　合同审查实行审批单制。合同提交审批前,业务科室应核实以下合同事项:

(一)合同是否列入年度工作计划;

(二)对方是否具备合同项目要求的资格和资质;

(三)资金来源是否已经落实,合同价款的确定是否符合规定程序,符合招标条件的是否招标,定价是否合理;

(四)合同内容是否符合订立合同的目的;

(五)合同条款是否经双方协商一致;

(六)其他需要核实的内容。

第十七条　业务科室应当在正式签约前向合同审查部门送审合同,并提交如下资料:

(一)合同审批单;

(二)合同拟定文本;

(三)合同对方主体资格、资信、履约能力情况资料;

(四)合同涉及的评估、招投标文件及其他采购文件资料;

(五)作为合同签订依据的简报、会议纪要等;

(六)与订立合同有关的其他资料。

第十八条　法律顾问对合同进行法律审查,审查内容包括:

(一)合同内容是否合法,条款是否完备;

(二)对方当事人的主体资格、资信情况;

(三)合同涉及的其他法律问题。

第十九条　财务室对合同进行财务审查,审查内容包括:

(一)合同金额是否在预算内,定价是否合理;

(二)财务条款是否准确、规范、齐备,是否符合财务管理制度要求;

(三)付款方式是否满足预算执行要求;

(四)合同涉及的其他问题。

第二十条　合同文本完成审批后，由行政办公室对合同进行编号。

行政办公室应建立和维护合同目录，对合同编号、名称、金额、业务科室、经办人、对方当事人、履行期限、执行进度、收付款等要素信息进行登记。业务科室应协助行政办公室维护合同台账，如实填报合同执行情况。

第二十一条　单位负责人代表单位对外签署合同，可以书面委托分管领导或业务科室负责人代为签署合同。

第五章　合同文本管理

第二十二条　合同正本一般为一式四份，双方单位各持两份；必要时，业务科室可留一份备查。

第二十三条　合同订立和履行过程中形成的合同文本及其他材料应当及时归档，经办人不得私自留存。归档合同文本及有关材料必须是原件。

第二十四条　业务科室应指定专人妥善保管与合同有关的各种资料和文档，业务科室应在合同履行完毕之日起5个工作日内，将合同正本及下列有关材料一并移交给行政办公室：

（一）合同正式文本、补充合同；

（二）合同订立的依据、批准文件、授权委托书；

（三）来往电函、会谈纪要、谈判记录；

（四）合同审批单；

（五）其他需要归档的资料。

第六章　合同履行和纠纷处理

第二十五条　合同生效前，不得实际履行；合同生效后，应当严格按照合同约定履行。

第二十六条　在合同履行过程中，业务科室具体承担如下职责：

（一）按照合同约定交付或接收合同标的物；

（二）按照合同约定办理收（付）款的申请手续；

（三）收集和妥善保管合同履行过程中产生的往来函件、文书等资料；

（四）妥善处理合同变更、解除、终止及合同纠纷、索赔等事宜；

（五）及时向行政办公室通报合同履行情况。

第二十七条　合同履行过程中一旦发生纠纷,业务科室应立即向分管领导汇报并通知法律顾问和财务室,法律顾问应协助业务科室处理合同履行过程中的变更、索赔、争议解决等法律事务。

业务科室不得越权向对方当事人做出实质答复、提供文件资料,经办人不得擅自在对方当事人出具的索赔报告、对账单等具有确认性质的文件上签字盖章。

第二十八条　合同履行中发生纠纷时,应按照合同约定通过协商、仲裁、诉讼等方式解决。通过仲裁或诉讼途径解决的,业务科室和法律顾问应根据单位负责人授权代表学校参与仲裁或诉讼。

第七章　合同补充、变更或解除

第二十九条　合同补充、变更或解除必须以书面形式确认,包括合同书、往来函件、通知等形式。

第三十条　补充、变更或解除合同时,法律顾问负责对审批单及相关材料进行审核,涉及资金或财务事项的应征求财务室意见。

第八章　附则

第三十一条　本制度由行政办公室负责解释。

第三十二条　本制度自印发之日起施行。

(审校:邹丹　贾雷雷　陈星舟)

学校建设项目管理内部控制制度

为加强和规范学校建设项目,保证建设项目顺利实施,根据《政府投资条例》(国务院令第712号)、《基本建设财务规则》(2017年修正)、《行政事业单位内部控制规范(试行)》(财会〔2012〕21号)、《重庆市政府投资管理办法》(渝府令〔2020〕339号)等相关法律法规,结合学校实际,制定本制度。

一、学校建设项目管理内部控制任务

(一)筹集和使用基本建设项目建设资金,防范财务风险。

（二）合理编制项目资金预算，加强预算审核，严格预算执行。

（三）加强项目核算管理，规范和控制建设成本。

（四）及时准确编制项目竣工财务决算，全面反映基本建设财务状况。

（五）加强对基本建设活动的财务控制和监督，实施绩效评价。

二、建设项目管理机构及其职责

（一）学校建设项目管理实行“决策机构、管理机构、执行机构、监督机构”四个层次的管理。

（二）行政会议是学校建设项目的决策机构，其主要职责包括：

1. 审议和审定建设项目管理工作的相关程序、规则、制度；

2. 审议初步设计和投资概算；

3. 负责审定重大建设项目的变更、签证工作；

4. 监督和管理建设项目的质量、进度、投资情况；

5. 负责相关审批报告向上一级审查单位的报批；

6. 授权的其他建设项目管理工作事项。

（三）总务处是学校建设项目的管理机构，负责建设项目的全过程管理，其主要职责：

1. 编制建设项目预算；

2. 根据已经批复的预算或建设项目申请书编制实施方案；

3. 根据批复的实施方案编制招标文件要求的技术要求、工程量清单及施工图纸；

4. 编制设计任务书、委托设计及投资概算；

5. 负责建设项目的全过程管理，承担建设工程的质量控制、进度控制和投资控制的职责，同时负责安全、环保等的监管；

6. 对已建设完毕的资产，及时办理资产交付使用相关手续；

7. 对照设计蓝图的要求、建设项目合同的规定和现行工程质量验收规范，进行检查验收并编制竣工验收报告。

（四）项目承建科室的职责包括：

1. 参与建设项目的申报及前期工作；

2. 签订项目建设合同，并按照合同条款办理项目进度款项（包括项目进度

款、尾款、质保金等)的申请、拨付手续;

3.严格履行审核审批程序;

4.提出现场代表人选,报分管领导确定;

5.对项目质量、进度、安全、卫生、环境、风险等情况进行全程管控;

6.负责参与造价结算、竣工决算;

7.负责参与项目初步验收(包括自查验收)、综合验收(或竣工验收);

8.加强对建设项目档案的管理。配合总务处做好相关文件、材料的收集、整理,按照规定做好归档、立卷工作;

9.按照规定办理项目建设档案和资产移交手续等工作,并按照资产管理的相关规定,落实使用管理手续和责任。

(五)监督检查小组作为建设项目的监督机构,履行监督职能。

建设项目管理重点监督内容:

1.与建设项目相关的议事决策是否有效执行;

2.是否对项目投资进行有效控制;

3.项目设计变更是否履行相应的审批程序;

4.工程款项的支付是否符合有关要求;

5.是否按规定办理竣工决算、组织竣工决算审计;

6.相关资产是否及时入账等。

三、项目立项

(一)学校各部门根据工作需要提出需要申报的建设项目建议书,经分管领导审核后提请行政会议讨论决定。

(二)行政会议研究通过后,属于使用财政性资金,以及用财政性资金作为还款来源或还款担保的借贷性资金投资建设的基础性和公益性项目,按照上级文件中关于政府投资建设项目的规定进行申报。申报通过后纳入预算管理,组织实施。

(三)建设项目预算下达后,原则上不得调整。因客观情况变化确需调整的,可以在全年预算资金允许的范围内,由总务处提出调整意见,按财务报销审批权限报有关负责人和行政会议审核后,上报项目审批、核准部门同意后执行。

（四）建设项目建议书可自行编制，主要内容包括：建设项目申请理由及主要内容、建设项目总体目标及分阶段实施计划、建设项目组织实施条件、采购方式、建设项目总投资及预算支出明细（预算明细要列明测算依据）及其他需要说明的问题等。

（五）可行性研究报告和初步设计须由具有相应资质的咨询机构和设计单位编制。

四、项目组织实施

（一）建设项目中的勘查、设计、施工、监理等工作，应委托具有相应资质的单位编制或实施。

（二）采购、工程招投标要严格执行《中华人民共和国政府采购法》《中华人民共和国招标投标法》《中华人民共和国招标投标法实施条例》及学校采购管理制度、流程等相关规定。

（三）完成采购、工程招投标后，应根据《学校合同管理内部控制制度》相关规定，履行建设项目合同审批手续，签订经济合同。合同中的付款进度应与建设项目计划实施进度相匹配，建设项目预付款原则上不超过30%。建设项目必须按照工程价款总额的3%预留工程质量保证金，待工程交付使用缺陷责任期满后再清算。

（四）总务处在建设项目实施过程中，要严格按照时间要求和质量标准推进建设项目建设，遇到重大问题时，应当提请行政会议决策后上报项目审批、核准部门。

（五）建设项目须严格按批复内容组织实施，不得擅自扩大建设规模和调整建设内容，严禁建设计划外建设项目。如确需调整，须及时按照《重庆市政府投资管理办法》（渝府令〔2020〕339号）等文件的要求上报对初步设计的调整报告，经项目审批、核准部门审查同意后组织实施。

（六）建设项目应向项目审批、核准部门定期报告建设项目进展情况。

五、项目竣工验收管理

（一）建设项目完成后，总务处应按有关政府投资建设项目竣工验收的规定，向项目审批、核准部门提出竣工验收申请，由项目审批、核准部门组织竣工验收。

(二)建设项目组织竣工验收前应具备下列条件:

1.完成建设工程设计和合同约定的各项内容;

2.有完整的技术档案和施工管理资料;

3.有工程使用的主要建筑材料、建筑构配件和设备的进场试验报告;

4.有勘查、设计、施工、工程监理等单位分别签署的质量合格文件;

5.有施工单位签署的工程保修书;

6.施工单位出具的建设工程竣工报告。

(三)建设项目完成后形成固定资产的,应及时办理固定资产交付使用手续。

1.按照竣工决算中的交付使用资产明细表,由总务处、资产使用(或管理)部门、实物资产管理部门和财务人员共同点交并签字确认,实物资产管理部门据此登记实物台账并建立固定资产卡片,财务人员据此完成增加固定资产的会计处理。

2.交付使用固定资产的日常管理执行《学校资产管理内部控制制度》相关规定。

六、项目资金控制管理

(一)总务处应加强建设项目经费预算执行管理,及时组织实施建设项目,在确保建设项目实施效果的情况下,按建设项目实施进度及时办理资金支付。如建设项目进度发生变化,需及时通知财务部门调整资金安排。

(二)建设项目应按照工程价款结算有关规定及时办理工程结算,并根据需要完成结算审计。建设项目所有建设内容完成后,应按照《重庆市财政局关于转发财政部〈基本建设项目竣工财务决算管理暂行办法〉和〈基本建设项目建设成本管理规定〉的通知》(渝财建〔2018〕3号)的要求尽快完成建设项目竣工财务决算,并按规定聘请有资质的会计师事务所进行建设项目竣工财务决算审计。

(三)建设项目办理竣工财务决算审计需提交以下资料:

1.建设项目立项、计划(概算)及批复文件;

2.招投标文件;

3.工程施工合同、设计、监理等合同;

4. 工程开工报告、竣工报告及验收文件；

5. 建设用地规划许可证、建设工程规划许可证、施工许可证；

6. 工程竣工结算报告；

7. 工程财务决算报表；

8. 与工程建设相关的财务资料。

七、项目档案管理

（一）建设项目档案管理工作应与建设项目建设同步进行，总务处负责建设项目实施过程中收集整理并妥善保管建设项目资料，确保建设项目档案的完整、准确、系统和安全。

（二）建设项目竣工后，建设项目档案验收应作为建设项目竣工验收的一部分组织验收。

八、监督检查

（一）监查、财务和审计部门，依据职能分工，对建设项目进行全过程监督检查。

（二）加强建设项目支出预算绩效管理，建设项目实施后，及时对建设项目的产出和结果进行绩效评价，并将实际取得的绩效与绩效目标进行对比，如未实现绩效目标，须说明理由，制定改进和提高工作的措施。

（三）建设项目发生重大质量安全事故的，按照国家有关规定，由有关部门依法追究建设项目单位、建设项目管理单位和勘察设计、施工、监理、招标代理等单位以及相关人员的法律责任。

九、附则

（一）建设项目涉及国家秘密的，应严格按照国家和有关部门的要求，做好保密工作。

（二）本制度由总务处负责解释。

（三）本制度自颁布之日起施行。

（审校：凌文泉　王际川　陈星舟）

学校校刊编制流程及风险控制方案

一、校刊编制流程

(一)成立由书记、校长任主编,副校长、语文教研组相关人员共同组成的编委会。

(二)执行主编统筹确定当期校刊栏目版块设置。

(三)编辑约稿、组稿。

(四)执行主编统稿。

(五)主编审稿、定稿。

(六)印刷厂印制。

二、过程财务管理

(一)印制费用

1. 公开招标,行政会集体确定校刊印制单位。

2. 印刷费用由厂方开具发票,由经办人、分管领导、校长签字确认审核,财务转账支付。

(二)稿酬

1. 行政会集体研究制定《学校校刊稿酬标准及发放办法》。

2. 执行主编依照《学校校刊稿酬标准及发放办法》进行稿酬计算造表,经办人、分管领导、校长签字确认审核。

3. 发放稿酬。

(校审:邹丹　张茹茂　陈星舟)

学校采购管理内部控制制度

第一章　总则

第一条　为进一步规范学校采购行为,加强采购工作管理,有效防控采购业务活动风险,提高采购业务各个环节的规范性、科学性和准确性,依据《中华人民共和国政府采购法》《中华人民共和国政府采购法实施条例》和相关部门的文件规定，结合学校实际，制定本制度。

第二条　学校采购管理内部控制的任务如下：

（一）采购活动应当遵循公开透明、公平竞争、廉洁高效和诚实信用原则。

（二）采购行为受采购计划、资金预算双重约束。编制采购计划，坚持“应采尽采、应编尽编”原则。使用财政性资金的采购项目，应纳入部门预算管理。

（三）采购代理。采购代理机构包括集中采购机构和政府采购社会代理机构。实施非政府集中采购项目，在重庆市政府采购网公示的代理机构中自行选择采购代理机构，并依法签订委托代理协议。委托代理协议应明确代理采购范围、权限和期限等具体事项。

第二章　管理机构及职责

第三条　学校采购管理实行“决策机构、管理机构、执行机构、监督机构”四个层次的管理。其组织架构包括：采购决策机构、采购日常管理机构、采购执行机构和采购监督机构。

第四条　行政会议作为采购管理的决策机构，其主要职责为：

（一）审定学校采购管理制度，研究采购管理规范和采购程序；

（二）审定学校重大采购项目（根据财政部门最新采购目录及采购限额标准）的采购预算、采购需求；

（三）审定适用学校政府采购工作的决策、统筹协调、督促执行政府采购内部管理制度等工作。

第五条　总务处作为采购日常管理机构，负责采购过程中的联系协调及行政会议或党委会授权的日常性工作的开展，其主要职责为：

（一）根据国家、市有关政府采购的管理规定，拟定学校采购政策、制度、工作流程等规范性文件；

（二）汇总审核各科室编制的采购计划，办理学校采购计划的报批程序；

（三）初步审核采购需求、采购方式、组织形式以及采购代理机构委托意见；

（四）会同采购需求科室审核学校采购项目的采购、招标文件以及相关合同；

(五)负责采购资料的归档与备案工作。

第六条　各需求科室为采购业务活动的执行机构,负责提出采购需求、拟定招标文件并编制采购预算,合同文本拟定,参与采购项目验收,申请采购资金支付等事项。

第七条　政府采购应当实行管采分离,监督检查小组切实履行政府采购的监管职责,不得从事政府采购执行事务。其主要职责为:

(一)监督检查学校各科室执行政府采购法律法规的相关情况;

(二)监督检查学校政府采购活动是否实行归口管理及得到有效执行并妥善保管政府采购业务相关资料。

第三章　采购组织形式管理

第八条　采购组织形式分为集中采购、分散采购和自行组织采购。采购组织形式的选择,应根据财政部门发布的政府集中采购目录及限额标准确定。达到限额标准的集中采购、分散采购项目,应在重庆财政管理一体化信息系统(内网)向财政部门申报采购计划。

第九条　列入政府集中采购目录,单次采购金额50万元及以上的项目属于集中采购范围,应委托集中采购机构代理采购。

其中,台式计算机、便捷式计算机、平板式微型计算机、操作系统、办公软件、公务车、医疗设备为协议供货品目,单次采购金额在1万—200万元以内(含1万元)的项目,采购人在申报计划后按协议供货有关规定自行在重庆市政府采购云平台协议供货版块采购。

第十条　集中采购目录以外,单次采购金额50万元及以上的货物和服务类项目,单次采购金额100万元及以上的工程类项目,采购人应按照《中华人民共和国政府采购法》及其实施条例等规定,实行分散采购。

属于分散采购范围的采购项目,采购人可自行组织采购或者委托采购代理机构代理采购。

第十一条　列入市级政府集中采购目录内协议供货品目(计算机、操作系统、办公软件、公务车、医疗设备)且单项(批次)采购金额在200万元(不含200万元)以下的项目,在申报计划后按协议供货有关规定,自行在重庆市政府采购协议供货平台上采购。

第十二条　集中采购目录以外，单次采购金额50万元以下的货物和服务类项目，单次采购金额100万元以下的工程类项目，不适用《中华人民共和国政府采购法》及其实施条例的有关规定，按照公开、公平、公正、高效廉洁的原则自行组织实施。

第十三条　单次采购金额达到200万元及以上的货物和服务类采购项目应当采用公开招标方式采购。

政府采购工程以及与工程建设有关的货物、服务公开招标数额标准按照国家有关规定执行，达到公开招标限额标准的，适用《中华人民共和国招标投标法》及其实施条例。

第四章　采购预算管理

第十四条　各科室根据应采尽采、应编尽编的原则，按照《中华人民共和国政府采购法》《重庆市政府采购目录及采购限额标准》的规定，对凡属政府采购目录内的事项，均应按标准及要求提出采购计划。各科室采购预算支出，必须按照财政局批复的预算科目和数额执行，不得挪用，确需作出调整的，必须经财政部门同意。

第五章　采购需求与采购计划实施管理

第十五条　各需求科室结合工作需要、设备配置标准及资金预算等情况，提出合理的采购需求，并编制采购计划。

第十六条　需要采购的决策程序完成后，按照财政部门规定履行审批流程。

第十七条　办公用品、实验室用品、信息耗材按照直接执行方式审批。

第十八条　各需求科室采购需求确定后，按照《学校内部控制流程手册》采购需求审批流程执行。

第十九条　采购限额标准（由财政部门规定，下同）以上且属于政府集中采购目录内项目，实行集中采购，学校委托集中采购机构（重庆市政府采购中心）代理采购。

第二十条　采购限额标准以上不属于政府集中采购目录内项目，实行分散采购，学校必须委托社会代理机构代理采购。

第二十一条　属于政府集中采购目录内协议供货的,学校自行在协议供货平台上采购。

第二十二条　采购限额标准以下的采购项目,由学校自主采购。10万元及以上50万元(不含)以下的,应当委托社会代理机构代理招标采购。10万元(不含)以下1万元(含)以上的,由需求科室组织比选采购或单一来源采购。

第二十三条　符合下列情形之一的货物或者服务,可以依照本法采用单一来源方式采购:

(一)只能从唯一供应商处采购;

(二)发生了不可预见的紧急情况不能从其他供应商处采购;

(三)必须保证原有采购项目一致性或者服务配套的要求,需要继续从原供应商处添购,且添购金额总额不超过原合同采购金额10%。

第二十四条　采取公开招标、邀请招标的,具体运作方式和基本程序按《中华人民共和国政府采购法》和《政府采购货物和服务招标投标管理办法》(财政部令第18号)等有关规定执行。采取竞争性谈判、竞争性磋商、单一来源、询价的,具体运作方式和基本程序按政府采购法和《政府购买非招标采购方式管理办法》(财政部令第74号)等有关规定执行。如遇需要变更采购方式的情况,参照政府采购相关管理规定执行。

第六章　采购执行管理

第二十五条　按照《学校内部控制流程手册》执行采购流程。

第七章　采购质疑

第二十六条　学校或者采购代理机构应当在收到供应商提出询问之日起3个工作日内对供应商依法提出的询问作出答复,但答复的内容不得涉及商业秘密。

第二十七条　学校或者采购代理机构应当在收到供应商书面质疑之日起7个工作日内作出书面答复,但答复的内容不得涉及商业秘密。

第二十八条　询问或者质疑事项可能影响中标、成交结果的,学校应当暂停签订合同,已经签订合同的,应当及时通知中标(成交)供应商暂停(中止)履行合同。

第二十九条　质疑内容的解答，由采购需求科室负责具体答复，总务处配合做好对外联系。

第八章　采购档案管理

第三十条　学校应妥善保存、归档管理各类采购文件资料，且保存期限不少于30年。采购文件资料包括：采购活动记录、采购预算、报批手续、招标文件、投标文件、评标文件、合同文本、验收证明、质疑答复、投诉处理决定及其他有关文件资料。

第九章　监督管理

第三十一条　监督检查的主要内容：

（一）各需求科室对供应商按照合同约定组织供货、施工或提供服务全过程进行监督，发现供应商未按照采购合同约定履行义务，应当立即向分管领导报告，并向总务处申请暂停或者不予支付采购资金等维护自身合法权益。具体情况由总务处按相关要求向相关部门反馈。

（二）充分发挥学校监督检查小组的监督作用。做好采购风险防范、处置工作。

（三）区财政局批复的政府采购项目预算，学校不得自行调整，确需调整的，应将采购预算调整原因、金额等具体事项书面上报相关部门。

第十章　附则

第三十二条　本制度由总务处负责解释。

第三十三条　本制度自印发之日起施行。

（审校：邹丹　王际川　陈星舟）

学校国有资产管理内部控制制度

一、总则

（一）为了规范和加强学校国有资产管理，维护国有资产的安全和完整，合理配置和有效利用国有资产，根据《事业单位国有资产管理暂行办法》

(2019年修正)、《行政事业性国有资产管理条例》(国务院令第738号)、《行政事业单位内部控制规范(试行)》(财会〔2012〕21号)、《行政事业单位资产清查核实管理办法》(财资〔2016〕1号)、《重庆市市级行政事业单位国有资产处置管理暂行办法》(渝财资产〔2021〕9号)及相关法律法规,结合学校的实际情况,制定本制度。

(二)资产管理坚持"统一管理、责任到人、合理配备"及资产管理与预算管理相结合的原则。

(三)资产管理的主要任务

1.建立健全资产管理制度;

2.明晰产权关系;

3.定期盘点资产,确保账实相符;

4.确保资产的安全和完整;

5.合理配备和有效地使用资产。

(四)国有资产是指学校占有、使用的,依法确认为国家所有,能以货币计量的各种经济资源的总称,包括国家拨给学校的资产,或学校按照国家规定运用国有资产组织收入形成的资产,以及接受捐赠和其他经法律确认为国家所有的资产,其表现形式为固定资产、流动资产、无形资产和对外投资等。

二、管理机构及其职责

(一)学校资产管理实行"决策机构、管理机构、执行机构以及监督机构"四个层次的管理。行政会议是资产管理的决策机构;资产管理部门是资产管理的主管机构;各科室是资产管理的执行机构;监督检查小组是资产管理的监督检查主体。

(二)行政会议履行资产管理的决策职能,其主要职责为统筹和领导学校资产管理,决定学校资产管理中的重大问题。

(三)资产管理部门(实物资产:总务处;资产财务账:财务室)是学校资产管理的主管机构,负责对资产的日常管理,并负责实施财务会计核实。

1.资产财务管理职责:负责资产总账管理,按资产分类进行会计核算,建立资产卡片;定期进行资产总账和明细账核对,负责对资产收益进行账务处理;负责组织编报年度资产报告并按程序报批;会同相关科室负责组织制定内部资产管理制度及相关文件,包含制度、流程等,提请行政会议集体研究决定,并组织实施;按规定审核资产处置申请;办理产权登记、资产评估及资产纠纷调处等工作;

2.资产实物管理职责:负责登记和保管资产实物台账,定期进行账实核对;定期组织资产实物清查盘点与核实,会同财务室及时维护资产信息;按规定提出资产处置申请;协助财务室搞好资产评估、资产纠纷调处等工作。

(四)各科室是资产的具体使用部门,是资产管理的执行机构。其主要职责:

1.负责按规定编制资产购置计划并上报财务室审核;

2.负责保管和维护本科室所辖范围内的资产实物,及时做好资产领用登记;

3.负责按照资产管理内部控制体系要求合理使用资产,确保资产安全和完好;

4.负责在资产管理部门组织下完成资产清查盘点等各项工作;

5.负责按照财务室的要求配合年度资产报告的编制工作;

6.负责完成行政会议安排的其他资产管理工作。

(五)监督检查小组是资产管理的监督检查主体,其主要职责包括:

1.负责监督资产记录、财产保护控制措施是否得到有效执行;

2.负责监督资产实物保管是否得到有效的执行;

3.负责监督定期盘点机制是否得到有效的实施;

4.负责国有资产使用及其收入的日常监督。

三、资产配置

(一)国有资产配置严格按照《重庆市市级行政事业单位通用办公设备家具配置标准(试行)》(渝财资产〔2020〕19号)等文件规定的资产配置标准执行;没有规定配置标准的,应当合理配置,从严把握。

(二)学校向财政部门申请用财政性资金购置资产的,除国家另有规定外,按照下列程序报批:

1.年度部门预算编制前,学校总务处和财务室审核资产存量,提出下一年度资产购置计划,报教委审核;

2.教委根据学校资产存量状况和有关资产配置标准,审核、汇总学校资产购置计划,报财政部门审批;

3.财政部门根据教委的审核意见,对资产购置计划进行审批;

4.经财政部门审批同意,学校可以将资产购置项目列入单位年度部门预算,并在编制年度部门预算时将批复文件和相关材料一并报财政部门。未经批准,不得列入部门预算,也不得列入学校经费支出。

(三)学校申请使用追加预算、各类专项资金等财政性资金购置资产的,以及行政事业单位资产购置计划在年度预算执行中,因特殊原因,资产购置项目发生变更的,由学校按照规定的程序报批。

(四)学校购置纳入政府采购范围的资产,必须依法实施政府采购。

(五)学校资产管理部门应当对购置的资产进行验收、登记,并按照行政事业单位会计制度的规定及时进行账务处理。

四、资产使用

(一)学校认真做好国有资产的使用管理工作,规范国有资产使用行为,充分发挥国有资产的使用效益,保障国有资产安全完整,防止国有资产使用中的不当损失和浪费。

(二)学校对占有使用的国有资产应当建立台账、分类明细账和固定资产卡片,每年至少进行一次资产盘点清查,做到账账、账卡、账实相符。

(三)学校应当严格按照要求,办理资产验收入库、资产出库、资产检查维护、资产转移等手续。

(四)学校利用国有资产对外投资,应当严格按照重庆市国有资产对外投资的要求执行。

(五)学校将占有、使用的国有资产对外出租、出借的,应当严格按照《重庆市财政局规范市级行政事业单位国有资产出租出借管理的通知》(渝财资产〔2018〕11号)、《重庆市市级公益场馆单位国有资产出租、出借管理暂行办法》(渝财资产〔2014〕1号)的要求执行。

(六)学校国有资产出租收入按照非税收入管理的规定,实行“收支两条线”管理。事业单位国有资产出租收入全部纳入单位预算,统一核算、统一管理,年终在部门财务决算中如实反映收入情况。

（七）学校利用国有资产对外投资取得的收益，应按照预算管理及事业单位财务和会计制度的有关规定纳入单位预算，统一核算、统一管理。另有规定除外。

五、资产处置

（一）学校资产处置应严格履行审批手续，未经批准不得擅自处置，需要处置的，按照相关处置要求进行处置。处置方式包括无偿调拨（划转）、对外捐赠、出售（出让、转让）、置换、报损报废等。

（二）资产处置时，按照相关部门划定的审批限额进行处置，其他资产由学校自行处置审批，法律、法规另有规定的，依照其规定。

（三）学校处置国有资产，应当由学校资产管理部门根据资产实际情况提出处置建议，由单位资产使用部门、资产管理部门、财务部门以及相关技术部门等组成审查小组，对处置事项进行论证认定后报单位负责人审批，按照规定权限报送教委或财政部门审批，未经批准不得处置。国有资产处置范围、申请材料、审批权限等严格按照《重庆市市级行政事业单位国有资产处置管理暂行办法》（渝财资产〔2021〕9号）等文件规定的要求执行。

（四）处置收入属于国家所有，按照政府非税收入管理的规定，上缴市级国库，实行“收支两条线”管理。

（五）取得的资产处置收入，应在扣除相关费用后，按照政府非税收入收缴管理有关规定及时上缴国库，实行“收支两条线”管理。

（六）学校上缴的国有资产处置收入，纳入一般预算管理。因资产配置需要安排经费的，处置收入缴交单位为财政拨款的单位，在编制部门预算时由区财政局根据有关资产配置标准及财力情况统筹安排。

六、资产评估和资产清查

（一）学校有下列情形之一的，应当严格按照国有资产评估的要求对相关国有资产进行评估：

1.行政事业单位取得的没有原始价格凭证的资产；

2.以非货币性资产对外投资；

3.资产出租、出借；

4.资产拍卖、转让、置换；

5.合并、分立、清算;

6.整体或者部分改制为企业;

7.确定涉讼资产价值;

8.法律、行政法规规定的其他需要进行评估的事项。

(二)学校有下列情形之一的,可以不进行资产评估:

1.事业单位整体或者部分资产经批准无偿划转;

2.事业单位下属的事业单位之间的合并,资产划转、置换和转让;

3.发生其他不影响国有资产权益的特殊产权变动行为,报经财政部门确认可以不进行资产评估的。

(三)学校国有资产使用、处置中涉及的评估事项应当委托经财政部门确认的具有资产评估资质的评估机构进行资产评估。学校应当如实向资产评估机构提供有关情况和资料,并对所提供的情况以及资料的客观性、真实性和合法性负责。

(四)学校有下列情形之一的,应当进行资产清查:

1.国家专项工作要求或者政府组织资产清查的;

2.进行重大改革或者整体、部分改制为企业的;

3.遭受重大自然灾害等不可抗力造成资产严重损失的;

4.会计信息严重失真或者国有资产出现重大流失的;

5.会计政策发生重大更改,涉及资产核算方法发生重要变化的;

6.财政部门认为应当进行资产清查的其他情形。

(五)资产清查工作应该严格按照《行政事业单位资产清查核实管理办法》(财资〔2016〕1号)的要求执行。

(六)资产清查范围:学校的银行存款、现金、其他货币资金和所有的固定资产(如房屋、车辆、电脑、空调机、音像设备等)及办公用品(如办公桌椅、文件柜、沙发等)。

(七)资产清查组织形式:由校长(或分管校长)、总务主任(或后勤组长)、会计人员和固定资产管理人员组成财产物资清查小组,由校长(或分管校长)任组长,其余人员为成员。

(八)资产清查期限:每年进行一次财产物资清查,时间在每学年结束时。

(九)资产清查的方法:采取集中、全面、实地清查的方法进行,由清查人员填表、造册、签字并盖章。据此进行账务调整。

(十)财产物资清查的处理方法:

1. 对属于使用时间较长而自然损耗的由清查小组研究同意,并提出处理意见,学校自行处理,报教委备案;

2. 对不属于自然损耗的财产物资,应报上级教委同意后方能进行账务处理;

3. 对工作不负责或故意使财产物资造成损失的,应追究责任并使其给予一定的经济赔偿。

七、产权登记与纠纷调处

学校资产产权存在纠纷时,由当事双方协商解决。协商不能解决的,可以向同级或者共同上一级财政部门申请调解或者裁定,必要时报有管辖权的人民政府处理。

八、资产信息管理与报告

(一)学校应当建立资产登记档案,按照国有资产管理信息化的要求,及时将资产变动信息录入管理信息系统,对学校资产实行动态管理,并在此基础上做好国有资产统计和信息报告工作。

(二)学校应当严格按照《行政事业单位国有资产年度报告管理办法》(财资〔2017〕3号)的要求,报送国有资产年度报告,应当做到真实、准确、及时、完整,并对国有资产占有、使用、变动、处置等情况做出文字分析说明。

九、监督检查和法律责任

(一)学校应当加强国有资产管理和监督,坚持事前、事中、事后监督相结合,日常监督与专项检查相结合的原则。

(二)工作人员违反本制度的规定,擅自占有、使用、处置国有资产的,按照《财政违法行为处罚处分条例》处理。违反国家国有资产管理规定的其他行为,按国家有关法律法规处理。

十、附则

(一)办公用房还应遵守《重庆市党政机关办公用房管理实施办法》(渝委办发〔2019〕31号)相关要求;公务用车还应遵守《重庆市党政机关公务用车管

理实施办法》(渝委办发〔2018〕56号)、《重庆市党政机关越野车、商务车配备使用管理细则》(渝机管发〔2019〕108号)相关要求。

(二)本制度由资产管理部门负责解释。

(三)本制度自印发之日起施行。

(审校:邹丹　陈星舟)

学校公物损坏赔偿制度

一、全校师生职工共同维护学校设施设备等资产的安全、完整。

二、按“谁使用,谁负责;谁保管,谁负责”的原则,每位师生职工都应做好相应资产的使用、保管和维护。

三、凡属自然损耗,由学校负责维修。

四、凡因工作、学习中使用或保管不当,疏忽大意等主观因素造成学校资产的损坏,应按其价值和损坏情况对行为人予以教育警告、书面警告,严重者予以相应的赔偿及罚款。如果查不出行为人,由该公物所在位置的负责人担责。

五、在每个年级毕业之前,总务处派人查看每个班级的公物情况,如有遗失、损坏,均归价赔偿。

六、赔偿方式:赔偿金交总务处保管室,开具收据,后通知相关人员维修;实物赔偿,必按原物、原样、原位赔偿。

七、赔偿标准:水电设施按市场购入价等额赔偿,可修复者赔偿维修费用(含弱电)。桌、凳等用品按损坏程度赔偿维修费用,导致报废的照价赔偿。铝合金、防盗窗(网)按损坏程度赔偿维修费用,导致报废的照价赔偿。玻璃设施按规格、平方数,参照市场价照价赔偿。建筑设施及绿植等根据损坏程度及性质,参照市场价赔偿。

八、未尽事宜,由总务处解释。

九、本制度自宣布之日开始实施、执行。

(审校:凌文泉　王际川　陈星舟)

学校零星维修管理制度

一、零星维修指金额在一万元以内的维修工程，具体指教学用房、办公用房、生活用房、会堂的屋面、天棚、墙面、地面、门窗、水电、室内设施的维修，以及室外道路、地面砖、挡墙、水电维修等方面的小型维修。

二、零星维修工程经费来源于年度维修预算资金。

三、零星维修工程指导原则：简化手续、方便快捷、及时处理。

四、总务处统一管理学校零星维修工程，主要负责统计和审核维修申请报告、安排实施零星维修、工程质量把关、工程验收、工程结算审核等相关工作。

五、零星维修工程的确定、申批、施工监督和管理：使用部门、处室、年级以维修申报表、电话、信息等形式向总务处提交维修事项。全校师生员工也可在日常中发现需要维修的零星维修。在每个年级毕业之前，总务处派人查看每个班级的公物情况，如有遗失、损坏，均归价赔偿，后对其增添、维修。零星维修工程的施工监督和管理由总务处负责。

六、赔偿方式：理赔人将赔偿金交总务处保管室，开具收据，后通知相关人员进行维修；实物赔偿，必按原物、原样、原位赔偿。

七、凡零星维修工程，应该做好档案管理工作，相关台账、记录等资料都备案存档。

八、未尽事宜，解释权归总务处。

九、本制度自宣布之日开始实施执行。

（审校：凌文泉　王际川　陈星舟）

学校校园环境管理制度

一、学校的所有师生员工都是校内良好环境的受益者，都有义务维护、爱护和改善校内环境。

二、校内环境工作的清洁，由专业人员清扫，要做到无果皮纸屑、砖石瓦砾、零乱废弃物和杂草等一切垃圾。

三、师生员工应当保持学校建筑物的内外整洁,不得堆放、吊挂有碍校容的各种物品。不得在建筑设施和墙壁上乱刻、乱画、乱抹,不得用脚乱蹬墙壁门窗。违者除指责教导,令其就地搞好卫生外,造成损失者,要处经济赔偿。

四、师生员工每天的生活垃圾应倒在垃圾箱内,保洁人员应将垃圾集中倒进垃圾转运站,分类、清扫整理后,由环卫车运往中转站。

五、师生员工应当维护学校的公共卫生,做到不随地吐痰,不随地便溺,不随地扔果皮、纸屑和食品袋,不乱扔烟蒂,不乱倒垃圾等。

六、爱护学校花草树木等绿化绿植。

七、师生职工共同维护学校设施设备等资产的安全、完整。

八、未尽事宜,由总务处解释。

九、本规定自公布之日起执行,如有改变,按学校新下发的文件、通知、规定执行。

(审校:凌文泉　王际川　陈星舟)

校园文化建设方案设计流程

一、公开招标,行政会听取各投标单位方案汇报,集体确定设计单位。

二、全校教职员工民主讨论,集思广益,建言献策,设计单位完善方案。

三、校长会集体研究形成决策,确定方案。

四、学校向上级主管部门提交校园文化建设方案,等待批复。

(审校:邹丹　贾雷雷)

学校卫生工作制度

根据相关法律规定,学校卫生工作的主要任务是改善学校卫生环境和教学卫生条件,培养学生良好的卫生习惯,提高学生健康水平。学校建立和完善卫生管理相关政策,特制定本制度。

一、教室的采光、照明、微小气候、课桌椅及黑板符合卫生标准。

二、学生每天学习时间不超过各年龄阶段的应有水平。保障学生每日睡眠时间,适当安排作业,尽量减轻学生课业负担。

三、学生体育锻炼活动时间每天不少于一小时。

四、坚持每日做两次眼保健操,课间自觉活动与放松。根据学生视力情况,定期调整学生座位,矫正学生视力。

五、教师应准时下课,杜绝拖堂,要求学生课间必须到室外活动,保证有充分的休息时间。

六、学校把卫生工作作为创建卫生文明学校工作的重要内容,成为教育系统文明的典范与窗口。建立卫生检查评比制度。卫生不合格的班级或个人取消班集体或个人评先资格。

七、引导师生养成文明卫生习惯,不随地吐痰,不乱丢纸屑,不涂污墙壁,做到校园净化,教室、办公室开窗通风,保持空气清新。

八、卫生间经常清扫洗刷,用药剂杀菌消毒,用樟脑丸、清新剂等使卫生间无臭无蝇虫,便池无尿碱。杜绝粪水污染环境甚至造成传染病流行。

九、未尽事宜,由总务处解释。

十、本制度自公布之日起执行。

（审校:凌文泉　王际川　贾雷雷）

学校垃圾分类工作制度

一、学校成立了党委书记、校长双领导责任人的领导小组,明确了党政一把手为垃圾分类治理主要负责人。党政一把手每月开展一次垃圾分类实地督导检查,并研究垃圾分类治理工作。

二、切实增强垃圾分类意识。学校引导全体师生员工充分认识垃圾分类工作的重要性,养成良好习惯,做到人人有责、人人有为。

三、食堂要普遍推行“光盘行动”。落实“限塑令”有关要求,要限制一次性用品使用数量和范围。食堂用餐区张榜公示本单位生活垃圾日分类量。

四、生活垃圾分类投放,收集点设置合理、方便师生。内部设施摆放整齐,各类垃圾分区摆放,干净整洁。

五、按相应标准和要求,学校生活垃圾分类标志标识统一齐全、正确无误、清晰醒目,且生活垃圾分类准确率不低于百分之八十。设置的生活垃圾分类投放收集点设有雨棚、桶罩等具有除臭、投放指南等功能的便利化、精细化、人性化的便民设施。

六、转运过程中做到无冒装混装、抛洒滴漏等现象。各类生活垃圾要做到日产日清,对标对桶对色、分区分类存放,垃圾要入桶,不得乱堆放,无混装溢满、垃圾落地等现象。分类投放、收运处置设施设备功能完好,定期维护,做到见脏就擦、见污就洗,周边环境保持干净、整洁,无臭气扰民。

七、落实生活垃圾管理责任人,履行好管理责任,做好责任人的日巡查记录;学校要制订生活垃圾分类工作实施方案。

八、设立生活垃圾分类日常管理人,开展生活垃圾分类知识宣传普及,引导、监督单位和个人实施生活垃圾分类。学校要签订生活垃圾分类责任书,教职员工要签订生活垃圾分类承诺书。

九、按照相关要求,在责任区域内指定生活垃圾分类投放地点,根据不同种类生活垃圾产生量,合理放置四类收集容器。

十、保持分类收集容器齐全、完好、整洁,出现破旧、污损、溢出或者数量不足的,及时维修、更换、清理或者补设,并确保生活垃圾分类收集容器周边环境整洁,建立生活垃圾分类日收运基础台账、填写有害垃圾移交表等。

十一、分类收集生活垃圾,将分类投放的生活垃圾交给符合规定的单位分类收集、运输,并签订生活垃圾收集运输服务合同。

十二、及时制止混合已分类生活垃圾的行为。

十三、落实垃圾分类指导员,协助做好生活垃圾分类工作;组建校园生活垃圾分类指导员队伍,负责检查指导、培训动员、清洗设施、巡查翻桶等。

十四、实行垃圾分类“红黑榜”管理制度,每月张贴公示一次。

十五、广泛开展垃圾分类评优评选活动,每学期开展一次垃圾分类先锋个人、先锋班级等评选。

十六、垃圾分类参与率(教职员工签订生活垃圾分类承诺书比例)应达到百分之百。

十七、加大垃圾分类的工作力度,进一步改造分类设施,改善投放环境,及时更换、维修破损脏污的分类收集容器,确保集中投放点设施规范,周边环境干净整洁。

十八、垃圾分类“进校园”“进课堂”“进教材”,建立青少年志愿服务队伍,将生活垃圾分类纳入课堂教学内容。

十九、学校要对垃圾分类工作的经费给予保障。

二十、垃圾分类的台账要完善,管理规范,要包括本单位垃圾分类基本情况概述,如师生员工人数、责任分工、分类设施配置情况等,资料齐全、填写规范、分类整理、保管妥善、随时查阅。

二十一、本制度自宣布之日开始实施执行。

(审校:凌文泉 王际川 贾雷雷)

校园清洁卫生管理措施

一、学校以公共标识、宣传栏等多种形式做好卫生宣传工作,大力宣扬良好的卫生习惯、爱护各种卫生设施及保持公共场所清洁卫生的行为,对随地倒垃圾、泼污水、吐痰、乱扔果皮纸屑等破坏公共环境卫生的行为及时劝止。

二、根据校园工作生活特点,把握不同区域、不同时段的环境维护特性,从时间和空间上划分工作重点,合理安排维护工作时间和频次,适时、高效地开展环境维护工作。

三、针对学校自身的特点,采取视察诊断、作业效果跟踪确认等步骤对环境灾害进行调查分析,制定对策,定期对“四害”及白蚁等有害生物进行消杀,以防治有害生物的滋生和各种不同类型灾害发生,通过“清洁、改造、消杀、隔离”等步骤使内、外环境得到改善。

四、垃圾桶由专人负责,垃圾量超过一半时应及时清倒,放置垃圾袋时应检查有无缺口,更换垃圾袋后应清洁垃圾桶内外壁,保持卫生、洁净、干燥。

五、洗手间的地面、大小便器,每天必须彻底冲刷,除掉一切污渍,进行有效灭菌处理,及时保洁。保持洗手间空气无异味,清洁洗手间的工具材料应专用,清洁完毕,应清洗干净。

六、应避免在工作、休息和用餐时进行清洁作业,作业时应避免发出大的响声,同时作业应小心,不得碰撞桌、椅等物件,严禁翻阅台面的资料、记录,摆弄摆放物品,作业完毕出门时,应随手带关门,并通知保洁绿化部主管检查工作效果,作好记录。

七、在作业的全过程应严格遵守基本操作规范,走路轻、讲话轻、操作轻、敲门轻。

八、严格遵守职业规范,不该进入的地方不进入,不该动的地方不动,不该看的不看,不该问的不问,不该说的不说。学校的所有师生员工都是校内良好环境的受益者,都有义务维护、爱护和改善校内环境。

九、未尽事宜,由总务处解释。

十、本规定自公布之日起执行,如有改变,按学校新下发的文件、通知、规定执行。

(审校:凌文泉　王际川　贾雷雷)

【附录】工作标准

序号	项目	工作周期	工作标准
1	花岗石、大理石地面	每天拖地二次,每季度晶面处理一次,垃圾随脏随扫	保持干净,无污渍、无尘迹、无痰渍,地面明洁如镜、光亮如新
2	一般地面	每天拖地二次,每月清洗一次,垃圾随脏随扫	无杂物、无积水、无污迹、无痰迹,保持洁净、现本色
3	墙面、天花板	每天擦拭(2米内),每月全面刮洗一次	无积灰,无污渍、污点,蛛网,地角线洁净,无“牛皮癣”
4	瓷砖内墙面	每天抹尘一次(2米内),每月全面刮洗一次	光亮、无尘、无污渍
5	窗户、门	门页、门洞、窗框、窗槽每天抹尘一次,玻璃内侧面每周刮洗一次,玻璃外侧面每月清洗一次	玻璃明亮,门页、门洞、窗框、窗槽无灰尘、无杂物,窗帘整洁、无污渍
6	玻璃门窗、玻璃台、玻璃桌	随时保洁、清抹,每周用清洁剂清洗一次	保持通透明亮、洁净,无水渍、无手印、无污点,门上贴物保持整洁
7	各类镜面	随时保洁、清抹,每周用清洁剂清洗一次	洁净、光亮,无任何污迹、尘迹
8	楼梯	每天拖楼梯踏步一次,抹扶手一次	台阶无杂物、污渍、水渍,楼道护手无尘,及时清除乱堆放物品
9	天花板、墙灯、灯具	每周清抹一次,每月用清洁剂抹一次	无灰尘、无蛛网、无“牛皮癣”
10	各层电梯前室的地面、墙壁	地面每天清拖二次,每月清洗一次,墙面每天擦拭一次(2米内),每月全面刮洗一次	无灰尘、无污渍,楼梯口杂物箱整洁。

续表

序号	项目	工作周期	工作标准
11	卫生间内玻璃镜面	每天用玻璃清洁剂清刮一次,随时清抹保洁	无水渍、无污迹、无手印
12	大、小便器及洗手盆	每天清洗、消毒三次,发现水锈及时用除锈剂清除	无异味,无垢、无水锈、无纸屑、无杂物,保持瓷器的明洁光亮,洗手台面无积水、无污渍
13	卫生间的门、隔断板、地面	每天抹尘一次,每周清除污渍一次,地面每周冲洗一次,垃圾随时清除	干净无尘、无污渍,地面保持干爽,无污渍、无垃圾、室内无异味
14	果皮箱、垃圾箱	每天清倒垃圾一次,清抹表面一次,每周洗刷一次	桶体干净光亮,无污渍、无垃圾附着物,桶内垃圾不得超桶口,无虫、蚁等,无过分异味
15	其他器材设施	随时保洁,每天擦抹一次	以洁净手指去摸无明显尘迹,无清洁用剂的残留痕迹
16	楼顶、天沟	每周清扫一次,每月对设施抹尘一次(遇暴雨、冰雪等情况,对楼顶、天沟及其他下水沟渠、管道通畅情况进行巡视,及时排除积水、积雪)	屋面无杂物、无积水,设施无尘、无污渍,地漏及水沟无污物积聚、无堵塞
17	路面、墙角	垃圾随脏随扫	六净“路面净、路沿净、人行道净、树坑净、墙根净、雨水口净”;及时清除道路垃圾、积水、积雪
18	各类指示牌	每天抹尘一次,用带金属保养剂的抹布擦拭	无尘、无指印、无污渍、无乱张贴物
19	花盆	随时清除杂物、枯叶,每天抹尘一次	表面无尘渍,盆内无杂物、无枯叶
20	开水器	每天抹尘一次,每季清洗一次	表面光亮、无尘、无污渍
21	防火门、消火栓	随时保洁,每天抹尘一次	无尘、无污渍
22	绿化带	垃圾随脏随扫	无纸屑、无果皮、无杂物、无枯枝、无积水
23	下水道、留泥井、化粪池	每半年清理一次	保持畅通

校园卫生防疫工作制度

一、组织实施

学校任命一位校级领导负责组织校园卫生防疫工作,并指定校医、卫生保健人员作为校园卫生防疫工作的技术负责人,具体职责为:校园卫生防疫工作的技术指导、相关表格填写、疫情报告工作,追踪学生和教职工因病缺课、缺勤情况,晨(午)检情况的复核、统计、分析和报告,及时全面掌握学校传染病发生情况。

二、卫生防疫工作流程

(一)日常性晨(午)检

在当地未发生特定传染病流行、暴发或者未接获特定传染病预警信息时,应当根据传染病的流行季节、周期和流行趋势,进行日常性晨(午)检。

采用集体询问的方式进行晨(午)检。在晨(午)课前由班主任负责询问、观察本班的学生身体健康状况,发现身体有异常症状(发热、皮疹、腹泻、黄疸等)者领其去校医务室由校医、保健教师进行详细检查后督促其去医院诊治。

需对因病缺课、缺勤者进行追踪、登记和报告。对于因病缺课的学生,应打电话了解学生的患病情况和可能的病因,并于当日报告学校疫情报告人。学校疫情报告人应及时对追踪情况进行排查,并将排查情况记录在晨(午)检登记表上。

(二)特定晨(午)检

在接到卫生部和重庆市人民政府发布特定传染病预警信息后,或者按照当地卫生、教育部门的要求,加强特定传染病的晨(午)检工作。

1. 所有入校的学生和教职员工均应接受晨(午)检,包括询问、观察和体检。

2. 晨(午)检工作由校方分管领导、校医(保健老师)、班主任和其他教职工共同负责完成。

3. 发病班级的晨(午)检工作不得在教室内进行,可选择在专用教室、操场或廊下等适宜场所进行。

4.晨(午)检工作可通知学生家长共同配合,在家先行询问、检查体征和测量体温并由学生把记录单带到学校交给班主任或负责老师。

三、卫生防疫晨(午)检工作内容

晨(午)检时相关责任人应认真、细心,仔细排查相关传染病。在进行特定晨(午)检时要按照当地卫生行政、教育部门的要求加强对特定传染病症状的晨(午)检。具体内容为"一看二听三问四查五测六追踪"。

(一)一看:仔细观察学生的面色、精神状态,发现学生面色异常、精神状态不佳时,要及时通知校医保健老师采取相应的措施,必要时班主任通知家长带学生到医院就诊,随时和学校保持联系。

(二)二听:听学生和(或)家长的描述。

(三)三问:每天了解学生有无发热、皮疹、腹泻、黄疸等异常症状或体征,家中有无成员出现类似症状。

(四)四查:水痘、腮腺炎、手足口病、流感等传染病在学校易高发,晨(午)检要重点检查学生是否有发热(传染病普遍症状),是否出现脸、胸、背等部位疱疹(水痘症状),一侧或两侧耳垂下肿大,肿大的腮腺常呈半球形(腮腺炎症状),手、足、口腔等部位皮疹或疱疹(手足口病症状),发热、咳嗽、咽痛、身体疼痛、头痛、发冷等,腹泻或呕吐、肌肉痛或疲倦、眼睛发红等(流感)。

(五)五测:特定情况下,需要对体温进行仪器测量。首先,教师本人要进行体温测试,并有体温记录。然后,在适当场所(校园宽阔地带)指定专人用红外测温仪对到校学生逐个进行初测,随到随测。发现体温异常者,带入隔离场所,由专人用玻璃体温计对该生作进一步测试,无异常方可进入教室。对进入隔离场所的学生要安排专人管理,学生之间要保持3米以上距离,让学生佩戴口罩(由学校提供),教师要做好自我保护。

(六)六追踪:缺勤的教职员工由学校负责登记和追踪调查。对缺课的学生,班主任要了解情况并登记。校医(保健教师)对可能患传染病的学生追踪,了解病情变化及诊治情况,同时做好记录、及时上报。

四、异常情况处理

(一)疑似患传染病的学生,由学校立即通知家长,由家长带其去医院进一步诊治,如排除传染性疾病的可能,凭医院的证明可继续上课或回家休息;

如不能排除传染性疾病的可能,根据医生建议采取相关的隔离治疗措施。

(二)确诊患传染病的学生,家长应及时告知学校,必须在隔离期满后,将医院的证明交至医务室后方可回校上课。

五、卫生防疫情况报告和登记

(一)学生的晨(午)检情况:由班主任负责登记每日晨(午)检的结果,并于当日及时报告给学校疫情报告人。

(二)学校晨(午)检情况的统计和报告。学校疫情报告人负责收集全校各班级每日晨(午)检情况,并做好统计工作。一旦发现可疑传染病散发时,向所在社区医疗机构报告;发现患病者周围人群聚集或疑似暴发传染病,应立即报告学校领导,同时报告当地疾控中心或辖区医疗机构;在出现特定情况时,按照有关部门的要求进行零报告和日报告。书记为传染病报告管理的第一责任人,分管书记负责传染病上报的管理,校医(保健老师)为学校的传染病的责任报告人,每个教职工及学生均为传染病的义务报告人。

(三)报告病种

1.法定传染病

(1)甲类传染病:鼠疫、霍乱;

(2)乙类传染病:传染性非典型肺炎、艾滋病、病毒性肝炎、脊髓灰质炎、人感染高致病性禽流感、麻疹、流行性出血热、狂犬病、流行性乙型脑炎、登革热、炭疽、细菌性和阿米巴性痢疾、肺结核、伤寒和副伤寒、流行性脑脊髓膜炎、百日咳、白喉、新生儿破伤风、猩红热、布鲁氏菌病、淋病、梅毒、钩端螺旋体病、血吸虫病、疟疾;

(3)丙类传染病:流行性感冒、流行性腮腺炎、风疹、急性出血性结膜炎、麻风病、流行性和地方性斑疹伤寒、黑热病、包虫病、丝虫病,除霍乱、细菌性和阿米巴性痢疾、伤寒和副伤寒以外的感染性腹泻病;

(4)卫生部决定列入乙类、丙类传染病管理的其他传染病。

2.其他传染病

省级人民政府决定按照乙类、丙类管理的其他地方性传染病和其他暴发、流行或原因不明的传染病。

3.不明原因肺炎病例和不明原因死亡病例等重点监测疾病。

(四)分级报告的内容、时限及流程

通过晨午检、因病追踪或其他方式发现传染病人、疑似传染病疫情时,要按照以下要求进行报告(其他非传染病疫情按照相关要求进行报告)。

1.散发病例报告:由老师督促其到正规医疗机构就诊,若确诊为传染病病例,责任报告人应向区中小学卫生保健所报告。

报告内容:发病日期、姓名、性别、年龄、班级、寝室号、诊断病名等。

报告时限:对甲类传染病和乙类传染病中的肺炭疽、传染性非典型肺炎、脊髓灰质炎、人感染高致病性禽流感的病人或疑似病人,2小时内以最快的方式(电话等)报告;对其他乙、丙类传染病在24小时内报告。

2.聚集性或暴发性病例报告:一旦出现聚集性或暴发性病例,接近或达到《重庆市突发公共卫生事件分类、分级标准(试行)》中规定的报告标准时,责任报告人应立即报告学校领导,同时以最快的方式报告区中小学卫生保健所、区疾病预防控制中心;在出现特定情况时,按照有关部门的要求进行零报告和日报告。

报告内容:发病时间、姓名、家长姓名、性别、年龄、班级、寝室号、家庭住址、主要临床表现、就诊医院、就诊时间、诊断病名等。填写渝中区学校或托幼机构暴发疫情发病情况统计表。

报告时限:一般疫情在2小时内以最快的方式(电话等)上报,如发生下列情况学校疫情报告人要在1小时内报出相关信息:

(1)在同一宿舍或者同一班级,1天内有3例或者连续3天内有多个学生(5例以上)患病,并有相似症状(如发热、皮疹、腹泻、呕吐、黄疸等)或者共同用餐、饮水史时;

(2)当学校和托幼机构发现传染病或疑似传染病病人时;个别学生出现不明原因的高热、呼吸急促或剧烈呕吐、腹泻等症状时;

(3)学校暴发群体性不明原因疾病或者其他突发公共卫生事件时。

3.报告流程图如下:

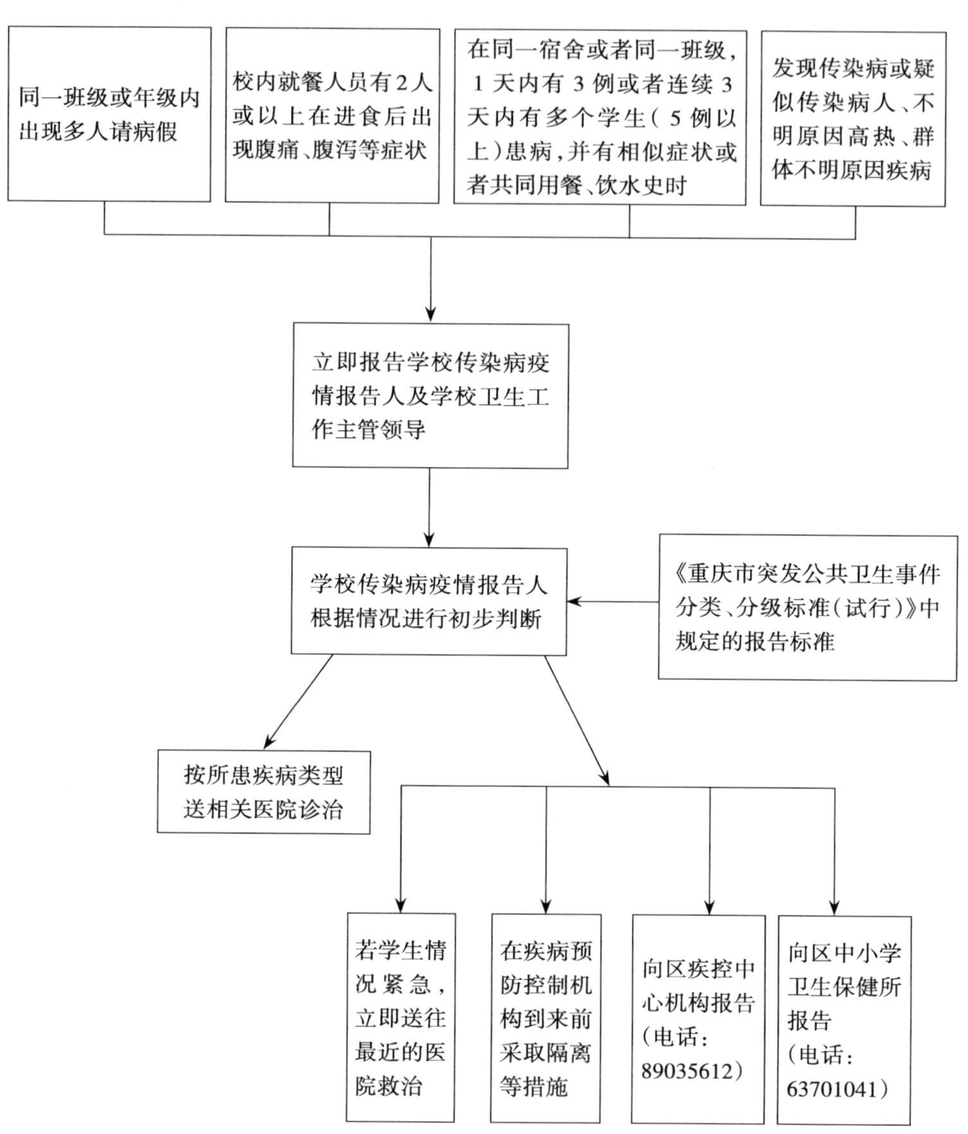
同一班级或年级内出现多人请病假
校内就餐人员有2人或以上在进食后出现腹痛、腹泻等症状
在同一宿舍或者同一班级，1天内有3例或者连续3天内有多个学生(5例以上)患病，并有相似症状或者共同用餐、饮水史时
发现传染病或疑似传染病人、不明原因高热、群体不明原因疾病
立即报告学校传染病疫情报告人及学校卫生工作主管领导
学校传染病疫情报告人根据情况进行初步判断
《重庆市突发公共卫生事件分类、分级标准(试行)》中规定的报告标准
按所患疾病类型送相关医院诊治
若学生情况紧急，立即送往最近的医院救治
在疾病预防控制机构到来前采取隔离等措施
向区疾控中心机构报告(电话：89035612)
向区中小学卫生保健所报告(电话：63701041)

(审校：蒋卓　邓梅洁　贾雷雷)

公务用车管理办法

为深入贯彻落实中央“八条规定、六条禁令”、市财政局《关于开展整治超标配备公务用车及公车私用问题专项整治工作的实施方案》及相关会议精神，进一步强化学校公务用车管理，做到节约开支，确保公车的合理和有效使用，加强用车安全，特制定学校公务用车管理办法。

一、车辆调度及使用

1.学校公务车用主要保证学校领导参加会议、处理学校公务和联系工作等临时用车或学校相关处室领导有重大事务或学校安排的急办事务用车。车辆使用由校办公室统一调度。公务用车一般用于以下情况：校级领导外出开会用车、接送重要文件及上级考试试卷等、对外接待用车。

2.车辆调度实行先急后缓、先远后近，优先保证学校重大事务、急办事务用车的原则。

3.公务用车实行报告制度，校级领导凡在城区办理事务、参加会议和联系工作等，在学校公务车没有外出安排的情况下，可直接向校办公室通知用车，校办公室负责做好安排。校级领导在城区以外的学校公务活动需要用车，由校长审批后通知校办公室派车。处室领导有重大事务或学校安排的急办事务确需用车，需先向校长汇报，由校长同意后，通知校办公室安排公务用车。严禁校级领导私自驾驶公务用车。

4.车辆出车返回后，驾驶员应及时向校办公室报告，以便车辆调度。

5.学校公务车辆：本部——渝A×××××，渝A×××××；青杠校区——渝A×××××。

二、车辆驾驶与行车安全

1.驾驶员严格遵守国家有关驾驶员、车辆的各项管理法规，遵守学校制定的用车管理办法。要自觉提高自身安全意识，坚持安全第一的思想，谨慎驾驶。严禁酒后驾驶、超速行驶等影响安全行车的行为。

2.驾驶员要严格遵守劳动纪律，按时上下班。因驾驶疲劳等身体因素影响安全行车时应主动向办公室汇报并安排调休，以确保安全驾驶。

3.驾驶员应妥善保管好所驾驶车辆的随车工具、附件、证件等。做好车辆的日常维护、保养工作,保持车内外的清洁卫生。

4.驾驶员驾驶车辆过程中不得搭乘其他无关人员,应注重维护自身形象,不得参与不良活动和有损学校形象的活动。

5.驾驶员要做好车辆保管工作,严禁公车私用。休息日、节假日期间,驾驶员应将车辆停放在学校指定位置,不得将车辆停放在校外(出差和特殊情况报经办公室批准后除外)。不得擅自将车辆借给他人驾驶。如违反规定,一切责任由驾驶员本人承担。

6.学校公务用车按照相关文件规定报销差旅,按上级相关规定和学校规定派车。凡未经学校同意而私自驾私车办理公务者,一切安全责任自负。

三、车辆维护

1.车辆实行定点保险、定点维修保养。维修必须到渝中区指定的定点维修部维修(除外出用车等特殊情况外),维修保养时驾驶员要向办公室报告,经校长同意后维修。维修后将维修发票、维修清单(需有驾驶员签字认可)报办公室,由办公室负责维修费用报销事宜。

2.办公室经校长会同意,指定维修点并定期对车辆维情况修进行校对、汇总,交由财务处结算。

3.车辆用油,经校长签字方可报销,财务人员作好记录。

4.本办法自2016年9月1日起执行,本办法解释权在学校办公室。

(审校:贾雷雷)

学校公务用车加油卡使用管理规定

为规范公务加油卡管理,降低车辆使用成本,防止各类问题发生,提高车辆使用功效,根据上级部门的工作要求,特制定本规定。

一、学校所有加油卡实行统一管理,办公室根据上级文件规定并结合本单位实际车辆需要办理加油卡。

二、严格公务加油卡使用制度,做到一车一卡,定车定卡,专卡专用,办公室统一管理车和加油卡,定期往卡上充值,并做好登记记录,在使用过程中办公室负责对所有车辆使用和用油情况进行监督、检查和控制。

三、实行公务加油卡使用登记和车辆调度使用登记台账制度，驾驶员领取公务加油卡，需要使用车和加油卡时，实时登记，每月25日汇总到办公室，以备检查、上报和监督。

四、加油卡加油完毕后设备自动打印加油小票，驾驶员应及时索要小票。因疏忽将加油小票丢失者，当日须写文字说明由单位领导核实、签字，驾驶员要对此次加油做好记录(必要时可在中国石油查询记录及视频监控佐证)。加油小票必须由驾驶员签字确认，最后每月25日汇总到办公室。

五、学校所有公务车辆禁止现金加油，车辆使用人员在使用前仔细检查车辆情况，如需加油请携带加油卡，不得以任何理由用现金加油，如遇特殊情况，须经办公室相关负责人、分管领导批准并在办公室加油卡管理员处进行报备，否则，将不予报销。

六、严格执行节假日期间封车封卡，特殊情况用车实时上报备案，对公务加油卡使用情况实时报备备案。

七、其他条款：驾驶员出车前应检查车辆的油量，及时补充，确保车辆的返回。

加油卡对应车号加油，不得用于私家车或朋友车辆私自加油。

加油卡若有遗失要立即报加油卡管理员，予以挂失处理，否则领用人自行承担损失责任。

驾驶员离职、退休等离开工作单位时，须按要求归还公务加油卡，直到办完交接为止。

八、收条及承诺书模板：

今在学校办公室领到学校公务加油卡(中国石油加油卡，卡号是91303000027×××××，2023年10月18日圈存金额为壹万，仅用于渝A×××××)。我保证严格遵守学校公务加油卡使用制度，妥善保管、做到一车一卡，定车定卡，专卡专用。

领用承诺人：

年 月 日

(审校：贾雷雷)

差旅费管理暂行办法

为了保证我校教职工出差工作与生活的需要,规范差旅费管理,根据重庆市财政局《关于印发重庆市市直机关差旅费管理办法》的通知等文件精神,结合我校实际情况,本着勤俭节约、强化管理的原则,制定本办法。

一、出差人员的差旅费,按“市内交通费凭票据实报销,市外交通费包干报销,住宿费限额凭据报销,市内伙食补助费凭票据实报销,市外伙食补助费包干使用”的办法报销。

二、住宿费报销办法

(一)出差住宿费在规定的限额标准内凭据报销,实际住宿费超过限额须经党支部书记批准,然后据实报销。

(二)出差人员由培训单位或接待单位免费提供住宿的,不予报销住宿费。

三、交通费报销办法

(一)出差人员经学校同意乘坐火车、汽车、轮船、飞机或其他交通工具(不含租用出租车)的交通费据实报销,机票在政府采购平台上购买(若其他渠道比平台便宜,需提供证据后购买)。

(二)市内培训或学习期间交通费据实报销(不含租用出租车)。

(三)确因故无法提供票据的,实行交通费包干。

四、伙食费补助办法

(一)出差人员由培训单位或接待单位统一安排伙食的,不实行伙食补助费办法。

(二)因工作需要,经单位同意出差的人员按文件要求的标准补贴伙食费。

(三)因工作需要,经单位同意脱产学习的人员,学习一个月以上的,以及各类短训班、干训班,按文件标准补贴伙食费。

五、附则

本办法自公布之日起开始实行。

(审校:邹丹　贾雷雷)

第四板块

党建工作

学校党建工作制度

为了进一步加强党的基层组织建设,充分发挥学校党委、党支部的战斗堡垒作用,根据《中国共产党章程》《中国共产党支部工作条例(试行)》,结合学校工作实际,制定本制度。

一、基本原则

党委(党支部)党建工作实行党委(党支部)委员会集体领导与个人分工负责的原则。党委(党支部)书记为抓党建的第一责任人,副书记和支部委员根据各自分工开展工作。

二、工作责任

(一)宣传和执行党的路线、方针、政策;宣传、执行党中央和上级党组织决议,充分发挥党委(党支部)的战斗堡垒作用和党员的先锋模范作用,支持行政领导完成所担负的工作任务。

(二)定期研判学校党的建设状况,研究制订支部工作计划和措施,明确责任人,并组织实施。

(三)组织党员认真学习马列主义、毛泽东思想、邓小平理论、“三个代表”重要思想、科学发展观、习近平新时代中国特色社会主义思想,学习党的路线、方针、政策,学习党的基本知识、科学文化和业务知识。

(四)加强对党员的教育管理,严格执行“三会一课”制度、组织生活会制度、民主评议党员等制度,督促党员领导干部过好双重组织生活,按时收缴党费,按照规定及时调整党费交纳比例。

(五)围绕党的中心任务,积极主动地开展思想政治工作,经常了解群众对党的工作、党员的批评和意见,维护群众正当权益,做好群众的思想政治工作。

(六)发现和培养入党积极分子,加强对入党积极分子的教育、培养和考察,做好经常性的发展党员工作,保证新党员质量。

(七)加强党风廉政建设,抓好党风党纪教育,监督党员严格遵守廉洁自律的各项规定,自觉抵制不良倾向和各种消极腐败现象;坚决同各种违法犯罪行为作斗争。

(八)组织党员开展群众工作,积极参加各项社会性义务活动,及时反映群众的意见和需求。

三、党委(支部)委员职责

(一)党委(党支部)书记主要职责

1. 负责召集党委(党支部)委员会和党员大会,结合学校具体情况,认真传达贯彻执行党的路线、方针、政策和上级的决议、指示;研究安排党委(党支部)工作,将党委(党支部)工作的重大问题及时提交党委(党支部)委员会和党员大会讨论通过。

2. 开展经常性的思想政治工作,了解掌握党员的思想、工作等情况,发现问题及时解决。

3. 检查党委(党支部)的工作计划、决议的执行情况和出现的问题,按时向党委(党支部)委员会、党员大会和上级党组织报告工作。

4. 抓好党委(党支部)委员自身的学习,按时召开民主生活会。书记不在时,由副书记主持支部的日常工作。

(二)纪检委员主要职责

1. 经常对党员进行党风党纪教育,不断提高全体党员遵纪守法的自觉性。

2. 具体负责组织党员学习上级党组织颁发的党风廉政建设学习材料并监督检查落实情况。同各种违纪行为和腐败现象作坚决斗争。

3. 保护党员的民主权利不受侵犯,督促党员履行义务。负责受理和传递党员的控告和申诉。考察了解受处分党员改正错误的情况。

4. 经常对党员进行纪律监督,认真调查、及时处理党员违反党的章程和违反党的纪律事件。

5. 经常向党委(党支部)委员会汇报和反映本单位党风党纪情况。

(三)组织委员主要职责

1. 了解和掌握支部的组织状况,根据工作需要,提出党小组的划分和调整意见。检查、督促党员过好组织生活。

2. 了解掌握党员的思想状况,配合宣传委员、纪检委员对党员进行思想和纪律教育。

3. 负责做好发展党员工作。及时了解掌握积极分子的情况,并负责培养、教育和考察,按照党员发展工作方针和原则,有计划地提出发展党员的意见。具体办理接收新党员和预备党员转正的手续。

4.接转党员组织关系,收缴党费,定期向党员公布党费收缴情况。

5.做好党员和党组织的统计工作。

(四)宣传委员主要职责

1.了解和掌握党员和群众的思想状况,根据不同时期党的工作重心和任务,根据上级党委的指示,宣传党的路线、方针、政策,提出宣传教育工作的计划和意见。

2.组织党员学习党的基本理论、基本知识和时事政策,组织党课学习,做好思想政治工作。

3.围绕学校中心工作,开展多种形式的宣传活动,丰富党员和群众的精神生活。

4.做好简报、宣传栏、公众号,办好学校宣传阵地。

四、责任考核

(一)学校党委(党支部)党建工作责任制的执行情况,接受上级党委的检查考核。对检查考核中发现的问题,学校党委(党支部)应及时召开会议,研究整改措施并组织实施。

(二)学校党委(党支部)党建工作责任制的考核,与民主评议党员、开展争先创优活动相结合,广泛听取党内外群众的意见。考核结果应及时报告上级党组织,使之成为干部的业绩评定、奖励惩处、选拔任用的一项依据。

(三)落实学校党委(党支部)党建工作责任制的情况,学校党委(党支部)应在年度总结中向上级党委作出书面报告,接受上级党组织的监督指导。

五、责任追究

(一)学校党委(党支部)党建工作受到上级党组织批评、被责令限期改正的,学校党委(党支部)书记应在党委(支委)会上作公开检讨,并及时研究改进意见,在限期内作出改正;单项工作受到批评的,分工负责该项工作的党委(支部)委员也应在支委会上作自我批评,并协助书记积极研究落实改进意见。

(二)党委(党支部)不坚持“三会一课”制度,组织生活不正常,班子软弱涣散,对工作造成影响的,责令限期改正;经教育无起色的,建议提前改选该支部。

(三)党支部书记工作不负责任,严重影响正常工作的,校党委应及时给予教育;教育无起色的,应及时予以调整。

(审校:沈丹 王延杰 方锐)

“三会一课”制度

一、“三会一课”是指定期召开支部党员大会、支部委员会、党小组会,按时上好党课。

二、党支部党员大会有关要求:

(一)党支部党员大会是党支部全体党员参加的会,是党支部的最高领导机关,在党支部中享有最高决策权、选举权和监督权;

(二)党支部党员大会一般每月召开一次;党支部党员大会由支委会召集(未设支委会的,由党支部书记召集),由党支部书记主持;

(三)党支部党员大会议题由支委会根据上级党组织指示、工作需要以及党员意见确定。主要包括:听取和审查支委会工作报告,讨论、决定本支部的重大问题,传达贯彻上级党组织的决议指示;选举新的支委会,增补和罢免支部委员;接收新党员、预备党员转正;提出对党员的奖励和处分意见,决定职权范围内的对党员的表彰和处分;讨论支委会提交讨论的其他重要事项;

(四)党支部党员大会有本支部半数以上的党员参加方为有效,大会决议经应到会正式党员半数以上通过方为有效。进行选举时,有选举权的到会人数超过应到会人数的五分之四,会议有效;进行正式选举时,被选举人获得的赞成票超过实到会有选举权的人数的一半,始得当选;

(五)党支部党员大会作出决议,按照少数服从多数的原则进行。

三、党支部委员会有关要求:

(一)党支部委员会一般每月召开一次,根据需要也可随时召开。

(二)党支部委员会的议题主要包括:研究、贯彻上级党组织的决议和指示,讨论制定支部重点工作,研究支委会自身建设、发展党员工作和党员教育管理工作。

(三)党支部委员会须半数以上成员出席,方能召开。

(四)党支部委员会研究问题既要防止在重大问题上个人意志代替集体决定,也要防止把应由个人分工处理的事情都提交集体讨论决定。

四、党小组会有关要求:

(一)党小组会一般每月召开一至两次;

(二)党小组会的议题一般围绕党的中心工作和近期工作,结合党小组情况确定。主要包括组织党员学习;研究如何贯彻执行党支部决议和各项工作任务;党员汇报思想和工作情况;研究选举和发展党员工作;评选优秀党员、讨论处理不合格党员。

(三)注重抓住四个环节:一是会前要与党支部沟通,确定议题、通知党员做好准备;二是抓住中心内容讨论,力求统一思想;三是明确责任,及时督促检查议定内容;四是及时向支委会汇报。

五、党课有关要求:

(一)党支部党课应当根据当前形势和任务,结合党支部实际和党员的思想状况进行,一般每季度进行一次;

(二)党课的内容一般包括:党的基本理论、基本政策、基本知识,可以结合党员实际,引入时政、法律、经济、计算机等知识。

六、要结合党员实际,不断改进"三会一课"内容和形式,保证工作质量和效果,避免流于形式。

(审校:沈丹　王延杰　方锐)

发展党员工作制度

一、认真贯彻"控制总量、优化结构、提高质量、发挥作用"的"十六字"方针,按照《中国共产党章程》和《中国共产党发展党员工作细则》规定的程序,做到成熟一个,发展一个。

二、党支部对要求入党的积极分子要进行马列主义、毛泽东思想、邓小平理论、"三个代表"重要思想、科学发展观、习近平新时代中国特色社会主义思想,以及党的基本知识、基本路线教育,使他们懂得党的性质、宗旨等,端正入党动机。

三、对没有联系人的入党积极分子，党支部应指定一至两名正式党员作为培养联系人，经常同其谈心，帮助其进步。同时，注意在实践中考察其政治觉悟、思想品质、现实表现。

四、选派入党积极分子进行党的基本知识培训。选派比较成熟的入党积极分子，参加区委党校举办的入党积极分子短期集中培训班。未经集中培训的，不得发展入党。

五、申请入党的积极分子经过一年以上的培养教育后，经支委会讨论同意，方可列为发展对象。

六、发展新党员，必须严格按照党章规定的程序办理，在听取党支部、培养联系人和党内外群众意见的基础上，召开支部党员大会讨论，采取无记名投票方式表决，赞成人数超过应到会有表决权的半数才视为通过。

七、预备党员预备期为一年。预备期内，党支部要通过听取本人汇报、个别谈心等方式，对预备党员进行教育和考察。预备党员预备期满后，党支部要在广泛征求群众意见、支委会审查、支部党员大会讨论的基础上，按时作出能否转为正式党员的决议，并报上级党组织审批。

（审校：沈丹　王延杰　方锐）

发展党员工作程序

一、接受入党申请

（一）接收入党申请书。

（二）与申请入党人员谈话。

（三）对申请入党人员进行培养、教育、考察。

二、入党积极分子的培养、教育、考察

（一）确定入党积极分子

1.党小组（共青团组织）推荐。

2.支委会（不设支委会的则由支部大会）讨论决定。

3.报上级党组织备案。

（二）对入党积极分子进行培养、教育、考察

(三)建立健全入党积极分子档案

1.入党申请书。

2.自传。

3.思想汇报。

4.入党积极分子培养教育考察登记簿。

三、发展对象的确定和考察

(一)确定发展对象

1.党小组(培养联系人)和团组织推荐。

2.党支部召开座谈会征求党内外意见。

3.审阅入党积极分子档案材料。

4.支委会(不设支委会的则由支部大会)讨论决定。

5.党支部与发展对象谈话。

(二)政治审查

1.主要内容:按有关要求详细考察。

2.范围:发展对象本人、父母、配偶、子女、自幼抚养其长大的养父母和由其抚养的子女;长期同本人一起生活,思想、政治上与发展对象关系密切的其他亲属及朋友等。

(三)公示

(四)集中培训

(五)形成综合性预审报告

主要内容:

1.发展对象的简历情况。

2.党组织对发展对象的培养、教育、考察情况。

3.发展对象对党的认识和入党动机。

4.发展对象的现实表现。

5.发展对象政治历史情况和在重大政治斗争中的表现。

6.发展对象的直系亲属及关系密切的主要社会关系政审情况。

7.征求党内外意见及公示结果,以及党支部的综合意见。

(六)上级党组织审查

(七)报有发展审批权限的党组织预审

上报如下10种材料：

1.入党申请书。

2.优秀团员、青年入党积极分子推荐表。

3.入党积极分子培养、教育、考察登记簿。

4.征求党员意见记录。

5.征求群众意见记录。

6.发展对象综合性政审材料、直系亲属及关系密切的主要社会关系政审材料。

7.公示材料。

8.发展对象思想汇报材料。

9.入党积极分子培训结业证复印件。

10.综合性预审报告。

四、接收预备党员

(一)确定入党介绍人，填写《入党志愿书》

(二)召开接收预备党员的支部大会，议程如下：

1.主持人宣布开会，报告出席会议的党员人数，提出议题和要求，指定记录人。

2.发展对象向大会汇报入党申请。

3.入党介绍人介绍发展对象的有关情况，表明自己对其入党的意见。

4.党小组介绍发展对象的有关情况和党小组意见。

5.支委会向大会报告对发展对象的审查情况和征求党内外意见的情况。

6.组织党员充分讨论。

7.发展对象表态。

8.支部大会采取无记名投票的方式进行表决。

9.作出决议，进行总结。

(三)报上级党组织审查

(四)有发展审批权限的上级党组织指定专人与发展对象谈话(注意下发谈话人通知)

(五)报有发展审批权限的上级党组织审批(审批完成后应下发批准入党的通知)

(六)后续工作

1.及时通知本人,在支部大会上宣布。

2.与预备党员谈话。

3.将预备党员及时编入党的一个组织。

4.指导入党介绍人继续做好预备党员的教育、考察工作。

5.组织宣誓。

五、预备党员的教育、考察、转正

(一)预备党员的教育、考察

1.确定联系人。

2.严格组织生活。

3.集中培训。

4.安排任务。

5.定期考察。

(二)预备党员的转正

1.接收预备党员转正申请。

2.入党介绍人和党小组提出意见。

3.党支部征求党内外意见。

4.公示。

5.支委会审查。

6.支部大会讨论,议程如下:

(1)主持人宣布开会,报告出席会议的党员人数,提出会议的议题和要求,指定记录人;

(2)预备党员向大会汇报转正申请;

(3)入党介绍人介绍对预备党员的教育考察情况,提出能否按期转正的意见;

(4)党小组介绍预备党员的表现,提出能否按期转正的意见;

(5)支委会介绍预备党员的表现,提出能否按期转正的意见;

(6)组织党员充分讨论;

(7)预备党员表态;

(8)支部大会采取无记名投票的方式进行表决;

(9)作出决议,进行总结。

7.报上级党组织审查。

8.报有发展审批权限的上级党组织审批。

新增如下8种材料:

(1)转正申请书;

(2)中共预备党员教育考察登记簿;

(3)征求党员意见记录;

(4)征求群众意见记录;

(5)公示材料;

(6)预备党员思想汇报材料;

(7)预备党员培训结业证复印件;

(8)支部大会记录。

(三)入党材料归档

1.入党志愿书。

2.入党和转正申请书。

3.自传。

4.政审材料。

5.教育考察材料。

(审校:沈丹　王延杰　方锐)

民主评议党员制度

为了加强党员队伍建设,接受党内外群众监督,提高党员自身素质,保持共产党员先进性,特制定本制度。

一、民主评议党员工作按照上级党组织的统一部署,每年进行一次。

二、民主评议党员必须坚持实事求是、发扬民主、公开平等的原则,按照评议的内容,开展批评与自我批评。

三、民主评议党员工作主要分五个阶段进行:

(一)学习动员阶段:党委(党支部)召开支委会讨论制定实施方案,确定学习内容,并组织党员进行学习动员。

(二)自我评议阶段:在学习讨论的基础上,党员个人写出自我评价的发言提纲。

(三)民主评议阶段:召开党小组会,在党员个人述职自我评价的基础上,小组党员开展相互评议,按优秀、合格、不合格三个档次进行测评投票。还要采取适当的方式,征求群众意见。

(四)组织考察阶段:召开支委会对民主评议的意见进行讨论分析,结合支部平时掌握的情况,对每个党员形成组织意见,并同本人会面。同时,向支部党员大会报告。组织考察必须充分发扬党内外民主,广泛听取各方面的意见。

(五)表彰和处理阶段:对民主评议出的优秀党员,党支部可以用口头或书面形式进行表扬,对推荐到上级党组织表彰的优秀党员,必须经党员大会讨论通过。评议定为不合格的党员,必须由支部大会讨论给予相应处置,并报上级党组织备案。对评议中揭露出来的违法乱纪等问题,要认真查明,严肃处理。

四、评议工作结束后,党支部形成总结材料报上级党组织,并接受检查和验收,对达不到要求的要进行整改。

五、对民主评议党员的各种文件、鉴定材料等,按规定及时装入党建工作资料袋,以便查阅。

(审校:沈丹　王延杰　方锐)

党费收缴制度

自觉、按时、足额交纳党费,是党员必须具备的一个起码条件,是党员对党应尽的一项基本义务,是党员关心党的事业的具体表现。为切实搞好学校党支部党费收缴和管理工作,特制定如下制度:

一、党员必须本人交纳党费,在特殊情况下可委托其他党员转交。

二、党员必须按期交纳党费。一般应按月交纳党费,党员如果没有正当理由连续六个月不交纳党费,就认为是自行脱党,经批评教育后仍不改正的,由支部讨论并报上级党组织批准后将其除名。

三、党员必须按规定交纳党费,按中央组织部关于党员交纳党费具体标准的规定,不可少交。党员自愿多交纳党费,可以不限。

四、党费收缴必须由支部专人负责,一般由支部组织委员管理,若需换届,必须及时办好移交手续。

五、支部应按月将本支部收入、上缴党费的金额详细记入党费收缴登记簿。

六、收缴党费人员必须及时向上级党组织上缴党费,不得个人长期保管现金。

七、党费的收缴情况,支部应每半年检查一次。

(审校:沈丹 王延杰 方锐)

党支部换届选举党员大会议程

一、大会主持人向全体党员报告党员出席情况,宣布党员大会开会;全体起立,奏唱《国歌》。

二、上届支部委员会负责同志作工作报告。

三、选举新一届委员会。选举流程如下:

(一)清点人数和确认选举资格。会议主持人在宣布开会前,应首先清点党员人数。正式党员有表决权、选举权、被选举权。受留党察看处分的党员在留党察看期间没有表决权、选举权和被选举权;预备党员没有表决权、选举权和被选举权。有选举权的实到会党员人数超过应到会人数的五分之四,会议有效,否则改期进行。

(二)通过选举办法。在支部党员大会正式投票选举前,应以举手表决的方式通过选举办法。

(三)公布候选人名单并介绍候选人情况。正式选举前,应向支部党员公布下届支部委员会候选人名单,根据实际情况,采取相应方式介绍候选人的推荐过程和基本情况。

(四)通过监票人,宣布计票人。监票人由全体党员从不是候选人的党员中推选,经党员大会表决通过。如果党员人数较多,可以设一名总监票人和若干名监票人;如果党员人数不多,可以只设若干名监票人。

(五)再次清点人数。

(六)检查票箱,分发选票。选票只发给到会的有选举权的党员,多余的选票应封存或剪角作废。

(七)填写选票。选举人应按照大会通过的选举办法中的规定填写选票,选举人不填写选票的,可由本人委托候选人按选举人的意志代写。

(八)投票和清点选票。首先由监票人投票,接着到会党员按坐席顺序依次投票(因故未出席会议的党员不能委托他人代为投票)。然后由主持人打开票箱,当众清点收回的选票数。如收回的选票等于或少于投票人数,则选举有效;如收回的选票多于投票人数,则选举无效。清点结束后,由会议监票人向党员大会报告清点结果。

(九)计票。通过唱票和计票,将候选人得票数和另选人得票数全部记录下来,以统计每个人的得票数,并按照规定确定支部委员会委员当选人的名单。被选举人得的赞成票超过实到会有选举权的人数的一半,才能够当选。当得赞成票超过半数的被选举人人数多于应选名额时,以得票多的当选。如遇票数相等不能确定当选人时,应就票数相等的被选举人重新投票,得票多的当选。当得赞成票超过半数的被选举人人数少于应选名额时,对不足的名额另行选举;如果接近应选名额,也可减少名额,不再进行选举。在选举中非候选人得票数超过半数,按得票多少的顺序,在应选人数范围之内的,应为有效,并当选。被选举人得票未超过半数的,不能当选。

(十)报告得票情况,宣布当选人名单。监票人首先向党员宣布收回的选票数、有效票数、废票数;公布候选人、另选人分别得赞成票数。然后由会议主持人宣布当选的支部委员名单。选举结束后,选举工作人员将选票清点密封,交新产生的支部委员会归档保存。

(十一)大会结束。全体起立,奏《国际歌》,宣布大会结束。

(审校:沈丹　王延杰　方锐)

党组织联系和服务群众制度

一、党组织联系和服务群众工作以全心全意为人民服务,密切党同人民群众的关系为出发点和落脚点。

二、党组织联系和服务群众工作要坚持实事求是、分类指导、量力而行、尽力而为的原则，重点帮扶困难群众，切实解决群众生产、生活中的困难和问题。

三、要通过在职党员到社区报到、下沉教育教学一线等形式，广泛开展加强联系和服务群众工作，帮助群众解决各种思想认识问题和工作、生活中遇到的实际问题，切实为群众办好事办实事，宣传党的路线、方针、政策，加深党员和群众间的感情，增进党员和群众的相互理解。

四、联系群众家庭。组织党员在其工作和生活居住区域内，至少与一户群众家庭建立起长期、固定的联系，与他们交朋友，了解群众生产生活情况，向群众宣传党的政策收集群众意见和建议，并及时向党组织反映。

五、结对帮扶群众。组织有帮扶能力的党员，主动与困难群众、“两新”组织结成帮扶对子，帮助困难群众解决实际困难，树立信心，提高技能，自强自立；扶持“两新”组织发展生产，引导他们带动员工群众为全区经济社会发展贡献力量。

六、开展红岩先锋党员志愿者服务活动。组织党员参加所在社区的红岩党员志愿者队伍，根据自身职业特点和个人特长，开展便民利民活动。

七、推行党员服务承诺制。组织有条件的党员围绕服务人民群众、建设和谐社区等方面的内容，向党组织和群众公开承诺，在一年内办一至二件切合实际、具体可行的好事实事，并自觉接受党组织和群众的监督，确保承诺兑现。

八、参加群众事务代理服务。组织有条件的党员积极主动为孤寡病残、年迈体弱和其他办事不便的群众代办审批手续、证件等事务。

九、参加设岗定责活动。组织各类党员按照所在党组织设立的联系和服务群众的岗位及确定的责任要求，自愿选择适合自身特点的岗位，认真履行岗位职责，力所能及地做好服务群众工作。

十、党组织要定期召开专题会议，认真听取党员联系和服务群众的情况，深入分析研究联系服务群众工作中存在的问题和困难，进一步改进和完善联系服务群众工作，要将党组织和党员联系群众情况作为党内“创先争优”活动和民主评议党员工作的重要参考依据。

（审校：沈丹　王延杰　方锐）

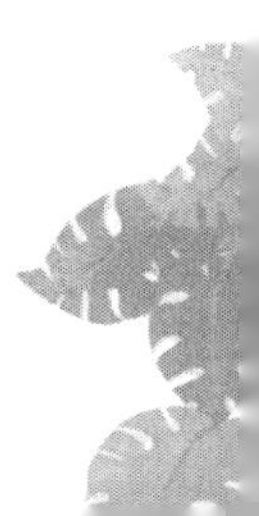

党务公开工作制度

一、为充分发挥学校全体党员民主教育、民主管理、民主监督的积极性、主动性和创造性,加强学校党的建设,完善监督制约机制,推动党务工作再上新台阶,结合学校实际,制定本制度。

二、下列事项,列为党务公开内容:

(一)学校党建工作目标及考核考评情况;

(二)对党员的考核考评情况;

(三)入党积极分子及建党对象培养、发展情况;预备党员培养、发展、转正情况;

(四)学校党委(党支部)和党员受到表彰、奖励、记功及通报批评、处分或处理情况;

(五)学校党委(党支部)和党员廉洁自律情况;

(六)学校党委(党支部)和党员受到投诉举报情况;

(七)党费收缴及变动情况;

(八)其他需要公开的事项。

三、党务政务公开,采用党务公开栏发布、会议通报等形式,必要时,有关事项公开前应当先行公示,充分听取党员及党外群众的意见。

四、党务政务公开,可以区分不同情况,采用年度公开、半年公开、季度公开、月度公开的方式。必要时,可以随时公开。

五、党务政务公开时间一般不少于一周,公示时间一般不少于三天。

六、有关事项公开前,应当报经党支部书记审核,重要事项还应报经上级党委审核批准。

七、党的秘密事项,应当严格执行保密规定。

八、党务公开的内容或方式,不得侵犯法律规定的公民个人名誉权、人格权和隐私权。

九、学校党委(党支部)应当主动征求、认真听取、积极采纳党员和党外群众及有关方面对党务工作提出的意见。

十、党员及党外群众对党务工作的建议、批评和意见，应及时反馈，并合理采纳。

（审校：沈丹　王延杰　方锐）

党风廉政建设责任制度

一、为贯彻中央精神，依据《关于实行党风廉政建设责任制的规定》，加强党风廉政建设，坚持以党风建设促进学校党委（支部）政风、行风建设，进一步倡导诚信意识、廉洁意识和责任意识，特制定党风廉政建设责任制度。

二、党委（支部）书记、委员要认真履行职责，做到坚持原则，敢抓敢管，确保党风廉政建设各项措施和任务的贯彻落实。

三、抓好党风廉政教育，经常对党员进行理想信念、党风党纪和道德法治教育，增强反腐倡廉的自觉性。

四、严格遵守党的规章制度，严守党的纪律，不泄露党的秘密，不谋取私利，不铺张浪费，不参与赌博和封建迷信活动，维护党的形象。

五、协助上级纪检部门做好学校党委信访件的调查工作，及时反映热点、难点问题，做好协调、疏导工作。

六、加强党风廉政建设的监督检查，每半年分析、研究一次支部廉政建设情况，总结经验，及时发现和解决廉政建设方面的新情况和新问题。

七、实行党风廉政建设考核制度。党委负责组织对支部执行党风廉政建设责任制情况的考核工作。考核工作每年进行一次。考核工作要与支部年度考核结合进行。对考核中发现的问题，要及时研究解决。将党风廉政建设责任制的考核结果作为对干部的业绩评定、奖励惩处、选拔任用的重要依据。

八、党委（支部）委员个人执行党风廉政建设责任制情况，要列为专题民主生活会和述职报告的一项重要内容。

（审校：沈丹　王延杰　方锐）

党内监督制度

为了进一步加强党内监督,切实履行学校支部的监督职能,保持党的先进性,增强党委(党支部)的凝聚力和战斗力,根据《中国共产党党内监督条例》,结合学校的实际,特制定本制度。

一、党委(党支部)对党员特别是党员领导干部监督的主要内容

1.能否遵守党的章程和其他党内法规,维护党中央权威,贯彻执行党的路线、方针、政策,执行党中央、上级组织和本级组织的决议、决定及工作部署。

2.能否按时参加党支部的组织生活,履行党员义务,完成党组织分配的工作任务。

3.能否贯彻党的民主集中制,严格执行重大事项议事与决策规定,做到决策科学、民主。

4.能否坚持实事求是,认真调查研究,讲实话,办实事,求实效。

5.能否尽职尽责,努力工作,密切联系群众,全心全意为人民服务,实现、维护、发展人民群众的最根本利益,正确行使人民赋予的权力。

6.能否执行党和国家干部选拔任用的有关规定。

7.能否执行党风廉政建设责任制,做到廉洁自律,遵纪守法,严格按照制度办事,遵守职业道德和社会公德。

8.能否坚持原则,敢于同各种错误倾向和违纪违法行为作斗争。

二、党内监督的主要形式

1.党组织的监督,即党的上下级组织之间互相监督和党组织对党员的监督。

2.党员之间的互相监督,即党员之间、党员领导干部之间、党员与党员领导干部之间的监督。

3.纪律委员所实行的监督。

三、党组织实施监督的主要方法

1.定期检查党员参加党组织生活的情况,特别是党员领导干部是否参加

所在党支部的组织生活,是否如实汇报自己的思想、学习、工作、作风等情况,是否认真开展批评和自我批评。

2.督促定期开展好党员领导干部民主生活会。

3.学校党委(党支部)应及时了解和掌握学校党员以及领导干部的政治思想、履行职责、工作作风、道德品质和廉政建设情况,要将了解和掌握的情况如实向上级党组织反映,遇重大情况应及时报告。对于群众意见较大、有违纪苗头的党员干部,支部主要负责同志应会同其分管领导对其进行批评帮助,提出告诫。

4.做好群众来信来访工作,按照有关规定查处违法违纪案件。党委(党支部)接到对党员干部的检举和控告,有权进行初核,并报告上级纪检部门。按照党内有关规定,切实保障党员行使监督的民主权利,严肃处理阻碍党员正常行使监督权利和打击报复的行为。

四、监督保障

党委(党支部)应按照本制度规定切实履行监督职责,发挥监督作用。党员和党员领导干部应当正确履行职责,自觉接受监督。对违反本制度的,视情节追究责任,严肃处理。

(审校:沈丹 王延杰 方锐)

学校民主生活会制度

为使党内民主生活会制度化、规范化,依据《中国共产党章程》和《关于新形势下党内政治生活的若干准则》,根据学校党委、党支部的具体情况,特制定本制度。

一、民主生活会应遵循的原则:

(一)参加会议的人员要敞开思想,各抒己见,沟通思想;

(二)坚持实事求是,与人为善,真心诚意帮助同志的态度;

(三)正确运用批评与自我批评,开展积极的思想斗争;

(四)虚心接受他人意见,从而增强团结,改进工作。

二、民主生活会应紧密围绕议题,交流思想认识,总结经验教训。要本着

“团结——批评与自我批评——团结”的方针,充分发扬民主,开展积极的思想斗争,增强政治性和原则性,达到统一思想、增强团结、互相监督、改进工作、共同提高的目的。不能把民主生活会开成汇报工作或研究部署工作的会议。

三、召开时间:党内民主生活会一般每年召开一次,根据实际需要,也可随时召开,具体时间应根据实际工作情况确定。遇特殊情况需延期召开的,必须报告上级党组织同意。

四、民主生活会的内容:

(一)贯彻、执行党的路线、方针、政策和决议的情况;

(二)加强党委(党支部)自身建设,实行民主集中制的情况;

(三)艰苦奋斗,清正廉洁,遵纪守法的情况;

(四)坚持群众路线,改进工作作风,深入调查研究,密切联系群众的情况;

(五)上级指定的内容及其他重要问题。

五、每次民主生活会前要认真准备,与会人员要根据会议的主题,联系自身的思想、工作实际,认真做好发言准备。要通过各种渠道收集入党积极分子和群众对党员的意见,以便更好地总结经验,改进工作。因故不能参加民主生活会的人员要提前请假。

六、对于党员思想作风建设方面存在的问题,一般应在一个月内制定好整改措施,并明确具体人员负责落实,党组织书记应加强检查督促。

七、民主生活会后要及时向上级组织报送书面报告。

八、民主生活会的有关情况和整改措施,要通过适当方式,向党内外群众公开,取得群众的监督和帮助。

(审校:沈丹　王延杰　方锐)

学校党委理论学习中心组学习制度

为了进一步推进党委中心组学习制度化、规范化,推动理论武装工作深入开展,提高领导干部的理论水平和工作能力,加强领导班子思想政治建设,根据《中国共产党章程》和《中国共产党党委(党组)理论学习中心组学习规则》以及中央和市、区委有关文件精神，结合学校实际，特制定本制度。

一、党委理论学习中心组学习，是领导班子和领导干部在职理论学习的重要组织形式，是严肃党内政治生活、强化党性修养的重要内容，是加强领导班子思想政治建设的重要制度，是建设马克思主义执政党、提高党的执政能力和领导水平的重要途径。

二、党委对理论学习负主体责任和领导责任，要把理论学习中心组学习列入重要议事日程，纳入党建工作责任制，纳入意识形态工作责任制。

三、党委理论学习中心组学习以政治学习为根本，以深入学习中国特色社会主义理论体系为首要任务，以深入学习贯彻习近平新时代中国特色社会主义思想、习近平总书记系列重要讲话精神和党的二十大精神为重点，以掌握和运用马克思主义立场、观点、方法为目的，坚持围绕中心、服务大局，坚持知行合一、学以致用，坚持问题导向、注重实效，坚持依规管理、从严治学。

四、学习的组织与职责：

（一）理论学习中心组主要由党委领导班子成员组成，可以根据学习需要适当吸收有关人员参加。

（二）党委书记是中心组学习的第一责任人，党委书记不能参加学习时，由党委副书记代行职责；党委宣传委员是理论学习中心组学习的直接责任人，主要职责是配合党委书记做好学习的组织工作。

（三）党委成员要积极参加学习，自觉遵守理论学习中心组学习制度，按照学习安排或者受委派承担相应职责。

五、学习的主要内容：

（一）马克思列宁主义、毛泽东思想、邓小平理论、“三个代表”重要思想、科学发展观、习近平新时代中国特色社会主义思想、习近平总书记系列重要讲话精神和治国理政新理念新思想新战略以及党的二十大精神。

（二）党章、党规、党纪和党的基本知识。

（三）党的路线、方针、政策和决议。

（四）国家法律法规。

（五）社会主义核心价值观。

（六）党的历史、中国历史、世界历史和科学社会主义发展史。

（七）推进中国特色社会主义事业所需要的经济、政治、文化、社会、生态、

科技、军事、外交、民族、宗教等方面知识。

(八)党中央、市委、区委重要会议精神、文件、领导讲话。

(九)意识形态类重要会议、领导讲话精神。

(十)党中央和上级党组织要求学习的其他重要内容。

六、学习方式:

(一)集中学习。集中学习应当保证学习时间和质量,应坚持集中学习。集中学习可采取邀请专家学者授课、党委成员互学辅导、观看影像资料等多种形式进行。每次学习内容由党委研究确定,由党委书记对集中学习情况进行小结。

(二)个人自学。中心组成员应当根据形势任务的要求,结合工作需要和本人实际,明确学习重点,研读必要书目,下功夫刻苦学习;中心组成员要认真做好读书笔记,积极撰写心得体会。

(三)深入研讨。党委中心组应当将学习研讨作为学习的主要形式,把学习和研讨结合起来,深入开展学习讨论和互动交流,进一步深化学习效果。

(四)专题调研。中心组成员应当把理论学习与专题调研结合起来,深入基层扎实开展调查研究,做到学以致用,用以促学。

七、学习要求:

(一)坚持理论联系实际的原则。把理论学习与统一思想、驾驭全局、进行科学决策、改造主观世界紧密结合起来,解放思想,实事求是,与时俱进,不断提高理论素养和执政能力。

(二)严格学习纪律。理论学习中心组成员集中学习由个人亲自签到。因特殊情况不能参加的,需事先向党委主要负责人请假备案。

(三)开展调查研究,撰写理论文章。中心组成员每年开展有针对性的专题调研活动,完成学习体会、调研报告或理论文章1—2篇。

八、学习管理、考核与问责:

(一)党委理论学习中心组每年按照区委教育工委的统一部署,结合工作实际,制定年度学习计划。

(二)在干部述职述廉、述职评议、民主生活会中,中心组成员要汇报和检查自己的学习情况。将理论学习特别是运用理论解决实际问题的情况,作为干部考核的依据之一。

（三）党委将对中心组学习重视不够、开展不力的党组成员，按照有关规定进行问责。

（审校：沈丹　王延杰　方锐）

干部廉洁自律准则

中国共产党全体党员和各级党员领导干部必须坚定共产主义理想和中国特色社会主义信念，必须坚持全心全意为人民服务的根本宗旨，必须继承发扬党的优良传统和作风，必须自觉培养高尚道德情操，努力弘扬中华民族传统美德，廉洁自律，接受监督，永葆党的先进性和纯洁性。

党员廉洁自律规范

第一条　坚持公私分明，先公后私，克己奉公。

第二条　坚持崇廉拒腐，清白做人，干净做事。

第三条　坚持尚俭戒奢，艰苦朴素，勤俭节约。

第四条　坚持吃苦在前，享受在后，甘于奉献。

党员领导干部廉洁自律规范

第五条　廉洁从政，自觉保持人民公仆本色。

第六条　廉洁用权，自觉维护人民根本利益。

第七条　廉洁修身，自觉提升思想道德境界。

第八条　廉洁齐家，自觉带头树立良好家风。

（审校：沈丹　王延杰　方锐）

学校党委领导班子建设制度

一、选拔与任用制度

以习近平新时代中国特色社会主义思想和党的二十大精神为指导，认真贯彻落实《党政领导干部选拔任用工作条例》，坚持党管干部的原则，把正确用人导向作为对干部最大的激励，坚持德才兼备、以德为先原则；坚持公开、

公正、以事择人、人岗相适原则;坚持民主集中制等原则选拔任用学校干部,建设一支信念坚定、为民服务、勤政务实、主动担当、清正廉洁的高素质中层干部队伍,为学校高质量发展提供坚强的干部支撑。

二、培训与发展制度

1.培训计划:培训计划应根据班子成员的实际需求和学校的发展需求进行制定,确保培训的针对性和实效性。

2.培训内容:为提高领导班子的整体素质和管理能力,学校应定期组织专业培训和学习交流活动。培训内容可以包括管理知识、教育教学理论、领导力培养等方面。

3.培训方式:培训方式可以采用专家讲座、案例分析、团队建设等多种形式,以增强培训效果。

三、沟通与合作制度

1.沟通机制:领导班子成员应保持密切地沟通联系,及时分享信息和交流想法。可以定期召开班子会议,及时解决存在的问题和困难。

2.合作机制:班子成员间应建立相互信任和支持的关系,形成团队合作的良好氛围。通过合作推动学校的各项工作的顺利进行,实现学校的发展目标。

四、工作职责与分工制度

1.职责划分:领导班子成员按岗位责任要求,每月末对自己管辖的工作进行总结汇报,制定下月工作计划。

2.集体决策:对于学校的大事、难事、群众关心的热点事,要集体研究决定,按程序办理。

五、廉洁自律制度

1.廉洁要求:领导班子成员应依法办事,清正廉洁,以身作则,艰苦奋斗。同时,要自觉接受党和群众的批评和监督,做到自重、自省、自警、自励。

2.反腐倡廉:坚决反对任何以权谋私的不正之风,坚持和维护党的民主集中制,有民主作风和全局观念。

(审校:沈丹　王延杰　方锐)

学校党委谈心谈话制度

谈心谈话制度是发扬党内民主、增进党内团结、推动党的事业健康发展的有效途径，也是落实党要管党、全面从严治党要求的一项重要任务。谈心谈话可以加强党的自身建设，保持党的先进性纯洁性，同时也是基层党组织了解党员、关心党员、爱护党员、联系群众的重要手段。

一、范围和对象。党委、党支部必须开展谈心谈话活动，谈心谈话的对象主要包括党组织领导和班子成员之间、班子成员和党员之间、党员和党员之间，实现党内谈心谈话全覆盖。

二、原则和方式。谈心谈话应遵循以下原则：平等原则、诚恳原则、求实原则、党性原则、与人为善原则和时效性原则。同时，谈话内容应保密。在方式上，谈话通常以个别谈话为主，采用“一对一、面对面”的交流方式，但也可以根据需要，采取集体座谈等方式进行。

三、组织频次和形式。谈心谈话可以分为定期和经常性两种形式。定期谈心谈话一般结合年度组织生活会进行，每年至少开展一次。而经常性谈心谈话则根据需要灵活安排，可以在党员思想出现波动、犯错误或受处分、遇到困难或挫折、无故不参加组织生活等情况下进行。

四、有关要求：党支部书记要做到“四必谈”，即党员思想出现波动时必谈，党员犯错误或受处分时必谈，党员遇到困难或挫折时必谈，党员无故不参加组织生活时必谈。党员领导干部要带头和党员谈心谈话，主动接受党员、干部约谈。

同时，谈话后党支部和党员应针对问题列出清单并抓好整改。还应建立谈心谈话档案。

（审校：沈丹　王延杰　方锐）

学校党委党员管理制度

党员管理是加强党员队伍建设的重要内容，是加强党的先进性建设的基本途径之一，是实现党的政治路线的重要保证，也是基层党组织一项经常性

的重要工作。为加强党员管理,使党员能及时参加党的组织生活,发挥先锋模范作用,结合我校实际,制定本制度。

一、党籍关系

(一)党员因工作调动、学习及其他原因等离开学校,党委(党支部)和党员应严格按照党章规定及时办理转移组织关系的手续。

(二)党员一般应参加所在支部党的组织活动,外出学习或工作的,参加居住地党组织的组织生活。

(三)外出时间在6个月以上的党员,一般应转出正式组织关系;外出时间在2—6个月之间的党员,则出具党员证明信,或流动党员活动证。

二、自身建设

(一)党员每年至少1次要以口头或书面形式向支部或党小组汇报一次思想、工作情况,以便党组织对其进行考察和监督。

(二)党委(党支部)成员按分工,经过同党员交心谈心,了解党员的思想、学习和生活情况,了解他们对党组织和其他党员的意见、要求,做好深入细致的思想政治工作。

三、组织生活

(一)坚持"三会一课"制度。

(二)每名党员应主动参加组织生活,特别是党员领导干部要过好双重组织生活。不允许有任何不参加党的组织生活、不接受党内外群众监督的特殊党员。

(三)党员必须认真执行党的决议,尽心尽责完成党组织安排的各项任务。

(四)加强对预备党员的管理,由入党介绍人定期写考察纪实,并为他们提供锻炼的机会,预备期满,及时讨论转正问题,并按程序上报审批。

四、民主评议

(一)党委(党支部)每年一次对党员在思想、工作、学习、组织观念、党纪等方面进行全面评价和考核。

(二)严格依照党章规定的党员标准,结合党员本人的工作总结和检查目标责任制的执行情况进行考核。

（三）通过学习、教育、自评、互评、群众评、组织评等几个阶段，对党员作出客观公正的评议。

（四）根据评议结果，采取适当方式表彰优秀党员，妥善处理不合格党员，提高党员素质，增强学校党支部的凝聚力和战斗力。

五、违规责任

（一）对违纪党员，应本着惩前毖后、治病救人的方针，根据错误性质和情节轻重，进行批评教育直至按照有关规定给予纪律处分。

（二）党员如无正当理由，连续6个月不参加党的组织生活，或不缴纳党费，或不做党组织所分配的工作，就被认为是自行脱党。党委（党支部）可召开支部大会决定除名，并报上级党组织批准。

（三）对没有正当理由，6个月以内不转移组织关系，不去指定单位报到的党员，要给予严肃批评教育，并限期报到。经批评教育仍继续把组织关系介绍信留在自己手中、不交给转入单位的党组织，不参加党组织生活的党员，视情节轻重，给予党纪处分，或根据党章规定，按自行脱党处理。

（审校：沈丹　王延杰　方锐）

学校党员学习制度

为切实提高广大党员的思想理论素养，加强党员的政治学习意识，推进党员的思想作风建设，增强贯彻党的路线、方针、政策的自觉性，增强工作中的预见性和创新性，提高我校整体管理水平，充分发挥党员先锋模范作用，规范党员学习程序，提升学习质量，特制定党员学习制度。

一、指导思想

认真学习贯彻习近平新时代中国特色社会主义思想，全面贯彻党中央重要指示精神和工作部署，切实落实终身学习的理念，以提高广大党员干部无私奉献、开拓创新、树立党员形象的意识为重点，紧密结合工作实际，理论联系实际，组织好党员学习活动。

二、学习计划与时间、地点

由党委结合学期工作实际制定主题党日活动学习计划。

党员理论学习形成每月例会制度。学习时间原则上每月组织一次集中学习。如遇急需传达的中央、市和区委教育工委的重要会议精神,安排临时学习。

三、学习内容

以马克思列宁主义、毛泽东思想、邓小平理论、“三个代表”重要思想、科学发展观、习近平新时代中国特色社会主义思想和党的重大方针政策为主要学习内容,学习、传达党中央、市及区委教育工委的重要会议精神及方针、政策、文件,经济、政治、文化、法律、科技、管理、历史、军事等方面的知识以及与本职工作相关业务等知识,结合实际研究本单位近、中期重点工作。使学习人员提高法律法规和政策理论水平,了解和掌握国内发展大事及本单位发展思路、重点工作和具体工作方案与措施,增强党员的政治敏锐性和工作创新意识。在使党员掌握马克思主义的立场、观点、方法,提高运用理论指导工作实践和解决实际问题能力的同时,拓宽知识领域,提高工作技能。

四、参加范围

全体党员及入党积极分子。

五、学习形式

学习采取自学、集中学习、讨论相结合的方式。集中学习将分门类设专题,联系实际研讨,观看录像片等,并不定期邀请领导或专家作专题讲座。

集中学习研讨。每月集中学习,每人每年至少有一本学习笔记或一篇学习心得。

分散学习。结合工作实际,有针对性地组织党支部学习。

自学。每月每位党员自学时间不少于 2 小时。

每学年针对思想、组织和行政上的重要任务和重点工作,由党委邀请有关领导、专家,进行专题讲座或由支部组织委员组织党员收看党建专题讲座录像。

每月由党支部书记或宣传委员推荐理论性强、内容丰富、信息含量大，有指导意义的文章（文件），帮助大家深入认识理解党中央、市委、区委教育工委的各项方针政策。

六、学习要求

党支部在学校党委的统一安排部署下负责各阶段学习内容的组织、安排，力求做到计划周密、精心组织、健全制度、提高质量、务求实效，为圆满完成本单位各项工作任务奠定坚实的思想、理论基础。

发扬理论联系实际的学风。坚持“以学铸魂、以学增智、以学正风、以学促干”，在求深、求实、求新上下功夫，形成良好的学习氛围。学习成员要处理好学习与工作的关系，深入调研，勤于思考，切实做到学习时间人员到位，思想到位。结合本职工作实际，认真学习好各项学习内容，有意识地、自觉地指导工作实践。

学习成员要做到“三个有”，即有专用笔记、有学习体会文章、有个人学习小结，年度交党委办公室备查。

建立健全党员学习考勤制度。参加学习的成员要实行签到制度，一般情况不得请假。每次会议后统计出勤情况，并向有关人员定期予以通报。

建立年终述学机制。党员在年末总结工作时，要汇报一年来学习的收获和体会，自觉接受党组织和广大群众的监督。从而推动学校发展稳定工作深入进行。学习的情况将作为年度考核的一项重要内容。

学习结果通报机制。支部将不定期对每个党员的学习情况进行检查指导并对每次学习情况进行认真总结，并及时撰写“会议纪要”，在党员大会上通报学习情况，加强学习成果的交流与辐射。

通过学习要进一步坚定政治信念，增强党性修养，提高理论水平和分析、解决实际问题的能力，密切联系群众，切实转变工作作风和思想作风，全心全意为人民服务。

在认真总结经验的基础上，不断改进党员学习的组织、形式和服务。在全校党员中形成学习的自觉性和紧迫性，增强对学习型党员、学习型组织理论理解的正确性，夯实自觉学习、终身学习的思想基础，做到学习工作化，工作学习化,努力学习,做学习型党员,保证不断向上的活力。最终全面开展好争创“终身学习、全员学习”型支部的活动。

(审校:沈丹　陈星舟　方锐)

学校党员学习考勤制度

为进一步加强创建学习型党组织活动成果,使党员干部学习逐步制度化、规范化,更好地激发党员干部的学习积极性,在全校党员干部中营造良好的学习氛围,形成人人学习、时时学习、处处学习的学习氛围,提高党员干部学习的实际效果。经党委会议研究决定,制定我校党员干部学习考勤制度。

一、按照创建学习型党组织统一要求,建立考勤制度,并根据活动开展情况,对全体党员干部进行考勤登记。

二、学校党委要严格落实考勤制度,每次学习活动前,由党委指定专人对党员出勤情况按“参加、未参加、请假”分类进行统计,并说明缺勤原因。

三、学习活动期间,一律不安排休假。凡因公因私请假,须经党支部书记批准。因病请假的需提供医院病历。

四、学校党委将定期对考勤情况进行通报。对无特殊理由出现的旷学情况,由党支部书记找当事人谈话。

五、对特殊情况需请假并缺课的党员,党委指定专人根据缺课内容,安排适当时间进行补课。缺课党员要自觉主动地报告缺课的时间和内容,接受补课。学校党委办公室要对落实补课制度的情况进行监督,防止走过场。

(审校:沈丹　陈星舟　方锐)

第五板块

教育教学常规

学校升降国旗制度

中学升降国旗制度是学校日常管理中非常重要的一部分,旨在培养学生的爱国情感和仪式感。

一、时间与场合

按照学校集体朝会主题教育活动要求,全体师生在操场举行升旗仪式。

重大节日或纪念日也需举行升旗仪式。

由旗手和护旗手按《中华人民共和国国旗法》规定降旗。

二、仪式流程

全体师生准时集合,队列整齐,面向国旗肃立致敬。

升旗(奏国歌,全体师生行注目礼)。

唱国歌(要求歌声洪亮有力,整齐准确)。

国旗下讲话(由校长、教师代表、学生代表等作简短而有意义的讲话)。

三、升降国旗人员

旗手、护旗手由各年级推选优秀代表轮流担任,并经过严格训练后,方可执行升降旗任务。

挑选优秀学生会干部担任升旗手。

四、注意事项

升降国旗时,凡经过现场的师生员工都应面向国旗,自觉肃立,待国旗升降完毕,方可自由行动。

不得升挂破损、污损、褪色等不合规定的国旗。

降旗时国旗不得落地。

服装与仪态:全体师生参加升旗仪式时应统一穿着校服,仪表端庄。

升旗时应整齐列队,面向国旗,脱帽行注目礼,保持规范的立正姿势。

五、演讲与讲话

国旗下演讲应结合时势,围绕当月德育活动主题,进行爱国主义、集体主义、科技国防、环境保护、安全卫生等方面的教育。演讲内容应目的明确,内容充实,选材新颖,语言生动,形式活泼,并留有文字记录、存档。

(审校:王颖　王延杰)

班主任工作常规要求

一、调查研究学生情况,了解学生的家庭情况,思想品德情况,学习情况,身体情况,以及个性心理特点,兴趣特长,做好家访工作。了解班级团队组织,骨干队伍的组织和思想状况,并经常掌握发展动态。

二、组织管理班级集体。班主任要依据教育方针、教育任务和学生实际情况制定本班集体建设的目标,建立班级常规,培养良好的班风,搞好如下的日常组织管理工作:

(一)组织开展每周一次的班会课。

(二)组织学生参加全校、年级的各类活动。

(三)督促学生遵守《中学生守则》《中学生日常行为规范》和学校的规章制度。

(四)督促学生上好每堂课,了解学生的学习情况和存在的问题。

(五)了解学生的思想动态和心理特点、兴趣特长。

(六)与班委会、团、队干部讨论班级情况、问题和解决办法、措施。

(七)处理班内突发事件。

(八)阅看班级日志和学生家校联系手册。

三、教育指导学生全面发展,为提高学生的思想道德素质、科学文化素质、身体心理素质打下良好的基础。

(一)教育学生热爱祖国,逐步树立为人民服务的思想和为社会主义建设而奋斗的志向。

(二)帮助学生明确学习目的、端正学习态度、努力完成学习任务、掌握科学的学习方法,提高学习成绩。

(三)组织、指导学生参加学校规定的各种劳动和军训及社会实践活动。教育学生坚持体育锻炼,养成良好的劳动习惯、卫生习惯和生活习惯,保持身体和心理健康。

(四)关心学生课外生活,指导学生参加有益身心健康的科技、文娱、社会活动。

(五)鼓励学生发展正当的兴趣爱好和特长,开展心理健康教育,促进学生个性的健康发展。

(六)进行生活、安全和生涯规划指导。

(七)做好本班学生思想品德评定和有关奖惩的工作。

(八)加强学生法治教育,增强学生法治观念。

四、协调教育力量,沟通各种渠道。班主任要负责联系和组织科任教师商讨本班的教育工作,协调各种活动和课业负担。联系本班家长和社会有关方面的支持、配合,共同做好学生的教育工作。

五、严格按学校规定的收费项目和标准收取费用,并按时足额上缴,严禁私自乱收费。

六、制订好班主任计划,检查计划执行情况,做好总结工作。

(一)班主任计划要以教育方针为指导,贯彻学校教育工作的计划和要求,要符合本班的实际情况和特点,要全面、具体、突出重点。

(二)班主任要定期检查班主任工作计划的实施情况及其他教育力量执行计划情况,通过检查发现问题,及时加以调控。

(三)搞好学期、学年总结,通过总结得出经验、找出规律,不断提高工作水平。

(审校:程明　王延杰)

德育专干岗位职责

一、负责检查和登记班主任及年级组长坐班情况。

二、负责年级组长、班主任例会的考勤。

三、班主任、年级组长例会会务准备,并做会议记录。

四、负责每月的德育常规检查工作。

五、负责各种检查、获奖、评选结果的公示和通报。

六、负责年级组长、班主任工作资料的发放、收集、统计。

七、负责年级组长、班主任常规考核考评、学期考评的资料准备工作。

八、负责贫困学生资助管理工作。

九、负责对接区关工委的相关学生征文、演讲、朗诵工作。

十、协助完成校级大型主题教育活动。

十一、参与校园文化活动的组织、协调、管理。

十二、完成学校和学生处临时性工作和其他常规德育工作。

（审校:陈磊　王延杰）

班主任工作例会制度

班主任工作例会是落实学校德育工作内容,加强班级管理的有效措施之一;也是班主任学习、提高业务能力的重要途径;更是学校加强班主任工作管理的有效方式之一。为了进一步加强我校班主任工作,特制定班主任工作例会制度。

一、例会安排

1.会议时间:每周召开一次,必要时得召开临时会议,于周五下午召开。

2.会议主持:德育工作主管领导。

3.参加对象:各班班主任和年级组长,到会人员认真做好会议记录。如重要会议可邀请书记、校长、副校长、教导主任、学生代表、家长代表、团支部书记等共同参加。

二、会议主要任务

提高班主任队伍的整体素质。学习市、区有关文件的精神和相关的教育理论。研讨交流学生思想教育中共同关注的问题,提升班主任德育工作水平。

三、会议主要内容

1.对学校近阶段的工作(班主任工作)进行回顾、小结,肯定成绩,查找问题。

2.布置学校在不同阶段的班主任工作任务。

3.交流各班在养成教育、班级管理、少先队活动等各方面的情况。

4. 分析、了解学生思想状况,研究解决学生在养成教育与纪律管理方面的问题,提出建议,形成措施。

5. 学习班主任工作的理论,努力探索提高班主任工作能力和效率的方法。

6. 学习市、区下发的有关文件精神;学习其他学校、地区的老师在班主任工作方面的先进经验和做法。

7. 听取班主任对学校工作的建议和意见。

8. 对育人、管理有方的班主任予以表彰。

四、例会要求

1. 全体班主任必须准时参加,有事须提前请假,事后补课。

2. 班主任要认真做好会议记录,及时领会会议的精神,具体落实会议要求。

(审校:程明　王延杰)

班会课制度

班会课是班主任按《中学德育大纲》和学校道德教育要求,对全体学生进行整体教育的重要课程,在对学生的教育和管理工作中占有十分重要的地位,在指导学生身心健康发展方面,在树立乐观向上、积极进取、和谐创新的良好学风、班风、校风上都有着至关重要的作用。为加强班会课管理,让《中学生守则》《中学生日常行为规范》等得以全面落实,让班会课真正成为班主任对学生进行有效的思想教育、道德教育、行为习惯养成教育的主要阵地,真正提高班级的凝聚力,特制定如下制度。

一、班会课是班主任工作的组成部分,也是班主任的重要职责,班主任必须努力学习,刻苦钻研,认真备好、上好每一节班会课,切实提高自己的班级管理水平。

二、学校安排每周星期一上午第一节为班会课(学校另有安排的除外),班主任必须按照课表,认真上好上足一节课。不得利用班会时间上其他课或自习、考试,如班会课被临时紧急任务冲击,必须及时补上。

三、班会活动分为普通班会和主题班会,班主任应根据学校安排,结合班级实际情况，选定班会形式，精心备课，写好详细教案，教室黑板上要有主题和内容提纲。班会课活动可以根据不同情况采用不同形式，包括教师讲授、讨论、辩论、表演、答辩等形式，活动形式的选择要倾听学生的意见和建议，在实践中创新。活动过程要调动学生积极参与，踊跃发言，让学生成为班会活动的主角。班会课的内容应紧扣社会发展和中学生身心发展规律，提醒学生用《中学生守则》《中学生日常行为规范》等制度严格要求自己。必要时可整合科任教师、家长、社会等教育力量为班会助力。

四、根据学生处确定的教育主题，各班每月必须上两次主题班会课，班主任应当在主题班会活动中总结指导性发言，充分肯定正确的思想，纠正错误的认识，为学生指明正确的方向，使主题班会活动的教育目的最终落到实处，并以班级为单位上交详细的主题班会课教案及学生心得体会。

五、班会课上，各班需安排一名学生做好班会课内容记录，课后以班级为单位在班主任处存档。年级组长每周对班会课进行不定时检查，对效果特别差的班级将责令班主任重上班会课。学生处定期组织班会课的听课评比活动，每学期组织一次大型的主题班会观摩活动，以达到相互交流和促进的目的。

六、班主任无故不上班会课的，经学校检查发现后按旷工、旷课处理。

（审校：程明　王延杰）

年级组管理制度及考核办法

为推动学校教育教学管理改革，进一步加强年级组管理工作，充分发挥年级组在教学、管理、育人方面的作用，更好地调动全体教师参与工作的积极性和主动性，认真做好各年级组教育教学、学生思想政治、财产管理和爱护、费用的按时足额缴纳、学校活动的整体参与等各项工作，并确保各项工作有序开展，使学校管理工作重心下沉，推进年级组负责制的开展和实施，现结合我校实际，制定学校年级组管理制度及考核办法。

一、指导思想及目标

以习近平新时代中国特色社会主义思想为指导，认真贯彻党的教育方

针。一切以学生的发展为本,切实关爱每一个学生;一切以学生的健康成长为目标,以班级工作为基础,班主任及科任教师要引导学生养成良好的学习习惯,培养他们的日常行为规范;从细处着手,分层面地对学生进行理想前途教育、行为规范教育,创造良好的班风、学风,建设积极、健康、向上的校园文化;各班都要争创行为规范示范班;年级常规管理工作到位,要争创示范年级。

二、管理方式及目的

以年级组为单位,实行年级组负责制。旨在通过管理制度,充分发挥年级组的智慧和核心作用,进一步创新管理模式,提高管理水平,进而提高教育教学质量,促进学校各项工作的全面进步。

三、机构设置及人员组成

设年级主任一名,年级组长一名,年级领导小组成员若干。

年级组设置年级领导小组,在校长会的领导下开展工作,由分管校级干部任组长。年级主任经党委会和校长会讨论后按照相关程序任命,享受学校中层干部领导待遇。年级组长人选由年级组教师推荐或校长等领导提名,经校党委会讨论后任命。

四、年级主任具备的条件及岗位职责

1.作风正派,思想健康,服从学校工作安排,顾全大局。

2.遵纪守法,有强烈的事业心和奉献精神,具备协调、组织能力,对学生有爱心。

3.积极配合各处室工作,关心教师生活,能同全体教师和谐共处,及时解决教师在工作和生活中存在的困难和问题。

4.专业知识过硬,教学能力较强,积极组织教师开展听课、评课任务,能把握和分析教学规律,为教学质量的提高献计献策。

5.全面负责本年级的教育教学活动,促进学生德智体全面发展。

6.制订年级组工作计划,并采取有效措施加以落实,做好工作总结。

7.抓好本年级学生的德育工作,协助学校落实管理工作。

8.做好本年级的教学常规工作,及时掌握教师教学进度,反馈教学效果。

9.负责协调本年级教师的政治理论和业务学习,督促本年级教师遵守学校工作、学习、生活纪律。协助学生处和教务处、党政办公室等部门做好班主任和教师的考核评估。

10.制定本年级考试备考方案,完成学校下达的考试任务。

11.协助总务处使用、管理好本年级的各种校产,催缴学生费用。

12.整理、保管好本年级的各种资料,并移交办公室。

13.协调好校内各部门关系,主动争取相关部门的支持和配合。协调完成学校各处室交办的各项任务。

14.年级主任要贯彻、落实学校领导和各部门带有全局性的决定、指示、要求和安排。年级主任在作出有关处理和决定之前,必须与学校有关部门协商,并征得学校领导同意。学校领导以学校整体利益为重有权撤销年级主任作出的处理意见或决定。

15.年级和各部门的关系是既分工又协作。凡是学校全局性的工作以各部门为主,凡是年级内的事务以年级为主。

16.年级主任不能履行岗位职责或者不能胜任工作,经校党委会讨论后,予以更换。

五、年级组的权限

(一)人事方面的权利

1.年级主任在与学生处、教务处和学校领导协商后可以确定本年级班主任、科任教师人选。

2.年级主任参与学校人事考核领导小组,对教师职称晋级、年终评优具有建议权和发言权。

3.年级主任可在校长会扩大会上及时上报所征求到的教师意见和建议,并提出解决问题的办法和建议。

(二)事务方面的权利

年级主任在与教务处、教科室、学生处和学校领导协商后可以就本年级的教育、教学、教研等情况作出处理和决定。具体是:

1.决定本年级学生的调整、处罚、奖励、教育事宜。

2.决定本年级的教学安排、教学调整、考试安排等事宜。

3.决定本年级的教研活动、教学调研、听课评课等教研事宜。

(三)财务方面的权利

年级组在学校经费管理制度下安排延时服务、课管、晚自习、假期集训等教育教学活动的经费使用。

六、年级组的管理考核

(一)考核标准

根据年级组的工作性质,每月末由办公室、学生处、教务处、总务处分别按相应比例,结合平时检查情况从以下六个方面对年级组当月工作按百分制进行考核,同时也作为年级组活动经费发放标准的依据。

1.教学工作(45%)

2.德育工作(25%)

3.总务工作(15%)

4.学生评价(5%)

5.出勤及请假(5%)

6.参加政治学习情况(5%)

(二)考核内容及赋分

1.教学工作(45分)。教务处负责。主要包括:

(1)教学管理工作计划;

(2)教学质量(结合教务处考试质量分析赋分);

(3)检测与考试;

(4)科研与教改;

(5)培优转差;

(6)资料管理。

2.德育工作(25分)。德育处负责。包括:

(1)班主任聘任及管理;

(2)大型活动的组织完成情况;

(3)年级常规管理工作;

(4)差生转化工作;

(5)学生安全工作;

(6)学生宿舍管理;

(7)教学楼、卫生区及宿舍环境卫生;

(8)学生尊师守纪、团结同学,无抽烟、打架、使用手机及早恋现象。

3.总务工作(15分)。总务处负责。包括:

(1)缴纳费用情况;

(2)教室财产爱护和损坏情况;

(3)对校园公共财物的爱护和破坏情况。

4.学生评价(5分)。学生处、教务处负责。包括:

(1)学生对教师教学态度和教学方法的评价;

(2)学生对教师爱护、关心、教育学生以及教师为人师表方面的评价。

5.出勤及请假(5分)。办公室负责。包括:

(1)升旗、行政会和职工大会出勤情况;

(2)病假、事假情况;

6.参加政治学习情况(5分)。办公室负责。包括:政治理论学习和理论知识考试情况。

七、考核结果

1.各处室根据各自考核范围的分值比例,对各年级组按照统一标准对所包括内容制定详细考核细则并进行分值确定,保证考核结果的的客观、公正,准确、透明。

2.考核结果按照得分情况分为三个等次:A级、B级、C级。

3.考核结果与年级组活动津贴奖励挂钩,具体由校长会根据学校具体情况而定。

4.对年级组的考核结果也作为对年级负责人考核的重要参考。

(审校:程明　王延杰)

先进班级评选制度

为了进一步落实《中学生守则》和《中学生日常行为规范》,树立良好的校风、班风、教风、学风,营造和谐浓厚的学习氛围,促进我校班级管理水平提高。特制定本校“先进班级”评选制度。

一、升旗、课间操

1.升旗仪式(10分)

主要检查人数、校服的穿着、校卡的佩戴。

(缺一人扣0.5分;不穿校服或不戴校卡一人各扣0.2分;每请假1人扣0.3分)。

2.课间操(10分)

主要检查人数、校服的穿着、校卡的佩戴等。

(缺一人扣0.5分;不穿校服或不戴校卡一人各扣0.2分;每请假1人扣0.3分)

二、早读(10分)

优(10分):有人带读或齐读,自读时无人喧哗讲话,纪律很好。

良(8分):无人带读或无人齐读,但无人喧哗讲话,纪律良好。

差(6分):无人带读或无人齐读,而且有人喧哗、吵闹、扰乱秩序。

(缺一人扣0.5分;迟到一人扣0.2分;每请假1人扣0.3分)

三、天天卫生区、劳技课(各5分)

四、教室卫生(5分)

1.教室内外地板卫生;

2.黑板是否清洁;

3.门窗是否清洁;

4.课桌摆放是否整齐;

5.扫具摆放是否整齐。

每一项占1分,如一项未完成好扣1分;如不打扫扣5分,则该部分为0分。

五、班容班貌(5分)

1.教室布置,墙壁是否被乱涂乱画,学习园地(黑板报)、团支部机构、班委机构、课程表、辅导课程表、时间表、座位表是否齐全,张贴整齐。

2.教室卫生,门窗、地板走廊、天花板、课桌摆放、扫具摆放。

如缺一项则每项每次扣0.5分。(该部分为不定时检查项目)

六、正课(含辅导课)出勤率(15分)

每缺一个百分点扣除0.3分,直到扣完本项得分为止。(如该月出勤率不达到要求,则不能参加该月先进班级评比。)

七、教师对课堂(含辅导课)评价(10分)

主要检查学生上课情况:如迟到、旷课、请假、出入教室不报告、扰乱课堂纪律、未带课本、上课睡觉等。并给予适当的评价:好、一般、差。如评为好,每节10分;评为一般,每节8分;评为差,每节6分。(旷课一人扣0.5分;迟到一人扣0.2分;每请假1人扣0.3分。出入教室不报告每一人扣0.2分;扰乱课堂纪律、未带课本或上课睡觉每一人扣0.5分)。

八、学生违纪(10分)

主要检查学生遵守《中学生守则》《中学生日常行为规范》及在校内外违纪情况:如在校内外故意破坏或盗窃班级和学校的公共财物产物,爬越围墙等每人每次扣2分;抽烟,教室里打牌,在课堂上玩手机或上课时间在校外玩耍、在宿舍逗留等其他违纪行为每人每次扣1分;在上课时间在小卖部、食堂逗留、买东西,每人每次扣0.5分。如发生学生校内外聚众闹事、打架斗殴,则该班取消参加该月先进班级评比资格。

九、学生仪表(10分)

主要检查学生在校遵守学校的规章制度的情况:不穿校服,不戴校卡,穿拖鞋,留长头发(男同学),怪发,染发,戴耳环(男女同学),涂口红、染指甲(女同学)等不良仪表每人每次扣0.2分。

十、班主任出勤(10分)

班主任必须带班参加周一升旗和每天的课间操,并上好每周一上午第一节班会课。组织本班同学参加各项有益活动或劳技课。(每缺一次扣1分;事假、病假、迟到、早退每次扣0.5分)

十一、班主任家访:班主任每进行家访一次加0.5分,以家访表(有家长签名)为加分依据。

(审校:程明　王延杰)

班主任绩效工资考核及执行办法

根据《××市人民政府办公厅关于转发××市义务教育学校绩效工资实施意见通知》(×办发〔2009〕114号)、《××市教育委员会关于印发××市义务教育学校及教职工绩效考核办法(试行)的通知》(×教人〔2009〕38号)、《××市××区义务教育学校及教职工绩效考核办法(试行)》(××教〔2009〕94号)和《××市××区义务教育学校班主任津贴标准及执行办法(试行)的通知》(××教〔2009〕95号)等文件精神,并结合我校实际,制定本办法。

一、班主任津贴发放对象

按照《××市××区义务教育学校班主任津贴标准及执行办法(试行)的通知》(××教〔2009〕95号)的规定,班主任津贴发放对象:我校按照国家规定执行事业单位岗位绩效工资制度,2009年1月1日及以后在我校班主任工作岗位上的教师。每个班级只设一名享受班主任津贴的班主任。

年级组长参照班主任津贴标准发放。

二、班主任津贴的发放标准和工作量标准

班主任津贴一年按10个月计发。

班主任津贴构成:奖励性绩效(30%部分)(400元/月)+奖励性绩效(×部分)(300元/月)+超课时津贴

班主任津贴分为基本津贴和考核津贴,标准:基本津贴=(400元/月+300元/月)×70%=490元/月;考核津贴=(400元/月+300元/月)×30%=210元/月。班主任同时计算工作量:计8节课时/周。班主任超课时,按照超课时标准计算,计算方式为:(实际学科课时+班主任认定课时-基本工作量)×12元。

三、班主任津贴的发放时间

班主任津贴分为基本津贴和考核津贴,基本津贴主要班主任考核的到岗到位情况,基本津贴按月发放。考核津贴主要考核班主任工作绩效,其中人均150元/月按等级(一等180元,二等150元,三等120元)分月发放,考核津贴中剩余的人均60元/月,共计300元/学期在每学期期末学期考核后一次发放。

四、班主任考核津贴的发放办法

考核津贴是在对班主任考核的基础上进行发放的。班主任考核工作由学校组织实施,每月进行一次月评,主要考核其对学生的教育引导、班级管理、组织班级活动、关注每个学生发展的情况等,共分一等、二等、三等三个等次。

各等级的考核津贴标准由我校自行确定,在考核津贴总量内发放。考核分配比例:一等20%;二等60%;三等20%。

五、设立班主任绩效考核工作小组

组长:党委书记、校长。

副组长:党委副书记。

组员:学生处主任、学生处副主任、初一至高三各年级组长。

六、考评原则

1.坚持“公平、公正、公开”的原则。

2.坚持“多劳多得、优质优酬”的原则。

3.坚持“尊重规律、以人为本”的原则。

4.坚持“以德为先、注重实绩”的原则。

5.坚持“激励先进、促进发展”的原则。

6.高三参照执行。

七、年级组长、班主任工作职责

1.年级组长职责

(1)负责全年级班主任工作的管理、协调及情况反馈。

(2)负责全年级科任教师的教育教学管理、协调及情况反馈,配合学校解决具体问题。

(3)负责全年级学生的教育、学习工作。

(4)负责及时处理年级发生的突发事件。

(5)负责本年级住校生的管理。

(6)完成学校布置的临时性工作。

2.班主任职责

(1)班主任应保质、保量完成学校及年级布置的工作任务。

(2)班主任全面负责班级学生的教育管理。

(3)了解并协调、反馈班级科任教师的教育教学情况。

(4)班主任应上好德育课和班会课,要认真备课,有教案、有测评。

(5)班主任要负责升旗仪式、课间操、午间管理、各种集会、家长会、家访、学校社会公益活动、社会实践活动工作的开展。

(6)班主任要按时完成工作计划、总结和每学期学生操行评定及评语工作等。

(7)班主任负责及时处理班级发生的突发事件。

(8)班主任要负责本班住校生的管理。

(9)班主任有义务完成学校布置的各种临时性工作。

八、班主任考评的具体办法

(一)考评时间

1. 基本绩效考评:主要考评班主任到岗到位情况。

2. 奖励绩效考评:每学月进行一次班主任工作常规考核,第二月中旬发放。

(二)考评内容及操作方法

1. 班主任考核内容及操作方法

类别	项目	评价内容	评价细则(C级指标)	评分内容	操作办法	得分
学月常规考评指标(60分)	A1 班级管理(35分)	B1班级常规管理(20分)	C1 干部职能(3分)	学生干部发挥职能好,德育日志填写质量好,例会、临时性会议准时参加。 1. 德育日志准时取、交,书写质量(班长)。 2. 教学日志准时取、交,书写质量(学习委员)。 3. 班干部培养、班干部开会、完成学校任务情况。	实际评定按1—3等级评分,级差为0.5分,依次扣分。	

续表

类别	项目	评价内容	评价细则（C级指标）	评分内容	操作办法	得分
学月常规考评指标（60分）	A1 班级管理（35分）	B1班级常规管理（20分）	C2活动参与及完成任务（3分）	班级完成学校布置的任务好，工作落实。 1.班级完成学校布置的任务好，工作落实。 2.常规任务和迎检等突击任务完成情况（如清洁卫生、桌椅整齐程度、班级文明礼仪程度）。 3.组织班级活动次数及效果。 4.积极支持并组织学生参加学校或上级组织的各项活动。	按1—3等级评分，级差为0.5分，依次扣分。	
			C3遵守纪律（3分）	学生遵守纪律好，无违纪违规行为。	1.学生违纪处理情况，全校通报-0.5分/2人次，警告-0.5分/人次，记过-1分/人次，留察-1.5分/人次，开除-2分/人次。 2.一个阶段强调的纪律要求，如禁入网吧、严禁吸烟、打架斗殴等违纪人数。 按1—3等级评分，级差为0.5分，依次扣分。	
			C4行为规范（3分）	学生行为规范好。 1.迟到，早退、旷课人数； 2.上课违纪人数； 3.课间休息违纪人数；	按1—3等级评分，级差为0.5分，依次扣分。	

续表

类别	项目	评价内容	评价细则(C级指标)	评分内容	操作办法	得分
学月常规考评指标(60分)	A1班级管理(35分)	B1班级常规管理(20分)	C5仪容仪表(3分)	学生仪容仪表、校服、个人着装、个人卫生规范。 1.学生头发、服饰、指甲等规范; 2.学生未穿校服人数;	学生处、年级组检查,按1—3等级评分,级差为0.5分,依次扣分。	
			C6清洁卫生(3分)	班级教室大扫除、小扫除完成质量高,保洁好,环境清洁卫生好。 1.每天清洁小扫除检查评分; 2.每天保洁检查评分; 3.每周大扫除检查评分。	学生处、年级组检查,每天累计为周,每周累计为月,按1—3等级评分,级差为0.5分,依次扣分。	
			C7班级文化(2分)	班级文化氛围好,教室布置好,黑板报定期更换内容。 1.教室环境布置。 2.教室黑板报布置情况。 3.教室布置及黑板报保持及更换情况。	学生处、年级组检查,按1—3等级评分,级差为0.5分,依次扣分。	
		B2两操管理(5分)	C8两操管理(5分)	广播操出场、站队、退场有序,纪律好;出勤好,做操质量高。 1.每次广播操入场、集合、站队、退场完成好。 2.纪律好、做操质量高由体育老师评分。	分值:广播操3.5分;眼保健操1.5分。 广播操: 1.每天评分累计为周,每周累计为月,以月排总名次,按1—3等级评分,级差为0.5分,依次扣分。 2.凡是被全校点名批评-0.1分/次。 眼保健操:抽查,累积未做次数,按1/3等级评分,级差为0.5分,依次扣分。	

续表

类别	项目	评价内容	评价细则(C级指标)	评分内容	操作办法	得分
学月常规考评指标(60分)	A1 班级管理(35分)	B3住校生管理(4分)	C9住校生的常规管理(4分)	1.无违纪违规,清洁内务好。 2.班主任对住读生的管理: (1)按要求到寝室次数; (2)住读学生违纪; (3)所在班级寝室表现; (4)每周按住读部要求,交留校学生名单。	(1)按要求到寝室次数(1次/周),多一次+0.1分/次,最多+0.3分/月; (2)住读学生违纪-0.2分/人次,最多-0.6分/月; (3)根据所在班级寝室表现,按住读部管理情况等级加分,优+0.3分,良+0.2分,及格+0.1分。 (4)每周按住读部要求,交留校学生名单,缺1次,班主任住读专项津贴-5元,扣完为止。	
		B4安全教育(3分)	C10安全教育及突发事件处置(3分)	1.班级无安全责任事故; 2.班级突发事件发生,班主任及时、当场、妥善处理; 3.节假日放假安全教育、清洁卫生完成好。	凡是出现较为严重安全责任事故,一票否决,该月班主任绩效排名最后。	
		B5集会管理(3分)	C11集会管理(3分)	集合集会班级纪律好、秩序良好。	1.集会纪律不好,受到学校点名批评者-1分/次; 2.没按要求做到集合快、静、齐,-0.5分/次。 3.会中安静、热烈、适时适度鼓掌致谢; 4.会后有序退场者,-0.5分/次。累计记分。	

续表

类别	项目	评价内容	评价细则(C级指标)	评分内容	操作办法	得分
学月常规考评指标(60分)	A2班主任个人因素(15分)	B6职业道德(2分)	C12体罚停课(1分)	无体罚、变相体罚学生和随意对学生停课事件。	每天抽查和巡查。 1.对学生体罚或变相体罚、任意停课,无正当理由,-0.5分/人次。 2.造成不良影响,引起家长投诉,-1分/人次。累计扣分。	
			C13擅自收费(1分)	无擅自在班级设立收费项目。	抽查方式,累计扣分,扣完为止。 1.在学生中不公示班费开支情况或不向班委会通报每笔班费的开支,收费不向学生说明理由,-1分/次。 2.班主任不按合法程序收费,-1.5分/次。 3.班主任个人收费行为,造成影响,引起家长投诉,-2分/次,班主任考评排名最后。	
		B7班风学风建设(2分)	C14班风好(1分)	班风好,各种活动、课余时间安排中规中矩,学生表现良好。	年级组长评分,按1—3等级评分,级差为0.25分,依次扣分。	
			C15学风好(1分)	思想教育深入,学生个别谈话多,学法指导强。	年级组长评分,按1—3等级评分,级差为0.25分,依次扣分。	

续表

类别	项目	评价内容	评价细则（C级指标）	评分内容	操作办法	得分
学月常规考评指标（60分）	A2班主任个人因素（15分）	B8出勤情况（6分）	C16班主任履职（3分）	班主任值班、坐班履行职能好。	学校、年级抽查。 1.没向年级组长请假，不在岗又不能说明理由者-0.5分/人次；并扣班主任绩效基础津贴20元/次。 2.向年级组长请假，但无正当理由，-0.25分/人次； 3.公假不扣分。 累计扣分，扣完为止。	
			（8）C17班主任考勤（3分）	1.班主任每天劳动纪律的考勤。 2.德育课、班会、晨会、例会、集会、两操、午间管理等七到位情况。 德育课、自习课教育管理到位。 班会课组织管理到位。 两操监督督促到位。 集会组织管理到位。 班主任例会和临时会议准时到位。 值周班劳动组织、指挥、监督、管理到位。 午间管理到位。	未到位-0.25分/每次，累计扣分，扣完为止。 班会课未到-20元/次。 两操未到-10元/次。 集会未到-20元/次。 班主任例会未到-20元/次。 午间管理未到-10元/次。	

续表

<table>
<tr><th>类别</th><th>项目</th><th>评价内容</th><th>评价细则(C级指标)</th><th>评分内容</th><th>操作办法</th><th>得分</th></tr>
<tr><td rowspan="4">学月常规考评指标(60分)</td><td rowspan="3">A2 班主任个人因素(15分)</td><td rowspan="3">B9工作实绩(5分)</td><td>C18 完成任务(2分)</td><td>按时高质量完成常规任务和临时性任务:
1.每月班主任应交资料。
2.班主任应按学校要求的常规以外的突击性、专项工作。
3.班主任常规任务。</td><td>缺资料-0.25分/项,工作没按质量完成-0.5分/项。累计扣分,扣完为止。</td><td></td></tr>
<tr><td>C19 两课情况(2分)</td><td>保质保量完成德育课、班会课:
(1)认真备课,上好两课;
(2)无任意占用德育课、班会课现象。</td><td>每天常规检查班会课和晨会(德育课)情况。-0.25/次,累计扣分,扣完为止。</td><td></td></tr>
<tr><td>C20 突发事件处理(1分)</td><td>1.及时到场。
2.处置得当。</td><td>不及时到场-0.5分,处置不当-0.5分,引起家长投诉-1分,累计扣分,扣完为止。</td><td></td></tr>
<tr><td>A3 绩效综合评定(10分)</td><td>B10 工作绩效评定(10分)</td><td>C21 班主任工作绩效(10分)</td><td>年级领导小组对班主任每月绩效进行综合评定。</td><td>由年级组长根据班主任每月工作情况对其进行综合绩效考评,按1—3等级评分,级差为0.5分,依次扣分。</td><td></td></tr>
<tr><td rowspan="2">学期期末考评指标(40分)</td><td rowspan="2">A4 班主任个人因素(10分)</td><td rowspan="2">B11 工作能力(10分)</td><td>C22 总结计划(1分)</td><td>按时完成计划、总结撰写工作。
质量好,有针对性,有可行性,有实效性。
不抄袭,不下载网络文章。</td><td>缺-0.5分/项,没按质量完成-0.25分/项。累计扣分,扣完为止。</td><td></td></tr>
<tr><td>C23 教育论文(1分)</td><td>班主任论文,班主任论文交流获奖情况(2项)。</td><td>缺-0.5分/项,由学生处根据论文质量评定按1—2等级给分,级差0.25分。</td><td></td></tr>
</table>

续表

类别	项目	评价内容	评价细则（C级指标）	评分内容	操作办法	得分
学期期末考评指标（40分）	A4 班主任个人因素（10分）	B11 工作能力（10分）	C24 班主任手册（1分）	按要求认真、及时、真实地填写各项内容； 按时上交。	缺-0.5分/项，由学生处根据记载质量评定，按1—3等级给分，级差0.25分。	
			C25 操行评定及评语（4分）	每月对学生进行操行评定，公布评定等级，上交评定结果； 期末按时撰写学生操行评语。	缺-4分/项，由学生处根据质量评定按1—3等级给分，级差0.5分。	
			C26 家长会（1分）	每学期至少召开1—2次家长会。	根据班主任手册记载评分。缺-0.5分，由学生处根据记载评定，按1—2等级给分，级差0.25分。	
			C27 家长联系（1分）	通过电话或面谈等形式与家长沟通。	根据班主任手册记载评分。缺-0.5分。	
			C28 家访（1分）	针对特殊学生进行家访。	根据班主任手册记载评分。缺-0.5分。	
	A5 管理效果（12分）	B12 管理实效（12分）	C29 文化成绩（6分）	班级文化成绩为班级均分。班级均分计算方法：（期末成绩-年级均分）-（起始成绩-年级均分）。	结果≥0得6分，0~-3（含-3，下同）得分5，-3~-5得分4分，-5以下得3分。	
			C30 获奖情况（1.5分）	1.班级集体获奖。 2.班主任德育获奖。 3.指导学生获奖。	按1—3等级评分，级差为0.5分。	
			C31 公物管理（1.5分）	班级公物使用好，无缺损公物，公物表面无污损（课桌、椅子）。	由总务处、信息中心、学生处、年级组检查公物损坏情况。按1—3等级评分，级差为0.5分。	

续表

类别	项目	评价内容	评价细则(C级指标)	评分内容	操作办法	得分
学期期末考评指标(40分)	A5管理效果(12分)	B12管理实效(12分)	C32无学生严重违纪(1.5分)	受学校校级警告以上处分的违纪事件,造成严重不良影响的事件。	学生违纪处理情况,全校通报-0.25分/2人次,警告-0.5分/人次,记过-1分/人次,留查-1.5分/人次,扣完为止。	
			C33无学生考试作弊(1.5分)	阶段考试、期中考试、期末考试等每次考试作弊情况。	由监考老师进行考查,将考查结果交教务处,教务处通报学生处,作弊1人扣0.5分,扣完为止。	
	A6测评(18分)	B13各种测评(18分)	C34学生测评(6分)	学生评价的方法:用问卷方法进行填涂机读卡。	(1)根据学生评价的等级确定:算出问卷调查各等级,优1分/个,良0.9分/个,及格0.6/个; (2)学生评价有效分的计算: 学生评价有效分=∑优÷班级人数÷测评项目数12×20分+∑良÷班级人数÷12×18分+∑及格÷班级人数÷12×12分。	
			C35家长代表测评(2分)	同上。	评分方式同上。	
			C36班级任课教师测评(5分)	同上。	评分方式同上。	
			C37领导小组测评(5分)	同上。	评分方式同上。	

2.年级组长考核内容及操作方法

类别	项目	评价内容	评价细则（C级指标）	评分内容	操作办法	得分
学月常规考评（60分）	A1 年级常规管理（50分）	B1 四好（22分）	C1完成任务（5分）	年级组完成学校布置的任务好。 1.完成学校布置的任务好，工作落实。 2.常规任务和迎检等突击任务完成情况（如清洁卫生、桌椅整齐程度、年级文明礼仪程度）。 3.组织年级活动次数及效果。 4.积极支持并组织学生参加学校或上级组织的各项活动。	学生处统计评分，按名次评分，级差为0.5分，依次扣分。	
			C2清洁卫生（6分）	年级环境清洁卫生好：扫除完成质量高，保洁好，环境清洁卫生好。 1.每天清洁小扫除检查评分。 2.每天保洁检查评分。 3.每周大扫除检查评分。	学生处、医务室检查评分，按年级班级平均分名次评分，级差为0.5分，依次扣分。	
			C3两操管理（6分）	年级两操（广播操、眼保健操）完成好。 1.两操出场、站队、退场有序，纪律好。2.两操出勤好，做操完成质量高。	学生处、体育教研组评分，按年级班级平均分名次评分，级差为0.5分，依次扣分。	
			C4公物管理（5分）	年级使用公物管理好。 年级公物（投影仪、空调、电视、饮水机等）使用好，无缺损公物，公物表面无污损（课桌、椅子）。	总务处、信息中心、学生处统计，按统计数量排名评分，级差为0.5分，依次扣分。	

续表

类别	项目	评价内容	评价细则(C级指标)	评分内容	操作办法	得分
学月常规考评(60分)	A1 年级常规管理(50分)	B2 五无(28分)	C5 严重违纪(6分)	年级学生无严重违纪违规行为。 1.行为规范,无违纪违规。 2.班主任对住读生的管理: (1)按要求到寝室次数; (2)住读学生无违纪; (3)表现好的寝室; (4)每周按住读部要求,交留校学生名单。	学生处统计违规行为次数和人数,住读部统计次数,按统计数量排名名次评分,级差为0.5分,依次扣分。	
			C6 怪异形象(6分)	仪容仪表规范,无怪异形象。 平时和集会年级服装统一,着装规范,仪容仪表端庄,无奇装异服、不佩戴首饰。	学生处统计违规行为次数和人数,按统计数量排名评分,级差为0.5分,依次扣分。	
			C7 体罚停课(5分)	无体罚、变相体罚学生和随意对学生停课事件。	学生处每天抽查和巡查,统计违规行为次数和人数。 1.对学生体罚或变相体罚、任意停课,不无正当理由,-0.5分/人次;2.造成不良影响,引起家长投诉,-1分/人次。累计扣分。	

续表

类别	项目	评价内容	评价细则（C级指标）	评分内容	操作办法	得分
学月常规考评（60分）	A1 年级常规管理（50分）	B2 五无（28分）			学生处抽查，累计扣分，扣完为止。	
			C8 擅自收费（5分）	无擅自在班级设立收费项目。	1. 不按合法程序收费，-1.5分/次。 2. 个人收费行为，造成影响，引起家长投诉，-2分/次，年级组长绩效考核不合格。	
			C9 责任事故（6分）	年级安全教育、安全防范措施到位，无安全责任事故。	学生处统计上报，学校行政会认定；出现安全责任事故，年级组长绩效考核不合格。	
	A2 个人因素（10分）	B3 四到堂（8分）	C10 两操（2分）	两操监督、督促到堂。	学生处专干考勤，1次扣0.25分，累计扣分，扣完为止。	
			C11 集会活动（2分）	集体活动、集会组织监督到堂。	学生处专干考勤，1次扣0.25分，累计扣分，扣完为止。	
			C12 例会（2分）	年级组长例会和临时会议准时到堂。	学生处专干考勤，1次扣0.25分，累计扣分，扣完为止。	
			C13 处突（2分）	年级组重大事件处理及时到堂。	学生处干部认定，1次扣0.5分，累计扣分，扣完为止。	
		B4 总结计划（2分）	C14 总结计划（2分）	按时完成计划、总结撰写工作。 质量好，有针对性，有可行性，有实效性。 不抄袭，不下载。	学生处统计，缺-1分/项，没按质量完成-0.5分/项。累计扣分，扣完为止。	

续表

类别	项目	评价内容	评价细则(C级指标)	评分内容	操作办法	得分
学期考评(40分)	A3 管理效果(20分)	B5 管理实效(20分)	C15教学质量(10分)	年级教学管理到位,无教学事故发生,教学质量高,成绩优异。	按照六校联考成绩排名评分,级差为1分。	
			C16获奖情况(10分)	1.年级集体获奖。 2.年级德育获奖。 3.指导学生获奖。	学生处根据上报材料统计认定给分,按平均分数排名,级差为0.5分。	
	A4 测评(20分)	B6 各种测评(20分)	C17班主任测评(5分)	班主任评价的方法:用问卷方法填涂机读卡。	(1)班主任评价的等级确定:算出问卷调查各等级,优1分/个,良0.9分/个,及格0.6/个; (2)班主任评价有效分的计算: 班主任评价有效分==∑优÷班级人数÷测评项目数12×20分+∑良÷班级人数÷12×18分+∑及格÷班级人数÷12×12分。	
			C18年级任课教师测评(5分)	同上。	评分方式同上。	
			C19学校主要部门行政测评(10分)	同上。	评分方式同上。	

【附录】获奖奖励标准

(1)教师获奖奖励(以德育工作为准)

类型	国际	全国	市级	区级	校级
综合	10	8	6	4	2
单项	8	6	4	2	1

(2)教师表彰奖励(以德育工作为准)

级别	国际	全国	市级	区级	校级
一等奖	10	8	6	4	2
二等奖	8	6	4	2	1
三等奖	6	4	2	1	0.5

(3)指导学生获奖奖励

A.指导学生个人获奖必须是教育主管部门组织或同意的,有教育主管部门签章的属德育类别的各种获奖竞赛、活动,按人次累计,凭指导教师证书或发奖单位证明、学生奖状,根据实际情况审定。

B.指导学生集体获奖奖励

级别	国际	全国	市级	区级	校级
一等奖	10	8	6	4	2
二等奖	8	6	4	2	1
三等奖	6	4	2	1	0.5

(三)考评程序

1.学月考评:每月月底下月月初,对班主任一月来工作进行评价;由学生处每月公布结果。

2.学期考评:每学期期末对班主任本学期来工作进行综合评定,学生处具体操作,经学校领导小组审核,综合评定考核等次。

3.校内公示:对考核领导小组综合评定的考核等次进行为期5—7个工作日的公示。

4.确定等次:对公示无异议者,按照考核等次兑现绩效工资,并按管理权限报上级主管部门备案。

(四)考核等级

根据考核得分总数由高到低进行排列,共分三个等级,各等次的考核津贴标准由学校自行确定,在考核总量内发放。

九、本考核方案解释权属学校行政会

(审校:程明 王延杰)

班主任工作档案制度

一、文档要求

1.所有工作文档字体为宋体。

2.标题字号为三号,内容字号为小四,行间距1.5倍为标准。

3.文字档案结尾应注明年级组或个人姓名以及时间。

二、照片要求

1.光线充足、清晰。

2.能直观反映当前活动主题思想、特色、亮点。

三、档案成册

1.档案顺序为:①上级文件;②学校方案;③讲话稿;④内容(文稿、ppt等);⑤活动照片;⑥体会、感悟或感想;⑦活动总结。

2.按照各项工作要求整理相关档案。

3.按照学校要求上交各类档案。

4.按学校要求保管各类档案。

(审校:程明 王延杰)

学校值周设置

为贯彻学校德育计划,实行德育工作"时时有人管,事事有人抓"的全过程,全员管理,培养学生"尊师守纪,勤奋好学"的良好习惯,特制定值周制度如下:

一、值周教师职责

（一）值周教师要以高度的工作责任感，认真负责的精神做好每天的值日工作，在值周时段内提前10分钟到位。

（二）值周教师必须佩戴值日标志，做到分工明确，职责清楚。值日教师要按学校要求维持好每天学校的纪律，做好每天的常规检查工作，负责学生常规违纪的教育处理。

（三）按照学校作息时间安排表，负责检查学生仪表行为、课堂纪律、晚自习之前的教学区和课室纪律，以及校门值日检查，及时向值周行政反馈检查情况。

（四）维持学校、年级的集会或集体活动（包括眼保健操、课间操等）的纪律。

（五）对突发事件或重大违纪的应急处理，并联系相关教师和年级组长，向值周行政或德育处汇报。

（六）负责楼梯口和校门学生坐车秩序安全维护，并做好记录。（按学校值周安排轮流，值周教师每天放学要到校门维持秩序）负责本年级放学带队老师的签到登记工作。

（七）填写好值周记录表，登记每天检查扣分情况。

（八）值日教师如有特殊情况，不能值班，应事先向年级领导请假，以便年级做好安排。

（九）凡违反规定，没有做好值日工作、造成事故者，要视情况追究有关责任、扣除当月的岗位奖金。

二、值周行政职责

（一）负责主持本周内学校的值周工作。

（二）对值周的老师进行指导和安排，对班主任考勤进行抽查。

（三）每日听取值周教师工作汇报，回收值周登记原始材料，分类汇总好各表格，周六例会前上交德育处。

（四）处理偶发事件，对存在的问题提出意见及建议。

（五）负责在集会上总结值周情况，表扬优秀班集体和个人，对不良现象提出意见或建议。

(六)负责组织值周老师维持学生放学秩序和晚自习前教学区和教室纪律(晚上7:00—9:20)。

(审校:陈磊　王延杰)

学校家访制度

一、家访工作责任人

家访工作主要由班主任负责,科任教师参与;学校行政人员进行家访主要处理学生突发情况或典型事件。

二、家访的原则

1.普遍性原则。教育面向全体学生,因此班主任要对每个学生倾注自己的全部关爱,深入全体学生中去。力争每学期全班学生都能得到一次及以上的家访机会。

2.主动性原则。教师要积极主动地与家长联系,将了解到的学生在校情况告知家长,及时沟通,及时商定教育对策。

3.科学性原则。家访要讲究技巧,用真心、耐心去指导帮助家长,让家访达到最佳效果。

三、家访的内容

1.向家长反馈学生在学校的思想品德、学习、纪律、劳动、体育等各方面情况,让家长真正了解学生在校的表现。

2.向家长了解学生的家庭状况,在家的思想状况、学习习惯、生活习惯和个性特征等。

3.通过双向沟通,交流家校在教育过程中采取的方法形式,争取家长的理解与配合。

4.征求家长对任课教师、学校教育教学活动、学校办学管理等方面的意见和建议。

5.向家长强调应注意的学生安全事项,确保学生各方面安全。

6.协调学生与家长的关系,增进与学生、学生家长的情感交流。

四、家访的注意事项

1.每次家访要有明确的家访目的,确定要解决的问题,要对被家访的学生有较充分的了解。

2.家访前可以通过电话预约,告知家长家访的时间,以提高家访效率。

3.家访过程中,学生、学生家长都应在场,应一切从实际出发,切忌片面孤立地看问题,个别问题可要求学生回避。

4.不得有借家访之机,向家长提出不合理要求,或收受礼物、接受宴请等违反师德师风的行为。

5.通过家访形成家校协同合力,助力学生健康成长。

（审校:王定敏　王延杰）

学校教学常规管理实施细则

教学工作是学校工作的中心环节,加强教学常规管理,制定实施教学常规的细则,是实施素质教育、开展教学研究和教学改革、建立正常教学秩序、完成学校教育、教学任务的基本保证,是提高教学质量的基本途径。根据上级有关文件规定,从我校的实际情况出发,特制定我校教学常规管理实施细则。

第一章　计　划

第一条　学期初,教导处要根据上级意见和学校工作计划要求,分别制定教学服务计划。教学计划分析教学现状,提出本学期教学要求和教学专题,制定实施工作目标的措施,安排全校性的教研活动。

第二条　开学两周内,各教研组要在组长主持下,制定本组教学计划。教学计划应根据实际确定本科思想教育和能力培养要求,并提出教研课题。教研活动要定时间、定内容、定中心发言人,安排好统一竞赛活动。

第三条　班主任、科任教师要根据学习计划和考试安排,制定切合实际的教学计划。教学计划应对学生情况(包括学生人数,学生学习情况分类,学生上学期期末考试成绩,学生学习态度、习惯和完成作业情况)、教材内容作简要分析,确定教学进度,提出本学期教学目标,制定提高教学质量的措施。

第二章 备 课

第四条 教师必须深入钻研。开学初,教师首先要熟悉大纲,掌握大纲对所教年级的要求;其次要总览教材,了解教材内在联系;再次要认真研究每篇教材,依据教材内容,学生实际认识规律,确定教学目标和要求,掌握重点、难点,选择恰当的教学方法。

第五条 教师必须认真备课,备课前必须写好教案,不备课不准上课。提倡单元备课。教案要分细节写,要写明课题、教学目的、复习内容、导入新课的引言,写明知识的重点,难点与主要教学环节,设计好带有启发性、整体性的提问,课堂练习的主要内容及形式,板书设计及课后作业。教案书写整洁清晰,条理分明。

第六条 教师要独自思考,不准生搬硬套,照本抄袭参考书和其他备课资料。

第七条 设计作业,份量适当。要求学生完成的作业,教师预先做出答案,课后练习,教师备课时要先做。课堂学习及实验,应预先准备好演示器和实验器材,并先操作一次。

第八条 教案在个人备课的基础上,加强集体研究,要统一教学过程,统一要求,统一质量考核。

第九条 提倡教师写“教学后记”。每教完一节课或一课,教师要回忆哪里成功,哪里有待改进,写在本课教案后边,以利今后提高。

第十条 强化集体备课,集体备课务求做到“四定”:定时间、定地点、定专题、定主讲。“四统一”:统一进度、统一练习、统一资料、统一考试。备课要遵循“十备”:(1)备教材要融会贯通;(2)备学生要了如指掌;(3)备方法要灵活多变;(4)备教具要得心应手;(5)备语言要言简意赅;(6)备提问要发人深思;(7)备板书要胸有成竹;(8)备例题要举一反三;(9)备作业要难易得当;(10)备教案要详略得体。每学期末要把集体备课记录交到教务处。

第三章 上 课

上课是教学的中心环节,是提高教学质量的关键。

1.准时上下课,预备铃响后必须及时到达教室或其他上课地点,下课铃响后就应下课,不提前上课或拖课。

2. 教师进入教室前应衣着大方整洁，并仔细检查应带的教学用品是否齐全，通信工具应处于关闭状态，上课期间严禁接听电话。

3. 上课铃响后，师生互致问好后方可开始上课。课堂用语："上课""同学们好！""老师好！""请坐""下课""老师再见""同学们再见"。

4. 上课时教师应精神饱满，用普通话上课，应以高度的责任心去教育关心学生，禁止任何形式的体罚学生或变相体罚，教师要注意调动学生的学习积极性，营造良好的学习气氛，确保课堂秩序良好。

5. 教师教态自然，板书工整规范，现代化教学手段运用得当，遵循"七要"：(1)新旧联系，温故知新，要循序渐进；(2)讲清概念，精选范例，要明白易懂；(3)揭示规律，纵横联系，要触类旁通；(4)突出重点，突破难点，要恰到好处，详略得当；(5)精讲勤练，讲练结合，要手脑并用；(6)启发思维，发展智力，要引人入胜；(7)传道授业，文道结合，要教书育人。

6. 任何教师必须持教案上课，必须按教务处排定的课程表上课，个人不得私下调课、停课，若因公务活动需要调课者，须经教务处协调安排，课程设置和课时的调整必须由学校统一安排，凡自作主张者，视为无效。

第四章　作　业

布置作业是使学生加深理解课堂所学知识的重要手段，是将知识转化为能力的重要途径。

1. 作业布置目的要明确，做的题目教师要先做，精选作业，难易适度，题量适当，不搞题海战术，因材施教，分类推进。

2. 布置的作业要有一定的量，原则上语、数、外三学科的作业每节课都必须留有书面作业，其他纳入毕业会考课程的学科每周不少于2次以上的书面作业，每次作业量控制在半小时左右。其余学科1次/周。

3. 及时收缴作业，认真批改，重视反馈，及时讲评，必做题要全收全改，对作业马虎拖拉，缺少、抄袭等现象，要及时批评教育，并要求补做、重做，并督促学生及时订正作业中的错误，对于普遍性的问题要及时讲评。

4. 各科根据自己的学科特点提出统一的作业规范要求，严格按规范要求训练学生，作业要保存完整并装订成册。教务处每学期不定期检查作业批改情况。

第五章 辅 导

课外辅导是课堂教学的补充,是因材施教的重要手段。

1.教师要加强对学生学习方法指导,帮助学生端正学习态度,树立学习信心,改进学习方法,养成良好的学习习惯,加强师生的情感交流,培养学生的学习兴趣。

2.教务处每学期不定期召开学生座谈会、检查教学工作手册,反馈教与学有关信息。

第六章 考 试(查)

考试是对学生知识、能力的综合检查,是教学评价的重要手段之一,也是教学控制系统的一个重要环节。

1.严格控制考试次数,每学期由学校统一组织期中考试和期末考试,由备课组统一组织单元测试,由毕业年级组组织月考,教务处负责统一调课。随堂练习次数不限,但一般不统一调课,建议不预先告知学生。

2.每次考试都必须有明确的针对性,做到有的放矢,命题不能超过教学大纲,不能脱离学生实际,试卷要有良好的信度、效度和区分度,以便准确反馈教学信息。

3.教师在复习中不得泄露考试内容。

4.要认真监考,严格考试纪律,监考教师考前15分钟到教务处领卷,监考老师不得在监考时做与监考无关的事,发现学生考试违纪行为,应立即制止,并做好考场记录,及时汇报和处理。

5.认真做好评卷工作,大型考试和毕业年级的月考要求采用流水作业的方式评卷,认真进行质量分析,成绩记载及时上报教务处。

6.认真做好试卷讲评工作,做好查漏补缺。认真总结经验教训,不断改进教学方法。

7.加强对考试改革的研究,根据各科特点,采取口试、笔试、开卷、闭卷、实验操作等多种形式对学生进行多元考查。

8.学期结束各科老师要对学生的成绩进行汇总,汇总成绩分平时总评、期中考试、期末考试、学期成绩、学年成绩等。

第七章 教 研

1.学校鼓励教师进行教学课题研究，学科老师都要参与一项校级科研课题，认真学习教育教学理论，每学年至少须撰写一篇论文(教学案例)，并上报教科室。

2.健全教研制度，浓厚教研气氛，无特殊情况每位教师都要在规定时间参加教研活动，保证参加教研活动2节/周。

3.鼓励教师随堂听课，每学期每位教师至少听课10节，新分配教师至少听课40节，听课记录交教务处。

以上有关我校教师教学常规的条款，是对全体教师教学行为的基本要求，为保证我校良好的教学秩序，全体教师应认真执行，如有违纪者，学校将按有关条款进行相应的批评教育和扣减当月一定数量津贴。

(审校:庞梅 王延杰)

学校教学管理办法

教学工作是学校的中心工作，是学校发展的重要基石。教学常规是落实教育教学任务的中心环节，是提高教育教学质量的重要保证。为进一步深化我校“百年树人，精益求精”的办学理念，加强教学常规管理、规范教学行为，根据《重庆市渝中区中小学教学常规管理办法通知》的文件精神，结合我校实际，特制定我校教学管理办法。

一、常规管理职责

第一条 学校要建立健全教学常规管理机制，实施层级管理，做到职责明晰，分工明确，责任到人，工作落细。

校长是教学常规管理的第一责任人，负责按照市区两级教学管理要求，统筹领导教学计划的制定、实施、调控和督导，建立和完善教学管理体系，确保正常教学秩序。

分管副校长是教学常规管理的直接责任人，负责指导教务处落实教学常规管理，牵头制定和实施教学管理制度和教学计划，统筹调配教师及辅助人员，统筹教师及辅助人员的业务培训。

教务处主任是教学工作的具体管理者和组织者,负责制定教学常规工作的实施计划和方案,负责教学常规工作的具体部署、落实和检查,及时处置常态教学管理突发情况。

教研组(备课组)组长是学科教学工作和教研活动的具体组织实施者,负责指导和督促任课教师完成教学活动,负责落实教学常规管理要求,负责落实区域教研活动的要求,主持开展常规教研活动和教改科研工作,建立良好的学科教师团队,提升学科教学质量。

任课教师是学科教学实施者,负责在学科教学过程中严格执行教学常规管理要求,注重提升专业水平,主动改进教法学法,高质量完成学科教学任务。

二、制定教学计划

第二条　学校教学工作计划每学期制定一次,在开学前一周完成。教务处根据学校教学工作计划,提前制定并发布学月行事历。

教研组(备课组)依据学校教学工作计划和教务处学月行事历制定相应的学科(组)教学工作计划,内容包括学期教学总体目标、教材分析、学情分析、教学质量的提升措施、教学进度逐周安排等。开学两周内,提交教务处审核备案。

任课教师根据课程标准和区教师进修学院学科教研要求,结合学情,制定精准可行的学科教学计划(含实验教学计划),并依据教务处学月行事历,于开学三周内修订完善,提交备课组或教研组备案。具体实验教学安排至少提前一周书面通知实验管理人员。

三、教学实施过程

第三条　备课

备课是执行教学计划、上好每一节课的前提和基础。每一位教师必须认真备课,严格落实备课程标准、备教材、备教法、备学法、备资源技术等。所有任课教师在正式行课前备好至少2周的教学内容。毕业分配到我校工作的教师,凡未完成第一周期教学的,必须备详案。学校每学期将对各教研组、备课组教案撰写情况进行必要抽查,凡未备课上课者按旷课处理。

第四条 上课

1.教师课堂教学应充分体现课程改革的基本理念，实行启发式教学和探究式学习，做到科学性和人文性的统一，传授知识和培养能力的统一。新授课要体现组织教学、导入新课、讲授新课、巩固练习、归纳小结、作业布置等基本环节。

2.教师应提前1分钟到达教室“候课”。严格按课表上课，服从教务处及年级临时统筹安排，不得无教案上课，严禁随意调课、迟到、提前下课，更不得旷课。教师的课程调整必须经学校统一安排。违规者，按学校考勤制度有关规定处理。

3.教师课堂教学时应关闭通信工具，把手机调至振动，无特殊情况不坐着讲课，不接打电话，不抽烟，不做与课堂教学无关的事。违规者按学校有关规定处理。

4.教师上课时应加强组织教学，关注学生学习状态，激发学生学习热情，充分调动学生学习积极性。杜绝学生上课迟到、早退、旷课现象，杜绝学生课堂上玩手机、发短信、玩游戏、看与教学内容无关的书报、干扰课堂教学秩序、睡觉等现象，提高教学效率。

5.教学过程中，教师应加强与学生之间的交流与合作，关注学生发展，关注学生课堂学习情绪变化，通过师生互动、生生互动，活跃课堂，活跃学生思维，激发学生不断的学习欲望。

6.教师应积极实施现代教学技术条件下的课堂教学，充分利用课件辅助教学，提高课堂教学效益。

7.教师应使用普通话教学，声音洪亮，精神饱满，充满激情，全身心投入。

8.教师应注意教学语言的规范性，用真心、真情教育帮助学生，不得用讽刺、挖苦等语言伤害学生，避免与学生发生严重冲突。

9.教师课堂教学应循序渐进，重点突出，详略得当，程序流畅。教学语言生动规范。表述要准确易懂，深入浅出，巧譬善喻，切忌平铺直叙，评价语言丰富贴切。

10.教学板书要简洁。做到快、准、清晰、层次分明，书写要求文字规范、工整，切忌杂乱潦草。

11.文明规范、教书育人。教师要衣着整洁大方，穿戴合适，不过度染发、烫发,不穿奇装异服,自觉塑造仪表端庄、知书达礼、举止大方、文明优雅的师表形象。在传授知识和技能的过程中,注意发掘教材的思想性,结合学生的实际情况进行思想政治教育,提高学生的思想素质,做到既教书又育人。

第五条　布置与批改作业

严格控制学生每天各学科书面作业累加总量,初中每天书面作业完成时间平均不超过90分钟,高中书面作业总量应合理适度。周末、寒暑假、法定节假日也要控制书面作业时间总量。

教师应根据课堂教学需要,根据教学大纲和教材的要求以及学生实际情况,统筹安排,布置难度适中、体现分层教学的作业,弹性作业和个性化作业,探索跨学科综合性作业,作业类型应该多样化。注重系统化选编、改编、新编符合学习规律、体现学科核心素养的基础性作业,作业难度不超过国家课程标准要求。

教师对学生作业要全批全改,并仔细阅读、检查学生文字表达、数字运算及公式推导等过程,既要"批",还应"注",更要"改"。不能只打"勾"、"叉"。对作业优秀的要及时给予文字表扬,而对作业马虎的学生应给予文字指正。反对在批改作业中敷衍塞责、不负责任的现象。

对未完成作业的学生,教师应及时给予批评教育,责成其补做或重做。对长期不交作业的学生,按"学生操行考核"的有关规定处理。教师要设法杜绝学生抄袭作业的现象,使作业能真实反映学生知识及能力现状,以利于进一步提高教育教学质量。教师未能及时批改作业或批改作业马虎,致使学生反应强烈的,学校将视情况,根据有关规定严肃处理。

第六条　辅导

教师要积极寻找时间自觉坚持课外辅导和答疑,要在该教学活动过程中解决学生学习中的疑难问题,帮助学生改进学习方法和思维方法,提高学习效率,了解教学效果和教学中存在的问题,并及时改进教学方法。

课外辅导及答疑方式应视实际情况而定,可以个别方式进行,也可以集体方式进行。对普遍反映的疑难问题应及时进行集体答疑。

教师在答疑中,应注意培养学生的独立思考能力;对于重要的和关键性的问题,应引导学生抓住问题的实质,分析问题产生的原因,帮助他们学会解决问题的方法。

对于一些学习较差的学生，应个别重点加以辅导。教师不能要求学生参加有偿辅导，更不得强迫学生参加“家教”。教师不得在办公室或家中单独对异性学生进行辅导。严禁教师占用自习课、综合实践活动的时间和节假日进行集体补课，不在辅导时间讲授新课，不使用规定范围之外的教学辅导资料。

第七条　课堂评价

教师对学生的课堂学习成效应进行正面的、激励性的、多元的评价，要树立以学生发展为本的观念，倡导多主体参与，关注学生的个体差异，充满人文关怀。评价语言要准确得体，不夸大不模糊。

第八条　教学反思

教师应及时填写课堂教学后记与反思，不断总结课堂教学经验，提高课堂教学水平。对课堂教学中出现的课堂纪律问题，课后必须及时处理，要加强与班主任合作，及时与学生谈话，促进学生健康发展。

第九条　实验教学

开齐开足符合国家课程标准规定的实验，严格按照实验室规章制度进行预约登记。在实验前需强调安全注意事项和纪律要求，在实验过程中教师应及时巡视指导、解答疑问，实验结束后指导学生完成实验报告，防止意外事故发生。

四、教学质量管理

第十条　教学督导

由督导室牵头完成日常教学督查工作，对教学计划、备课、上课、作业布置与批改、辅导、教学反思和实验教学等进行全员全程督查。以学期为单位，行政管理人员每学期不少于30次深入课堂听评课，学校每学期不少于2次教案检查，不少于2次作业布置与批改检查，实行教研活动、集体备课报备和检查制度，定期举行教学工作例会，反馈教学检查督导情况，提出改进意见和措施。

第十一条　质量监测

学校除按规定组织参加国家和地方学业质量监测外，根据本校实际情况，初中安排半期及期末考试，学校不得以任何形式、方式公布学生考试成绩及排名，学生的学业成绩以等级形式呈现。高中可以根据学期时间长短适当

安排考试次数。

在考试结束后,各年级要及时组织全体教师召开质量分析会,对考试结果、试题质量等进行说明,针对性地提出教学改进措施。

五、校本教研活动

第十二条　校本教研应结合区域教研、集团教研的要求,定时定点开展。教务处严格校本教研考勤制度,对于无故缺席的教师予以通报批评。教研组长及备课组长把控好每次教研活动的主题内容,确定中心发言人,并做好详细的教研活动记录,交教务处备查。

六、教学档案管理

第十三条　学校建立完善的档案管理制度,按照部门、年级对各类档案进行分类汇总,分期保管。常规教学档案包括工作手册、各类表格、教学计划、工作总结、分析报告、教学督导记录、成绩统计、业务记载、学籍资料、学生成长档案等。教师教学业务档案包括教师任教履职、业务考核等情况材料。

(审校:赵忠　王延杰)

学校教务处日常管理办事程序

一、教学计划与安排

(一)根据学校总体发展规划,制定每学期的教学工作计划。

(二)审核并协调各学科教师提交的教学进度安排和教学大纲。

(三)定期检查教学计划的执行情况,确保教学活动按计划进行。

二、课程与教材管理

(一)负责课程设置、更新及优化,保证课程内容的先进性与实用性。

(二)监督教材的选用、采购及使用情况,确保教材质量符合教学要求。

(三)组织教师参与校本课程开发和教材编写工作。

三、教学监督与评估

(一)组织教学质量的常规检查和随机抽查,维护教学秩序。

(二)定期召开教学工作会议,听取教师意见和建议,及时解决教学中的问题。

(三)对教师的授课质量、学生的学习效果进行评价和反馈。

四、师资管理与发展

(一)负责教师的业务档案管理,包括职称评审、岗位聘任等。

(二)组织教师参加各级各类培训,支持教师专业成长和发展。

(三)建立教师激励机制,表彰优秀教师,提升教师队伍整体素质。

五、学生学籍与成绩管理

(一)负责学生的注册、编班、转学、休学等相关手续办理。

(二)统筹管理学生的成绩评定、考试安排及成绩统计分析工作。

(三)指导并监督学生的学业进展,及时发现学习困难并给予帮助。

六、日常行政事务处理

(一)负责教务办公室的日常行政管理工作,包括文件资料的归档与保管。

(二)组织协调学校大型教学活动,如开学典礼、毕业典礼等。

(三)作为教师、学生与学校其他部门之间的沟通桥梁,协助解决问题。

七、附则

(一)本管理办法由教务处负责解释、执行和定期修订。

(二)教务处应根据教育法规和学校实际情况不断完善日常管理工作。

(三)本管理办法自批准之日起执行,原管理规定若与本办法有冲突,以本办法为准。

(审校:赵忠　王延杰)

学校教师培训管理制度

一、指导思想

全面贯彻《重庆市教育委员会关于进一步加强中小学教师培训工作的意

见》各项要求,把校本培训作为教师综合素质培训的主阵地,面向全体教师,以提高教师的整体素质为目的,以提高实施素质教育的能力和水平为重点,按需施教,学用结合,注重质量与实效,努力造就一支师德高尚、业务精良、善于从事素质教育的新型教师队伍。

二、培训目标

(一)逐步完善校本培训制度,形成有利于教师岗位成长的"培养、培训、管理"一体化的有效运行机制,构建学习化组织。

(二)继续进行新课程的培训,通过培训,使全体教师具有现代理念,具有较高的教育教学专业水平和驾驭课堂的能力,掌握自主、合作、探究的课堂教学模式。

(三)加强我校各级骨干教师培养力度,继续实施"名师工程",进行骨干教师评比,做到学科、年龄、知识结构分布合理,使他们成为我校课堂教学、科研教改的学科带头人。

(四)实行青年教师跟踪培养,开展"一帮一"活动,重视过程的指导,落实课例研究制度:同磨一节课,同研一主题,最后学校检查培训情况。

(五)教师全员接受计算机应用能力培训,能够利用校园网开展计算机辅助教学和网络教学,并且充分利用网络自主学习,提升自我。

(六)通过理论学习和实践研究,把新的发展性评价理念贯穿在日常教育教学行为中,探索发展性评价模式。

(七)进行校本课程开发的理论研究和实践,使每位教师真正树立课程开发意识,成为课程的实施者和开发者。

(八)引导教师树立终身学习观念,指导教师学会学习,提高教师的实际动手能力和教育创新能力,促进教师自主成长和提高。提高教师的思想道德素质和业务素质,实现学科教学创新、管理工作创新,适应新课程改革和发展的需要。

三、校本培训的主要内容

(一)结合学校实际,较系统地进行教育教学基本理论、理念的培训。

(二)结合平时的工作情况,进行各项工作制度的落实、教研组长工作能力的培训。

（三）及时进行新课程理念培训，解决实践中的问题方法培训。

（四）加强对教师现代教育技术知识的培训，研究学科课程整合问题。

（五）进行教改科研基本知识、方法培训。

四、培训方式

（一）以学代培

大力倡导和鼓励全校教师以自主学习为主，通过自学不断更新观念，强化内在，更新自己的教育教学方法，自觉学习掌握现代教育教学技术。学校要广泛地通过教师自学、学历提高培训学习以及其他有专业特长的培训学习等促进教师素质的不断提高。

（二）以课代培

学校教育教学的主阵地是课堂，让学校教师通过课堂教学实践，锻炼和提高自身素质是十分重要的。抓好新老教师的同上一节课、同研一主题等活动，促使教师快速成长。

抓实骨干教师的观摩课、引路课、示范课的时效性，达到骨干教师不断提高能力的目的。有计划开展校内骨干教师教学展示活动、中青年教师优质课、青年教师汇报课等活动。

（三）以结对代培

充分发挥新老教师的特点，达到老带新、新促老、互帮互学、各得其所的目的。对教师新老结对，学校要有明确的目标、要求，要监督结对培训的效果。

（四）以研代培

组织教师参加各种教学研究活动。促使教师不断提高反思、学习、研究的自觉性。要求教师自主自立积极参加课题研究，人人有奋斗的目标。

（五）以会代培

要有计划有层次地组织教师参加校内外各级各类学术研讨会、专题报告会、经验交流会、教学观摩展示会等，促进教师继续学习。在校内要组织教师教学经验交流、课堂教育教学技术展示会等，让教师在交流实践经验、探索方法、交流成果、学习借鉴的基础上进一步激发积极性和创造精神。

(六)以考察代培

学校要有计划有目的分期分批组织教师,尤其是骨干教师外出学习、考察,使教师们眼界开阔、思想解放、观念提升。在各个方面为教师提供可借鉴的东西,激发教师自觉学习、研究及实践的积极性。有利于教师结合本人的实际,提出教育教学改革与发展的意见、建议、思路和方法。

(七)以活动代训

学校抓住大型主题系列活动的契机,对教师进行指导、培训,以此掌握活动方法,进而提高自身素质。

(八)渝中区暑期全员培训

根据渝中区教师进修学院的安排,积极组织全体在职教师参加渝中区教师暑期全员培训。

(九)重庆市公需科目网络培训及考核

根据重庆市、渝中区教委的要求,积极组织教师参加重庆市专业技术人员公需科目网络培训及在线考试。

五、校本培训管理办法

(一)为使校本培训逐渐规范化、制度化,学校规定每学年每位教师参加校本培训时间不得少于60学时,将学时数分解到每个培训项目上,根据出勤率、考核成绩等实际情况评定最终成绩。

(二)加强校本培训的过程管理,有专人负责管理教师参训的考勤、记录、考核、总结等,促进学习和研究的良性互动。

(三)建立校本培训档案。校本培训档案资料包括各级领导职责、各项规章制度、培训计划和总结、培训教材(录像、软件、文字材料等)、培训记录、考核成绩、科研成果、阶段总结等有关材料。

(四)建立健全校本培训教师个人档案,内容涵盖学校集体培训、学科培训、情况记录、个人反思、自学笔记、有关材料、听课记录、优秀教案、参与课题研究情况、论文获奖证书复印件等。

(五)建立健全校本培训考核方案。学期末校本培训考核小组对教师进行考核。

六、校本培训的保障措施

（一）校长是校本培训的第一责任人。学校成立校本培训领导小组，建立健全校本培训制度，包括考勤、考核、奖惩等。各学科要管理到位，保证校本培训的学习研究有序而高效的开展，提高培训的整体质量。

（二）校本培训工作在“学校领导、教导主任、教研组长”指导下开展。各部门要加强协作，各学科要按照学校的统一部署和要求，结合本学科实际，制定培训安排，认真抓好学科典型，确保校本培训工作的顺利开展。

（三）校本培训领导小组成员要帮助各学科组制定切实可行的校本培训方案，建立行之有效的培训模式，并指导其组织实施。培养校本培训的骨干力量，发挥他们在校本培训中的骨干、带头和辐射作用。

（四）要加强对校本培训工作的评估检查和指导力度，学校要把此项工作列入教师工作量化考核中。开展校内优秀备课组评比活动，对评选出的优秀备课组，期末予以表彰、奖励。

（五）对校本培训工作要做到人人重视，尤其是分管领导要做到层层管理，确保实效性。学校为校本培训专设培训经费投入项目，确保校本培训年度经费的落实。

（审校：赵忠　王延杰）

学校教育科研工作制度

第一章　总则

第一条　为贯彻实施“科研兴校”战略，加强我校的教育科研管理工作，提高教育科研水平，逐步实现学校教育科研工作的科学化、规范化和制度化，规范科研课题管理，结合我校实际，制定本工作制度。

第二条　“科研兴校”的是我校的办学方针之一，教科研工作是学校教育教学工作的一个重要组成部分，是衡量学校发展水平的一项重要指标。实施教科研工作对全面推进素质教育有着重大的意义，加强“科教兴校”的领导力度对提高我校的教育教学质量尤为重要。教育科研要结合学校教育教学改革的实际，开展科研工作，努力形成成果，推动学科教学整体改革健康发展。

第三条　学校教育科学研究工作应根据学校教育事业的发展需要制定长远的和近期的规划,要全面安排,突出重点,抓好热点,有目的有计划有步骤地实施规划。

第四条　学校开展教育科研的骨干力量是教师。学校加强对教育科研工作的领导,倡导理论与实践的统一,贯彻百花齐放、百家争鸣方针,坚持民主集中制的管理原则。教育科研活动应坚持理论联系实际,以学校教育改革、教学改革中的实际问题为出发点,以应用研究为重点,注重研究方法创新,注重研究成果的推广利用,真正发挥教育科研对学校教育教学改革和学校发展的指导、服务作用。

第五条　学校教职工参加国家、市、区、学校各级课题研究,旨在利用先进教育科学理论,优秀教育经验,运用科学研究手段,解决教育教学中迫切需要解决的问题,提升教职工的教育科研水平,更好地发挥教育科研对教育教学改革的促进指导作用,进一步促进学校教育教学质量的提高和学校的发展。

第六条　学校教职工均可以通过一定程序,申报国家、市、区、学校各级课题研究项目。申报课题研究项目的单位,可以是教研组、备课组、年级组或者个人。获得批准的立项项目,必须接受本工作制度的管理,完成所承担的研究任务。

本条例所规定的教育科研课题指经过学校和上级教育科研部门批准立项的国家级、市级、区级和校级课题。

第二章　课题研究的组织领导

第七条　学校实行由校长办公会、教科室和课题组构成的三级课题管理的方式,学校教育科研课题的具体组织与管理部门为学校教科室。

第八条　在分管副校长的领导下,学校教科室具体负责全校教育科研课题的规划、组织、管理、指导、监督和协调工作。主要职责是:

(1)制定学校教育科研发展规划和年度工作计划,落实科研计划的执行;制定学校教育科研管理的各项规章制度及其实施意见。

(2)负责校级教科研课题的立项评审、组织实施和验收鉴定工作。

(3)负责学校课题参加国家、市、区等上级课题的立项申报和学校课题的立项工作，落实各级立项课题的组织实施，指导和监督课题研究过程，交流课题研究信息，协助做好课题结题和成果总结工作。

(4)制定教科研成果登记制度，建立各级课题研究档案和教科研业务档案，做好对科研成果的整理和归档工作，积极进行优秀科研成果的交流和推广。

(5)组织召开学校教科研报告会和课题研讨会等各类学术交流活动，负责组织优秀课题论文评选和教育科研成果评奖活动，负责编辑教育科研论文选集。

(6)负责向校长办公会与上级教育科研部门报告学校科研计划的落实情况和各级科研课题的研究进展情况。

第九条　学校教研组、备课组、年级组组长是本部门教育科研工作负责人，负责组织管理本部门的课题研究工作，落实学校下达的科研任务；组织好本部门的课题立项申报、课题研究和结题工作；及时向学校教科室提交相关过程性材料。

第十条　课题组人员组成

(1)课题组长：课题申请人必须是课题组长。课题组长必须是本校在职教师与教育教学管理人员，是课题研究的实际主持者，是设计课题、实施方案、协调课题组成员的主要责任人，同时负责研究过程中对资料的收集，并做好科研课题档案的管理工作。

每个课题只能有1名组长，课题组长在同一时期内只能负责1—2项课题，所负责课题未完成研究任务前，不得再申报新的立项课题。

(2)课题组成员：课题组成员是课题研究的骨干，承担主要研究工作，应解决研究的重难点问题，并在理论上和操作上有所创新。课题组成员共同完成课题研究方案、阶段成果报告、结题成果报告以及相关著作论文的执笔撰写等工作。

(3)课题组可以根据实际研究需要设立指导小组或者顾问小组，指导人员或者顾问人员应对课题研究起到实质性的指导作用。

第三章　课题研究的规划管理

第十一条　学校各级教研课题应该主要研究：学校教育与发展过程中具

有重大现实与指导意义的问题;关乎提高教育教学水平与学生素质的重大实践问题;关系教师专业成长的问题。

第十二条　学校各级教研课题主要有以下选题方式:

(1)教师将国家出台的法令法规,倡导的教育思想、教育理念,与学校教育教学实际相对照,在解释矛盾、发现问题中选择问题进行课题规划。

(2)通过反思发现教育教学实践中亟待解决的问题,规划成研究课题。

(3)对同一个问题或者成果,变换思维角度,发现解决问题的新思路或新办法,或可取得较大成果,从而形成研究课题。

(4)与专家座谈讨论,在专家指导下选题。邀请专家就学校或教师教育教学问题进行座谈,在专家帮助下分析问题、选择问题,进行课题规划研究。

(5)从教育理论文选、上级有关部门提供的课题研究指南中寻找课题;

(6)根据当前的教育教学科研热点、学校教学改革的需要,学校教务处、教科室、学生处拟定科研课题,或者其他途径寻找课题;

(7)接受上级科研部门制定、推荐的科研课题。

第十三条　教师在科研课题立项之前,要充分了解所选内容的研究动态、研究成果,掌握市内外甚至国内外的有关背景资料,避免低层次的重复研究,对所选择的研究课题的实际意义要有充分的认识。

研究目标要清楚,研究内容要具体,研究步骤要明确,研究方法和途径要切实可行,研究成果在预定的时间内要有把握完成。

课题研究人员要有科研意识、成果意识,要有不辞辛苦、执着追求和奉献精神。

第四章　课题研究的过程管理

第十四条　我校教育科研课题的申报立项工作,每学年进行一次,时间为每学年开学初。

第十五条　评审立项课题的基本标准是:

(1)课题对学校教育改革的发展、教育教学质量的提高具有较大的现实意义和应用价值或理论指导作用。

(2)立论依据充分,研究内容和目标明确具体,研究方法和步骤切实可行。

(3)课题组长和课题组成员等主要参加者具有相应的知识基础和研究能力,具备按计划完成课题的条件。

第十六条　课题申请人应结合具体情况选题,在对所申报课题的意义价值、研究内容、研究方法、完成条件等进行详细论证和设计的基础上,确定研究方案或计划,填写课题申请书,送学校教科室申报立项。

经学校领导和教科室审批同意后,由学校教科室向上级教科研部门提出立项申请,被正式立项后可以开题研究。没有被上级教科研部门立项的课题,作为校级课题立项进行研究。

第十七条　课题立项申请表应该明确以下几部分内容:

(1)基本数据:课题名称、负责人,主要参加人员及其部门单位、职称等。

(2)课题论证报告:阐述课题研究的基本内容、重点和难点;国内外同类研究的现状,课题研究的意义等。

(3)课题研究方法:说明课题研究所使用的主要方法,以及采用这些方法的理由。

(4)课题研究计划:包括课题研究的时间(学校课题研究的时间以年为单位计算,一般不超过两年),人员分工,分阶段研究的目标、实施办法、检测手段和研究成果(要求具体到以月和学期为单位),以及研究成果的呈现形式等。

(5)课题经费预算:包括必要的资料费、调研费、软硬件支持费、成果鉴定费。

第十八条　课题开题报告应该包含以下几部分内容:

(1)问题的提出。

(2)本课题国内外主要研究成果与研究现状述评。

(3)本课题与目前国内外研究的联系与区别。

(4)本课题所要解决的主要问题及其突破点。

(5)课题的研究价值或意义。

(6)课题研究目标。

(7)本课题的研究内容。

(8)本课题的研究思路与研究方法。

(9)本课题研究的实施步骤。

第十九条　对于各立项课题,学校组织有关专家举行开题报告会或者提交上级教育科研部门举行。开题报告会会议议程如下:

(1)课题专家组组长主持开题,宣布专家组成员名单。

(2)课题组长作开题报告。

(3)课题组长作附件说明。

(4)答辩。

(5)专家点评。

第二十条　立项课题要进行中期检查,计划一年完成的课题在年中进行一次检查,计划两年或两年以上完成的课题每年进行一次中期检查。检查内容主要围绕课题的进展情况进行,要求课题组提交课题活动记录表、中期报告和相关附件。课题中期检查报告要反映课题的进展状况,回答以下主要问题:课题是否按照计划正常进行,取得了哪些阶段性成果,课题计划是否存在问题,有哪些改进措施等。

中期检查主要由学校教科室负责,中期检查报告及其附件交学校教科室备案。

学校教科室根据课题报告提出的计划,结合上级教科研部门的指导对各课题研究进行中期检查,发现问题及时纠正;对于遇到的困难,给予协调解决;对于不能正常开展工作的给予批评,以至撤销课题计划。

第二十一条　各课题组应定期召开研讨会交流经验,研究进展情况。课题组长要检查落实方案的执行情况。根据上级教科研部门和学校中期检查的反馈意见,及时调整研究方向,处理研究过程中发现的新问题,以保证课题研究的顺利进行。

各课题组应及时向学校教科室上报研究小结、阶段研究报告和论文等文字资料以及图片等过程性材料。课题组要组织课题研究的公开课、观摩课,虚心听取各方面的意见和建议。

各课题组应组织研究人员定期学习科研理论和方法,要注意收集与本研究有关的各种资料,善于借鉴他人的研究思路、研究经验和研究成果,积极创造条件组织课题研究人员外出学习或者请专家指导,进一步提高科研水平。

第二十二条　各立项课题进入结题阶段,课题组应及时总结研究过程中的得失,写出课题终端研究报告(论文),向学校教科室提出结题鉴定申请。

研究报告(论文)一般应有下列内容:

(1)引言。

(2)实验的目的、意义及理论基础。

(3)实验的过程和方法。

(4)实验的结果与分析。

(5)问题与讨论。

第二十三条 对于申请结题鉴定的科研成果,在评审鉴定会议前一个月,课题组应提前向学校教科室提交课题结题报告和相关附件。结题报告要对课题的提出、课题研究的指导思想、课题研究的目标、课题研究方法、课题研究过程和成果、课题成果及其分析等做出详细的阐述。附件应包括下列材料:

(1)立项申请书。

(2)开题报告(有修订的另附说明)。

(3)中期检查报告。

(4)研究工作总结。

(5)研究报告(成果调查报告、论文专著等)。

(6)实验效果报告。

(7)推广应用方案。

(8)对成果创造性、先进性应用价值进行的自我分析。

第二十四条 对于申请结题鉴定的科研成果,学校组织有关专家进行鉴定或者提交上级教育科研部门进行鉴定。鉴定会议议程如下:

(1)课题评审组组长主持评审,宣布评审组成员名单。

(2)课题组长作实验总结报告。

(3)课题组长作附件说明。

(4)答辩。

(5)观看活动(或成果展览)。

(6)评审组评议。

(7)课题评审组组长宣布评审结果。

(8)领导、来宾讲话。

(9)宣布评审会结束。

第二十五条　未完成的课题可申请延缓结题和评审。

第五章　课题研究的成果推广与档案管理

第二十六条　参加科研课题研究人员所取得的研究成果，列入本人的业务档案，作为晋升职称、评优树先的重要依据。对其中优秀科研论文，由学校教科室推荐到有关刊物上发表。

第二十七条　对于有推广价值的科研成果，学校将及时组织推广。鼓励教师应用教育科研成果中的先进教育理念、总结出的教育规律与原则、所提供的新方法和新技术改进教育教学。

学校将努力为教育科研成果推广创造条件：通过会议进行宣传推广；通过专著、论文、成果汇编进行文字推广；通过现场观摩进行示范推广；通过学习指导进行培训推广。对于一些影响大、有重要价值的研究成果，可以建立实验基地，采用研究与推广相结合的方法进行推广。

对于按期完成研究任务，验收合格并具有重要学术意义或重大应用价值的课题研究成果，由学校教科室向上级教育科研部门推荐，优先参加各级交流和成果评奖。

第二十八条　为了保障教科研工作的正常开展，学校通过直接拨款或社会捐助成立教育科研专项基金，用于教科研课题研究和教科研工作成果奖励等。

为了鼓励广大教师积极开展教科研工作，学校在政策上采取措施，制定《××××学校教师教科研成果奖励暂行规定》，对教师的教科研成果奖励参照规定执行。

积极参与教科研是教师教学工作的一个重要组成部分，学校制定《××××学校教师教科研成绩评定暂行办法》，对教师的教科研实绩评定参照办法执行。

学校每学年要进行一次全面总结，对取得教研成果的教师予以表彰和奖励。

第二十九条　档案管理工作是课题研究活动的重要环节和课题管理的重要组成部分。课题档案的具体范围包括：

(1)选题阶段：调查报告，总体方案论证，背景材料与实验对象情况分析，实验教师情况分析，实施计划，开题报告，立项申请书和审批手续，开题报告会会议记录等。

（2）研究（实验）阶段：工作原始记录，研究课教案与纪实，图片及声像资料，活动记录表与工作记录，会议记录，研究方案修订情况，心得体会与经验教训总结，典型案例与研究过程大事记，教育教学效果调查测试和过程评价的各类数据材料，调查报告与分析报告，阶段性成果报告，已经发表的有关研究内容的论文著作等。

（3）总结鉴定阶段：立项申请书及审批手续，总结报告，鉴定（评审）会议记录，成果鉴定报告，专家意见与证书等。

（4）成果推广运用阶段：成果推广运用情况，教育教学效果反馈等文本材料。

第三十条　本制度由校长办公会负责解释。

（审校：李卫国　王延杰）

学校教研组、备课组校本教研制度

教研组、备课组是学校最基层的教育教学研究单位，是促进教师专业化发展的重要学术团体。为了进一步发挥教研组、备课组在教育教学和教育科研中的作用，促进教师专业水平和课堂教学能力的发展，进一步提高教学质量，学校特制定本制度。

一、学校教研组、备课组校本教研的基本理念

坚持“百年树人、精益求精”办学理念，以促进学生发展为宗旨，以新课程标准实施过程中教师所面对的各种具体问题为研究对象，把教师或学生作为研究的主体，研究和解决教育教学过程中的实际问题，总结和提升教育教学经验，形成民主、开放、鲜活、高效的教研机制，努力把教研组、备课组建设成为学习创新型组织。

二、校本教研任务

精细研究教学计划和课堂教学设计，深入了解并及时解决教育教学中的困惑和问题，总结推广教育教学经验，探索教育教学规律，实施教育教学课题

科学研究,不断提高教师的专业化发展水平和校本课程建设与管理能力。

三、教研活动时间

1. 根据学校统一安排,各学科教研活动时间分别安排在星期二至星期五的上午或下午。

2. 凡上午开展教研活动的具体时间为:9:30—11:30。

3. 凡下午开展教研活动的具体时间为:14:30—16:30。

四、教研活动形式

(一)教研活动由教研组长主持,教研组长应根据学校教育教学工作安排及教育科研需要有计划、有步骤开展教研活动。

(二)教研组长完成总体教研工作布置、学科教研任务及理论专题学习之后,备课组长应主持本备课组的集体校本教研活动,研究本年级教学工作中的具体问题,研究落实教研组、备课组各种活动的计划、措施等。

(三)教研活动过程中,以自我反思、同伴互助、专家引领为主要活动形式。以新课程标准为导向,灵活运用案例分析、问题解决、调查研究、实践探索、区域交流等多种教研活动方式,努力提高教学研究的针对性和实效性。倡导开放式教研活动、促进式教研活动、学科整合式教研活动、针对式教研活动等多种教研形式。

(四)各教研组、备课组要加强教师对自己教学行为的反思、分析。每位教师每学期听课20节以上,教研组长、备课组长每学期听课25节以上,新入职教师每周听课不少于2节(每学期听课不少于40节)。

(五)教研组、备课组应加强同伴互助工作。以学科组和学习型小组为互助载体,促进教师与同伴的对话。提倡在校本教研中有不同呼声,在一个群体中有不同思想,鼓励教师大胆质疑和批评,形成各抒己见的民主教研氛围。

(六)教研组、备课组要积极聘请我校专家委员会委员参加教研活动,利用区"名师工作室"等带动教研活动向高层次发展。引进专家新的理念和教学思想,促进我校教师的专业发展。

(七)校本教研应将"三精三课"作为校本教研的一项常规工作,加强"精品课"研究和开发,提高课堂教学的实效性,促进教师的快速发展。

五、教研活动要求

（一）各组长做好教研活动计划，按计划组织好教研活动。

（二）做好教研活动过程记录、教研活动总结。

（三）所有教研活动记录要及时上交教导处存档。

（四）凡与校外有交流的教研活动，各教研组要及时向学校汇报，并将教研活动情况汇总反馈。

（五）全校教师应准时参加学校校本教研，不缺席、迟到和早退。学校每周一公布教师参加教研活动情况，并按《××××中学教师教育教学常规处理意见》进行相应处理。

（六）教师参加校本教研务必使用普通话和规范的文字。

六、校本教研的奖励制度

（一）校本教研参与情况将与教师的提高和教师“发展性评价等级”相挂钩。

（二）教师参加教研活动情况与学年年度考核、职称评定、评优评先等挂钩。

（三）校本教研参与情况将与示范备课组、先进教研组考核挂钩。

（审校：赵忠　王延杰）

听课评课制度

教师听课评课制度是学校管理的重要工作之一，也是校本教研的一种形式。通过上课、听课、评课活动，可以直接了解教师的课堂教学情况，发现优点并进行总结推广，对存在的问题直接给予指导。同时，教师听课评课也可以促进教师之间的互相研究、互相帮助，共同提高教学水平。

一、听课要求

（一）听课节数

校级领导和行政干部每学期听课不少于30节，覆盖所有年级和学科；教研组长、备课组长、骨干教师每学期听课不少于25节，其他教师每学期听课不

少于20节,新入职教师每学期听课不少于40节。

(二)听课形式

1.独立听课:学校校长可随时到班听“调研课”,教师之间独立听课可以协商进行。

2.集体听课:校级或教研组组织的公开课、观摩课、比赛课、研究课、渗透法治教育课等。

3.外出研究听课。

(三)听课要求

1.教师听课时原则上应自行先调好自己的课程,不能因听课而耽误自己的授课。

2.教研组集体听课,教研组长及所在班的班主任应协助做好听课准备工作,如时间的安排、地点的安排、电教设备的准备、学生的准备等。

3.听课时,教师要提前5分钟进教室,不讲话、不走动、关闭通信工具。如没有特殊情况不中途离场,以示对执教者的尊重。

4.要认真做好听课记录。所有听课者均应写听课简评。

二、评课要求

(一)评课态度

大家要本着互相研究、取长补短的研究态度参加评课,好的方面应充分肯定,不足之处也要实事求是提出来,以利改进和提高。评课既不能一团和气,也不能吹毛求疵。

(二)评课形式

教研组、备课组在集体听课后要及时组织评课,并做好评课记录。

(三)评课内容

评课要以课程改革理念和课程标准的要求为指导,全面评价执教者对课标的研究和理解,对教材的钻研与把握,对学生的关注与了解,对教法的选择与应用,对学法的指导与训练,对法治教育的渗透等方面,且能抓住重点,说在点子上,评在要害处。各科组可以结合每次活动的研究重点进行专项评课与研究。

（四）评课流程

评课前，执教者先谈自己教学设计思路或介绍授课后的体会，然后由评课者对课堂教学情况作深入讨论分析。评完课后，教研组长应对执教者的薄弱环节进行有针对性的指导。

（审校：赵忠　王延杰）

教研组长、备课组长会议制度

教研组长和备课组长例会是学校正常教育教学工作中必不可少的重要会议，是促进学校教育教学管理走向科学化，规范化的重要途径，是提升学校教学质量的重要基础。根据我校实际情况，特制定教研组长、备课组长会议制度。

一、学校每周定时召开教研组长会议，备课组长每间隔一周参加教研组长和备课组长联席例会。

二、教研组长会议由学校教务处主任主持，学校校长、分管校长参加会议，并对教研组、备课组建设提出指导性意见。

三、教研组长会议参加人员为各教研组长、副组长。所有备课组长均参加会议。教研组长、备课组长不得随意迟到、早退，一般不请假，确保学校教育教学计划能有效实施。

四、会议的主要内容是开展校本教研专题讲座，布置学校教育教学工作，教研组、备课组教育教学工作交流，听取各教研组、备课组校本教研活动情况介绍，讨论和研究学校教学工作中的若干问题等。

五、教研组长应及时在会议上反映本学科教师教学中的实际问题，提出本教研组的初步意见，确保本学科教学活动的正常进行。

六、教研组长和备课组长应通过会议不断提高自身教育教学业务能力，积极参与会议经验交流，积极发挥专业骨干带头人作用，为整体提高教研组和备课组教育教学质量作出应有的贡献。

七、学校对教研组长、备课组长参加会议进行专项考勤，教研组长、备课组长无故缺席者每次扣工作津贴20元，迟到5分钟者扣10元。

（审校：赵忠　王延杰）

新教师见习(试用)期内教学工作要求

见习教师(即见习期内的新教师)是我校教育事业可持续发展的新生力量,见习教师的教育教学质量水平不但关系到教师自身业务水平的提高和专业技术的发展,更关系到学校整体教学质量的稳定提升。见习教师必须以高度的事业心、责任感投入学校教育教学工作中,为学校的发展做出应有的贡献。

一、见习教师必须有两周以上的备课储备,所有教案必须备详案。

二、见习教师的教案及相关教学课件必须经指导教师检查、签字后才能用于教学。

三、见习教师要在教案后写教学后记,并对本节课教学进行自我评价。

四、见习教师每周必须听指导教师2节以上课程,每学期必须听课40节以上。

五、见习教师的作业批改情况要接受指导教师检查,所有学生作业必须全批全改。

六、见习教师教学所编课堂教学测试试卷要经指导教师检查,进行必要修改后用于课堂测试。

七、见习教师每周要与至少10名学生交流,了解学生的心理状况,融洽师生关系,指导学生学习,写好与学生的谈话体会。

八、见习教师要确立三层次的学生辅导方案,逐渐摸索出优秀学生、中等学生、欠发展学生的学习指导方法。

九、见习教师要积极参加教研组、备课组教研活动,积极发言,勇于阐述自己的观点,不断提高自己的教学业务水平。

十、见习教师每学月上交一篇教学感想,按时参加学月青年教师交流会,参加学校教学论坛;每学期要上一堂教学研究课,完成一篇教学论文和教学案例。所有文章应交指导教师检查。

(审校:赵忠　王延杰)

学校班主任“老带新”协议

为了切实落实本校的“老带新”活动，提高青年教师的业务水平，现就活动双方拟定“老带新”协议如下：

一、目标：教会、学会中学班级教育管理的基本技能，被指导教师能适应学校班级教育管理工作。

二、时间：一年。

三、要求：

1.指导教师要做到：

(1)热情耐心地给予被指导教师以具体指导，内容包括师德修养、中学生特点、学风班风建设、常规管理、个别谈心方法。

(2)每月具体指导被指导教师组织主题班会不少于1节。

(3)指导青年教师搞好后进生的转化，及时帮助被指导教师处理班级突发事件。

(4)做好班主任工作和学生思想工作，使被指导教师能很好地组织本班的各种文体活动。

(5)指导青年教师撰写教育案例。

2.被指导教师要做到：

(1)加强师德修养，主动虚心向指导教师学习，做到学而不厌，务实进取，勇于实践，大胆探索，做全面关心爱护学生的良师益友，使自己具备独立开展班级工作的能力。

(2)认真接受指导教师指导，不定期向指导教师学习管理经验，班级管理过程和方案必须作详细记录。

(3)在指导教师的指导下开好主题班会，组织好各种班级活动、团队活动。

(4)在指导教师的指导下及时处理一些突发事件并完成教育案例写作。

(5)期末写出“老带新”工作的总结。

四、本协议自签字之日起生效。

五、本协议一式四份,指导教师和被指导教师各执一份,一份存学校教科室,一份报渝中区教师进修学院。

指导教师: 被指导教师:

教务处: 教科室:

校长:

学校(公章)

年 月 日

(审校:李卫国 张茹茂)

学校学科教学"老带新"协议

为了扎实有效地开展"老带新"活动,充分发挥有经验教师的"传帮带"作用,加快青年教师成长步伐,促进青年教师专业化发展,特制定如下协议:

一、目标:教会、学会教育教学基本技能,被指导教师能较好适应所任教育教学工作。

二、时间:一年。

三、权利与义务

(一)指导教师的权利和义务

指导教师享有的权利:

1.在同等条件下,评职、晋级、评先优先;

2.根据有关规定,给予相应继续教育学分;

3.对被指导教师教育教学有指导建议之权;

4.学校每月给予一定的专项津贴。

指导教师应履行的义务:

1.帮助青年教师加强师德修养,树立正确的教育观、教师观、学生观;

2.指导青年教师学习学科专业知识,促进青年教师专业成长,提高教育教学能力;

3.指导青年教师开展教科研活动,并做好课题资料的整理和总结工作;

4.抽查、审阅被指导教师备课上课情况,听被指导教师的课每周不少于1节,指导青年教师每学期出1套好的试卷;

5.帮助青年教师整改教育教学中存在的问题；

6.对被指导教师教育教学质量承担指导责任。

(二)被指导教师的权利和义务

被指导教师享有的权利：

1.可以得到指导老师教育教学业务方面的指导和帮助；

2.根据有关规定，给予相应继续教育学分；

3.学校对于顺利完成“老带新”任务、成绩优秀的师徒对子给予表彰奖励。

被指导教师应履行的义务：

1.认真履行教师职责，树立以生为本的教育观念，尊重、关爱每一个学生；

2.认真学习钻研教育教学知识，学习现代信息技术，提高教育教学能力，进一步提高教育教学质量；

3.积极参加和开展教育科研工作，认真撰写教育科研论文；

4.虚心求教，不懂就问，每周听指导教师的课不少于2节；

5.每学期出1套好的试卷；

6.每月填写月报表，每期末提交“老带新”工作的总结。

四、本协议自签字之日起生效。

五、本协议一式四份，指导教师和被指导教师各执一份，一份存学校教科室，一份报渝中区教师进修学院。

指导教师： 被指导教师：

教务处： 教科室：

校长：

学校(公章)

年 月 日

(审校：李卫国 张茹茂)

学校教师优质课竞赛制度

课堂教学是教师专业化发展的重要通道，为了进一步促进我校教师向课堂教学要质量，实现课堂教学的优质发展，学校鼓励教师积极参加优质课竞赛，并通过竞赛不断提高教育教学水平。学校特制定关于组织教师开展优质

课竞赛的制度。

一、每一位教师应努力钻研课堂教学,钻研新课程改革的基本理念,钻研课程标准、大纲和教材,研究学生的发展心理。努力提高自身综合素质,为随时参加国家、市、区级优质课竞赛作好充分的物质和能力准备。

二、学校积极推荐我校优秀教师参加各级教育行政部门组织的优质课竞赛,并调动学校一切力量,通过各部门通力合作,实现教师优质课竞赛的教学目标,获取优异成绩。

三、教研组、年级备课组是教师优质课竞赛的基层单位,凡被学校确定参加优质课竞赛的教师,教研组、备课组要全力以赴,利用集体智慧,精心策划、精心设计课堂教学,精心制作教学课件,精心进行前期打磨和试讲,务必使竞赛活动获得圆满成功。

四、凡代表学校参加优质课竞赛的教师,要以高度的事业心、责任感和顽强的拼搏精神,以“精益求精”教学理念为指导,发扬特别能战斗的精神,克服困难,为学校争光,为自己添彩。

五、凡教龄在10年以下的教师,应积极发挥青年教师的朝气蓬勃、敢于挑战的精神,踊跃报名参加各级各类优质课竞赛,为自己的发展奠定良好的基础。

六、学校定期举办学校各学科优质课竞赛活动,每位教师应根据学校有关规定,积极参加学校优质课竞赛。并力争在优质课竞赛中取得优异成绩,不断提高课堂教学水平。

七、学校长期推进“三课”建设,每一位教师应根据“推门课”“功夫课”“精品课”的评价标准,加强自我评价与调整,通过同伴互助实现课堂教学质量的提高。

八、学校对在优质课竞赛活动中取得优异成绩的教师给予物质和精神奖励。获得优质课竞赛显著成绩,为学校发展争取荣誉的教师在职称评定及年度考核中将优先考虑,或给予破格评定提拔等。

(审校:庞梅　赵忠　张茹茂)

学校教职工加班代课制度

一、教职工加班管理

（一）教职工加班需遵循学校相关规定，加班申请应提前向责任部门提交，并说明加班的原因和预期的工作内容。

（二）责任部门负责审核加班申请，确保加班的必要性，并与申请人协商确定加班时间和补偿方式。

（三）加班完成后，教职工需提交加班报告，详细记录加班时间、工作内容及完成情况。

（四）行政办公室将根据加班报告进行核实，并按照学校规定的标准发放加班费或以其他形式补偿。

二、代课制度

（一）教师因故无法按时到校授课时，应提前向教务处和年级组提出代课申请，并提供合理的证明材料。

（二）教务处负责安排代课教师，确保课程能够正常进行。代课教师应具备相应的教学资质和能力。

（三）代课教师在接到代课任务后，应及时准备教学内容和资料，确保教学质量不受影响。

（四）原任教师应尽快与代课教师进行交接，包括教学内容、学生表现等相关信息的传递。

（五）教务处将对代课情况进行监督和评估，以确保教学质量和维护正常的教学秩序。

三、附则

（一）教务处负责本制度的最终解释权，并根据实际情况进行更新和完善。

（二）本制度自发布之日起执行，如有与以往规定不一致之处，以本制度为准。

(三)教职工应严格遵守本制度规定,维护学校的教育教学秩序。

以上制度旨在规范教职工的加班和代课活动,确保教学工作的连续性和稳定性,同时保障教职工的合法权益。学校会根据实际情况和教育政策的变化,适时对制度进行调整和优化。

(审校:庞梅　赵忠　张茹茂)

新时代依法治校典型案例

中学依法治校管理手册

下册 教育教学服务手册

总主编 费春斌

主 编 欧 涛 王 曦 沈 丹 王延杰

副主编 陈 磊 陈星舟 李卫国 刘 艳
吴 朋

西南大学出版社
SWUP 国家一级出版社 全国百佳图书出版单位

下册编委会

总 主 编:费春斌

主　　编:欧　涛　王　曦　沈　丹　王延杰

副 主 编:陈　磊　陈星舟　李卫国　刘　艳　吴　朋

编　　委:彭　进　李　峥　姜宇龙　王龙锐　王　颖
程　明　王定敏　蒋　卓　邓梅洁　蒋京灵
唐　宇　童　行　严　凡　童桂芳

下册目录

第五板块　教育教学常规(续)

教师业务档案管理制度 ……002
学校教师校内申诉制度 ……003
学校教学事故认定与处理办法 ……005
学校课表管理规定 ……010
学校高中课程设置及课时安排方案 ……012
学校选科走班实施方案 ……029
学校自主选修课程实施方案 ……035
学校学生生涯规划教育实施方案 ……039
学校劳动教育工作方案 ……044
学校学生体质健康管理方案 ……052
学校手机管理方案 ……053
学校学生睡眠时间管理建议 ……055
学校学生课后服务实施方案 ……056
学校学生课后服务告家长书 ……059
学校加强作业管理实施方案 ……062
学校教师批改作业、辅导学生的若干规定 ……066
学校严禁教师违规补课的规定 ……067
学校关于严格使用教辅资料的规定 ……068
学校高中教材教辅资料征订管理制度 ……069
学校严禁向学生乱收费的规定 ……072
学校课外读物进校园管理办法 ……073

学校命题要求及命题效果考核方案 ……………………………………076
学校计算机教室(机房)管理制度 ……………………………………078
学校物理实验室设备管理制度 ……………………………………079
化学实验室使用规则 ……………………………………080
化学实验准备室管理制度 ……………………………………080
危险药品管理制度 ……………………………………081
生物实验室安全规则 ……………………………………081
生物实验室使用规则 ……………………………………082
生物实验仪器设备管理制度 ……………………………………082
图书管理制度 ……………………………………083
图书赔偿制度 ……………………………………083
图书阅览室规则 ……………………………………084

第六板块　学生管理

学校未成年人保护专项方案 ……………………………………086
学校中学生守则 ……………………………………089
学校学生行为规范 ……………………………………090
学校学生考试守则 ……………………………………094
学校学生学习方法常规 ……………………………………095
学校高中学生学分认定方案 ……………………………………097
学校星级社团评定方案 ……………………………………099
学校学籍管理制度 ……………………………………101
学校学生转学流程 ……………………………………105
学校团员发展管理条例 ……………………………………107
学校团员团籍管理制度 ……………………………………108
学校学生管理重大事项上报制度 ……………………………………108

学校学生特殊情况强制报告制度 ……110
学校学生外出研学规章制度 ……111
学校课间操管理制度 ……114
学校心理咨询室工作制度 ……114
学校学生心理危机干预实施方案 ……115
学校心理辅导伦理规范 ……118
学校心理社《心语》内刊工作流程 ……123
学校心理社办公室工作操作流程 ……124
学校复课复工证明查验制度 ……126
学校因病缺课缺勤登记追踪制度 ……128
学生寝室纪律规定 ……129
学生寝室防火应急处置流程 ……129
学生资助管理工作制度 ……130

第七板块　校园安全

学校安全责任制(岗位责任制) ……134
学校消防安全组织机构图 ……146
学校安全教育制度 ……146
学校安全检查制度 ……148
学校突发事件及时报告制度 ……149
校园周边环境安全治理制度 ……149
学生校园日常安全管理制度 ……150
学生人身安全管理制度 ……151
学校门卫安全管理制度 ……152
校园值班巡逻制度 ……153
学校应急疏散演练制度 ……153

学校消防安全管理制度 ……………………………………………………154
学校食品卫生安全管理制度 …………………………………………………156
学校消防安全培训制度 ……………………………………………………164
学校防火检查制度 …………………………………………………………165
学校每日防火巡查制度 ……………………………………………………165
学校安全疏散设施管理制度 ………………………………………………166
学校消防设施、器材维护管理制度 …………………………………………166
学校火灾隐患整改制度 ……………………………………………………167
学校用火、用电安全管理制度 ………………………………………………167
学校灭火和应急疏散预案演练制度 ………………………………………168
学校灭火应急演习预案 ……………………………………………………168
学校燃气和电气设备的检查和管理制度 …………………………………174
学校消防控制中心管理制度 ………………………………………………175
学校消防安全工作考评和奖惩制度 ………………………………………175
学校专职和志愿消防队的组织管理制度 …………………………………176
学校易燃易爆危险物品和场所防火防爆管理制度 ………………………177
学校教育教学安全制度 ……………………………………………………178
学校危化品安全管理制度 …………………………………………………181
学校体育活动(体育教学)安全管理制度 ……………………………………182
校内公共活动场所安全管理制度 …………………………………………182
校内集体活动安全管理制度 ………………………………………………183
学校组织师生外出集体活动安全管理制度 ………………………………184
学校突发灾害安全防护工作制度 …………………………………………185
学校网络信息系统安全管理组织机构 ……………………………………185
学校监控系统管理制度 ……………………………………………………186
学校教学区视频监控管理制度 ……………………………………………186
学校教室安全管理制度 ……………………………………………………187

学校实验室安全管理制度 ……187
学校护校队工作职责 ……188
学校学生宿舍安全管理制度 ……189
学生宿舍宿管人员安全管理制度 ……190
校内教工宿舍安全管理制度 ……191
学校出租房安全管理制度 ……191
校园车辆安全管理制度 ……192

第八板块　膳食管理

学校食堂食品(原料)采购索证索票管理制度 ……194
学校食堂库房管理制度 ……195
学校食堂设施设备清洁和消毒制度 ……196
学校食堂食品安全自查制度 ……197
学校食堂餐厨废弃物处置管理制度 ……199
食堂从业人员健康管理制度 ……200
食堂从业人员培训管理制度 ……201
食堂家长开放日制度 ……202
食堂陪餐制度 ……203
食堂设施设备维修保养制度 ……204
食堂食品留样制度 ……205
食堂食品添加剂使用与管理制度 ……205
食堂有害生物防治管理规范 ……206
食堂应急预案(一) ……208
食堂应急预案(二) ……215
学校食堂财务管理办法 ……217
学校水电气管理制度 ……222

第九板块　对外联络

学校校家社共建联络制度 ……224
学校公众号信息发布审核办法 ……225
校园舆情工作制度 ……226
学校校友联络制度 ……228

第十板块　师生公约

班规约定(建议) ……230
学校光盘行动公约 ……230
学校亲子阅读公约 ……231
学校卫生公约 ……233

第五板块

教育教学常规（续）

教师业务档案管理制度

一、制度背景

教师业务档案管理制度旨在系统、完整地记录教师的教育教学工作、学术研究成果以及其他相关业务活动,为教师职称评审、晋升等提供真实凭证,同时促进学校教学管理与改革,提升教学质量。

二、适用范围

本制度适用于学校全体教职工。

三、档案内容

教师个人基本情况登记表,包括个人简历、业务自传等信息。

教师业务工作登记表、年度考核表、教师历年任课工作量记录、教学态度、教学水平、教学效果等。

教师教学质量、业务水平的考核评价材料及奖惩材料。

教师进修和水平考试成绩证明材料(含外出进修和在职学习)。

教师的教学经验总结、论文、专著、编写的教材及参考书、译文、教科研成果证明材料等。

教师学历证书复印件、任职资格、聘任等材料。

四、档案管理要求

教师业务档案由教师本人实事求是填写,学校或系部进行审查,教务处审核。

档案实行专柜存放,每人一袋,由教导处或指定部门负责保管。教师确因实际需要查阅档案或修改相关内容时,应有管理人员陪同,但考评部分不得修改。

四、管理要求

管理人员应严格保密,不得泄露档案内容。

整理业务档案要做到系统、完整、准确,用钢笔或黑色签字笔填写,字迹清楚、整洁。

五、制度执行与监督

学校应建立健全档案工作制度,规划草拟本学校档案工作计划和管理制度,并认真贯彻执行。

分管领导确保学校档案工作的宏观建设,提高档案工作科学管理水平。

定期开展档案行政检查,对违反档案管理规定的行为予以制止,并及时向领导汇报,提出处理意见。

六、制度修订与完善

本制度将根据学校实际情况和需要进行修订与完善,以适应教育教学工作的不断发展。

(审校:贾雷雷　张茹茂)

学校教师校内申诉制度

为了依法维护我校教师的合法权益,保障教师身心健康,根据《中华人民共和国教育法》《中华人民共和国教师法》《中华人民共和国行政诉讼法》《中华人民共和国民事诉讼法》等国家法律、法规和有关规范性文件,结合我校实际,现制定教师校内申诉制度。

一、教师申诉的范围

我校教师认为下列合法权益受到学校侵犯的,可以提出校内申诉。

(一)教师认为学校侵犯其《中华人民共和国教师法》规定的合法权益的,可以向学校提出申诉。这里的合法权益,包括《中华人民共和国教师法》规定的职务聘任、教学科研、工作条件、民主管理、培训进修、考核奖惩、工资福利待遇、退休等各方面的合法权益。

(二)教师对学校的处理决定不服的,可以提出申诉。

(三)教师认为校内有关部门或其他成员侵犯其合法权益,要求学校处理的,可以提出申诉。

二、成立学校教师申诉委员会

组长:党委书记。

副组长:校长、校级领导干部。

成员:行政会成员。

三、我校教师应当在其合法权益受到侵犯的30日内向教师申诉委员会提出申诉申请(法律法规另有规定的除外),申诉申请书须写明申诉人的自然状况和被申诉人的自然状况,申诉要求的事实与理由,提出申诉的日期。申诉申请书一式三份。书写申诉申请书有困难的可以口头申诉,由学校教师申诉委员会进行笔录,并告知被申诉人。

四、校内教师申诉委员会在收到申诉申请书的5日内,认为符合受理条件的,应当受理,并通知当事人,申诉申请书副本须同时送达被申诉人;认为不符合受理条件的,应当书面通知申诉人不予受理,并说明理由。申诉人对不予受理的决定不服的可以向学校的上级教育行政主管部门申诉。

五、学校教师申诉委员会成员参与校内申诉案件的审理有下列情形之一的,必须回避,教师有权要求他们回避:1.是本案当事人的近亲属;2.与本案申诉事项有利害关系;3.与本案当事人有其他关系,可能影响公正处理的。

六、学校教师申诉委员会应当在接到申诉申请书并决定受理的30日内,做出处理决定。

七、学校教师申诉委员会受理申诉案件后,对申诉内容进行全面调查核实并做笔录,并交申请当事人核对无误后签字或盖章。

八、学校教师申诉委员会在处理案件过程中,如果当事人愿意,可以主持调解,调解达成协议的,制作调解书,并由当事人签字,调解书与处理决定具有同等效力。

九、调查取证

(一)学校申诉办公室接到教师申诉材料后,组成三人以上的调查组,对申诉的内容进行调查核实,并作笔录。

(二)属校内申诉办公室受理的申诉案件,要在深入调查的基础上,取得佐证材料,然后召开校内申诉委员会以及申诉对象等方面人员参加的听证会,进一步核实案由。

(三)调查、听证过程的笔录以及听证材料的记录,由当事人签字后存入档案。

十、学校教师申诉委员会对受理的申诉案件,经过审理,可以做出如下处理决定:

(一)被申诉人的行为符合法律法规和规章的规定,未对申诉人的合法权益构成侵犯的,驳回申诉请求。

(二)被申诉人不履行法律法规规章规定的职责并且对申诉人的合法权益构成侵犯的,责令其限期改正。

(三)被申诉人的行为违反法律法规或规章,对申诉人合法权益构成侵犯的,视情节轻重分别给予批评教育或适当的行政处分;对申诉人造成财产、人身损害的,根据民事法律的有关条款做出处理,触犯法律,构成犯罪的,送司法机关依法追究其法律责任。

十一、学校教师申诉委员会做出申诉处理决定,制出申诉处理决定书,由委员会主任署名,并加盖校内教师申诉委员会印章。申诉处理决定书与学校行政办公会议做出的处理决定具有同等效力。

十二、申诉当事人对申诉处理决定不服的,可在收到申诉处理决定书的15日内以书面形式向上级教育行政主管部门提起申诉,逾期未向教育行政主管部门提出申诉的,申诉处理决定即发生效力。

十三、附则

(一)学校职员、工人及其他在聘人员适用本规定。

(二)本规定解释权和修改权归学校教师申诉委员会或教代会。

(三)此申诉制度作为《学校章程》附件,经学校教职工大会通过后执行。

(审校:陈磊　陈星舟)

学校教学事故认定与处理办法

为保证教学管理工作的科学性、规范性和严肃性,维护正常的教学秩序,预防教学工作中各种事故的发生并使各类教学事故能得到及时、有效、妥善的处理,规定如下。

第一章　教学事故的认定

第一条　由于任课教师、实践教学人员、教学管理人员(部门)以及为教学服务的各部门工作人员的直接或间接责任导致影响正常教学秩序、教学进程和教学质量等事件,均属于教学事故。

第二条　根据事故发生的情节和造成的后果,分为重大教学事故、较大教学事故和一般教学事故。

第三条　重大教学事故

凡发生下列情况,均属于重大教学事故。

1.教学类

(1)有关人员在教学、实验、实习以及教学管理等教学活动中违背四项基本原则,违背教书育人基本宗旨,或散布封建迷信以及淫秽内容,其言行在学生中造成恶劣影响的。

(2)教职员工对学生有打、骂、停课、赶出教室或讽刺、挖苦、侮辱等行为;贬低、嫌弃、排斥、歧视学生;体罚或变相体罚学生或以其他方式打击报复学生的。

(3)学生旷课逃学,任课教师未能及时发现学生不在课堂,或发现后未及时向班主任或学校报告;班主任发现后未能及时向学校有关领导报告、向家长反馈。因处置措施不力造成严重后果的。

(4)学生学籍建立、转(入)学、休(复)学等学籍管理和控辍保学工作不严格按程序执行,造成不良影响的。

(5)任课教师未经学校教学分管负责人和教务处准许,擅自停课、缺课、调课,或非不可避免的原因而迟到20分钟以上,严重影响教学秩序和教学进程的。

(6)任课教师、监考人员或其他有关人员考前泄露试题的。

(7)考卷出题人未将试题按规定交教务处有关负责人审查,或备课组长考前考务会迟到从而导致试题存在严重错误未能事先发现,造成考试延误、中断或失效的。

(8)监考人员在国家考试中迟到而严重影响考试的正常进行,或未能严格执行有关的考试规定而造成考场秩序混乱,影响考试结果的有效性的。

(9)监考人员在校级考试中未到者。

(10)阅卷教师不按评分标准阅卷,擅自提高或压低学生考试成绩10分以上者。

(11)因指导教师的责任造成学生在教学、实践或实验活动中受到严重伤害或造成重大财产损失的。

(12)无特殊原因不能按教学计划开出实验者。

2.教学管理类

(1)故意出具与事实严重不符的学历、学籍、成绩等各类证书、证明者。

(2)教学管理部门由于非不可抗拒原因而丢失学生原始成绩的。

(3)在考试安排中漏排班级、考试课程,严重影响考试的正常秩序的。

(4)学校管理人员推诿扯皮,无故拒不接受学校工作安排,或故意不完成工作任务的。

3.教学保障类

(1)因人为原因造成停电、导致中断上课、实验、实习等教学活动涉及人员达60人以上,而主管部门未能及时请人修理,严重影响教学进程的。

(2)教学活动进行过程中学生突发疾病或受伤,校医务室在接到通知后医护人员未能及时组织抢救、治疗或转送校外医院,造成严重后果的。

第四条　较大教学事故

凡发生以下情况,均属于较大教学事故:

1.教学类

(1)未经学校教学主管负责人和教务处同意,擅自舍弃(或迟滞教学进度)学期课程内容1/4以上。

(2)未经学校教学主管负责人和教务处同意,擅自变更教学任务书(课程表)确定的授课教师或擅自找其他教师代课。

(3)未经学校教学主管负责人和教务处同意,擅自取消已安排的教学活动或变更教学任务书(课程表)安排的教学时间、地点,由此导致多数学生误课并影响正常的教学进程。

(4)任课教师迟到或提前下课超过10分钟,每学期累计达2次。

(5)按教学要求应向学生布置作业,但教师在整个教学过程中未布置作业或练习;任课教师从不批改作业或遗失学生作业10%以上。

(6)监考人员迟到超过10分钟;未经教务处同意,临时找他人代替监考;监考人员不负责任,导致考场纪律松懈,发现学生作弊不及时纠正、处理;考试结束时监考人员漏收学生考卷两份以上;阅卷教师在考试结束后遗失学生试卷或学生考试成绩两份以上。

(7)阅卷教师无特殊原因未在规定的时间内报送成绩;考分报教学管理

部门后需要对学生成绩进行修改超过5%。

(8)在教学活动中因教师擅离岗位或指导失误造成学生受伤,必须送医院就医,或造成财产损失1000元以上。

(9)教师上课时间使用手机接听电话或收发信息。

(10)酒后给学生上课或监考。

2.教学管理类

(1)因未及时采购教材,导致开课一周后仍缺供教材20%以上,影响学生正常学习和正常教学秩序。

(2)由于放假或全校性教学调度通知内容不当或未能及时下发造成教学秩序混乱。

(3)审查不认真,出具与事实严重不符的学历、学籍、成绩等各类证书、证明。

(4)未安排足够的教师上课,使教学质量不能得到保证;或因缺少教师,影响教学计划的正常执行。

(5)主管部门对本单位所发生的重大教学事故故意隐瞒不报,造成严重后果。

3.教学保障类

(1)按计划应完成且执行部门允诺完成的维修项目未及时完成,又未能提前向使用部门说明,影响教学活动正常进行。

(2)教学楼内无粉笔、黑板擦供应,严重影响正常教学。多媒体教室上课前未能调试好多媒体设备每学期累计达3次以上。

(4)教学设备损坏,在已报修的情况下未能及时进行修理,且未及时采取有效措施,影响教学活动的正常进行。

第五条　一般教学事故

1.教学类

(1)开课后一周以上仍未交教学日历。

(2)任课教师上课迟到超过5分钟或提前下课超过5分钟,每学期累计达2次。

(3)任课教师上课衣冠不整(如穿背心或拖鞋等)。

(4)监考人员迟到5分钟以上。

(5)没有实验记录或实验记录不全者。

2.教学管理类

(1)变动上课时间或地点,未及时报教务处备案。

(2)因安排不当造成考试冲突,但未造成严重后果。

(4)因排课失误造成课程冲突,但未造成严重后果。

(5)由于上班迟到20分钟以上而影响教学活动的安排进行。

(6)酒后上班给师生造成不良影响。

3.教学保障类

(1)教室内黑板损坏1/2以上或灯管损坏1/3以上,报修后两个工作日内未修复;或连续五个工作日未能在巡视中发现,影响正常教学活动或学习效果。

(2)教学楼上课铃或下课铃不响;响铃时间正负误差超过1分钟;在上课时间,教学区铃声或广播乱响影响教学活动的正常进行。

(3)教室或其他教学活动场所卫生情况很差,应进行打扫但未能按规定清扫。

第二章　教学事故的认定程序

第六条　事故发生后,教务处根据《学校教学事故认定与处理办法》负责教学事故的认定与处理工作。

第七条　事故责任人所在单位按一次一表填写教学事故登记表。

第八条　由教务处报学校党委会审核,作出认定。

第三章　教学事故的处理

第九条　一般教学事故的处理

由教务处签发一般教学事故通知书,并在相应年级或处室通报批评。

第十条　较大教学事故的处理

由教务处签发较大教学事故通知书,并在相应年级或处室通报批评;对事故责任人扣发事故发生后下一个月的岗位津贴;取消事故责任人当年申报高一级职务(含职称、岗位)的资格。

第十一条　重大教学事故的处理

1.由教务处签发重大教学事故通知书,并在全校予以通报批评。

2.扣发事故责任人6个月至全年的岗位津贴。

3.取消事故责任人在当年以及下一年度申报高一级职务(含职称、岗位)的资格。

4.给予事故责任人警告及以上行政处分。

5.对于造成严重后果,情节严重,责任人认识较差的,对责任人实行缓聘或解聘或调离教学岗位;如对责任人实行岗位解聘,应报学校党委会审批并发出教学岗位解聘通知书。

6.各有关部门应在教学事故处理完毕后将教学事故通知书、教学岗位解聘通知书的副本以及具体处理意见报学校教务处和党办、行办,作为年终考核、工资调整、职务晋升、职称评定以及聘任等的依据。

7.教学事故责任人涉嫌违法犯罪的,及时移送司法机关依法处理。

第四章 附则

第十二条 若事故责任人对事故的认定与处理有不同意见,可在接到教学事故通知书之日起10日内,向学校有关职能部门提出申诉。

第十三条 本办法自发布之日起执行。

第十四条 本办法具体事宜由教务处解释。

(审校:庞梅 赵忠 张茹茂)

学校课表管理规定

一、总则

(一)为保障学校教学秩序的正常运行,优化教学资源配置,提高教育教学质量,特制定本规定。

(二)本规定适用于全校所有年级、班级及任课教师的课表编排与管理。

(三)课表管理应遵循科学性、合理性和公平性原则,确保教学工作的有序进行。

二、课表编排

(一)课表编排应由教务处统一组织,各年级、班级及任课教师参与配合。

(二)课表编排应考虑课程性质、学科特点、教师特长及学生需求,确保课程的均衡分布和合理搭配。

(三)每周课时安排应按照国家及地方教育行政部门的相关规定执行,确保学生有充足的休息和自主学习时间。

(四)教师应根据学校教学计划和课程安排,提前制定个人教学计划,并报教务处备案。

三、课表调整

(一)课表一经确定,原则上不得随意调整。如有特殊情况需调整课表,应提前向教务处和年级组提出申请,经批准后方可实施。

(二)教师因故无法上课,应提前向所在年级组长或教务处请假,并协调好代课事宜。

四、课表执行

(一)教师应严格按照课表安排上课,不得随意更改上课时间、地点及授课内容。

(二)学生应按时参加课程学习,不得无故缺课、迟到或早退。

(三)教务处应加强对课表执行情况的监督与检查,发现问题及时处理。

五、课表公示

(一)教务处应将全校课表及时公示于教室公告栏等公共区域,方便师生查询。

(二)各班级应将本班课表张贴在教室显眼位置,方便学生查看。

六、附则

(一)本规定由教务处负责解释,自发布之日起执行。

(二)如有与本规定相抵触的,以本规定为准。

(三)本规定未尽事宜,由教务处根据实际情况制定补充规定。

本规定旨在规范全校课表管理,确保教学工作的顺利进行。希望全校师生共同遵守本规定,共同营造和谐有序的教学环境。

(审校:庞梅 赵忠 张茹茂)

学校高中课程设置及课时安排方案

为贯彻落实《国务院办公厅关于新时代推进普通高中育人方式改革的指导意见》(国办发〔2019〕29号),根据教育部《普通高中课程方案》(2017年版2020年修订)和普通高中学科课程标准(2017年版2020年修订)、《重庆市教育委员会关于印发重庆市普通高中课程设置及课时安排的通知》(渝教基发〔2020〕32号)等文件要求,为全面落实立德树人根本任务,不断优化育人模式和深化课程改革,提高我校办学水平,培养德智体美劳全面发展的社会主义建设者和接班人,特制定我校高中课程设置及课时安排方案。

一、指导思想

以习近平新时代中国特色社会主义思想为指导,落实全国教育大会精神,全面贯彻党的教育方针,落实立德树人根本任务,发展素质教育,遵循教育规律,推进教育公平,推动人才培养模式的改革创新,培养德智体美劳全面发展的社会主义建设者和接班人。牢固树立科学的教育理念,坚持“五育”并举,发展素质教育,改革育人方式,创新教育评价机制,结合我校教育教学实际情况,形成符合国家课程改革要求、具有校本特色、充满活力的学校高中课程体系,以社会主义核心价值观统领课程改革,着力提升课程的思想性、科学性、时代性、系统性、指导性,充分发挥课程在立德树人中的核心作用,促进学生全面而有个性的发展,促进课程改革与高考综合改革的有机衔接,促进我校特色发展,促使新课程改革落地见效。

(一)基本原则

在充分领会新课程方案和学科课程标准的前提下,根据我校教学资源和师资力量,在课程目标、课程内容、课程编排、课程设置等方面整体设计,合理设置。在必修、选修、校本课程等方面整体规划,积极探索,在探索中总结,在总结中调整,使课程方案体现逐年推进的特点,学生自主选择空间逐步增加。

1.育人为本原则

全面落实新课程方案要求,遵循教育规律和学生成长规律,围绕立德树人根本任务,坚持五育并举,把科学的质量观落实到教育教学全过程,打牢学生成长的共同基础,满足学生不同学习需要,进一步提升学生综合素质,着力发展学生核心素养,使学生成为有理想、有本领、有担当的时代新人。

2.科学性原则

遵循教育教学规律和学生身心发展规律,在严格执行国家课程方案和我市实施方案基础上,实事求是,从实际出发,根据学校师资、场地、设备等资源的实际,按照不同学科的特点和必修课程、选择性必修课程和选修课程的具体要求,依据各学科课程标准,合理设置和安排课程内容。积极探索在学校层面实施新课程的有效途径和运行方式,探索高考与素质教育的协调发展之路,寻求一条适合学校和学生发展的有学校特色的课程规划实施方案。

3.稳步推进原则

制定和完善各种与新课程实施相应的管理制度,强化以教研组、备课组为单元的校本教学研究制度,发挥各教研组的能动性。既要长期规划、统筹安排、提前准备,又要分步实施、突出重点、循序渐进。

4.统筹合作原则

坚持把立德树人融入课程教学全过程,形成必修、选择性必修和选修三类课程体系的整体设计,既关注共同基础课程学习,也关注选择性课程学习,创新课程教学评价机制,推进育人方式改革,确保课程、教材、教法、考试、评价、招生等有机衔接,促进学生全面而有个性的发展。新课程改革需要学校、社会、家庭各方面的大力支持,才能顺利实施,学校要积极与社会、家长、学生联系沟通协调,统筹安排课程改革工作并加强合作。

5.教育创新的原则

新课程从设立到实践本身就是教育创新行动,参与者必须勇于探索,大胆开拓,积极实践,善于总结。在原有国家课程规划的基础之上,根据学校的办学理念,在课程实施、教学组织管理、学生发展指导和校本选修课程建设方面积极创新。

(二)任务目标

普通高中教育是在义务教育基础上进一步提高国民素质、面向大众的基础教育,任务是促进学生全面而有个性的发展,为学生适应社会生活、高等教育和职业发展作准备,为学生的终身发展奠定基础。

我校课程设定的目标:旨在培养学生初步形成正确的人生观、价值观和

世界观,具有民族精神、国际视野、民主与法治意识和社会责任感;具有适应终身学习的基础知识、基本技能和学习策略;具有初步的创新精神、实践能力和可持续发展能力;具有基本的人文素养和科学素养;具有健康的个性和良好的身心素质,养成健康的审美情趣和生活方式,成为有理想、有道德、有文化、有纪律的公民。

二、建立课程设置及课时安排管理制度

(一)成立组织机构

学校成立了“学校课程指导委员会”和“学科课程小组”。

1.学校课程指导委员会。课程指导委员会由书记、校长、主管教学和科研的副校长、教务主任、教科室主任和各学科组负责人组成。其职能主要是研究编排本校的课程方案与课程表,组织指导本校“学科课程小组”开展工作。

2.学科课程小组。学科课程小组的主要成员是本校各学科骨干教师,其职责是制定本学科必修课、选择性必修课和选修课的开设方案及实施说明,并上报学校课程指导委员会。

(二)明确课程编排程序

1.各学科课程小组制定开课方案。各学科课程小组负责讨论并制定本学科必修课、选择性必修课、选修课的开设意见以及课程说明,并报学校课程指导委员会。开课方案包括本学科的课程性质和学分分配情况,必修、选择性必修模块的开设顺序,选修课的安排,本学科教师的开课安排等。

2.学校课程指导委员会公布拟开设课程总清单。学校课程指导委员会应及时对各学科课程小组上交的开课方案进行汇总和调整,在此基础上列出和公布下一学期供学生选择的所有课程总清单。

3.学生依据学校公布的拟开课程清单,在班主任老师的指导下,参考家长的意见,依据自己的学习意愿进行选课,慎重填写选课单。针对确有原因的极少数学生,允许其有一次变更选课单的机会。

4.班主任对本班学生填写的选课单进行统计和汇总,并将汇总结果上报学校课程指导委员会。

5.学校课程指导委员会排出课程表。课程指导委员会对全校各班汇总上来的学生选课情况进行统计和汇总,并作适当调整,最后编排出下一学期的

课程表。由于课表编排工作比较复杂,应充分利用信息技术手段来完成。

6.学生依据学校课表确认和调整自己所选的课程,形成自己的课表。学生自己的课表应至少包含3个要素:课程名称、上课时间和上课地点,也可以包含授课教师的姓名。学生选课工作应安排在每个学期末进行。

(三)合理安排课时

我校高中的教学时间安排:每课时40分钟,一天8课时,学生以每周5天在校计算,每周共40课时。由于新课程方案的内容、结构、设置等发生变化,针对一些学科不同模块教学模式的不同,可根据实际情况进行适当调整,以便各学科、各模块的学习时间安排更合理、更科学。

原则上,高一全部安排必修课,高二、高三安排选择性必修课和选修课。

学校依据国家课程设置要求,结合办学目标、学生特点和实际条件,制定满足学生发展需要的课程实施规划。开齐开足国家规定的各类课程,特别是综合实践活动、劳动、信息技术、通用技术、音乐、美术、体育与健康等课程。充分挖掘课程资源,开发、开设丰富多彩的选修课程。

(四)课程设置类别及要求

1.课程类别

我校高中开设课程由必修、选择性必修、选修三类课程构成。其中,必修、选择性必修为国家课程,选修为我校校本课程。

(1)必修课程,由国家根据学生全面发展需要设置,所有学生必须全部修习。

(2)选择性必修课程,由国家根据学生个性发展和升学考试需要设置。参加普通高等学校招生全国统一考试的学生,必须在语文、数学、外语和选择性考试科目课程规定范围内修完所有选择性必修课程;同时结合兴趣爱好,在其他科目中选择部分内容修习,以满足毕业学分的要求。

(3)选修课程,由学校根据学生多样化需求,重庆社会、经济、文化发展需要,学科课程标准的建议以及学校办学特色等开发设置,既包括在必修和选择性必修基础上开设的学科拓展、提高类课程,也包括学校在上一轮高中新课程实验开发的富有特色的校本课程基础上,进行凝练和提升并经学校课程指导委员会审定设置的课程,由学生自主选择修习。

2.必修课的设置要求

(1)充分考虑学生的学习经验与心理特点,高一年级以必修课程为主,原则上大多数必修课集中在高一年级和高二年级上学期完成。

(2)考虑到学生学习知识的连贯性以及学校教师安排的合理性,所有学科的必修课程应连续开设,模块教学时间不完全受学段的影响,只是在课时上作适当调整。

(3)根据普通高中新课程方案学科知识特点,学校在具体安排必修模块时,应考虑前后逻辑顺序。课程编排应适当考虑各模块、各系列之间的逻辑联系,可基本按自然顺序或学生选择要求编排。

(4)合理安排部分学科必修课的结束时间。必修课的上课安排要配合高中课程方案和全市学业水平考试时间。

(5)明确各学科周课时、总课时分配及学分要求。学校校长、教务主任及教务人员要明确新课程各学科的周课时、总课时分配及学分要求,并在此基础上合理而有序地编排好课程表。

学校排出的必修课程学习进度安排表,需要使坚持正常必修课程学习的学生可以获得88学分。

3.选择性必修课的设置要求

(1)根据新课程改革和高考改革的要求,学校设立了学生发展指导中心,高一上学期开始,学校开设相应课程。引导学生根据自身条件、兴趣,慎重规划将要学习的选择性必修课。

(2)自高二年级上学期开始,根据学生自主选择,逐步开设选择性必修课。高二、高三各学段,必修课与选择性必修课同时开或交叉开。高三第二学期主要安排复习课和一些根据学生需要开设的选修课。

(3)学校在保证开设好必修课的同时,应制定选择性必修课开设课程的规划,鼓励教师根据本校的课程资源,有选择地设计开设选择性必修课,满足学生个性化的学习需求。

学校排出的选择性必修课程学习进度安排表,应该使坚持正常选择性必修课程学习的学生可以至少获得42学分。

4.选修课的设置要求

(1)积极创造条件,逐步开设丰富多彩的、高质量的选修课,努力办出学校特色。

(2)根据我校实际情况,按照新课程改革分类指导、有序推进的原则,选修课程根据学生的多样化需求,学科课程标准的建议以及学校办学特色等开发设置,学生自主选择修习。

校本课程应不少于14学分。其中,在必修和选择性必修基础上设计的学科拓展类、提高类课程之外的课程不少于8学分。

(五)科目设置与学分、课时安排

1.课程学分结构

我校开设语文、数学、外语、思想政治、历史、地理、物理、化学、生物学、信息技术、通用技术、音乐、美术、体育与健康、综合实践活动、劳动等国家课程,以及选修课程(校本课程),具体科目及其学分要求如下:

科目	必修	选择性必修	选修
语文	8	0~6	0~6
数学	8	0~6	0~6
外语	6	0~8	0~6
思想政治	6	0~6	0~4
历史	4	0~6	0~4
地理	4	0~6	0~4
物理	6	0~6	0~4
化学	4	0~6	0~4
生物学	4	0~6	0~4
信息技术	3	0~9	0~2
通用技术	3	0~9	0~2
音乐	3	0~9	0~2
美术	3	0~9	0~2
体育与健康	12	0~18	0~4
综合实践活动	8		
劳动	6		
校本课程			≧8
合计	88	≧42	≧14

注:校本课程包含生涯规划课程。

2.学科课程结构及学分

科目	必修课程	选择性必修课程	选修课程
语文	(8学分) 必修(上册、下册)。 整本书阅读与研讨(1学分),当代文化参与(0.5学分),跨媒介阅读与交流(0.5学分),语言积累、梳理与探究(1学分),文学阅读与写作(2.5学分),思辨性阅读与表达(1.5学分),实用性阅读与交流(1学分)。	(0~6学分) 选择性必修(上册、中册、下册)。 (整本书阅读与研讨、当代文化参与、跨媒介阅读与交流在选择性必修和选修阶段不设学分,穿插在其他学习任务群中) 语言积累、梳理与探究(1学分),中华传统文化经典研习(2学分),中国革命传统作品研习(0.5学分),中国现当代作家作品研习(0.5学分),外国作家作品研习(1学分),科学与文化论著研习(1学分)。	(0~6学分) 汉字汉语专题研讨(2学分),中华传统文化专题研讨(2学分),中国革命传统作品专题研讨(2学分),中国现当代作家作品专题研讨(2学分),跨文化专题研讨(2学分),学术论著专题研讨(2学分)。
数学	(8学分) 必修第一、二册。 预备知识(1学分),函数(3学分),几何与代数(2.5学分),概率与统计(1学分),数学建模活动与数学探究活动(0.5学分)。	(0~6学分) 选择性必修第一、二、三册。 函数,几何与代数,概率与统计,数学建模活动与数学探究活动。	(0~6学分) 分类、内容及学分如下: A类课程包括微积分、空间向量与代数、概率与统计三个专题,其中微积分2.5学分,空间向量与代数2学分,概率与统计1.5学分。供有志于学习数理类(如数学、物理、计算机、精密仪器等)专业的学生选择。 B类课程包括微积分、空间向量与代数、应用统计、模型四个专题,其中微积分2学分,空间向量与代数1学分,应用统计2学分,模型1学分。供有志于学习经济、社会类(如数理经济、社会学等)和部分理工类(如化学、生物、机械等)专业的学生选择。

续表

科目	必修课程	选择性必修课程	选修课程
数学	(8学分) 必修第一、二册。 预备知识(1学分),函数(3学分),几何与代数(2.5学分),概率与统计(1学分),数学建模活动与数学探究活动(0.5学分)。	(0~6学分) 选择性必修第一、二、三册。 函数,几何与代数,概率与统计,数学建模活动与数学探究活动。	C类课程包括逻辑推理初步、数学模型、社会调查与数据分析三个专题,每个专题2学分。供有志于学习人文类(如语言、历史等)专业的学生选择。 D类课程包括美与数学、音乐中的数学、美术中的数学、体育运动中的数学四个专题,每个专题1学分。供有志于学习体育、艺术(或音乐、美术)类等专业的学生选择。 E类课程包括拓展视野、日常生活、地方特色的数学课程,还包括大学数学先修课程等。大学数学先修课程包括三个专题:微积分、解析几何与线性代数、概率论与数理统计,每个专题6学分。
外语	(6学分) 必修第一、二、三册。 英语1(2学分); 英语2(2学分); 英语3(2学分)。	(0~8学分) 选择性必修第一、二、三、四册。 英语4(2学分); 英语5(2学分); 英语6(2学分); 英语7(2学分)。	(0~6学分) 提高类:英语8(2学分);英语9(2学分);英语10(2学分)。 第二外国语类:基础类、实用类、拓展类。 外语包括英语、日语、俄语、德语、法语、西班牙语。学校自主选择第一外语语种。鼓励学校创造条件开设第二外语或多门外语课程供学生选择。

续表

科目	必修课程	选择性必修课程	选修课程
思想政治	(6学分) 必修1中国特色社会主义(1学分); 必修2经济与社会(1学分); 必修3政治与法治(2学分); 必修4哲学与文化(2学分)。	(0~6学分) 选择性必修1当代国际政治与经济(2学分); 选择性必修2法律与生活(2学分); 选择性必修3逻辑与思维(2学分)。	(0~4学分) 模块:财经与生活; 模块:法官与律师; 模块:历史上的哲学家。
历史	(4学分) 中外历史纲要(上)(2学分); 中外历史纲要(下)(2学分)。	(0~6学分) 选择性必修1国家与社会治理(2学分); 选择性必修2经济与社会生活(2学分); 选择性必修3文化交流与传播(2学分)。	(0~4学分) 模块:史学入门; 模块:史料研读。
地理	(4学分) 必修第一册(2学分); 必修第二册(2学分)。	(0~6学分) 选择性必修1自然地理基础(2学分); 选择性必修2区域发展(2学分); 选择性必修3资源环境与国家安全(2学分)。	(0~4学分) 模块:天文学基础; 模块:海洋地理; 模块:自然灾害与防治; 模块:环境保护; 模块:旅游地理; 模块:城乡规划; 模块:政治地理; 模块:地理信息技术应用; 模块:地理野外实习。

续表

科目	必修课程	选择性必修课程	选修课程
物理	(6学分) 必修第一、二、三册。 必修1机械运动与物理模型、相互作用与运动定律(2学分); 必修2机械能及其守恒定律、曲线运动与万有引力定律、牛顿力学的局限性与相对论初步(2学分); 必修3静电场、电路及其应用、电磁场与电磁波初步、能源与可持续发展(2学分)。	(0~6学分) 选择性必修第一、二、三册。 选择性必修1动量与动量守恒定律、机械振动与机械波、光及其应用(2学分); 选择性必修2磁场、电磁感应及其应用、电磁振荡与电磁波、传感器(2学分); 选择性必修3固体、液体和气体、热力学定律、原子与原子核、波粒二象性(2学分)。	(0~4学分) 选修1物理学与人类认识、物理学与社会变革、物理学与公民生活(2学分); 选修2物理学与医疗技术、物理学与新能源、物理学与新材料、物理学与信息技术(2学分); 选修3微观世界、高速世界、宇观世界、世界的统一性(2学分)。
化学	(4学分) 必修第一、二册。 主题1化学科学与实验探究; 主题2常见的无机物及其应用; 主题3物质结构基础与化学反应规律; 主题4简单的有机化合物及其应用; 主题5化学与社会发展。	(0~6学分) 选择性必修1化学反应原理(2学分); 选择性必修2物质结构与性质(2学分); 选择性必修3有机化学基础(2学分)。	(0~4学分) 系列1实验化学; 系列2化学与社会; 系列3发展中的化学科学。

续表

科目	必修课程	选择性必修课程	选修课程
生物学	(4学分) 必修1分子与细胞(2学分); 必修2遗传与进化(2学分)。	(0~6学分) 选择性必修1稳态与调节(2学分); 选择性必修2生物与环境(2学分); 选择性必修3生物技术与工程(2学分)。	(0~4学分) 系列1现实生活应用; 系列2职业规划前瞻; 系列3学业发展基础。
信息技术	(3学分) 必修1数据与计算(1.5学分); 必修2信息系统与社会(1.5学分)。	(0~9学分) 选择性必修1数据与数据结构(2学分); 选择性必修2网络基础(2学分); 选择性必修3数据管理与分析(2学分); 选择性必修4人工智能初步(2学分); 选择性必修5三维设计与创意(2学分); 选择性必修6开源硬件项目设计(2学分)。	(0~2学分) 算法初步,移动应用设计。
通用技术	(3学分) 必修技术与设计1(1.5学分); 必修技术与设计2(1.5学分);	(0~9学分) 系列1技术与生活,模块分别为现代家政技术、服装及其设计、智能家居应用设计; 系列2技术与工程,模块分别为工程设计基础、电子控制技术、机器人设计与制作; 系列3技术与职业,模块分别为技术与职业探索、职业技术基础; 系列4技术与创造,模块分别为创造力开发与技术发明、产品三维设计与制造、科技人文融合创新专题。 系列之间、系列中各模块之间均为并列关系。	(0~2学分) 专题:传统工艺及其实践; 专题:新技术体验与探究; 专题:技术集成应用专题; 专题:现代农业技术。

续表

科目	必修课程	选择性必修课程	选修课程
音乐	(3学分) 模块1音乐鉴赏(1学分);模块2歌唱(1学分);模块3演奏(1学分);模块4音乐编创(1学分);模块5音乐与舞蹈(1学分);模块6音乐与戏剧(1学分)。 学生可选学1个模块,修满36学时,通过考查评价,获得2学分;也可选学2个模块,分别修满18学时,通过考查评价,各获得1学分。 学生在必修课程中至少获得2学分。	(0~9学分) 模块7合唱(1学分);模块8合奏(1学分);模块9舞蹈表演(1学分);模块10戏剧表演(1学分);模块11音乐基础理论(1学分);模块12视唱练耳(1学分)。 学生根据自身发展需要,从中选修或循环选修1个或多个模块,每修满18学时,通过考查评价,获得1学分。	(0~2学分) 由学校根据自身的办学理念和学生兴趣爱好、学业发展、生涯规划及当地特色文化资源、民间艺术传承等确定开设,学生自主选择修习。 根据学校音乐教学模块开设和学生选课情况,可按班级开课,或跨班级、跨年级组成教学班,以“走班”形式组织教学。
美术	(3学分) 模块1美术鉴赏(1学分)。 每位学生必须修习美术课程54学时,以获得3个学分。其中必修美术鉴赏内容系列1个学分,美术表现内容系列2个学分。	(0~9学分) 模块2绘画(1学分);模块3中国书画(1学分);模块4雕塑(1学分);模块5设计(1学分);模块6工艺(1学分);模块7现代媒体艺术(1学分)。学生可根据自己的兴趣和需要,学习选修课程中的全部内容或在选择性必修课程中选学一些模块内容获得9学分。	(0~2学分) (根据学校的统一安排和学生的发展意愿,采用跨班级或跨年级的形式组织教学。学校可根据情况,安排在高中阶段的任何一个学期。选修有9学分) 模块8美术史论基础;模块9速写基础;模块10素描基础;模块11色彩基础;模块12创作与设计基础。

续表

科目	必修课程	选择性必修课程	选修课程
体育与健康	(12学分) 体育与健康(全一册)。 体能;运动技能(球类运动,田径类运动,体操类运动,水上或冰雪类运动,武术与民族民间传统体育类运动,新兴体育类运动);健康教育。 平均每学年修习4个模块,1个模块一般为18课时。12个模块包含体能1个模块、健康教育1个模块、运动技能系列10个模块。因病或残疾不能修习或修满学分,在出具县级以上医院证明的情况下,可以免修或部分免修,并记入学生学业评价档案。	(0~18学分) 每个运动技能系列由若干运动项目组成,如足球、跳远、健身健美操、蛙泳、防身术、花样跳绳等,每个运动项目由包含相对完整内容的10个模块组成,以便学生对所选模块进行较为系统的学练。学生可以选择某一运动项目(如足球)持续学练三年,也可以根据学校的安排按学年选择学习。学校结合本校的实际情况和运动项目特点,创造性地进行切实可行、富有成效的模块设计。	(0~4学分) 学校应鼓励有志于在体育运动及相关专业发展的学生,在修习必修学分的基础上,进行选择性必修和选修的学习,获得更多学分。
综合实践活动	(8学分) 综合实践活动,包括研究性学习、党团活动、军训、社会考察等。研究性学习6学分(完成2个课题研究或项目设计,以开展跨学科研究为主)。		

续表

科目	必修课程	选择性必修课程	选修课程
劳动	(6学分) 志愿服务、劳动实践。 其中志愿服务2学分,在课外时间进行,三年不少于40小时;其余4学分内容与通用技术的选择性必修内容以及校本课程内容统筹。		

3.课程、课时、学分安排

学期 周课时 学科		高一上	高一下	高二上	高二下	高三上	高三下	学分
必修	语文	5	5					8
	数学	5	5					8
	外语	5	5					6
	思想政治	2	2	2				6
	历史	3	3					4
	地理	3	3					4
	物理	3	3	2				6
	化学	3	3					4
	生物学	2	2					4
	信息技术	1	1	1				3
	通用技术	1	1	1				3
	音乐	1	1	1				3
	美术	1	1	1				3
	体育与健康	2	2	2	2	2	2	12
	综合实践活动							8

续表

学期 周课时 学科		高一上	高一下	高二上	高二下	高三上	高三下	学分
必修	劳动	1	1	1	1			6
	生涯规划	1						
	小计	39	38	11	3	2	2	88
选择性必修	语文			6	6	7		≥42
	数学			6	6	8		
	外语			6	6	7		
	思想政治			2	4	5		
	历史			5	5	5		
	地理			4	4	5		
	物理			3	5	5		
	化学			4	4	5		
	生物学			4	4	5		
	信息技术			2	2	2		
	通用技术			2	2	2		
	音乐				1			
	美术				1			
	体育与健康				1			
	综合实践活动							
	劳动							
选修	语文						7	≥14
	数学						8	
	外语						7	
	思想政治						5	
	历史						5	
	地理						5	
	物理						5	
	化学						5	

续表

学期 周课时 学科		高一上	高一下	高二上	高二下	高三上	高三下	学分
选修	生物学						5	≥14
	信息技术							
	通用技术							
	音乐							
	美术							
	艺术(或音乐、美术)							
	体育与健康							
	综合实践活动							
	劳动							
	校本选修(含生涯规划)	1	2	2	2	1	1	
每周课时总计		40	40	40	40	40	40	≥144

三、学分管理

(一)学分认定主体

学生修习的学分由学校认定。学校建立了学分管理制度,科学、规范地加强学分管理,确保学分的认定公开、公正、公平和学分认定的权威性、真实性。在学校统一领导下,由教务处具体负责制定并实施学分认定的标准和程序。

(二)学分认定要求

学生必须全程参加学科类课程必修、选择性必修、选修(校本)课程修习,课程修习的时间记录由授课教师登记,教务处审核建档;未经学校批准,课程模块实际修习时间低于该模块规定学时数六分之五的,该课程模块学分不予认定(获得免修资格的除外)。学生修习课时、修习过程表现、考试考核等达到合格要求的,方可获得相应学分。综合实践活动和劳动课程根据学生参加修习情况、相关成果、评鉴意见、考核考查结果等,进行综合评判予以学分认定。学生学分认定结果,由教务部门书面提交校长签署后确认。建立学分认定异议申诉审查机制,保障学生的正当权益。

(三)相关管理规定

学生因考试(考核)不合格而不能获得学分的,可以申请重考或参加其他教学班相同学习模块的考试(考核),重考合格后可获得学分;重考仍不合格者,允许重修或改修其他模块(必修课程和选择性考试科目的选择性必修模块不能改修)。重修要在接到学分不被认定通知后1年内完成(高三年级要在本学年第一学期内完成)。

学生认定的学分要分别记入学生学籍档案(包括纸质档案和电子档案)和普通高中学生综合素质评价档案。学生学分认定内容应包括学生在该课程(模块)修习过程中所用课时、学习表现评定结果、考试考核考查成绩、学分认定时间等。

四、毕业资格认定

学生毕业资格由学校根据上级有关规定认定,学生毕业证书由学校上报教育行政主管部门验印后发放。凡具有我市普通高中学籍的学生并具备以下条件者,可准予毕业:

(一)三年内学生综合素质评价相关记录正常,其中劳动素养学段综合评价结果、《国家学生体质健康标准》测试综合得分应达到合格以上。

(二)学生三年内总学分达到144学分以上,其中必修课程88学分,选择性必修课程不低于42学分,选修选课(校本课程)不低于14学分。

(三)学生参加并通过规定的学业水平合格性考试。

五、保障机制

(一)完善组织机构,明确管理职责,保证课程顺利进行

建立以校长为组长,分管教学副校长为副组长的领导小组,全面规划学校课程设置开发;以教务处为主要负责人,负责学校课程的具体开展和实施,教师的分配和学生的选课;以年级组为具体负责人,统筹各个年级学科课程开设的具体情况,并监督落实执行情况。

(二)完善管理制度,规范常规管理

制定科学、合理的管理制度,加强教学常规管理,落实学生选课制度,学生学分制度,教师评价制度。

(三)加强教师培训,保证师资力量

制定学校教师培训计划,定期组织教师研修,提高教师素质。加强备课组和教研组建设,提高教师教研能力、校本课程开发能力、课程整合能力。

(四)物质保障

建设学科教室、实验室、功能室等教学物质配备,构建学生选课体系、综合评价体系教、师评价系统等技术配备,确保课程规划顺利实施。

(审校:庞梅　赵忠　张茹茂)

学校选科走班实施方案

根据《国务院关于深化考试招生制度改革的实施意见》(国发〔2014〕35号)、《国务院办公厅关于新时代推进普通高中育人方式改革的指导意见》(国办发〔2019〕29号)、《重庆市深化普通高等学校考试招生综合改革实施方案》(渝府发〔2019〕11号)等有关文件精神,我校在渝中区教委和教育考试中心的具体指导下,对新高考改革之下选科走班方案进行了较为深入的探索。为确保我校普通高中新课程顺利实施,全面推进我校普通高中课程改革和育人方式改革,不断提高我校教育教学质量,更好地实现普通高中课程教学与高考综合改革的衔接,特制定本方案。

一、指导思想

坚持以习近平新时代中国特色社会主义思想为指导,全面贯彻党的教育方针,落实立德树人根本任务。立足重庆市普通高中学科指导意见、课程标准及新高考考试说明,坚持以学生的全面发展为办学目标,秉持"向往的教育,幸福的成长"的办学理念。在探索适合本校最优的选科走班模式时,结合我校学生发展内涵的需求,做足准备,尊重学生的选择权。大胆创新,小心求证,建立行之有效的校内选课制度和选课指导体系,加强选课的管理,保障选科走班的扎实推进。

二、组织领导

为确保选科走班工作的顺利实施,学校建立组织管理机构如下:

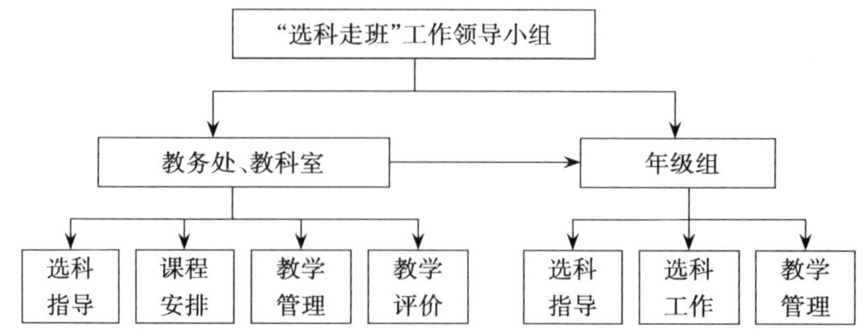

(一)"选科走班"工作领导小组

"选科走班"工作领导小组由党委书记兼任组长,校长及分管教学副校长兼任副组长,其成员有各处室主任、年级主任等,并成立选科指导中心。

选科指导中心主任:党委书记

选科指导中心副主任:校长、副校长

成员:教务处主任、教科室主任、年级主任等

主要职责:①定期召集会议,研究高考综合改革实施情况,负责对学校高考综合改革实施作出科学的决策与部署,制定学校课程方案和特色发展规划;②安排高考综合改革的经费投入、教学设施设备增添,修订与高考综合改革相配套的教育教学管理制度;③加强"选科走班"硬件资源的开发与建设,强化师资队伍的建设与培训提高;④落实"选科走班"的常规管理,做好"选科走班"实施的质量监测、评价分析与学生学分认定等工作;⑤加强高考综合改革的舆论导向和成果宣传。

(二)教务处与教科室

负责制定"选科走班"实施方案、选科指导方案,安排选科走班的课程,选科走班的教学管理和教学评价等。

(三)年级组

负责所在年级段学生的选科指导具体工作,组织好选科工作,协助教务处做好教学管理工作,并处理好选科走班中的具体问题。

三、实施流程

重庆高考改革后的选科走班模式下,学生将要在12种选科组合中进行选科,"选科走班"工作组要引导学生了解专业、了解职业,面对专业选择或职业生涯的思考。"职业生涯规划"无论是从新高考改革、新时代育人方式变革还

是从国家职业教育实施系列政策文件来解读,都已然从学校课程建设的“任选题”变成了“必答题”。借助专家讲座、生涯测评等方式帮助学生精确了解自身的个体特点和职业特点之间的匹配关系,为学生高考改革选科提供相对客观的参考依据。

(一)加强指导,铺垫选科

指导学生更好地认识自己,从而更好地选择适合自己的选考科目,是实施选科走班的重要前期工作。为了更好地引导学生学会选择,结合我校生涯规划教育实际,我校在组织管理体系、生涯规划课程、特色品牌活动三个方面推动实施生涯规划特色课程的基础上,加强了对学生的多方位指导:

1.健全组织管理体系,保障生涯规划教育有效开展

为了更好地实施生涯规划指导,将生涯规划有效融入学校管理和教学中,设立分工明确的生涯规划指导组织管理机构,从体制上保证生涯规划指导工作的有序进行。生涯教育进课堂,成立学生发展指导中心,制定《学生生涯规划指导手册》《选课指导手册》,建立生涯档案,进行生涯个辅、生涯团辅,并开展生涯节特色活动,举办职业讲堂,开展研学旅行、社区体验、企业参观等课外实践活动。

2.完善课程开发建设,推进生涯规划教育落实落地

在课程设置上学校制定了阶段性的教学内容,制定三级目标生涯规划体系。高一年级,初始生涯,蓄势待发,侧重于自我认知、初步的专业和职业认知,为选科做准备;高二年级,规划生涯,扬帆起航,侧重于在实践的基础上,重新审视,完成生涯规划的内化过程;高三年级,决策生涯,点亮未来,侧重于心理调适,对学生进行压力管理等方面的实践训练,为高考志愿和人生发展做准备。在探索过程中,我们发现,学生选科困难是较为普遍的问题,这与学生之前较少接受生涯规划教育有关。因此,为了更好地帮助学生进行科学、合理的选科,学校要加强学生发展指导,尤其是生涯规划教育从学生高一入学时即要开始实施,绝不能将学生选科指导局限于选科前的一段时间。

3.整合多方资源,探索生涯教育途径

除了正常的生涯规划教育课程外,学校整合校内资源、高校资源、家长资源、校友资源,形成教育合力,助力生涯规划教育。校内资源方面,充分利用心理教师、班主任、科任教师的力量,开展生涯个辅、团辅、学科渗透、主题班

会等。高校资源方面,邀请高校教师到学校开展专家课堂,讲解高校专业设置、学科发展及学科前沿,使学生开阔视野,了解高校。家长资源方面,邀请不同行业的家长精英们到校开展家长讲堂,同时搭建社会实践平台。校友资源方面,邀请已毕业的职场精英们到校开设校友讲堂。除此之外,利用假期开展研学活动,在高一年级组织一次暑假研学活动,策划三条线路:上海、深圳科技研学活动,以物理类的学生参加为主,西安历史人文研学活动,以历史类的学生参加为主。让孩子们走进科研院所、著名高校、上市公司,开阔孩子们的视野,激发孩子们的求知欲望,让孩子们初步明确自己的职业选择。

学生除了接受上述选科前的综合推荐,还接受以下政策解读和方案推荐:

(1)家校沟通:多次召开年级家长会,对学生和家长做集体性指导。

(2)设置“选科成长导师”:为学生配备有丰富教育教学经验的教师作为学生的“选科成长导师”,为目标不明确、对自己认识不够清楚的学生指明选择的方向。

(二)模拟选科,助力选择

在加强学生选科指导的基础上,我校还在高一的不同时段(主要是每学期的期中与期末考试后)组织学生进行模拟选科。

组织多次模拟选科是为了给予学生充分选择的时间与空间,来思考自己未来的发展方向,最终选择适合自己的考试科目。

(三)权衡利弊,确立方案

在认真研究选科走班的理念、特征及实施条件等基础上,我校根据重庆市新高考改革方案指导要求,立足本校的师资、教室、设备等方面的资源情况和教育教学管理传统,针对学生的多次选科情况,研究拟订出两种走班方案如下:

方案一:“1+2”分班模式。方案二:“3+1”分班模式。

经过充分论证,最终我校采用了“1+2”分班模式,根据学生选科情况,就“1+2”(物/史+政、地、化、生)选科相同的学生,划分行政班,实现只有一小部分学生走班。

这种方案的优点在于:

1.班级稳定(行政班与教学班基本统一)。

2.较易管理。

3.班主任队伍易确定。

4.学生对新高考的不适应感降低。

学校“选科走班”拟定方案

拟定方案	方案一： “1+2”分班模式	方案二：“3+1”分班模式
形式	根据学生选科情况，就“1+2”(物/史+政、地、化、生)选科相同的学生，划分行政班，实现只有一小部分学生走班。	根据学生选科情况，就“3+1”(语、数、英+物/史)选科相同的学生，划分行政班；其他科目实施选科走班。
优点	1.班级稳定(行政班与教学班基本统一)。 2.较易管理。 3.班主任队伍易确定。 4.学生对新高考的不适应感降低。	1.易于评价(可应用我校原有评价模式，如按比例系数进行评价)。 2.较易管理。 3.有益于语、数、英、物/史科目的教与学。 4.有益于教育公平的实现。 5.便于因材施教，实施分层分类教学。
缺点	1.教师评价很难操作。 2.少数学生走班，容易质疑“为何我走班”，产生不公平感。	1.对学生自主学习、自主管理提出更高要求。 2.对教师教学能力、个体学识、品德涵养等提出更高要求。 3.对学校软硬件配套提出更高要求。

(四)真实推演，逐步优化

为了形成最优的走班方案，我校不仅大胆创新思考，更小心谨慎地进行真实数据的模拟推演。一是要最大程度满足学生的自由选择；二是要实现“物理类”“历史类”选课比例大致符合高校的招生计划投放比例；三是要努力实现选科尽量不会导致师资的结构性富余和短缺。

四、教学管理

(一)立足实际、学生为要

学生的选科情况，是学校选择和确定走班模式的基础。自由选择高考考试科目，是新高考赋予学生的一项重要权利。当学生做出满足自己成长需要的选择时，学校就应予以充分尊重。在条件允许的前提下，学校要竭尽全力满足和保障所有学生的选科需求，切不可出于管理便利等方面的考虑，牺牲学生的自主选择权。当然，在尊重学生选择权的前提下，学校还要从自身实

际出发来选择走班模式,考虑自身的各方面条件是否能满足学生的选科需求。在探索最优的走班模式时,学校要摸清自身家底,尤其是师资、教室、教学设备等资源情况,立足实际,统筹整合资源,加以创新性的利用,尽可能满足学生的选科需求。新高考改革背景下的高中走班实践形态可以是多种多样的,对各种走班模式而言,其实质并无孰优孰劣之分,但是,唯有符合学校校情、师情、生情实际的方案,才能真正收到实效,真正有利于学生进步成长。

(二)优化实施、技术相助

选科走班模式的确定十分复杂,许多环节工作已是人工无法完成的,学校必须充分借助大数据、云计算等信息技术手段为选科走班模式决策提供科学、高效的支持。比如,在指导学生选科时,无论是对学生兴趣爱好、发展倾向的分析,还是个人优势学科分析等,借助一定的客观数据、材料,可避免出现过度依赖主观感觉、摇摆不定的情况,促进学生形成更加清晰、准确、客观、可视的自我认识。又如,全体学生选科情况的分析,走班教室、课程、时间的安排,最优走班路线的设计等,都可以借助信息技术手段,得到科学高效的解决。

(三)聚焦五育并举的课程体系的建设完善

我校开展了指向五育并举的学校课程体系的建设与实践研究,深化学校课程组织管理的实践研究(包括选科走班、学分制管理、生涯规划指导等),推进思政课程和劳动教育、生涯辅导和综合实践活动课程等重点领域的实践探索等。如积极开展生涯教育课程,帮助学生更好地适应高中阶段的学习与生活,处理好兴趣特长、潜能倾向与社会需要的关系,提高生涯规划能力和自主发展能力。选科走班是五育课程体系建设中的重要一环。学校要适应普通高中新课程改革和高考综合改革的要求,依据学科人才培养规律、学生兴趣特长,因地制宜、有序实施选课走班,满足学生不同发展需要。开发课程安排信息管理系统,加大对班级编排、学生管理、教师调配、教学设施配置等方面的统筹力度。保障学生的选科需求和学习方式的多样性,全面推进素质教育。因此,今后我校还要进一步积极探索更加有效的选科走班的具体实施及教学管理的策略,进一步加强教学组织管理、教师资源配置、教学设施设备优化利用等研究,逐年更新和不断完善。

(审校:庞梅　赵忠　张茹茂)

学校自主选修课程实施方案

根据教育部《基础教育课程改革纲要(试行)》(教基〔2001〕17号)、《普通高中课程方案(实验)》(教基〔2003〕6号)以及《教育部关于进一步加强普通高中新课程实验工作的指导意见》(教基〔2005〕号)的精神,结合我校的教学工作实际,决定在非毕业年级全面开设选修课程,课程实施的具体方案如下:

一、指导思想

拓展学生视野,激发学生兴趣,发展学生个性,培育学生特长,增强学生能力,促进学生全面发展。

二、组织领导

组长:党委书记。

副组长:校长、党委副书记、副校长、纪委书记。

成员:教务处主任、副主任。

三、实施原则

(一)"三定"原则

做到定时间、定地点、定人员。根据学生选课情况,编成教学班(与日常行政班相区别),每班30人左右,班级人数太多或太少,则由年级协商调整。教师按教学班授课,授课教师兼任该班班主任,做好日常管理工作。

(二)"三性"原则

1.趣味性:要能结合我市、我区的经济、科技、文化发展实际,密切联系学生的日常生活和学习生活,能符合中学生的身心发展规律,能激发学生的学习兴趣。

2.实践性:强调学生要亲身参与,亲自体验,自己动手,自我总结,着力培养学生的创新精神和实践能力。

3.综合性:选修课的科目将包括语言与文学、数学、人文与社会、科学、技术、艺术、体育与健康、综合实践活动等方方面面。

(三)“三管”原则

由课程领导小组统一安排,教务处、年级组具体实施,教学班班主任、授课教师、学生干部共同管理。

四、职责划分

课程领导小组负责课程方案的设计和课程实施的组织协调。教务处负责落实教学场地、组织实施工作;学生处负责学生的思想教育和行为管理;各教研组和备课组负责教师选聘、课程申报、教学评价;各年级组负责学生的选课指导、学生选课的录入、学生编班、学分认定,并负责向领导小组收集、反馈授课过程中存在的问题,提出改进的建议;总务处、信息中心负责提供授课期间的教学设施,配备必要的教学用品,做好教学保障工作。

五、课程安排

(一)自主选修课程在非毕业年级实施。

(二)各年级每学年每学科负责开设一门课程,每门课程安排10—15课时。

(三)每学年6月,教务处组织教师自主申报选修课课程。教务处汇总审核后,结合学校场地等实际情况,正式公布新学期开设选修课教师名单和课程,选修课教师于8月底提交教学计划、教案和课件(至少4节),期末上交全部授课素材。

(四)授课时间

1.每周三第七、八两节课作为全校性集中教师指导、授课时间;课程的开设打乱班级,学生自由选课。

2.周五第七节课并延长半个课时(计1.5个课时),以便教师为学生周末开展研究性学习或其他活动预先做指导。

3.周二、周四第八节课是教师专题活动时间,学生根据教师前面指导的内容,以个人或小组的形式自主进行主题活动。

(五)授课地点:根据选修课特性安排适合的教室或者多功能室。

六、课程内容

(一)学科学习拓展类课程

1.内容选择:语文、数学、外语、政治、历史、地理、物理、化学、生物学等基础学科。

2.内容要求:强化学科知识拓展,特别是学法指导,可以有学科竞赛,也可以有补缺补差。

3.课程实施和组织的形式:教师挂牌上课,学生自愿参加。

4.负责组织的教师或部门:各基础学科备课组。

(二)科技发明探索类课程(以实验研究为主题)

1.内容选择:航模、无线电、电脑网络、软件制作、天文地理观测、环保、数学、物理、化学、生物工程等。

2.内容要求:引进课程的主题应该是当今科技发展前沿,又贴近现实生活,能激发学生探索和创造的兴趣。

3.课程实施和组织的形式:在学生自愿参加的基础上,部分课程通过选拔参加。

4.负责组织的教师或部门:理科组和计算机组。

(三)学习、生活技能类课程

1.内容选择:摄影摄像、园林设计、植物栽培、交际礼仪、时装设计、家政服务、应用医学、公共资源使用(如利用图书馆资源)、市场知识、营销模拟等。

2.课程实施和组织形式:课程招标,教师挂牌上课,学生自愿参加。

3,负责组织的教师或部门:教务处。

(四)体育技能类课程

1.内容选择:游泳、武术、体操、田径、球类、棋类等。

2.课程实施和组织的形式:学生在自愿参加的基础上,部分课程通过选拔参加。

3.负责组织的教师或部门:体育组。

(五)报告、讲座类课程

1.内容选择:

与学科教学相关的讲座;教授(或名师)论学、与博士对话、面对名人、与高考状元交流等;心理导向课,以心理咨询、价值取向、职业取向辅导等为主题。

2.课程实施和组织形式:课程招标,教师挂牌上课,学生自愿参加。

3.负责组织的教师或部门:教务处,德育处,团委。

(六)艺术类课程

1.内容选择:文学、电影电视欣赏、中西方美术欣赏、歌舞、乐器、雕刻、书法、绘画等。

2.课程实施和组织形式:课程招标,教师挂牌上课,学生自愿参加。

3.负责组织的教师或部门:音体美组为主,其他各学科组为辅。

(七)活动类课程

1.内容选择:以学生主体性活动为主题的各种扩展知识、能力、兴趣、特长的学生社团活动,各种社区服务和社会实践活动(如学生演讲、辩论、文学创作、二外选修、影视制作、采访主持、现代企业参观、主题旅游、到社区开展有意义的活动等)。

2.课程实施和组织形式:学生自愿参加。

3.负责组织的教师或部门:德育处、团委及各兴趣小组或社团活动指导教师。

七、课程实施和管理

(一)结合学生选课情况,教务处指导年级组编排选修课班级,编制选修课课表。

(二)授课教师组织学生按课程表上课。

(三)年级组在各教学班指导班长和学习委员协助授课教师管理班级。

(四)收集教师讲稿,编纂成册,形成学校校本课程教材系列。

(五)选修课是校本课程(选修II)的重要组成部分。学生选修课修完合格,将获得6个必修学分(每学期2个必修学分)。

(六)选修课领导小组将对各班级选修活动课的组织情况和参与情况进行考评,考评结果将记入班级评估中。

(七)选修课领导小组将对授课教师进行考评,考评结果将作为教师评职晋级、评优评先的重要依据。

(八)每学期末,进行学生学分认定和教师教学评价工作,将评选优秀学员和优秀教师,并予以表彰。

八、教师安排及待遇

(一)凡45岁及以下的教师,每两年内至少有一年开设选修课。未开设者,在职称评定或职务晋升时,取消评审、晋升资格。

(二)中学高级教师、市区级骨干教师(在教学岗位的)中未担任教育教学管理岗位的教师,每两年必须有一年开设选修课。

(三)凡参加了市区骨干培训、市级培训项目培训、国培计划培训等培训达2个月及以上的,培训结束后两年内必须有一年开设选修课。

(四)45岁及以下的音乐、体育、美术、信息技术教师每学期都必须开设选修课。

(五)以上四条中有交叉的,按其中一条执行。

(六)凡课时不满的教师,可以通过开设选修课补足课时,超出基本课时部分按选修课课时计算费用。

(七)教务处每年6月中旬发布选修课报名信息,教师自愿申报选修课课题,然后教务处根据学校场地、教师课题等因素,安排并公布新学年选修课教师名单。

(八)选修课课时按60分钟计算,课时费为每节课45元。期末教务处对选修课综合各种情况进行考评,考评等级分为一、二、三3个等次。对备课不充分、上课不认真、纯粹播放视频、督查时存在问题的选修课,课时费在45元基础上酌情减少。所授内容为被评选为市级精品选修课的课程,课时费在此基础上再增加30元/课时。

(审校:庞梅　赵忠　张茹茂)

学校学生生涯规划教育实施方案

随着"双新"工作的全面深入,考试改革的不断推进,《国家中长期教育改革和发展规划纲要(2010—2020年)》明确提出:"建立学生发展指导制度,加强对学生理想、心理、学业等多方面指导",生涯规划课程也逐渐被人们所理解和认识,高中生需要根据社会发展的需要和个人发展的志向,来综合考评自己未来的发展道路。为促进学生深入了解社会,科学规划学业和人生,培养正确的职业观和人生观,加快学校特色建设和满足学生多样化发展的需要,特制定本实施方案。

一、指导思想

为贯彻落实《重庆市教育委员会关于开展普通高中学生生涯规划教育的通知》(渝教基发〔2018〕20号)等文件精神,结合我校为高校输送高质量生源的办学特色,秉承"向往的教育,幸福的成长"的办学理念学,培养学生"五爱三雅、五育并举的全面发展"的品格特质,全力在我校推进职业生涯规划教育,让学生立足于一生的发展,培养他们根据社会需要和发展特点进行自我规划的能力。

二、总体目标

工作不仅仅是用来谋生的手段,更是个人认识自我、发展自我、实现自我的途径。而职业的选择是一个很复杂的过程,所以学校教育应该并一定要做好学生的职业意识的渗透工作。我校开展这项工作的总体目标如下:

让学生能够自我认识,自我了解,清楚明白地了解自己的兴趣、能力、性格等特点;掌握适应社会发展需要的快速学习的方法,培养终身学习的能力;养成良好的时间管理能力、人际交往能力、情绪管理和压力管理的能力;了解社会职业概况;对高校专业有一定的认识;形成自我决策的行动能力;为融入社会做准备,并且具备持续发展的能力。最终引导学生结合对个人兴趣、能力倾向、价值观、性格心理特点等方面的综合分析与权衡,确定个人生涯发展的奋斗目标并作出行之有效的计划。

三、组织领导

为了确保我校职业生涯规划方案的实施,成立校职业生涯规划领导小组,具体人员如下:

组长:党委书记。

副组长:校长、副书记、副校长、纪委书记。

成员:年级主任、教务处主任、学生处主任、年级组长以及各年级的班主任团队。

执行机构:教务处、学生处等。

四、职责分工

学生处:组织学生开展职业生涯规划教育主题活动(征文、黑板报、班会课、演讲、诗歌朗诵、各行业或领域专题讲座、社会实践);组织心理教师、班主任上好人生规划教育主题课。

教务处:将职业生涯规划课排进课表;安排专职教师进行授课;对人生规划课程进行管理;在各学科的教学过程中进行职业生涯规划意识的渗透;继续推行"职业生涯规划导师制",引导导师与学生、导师与家长沟通交流,为人生规划课程的实施、延伸搭建平台;对职业生涯规划教师进行工作认定,安排培训、深造交流等。

教科室:邀请相关专家对全体教师进行生涯意识的培训;用好学校政策鼓励并支持教师开展职业生涯规划的相关课题研究,提升教师的意识和理论水平。

心理咨询室:将职业规划课程纳入心理课程范畴,制定课程方案、课程教学计划、主持编制生涯规划校本课程及相关教学内容的组织和实施。

五、开展形式

(一)班级教学

将职业生涯规划课排进课表,授课教师将提供系统的、完整的、有计划的班级课程活动。班级教学是职业生涯规划方案实施的主要阵地,班主任在这一环节有至关重要的作用,应当首先加强班主任的生涯规划意识和实际指导能力。

(二)生涯咨询

开展针对个体的生涯咨询服务。通过个别咨询与团体咨询的方式,可以针对学生的个体差异,帮助学生深入探索个人与生涯相关的特定议题,做到点和面的结合,使得这个活动的开展更有成效,充分利用家长和校友等社会资源,每年在特定时段适时开展模拟招聘会,让学生真实感受社会企业对人才的定义和真实需求。

(三)主题教育

生涯规划主题教育是通过活动形式,让活动参与者在亲身体验中有所感悟,达到教育效果。主题教育活动是根据社会需要和学生发展中的问题确定主题,从生活中寻找教育资源,具有灵活性、丰富性和有针对性等特点。通过开展各类主题活动,如征文、班会、演讲、访谈、讲座、模拟招聘等,帮助学生感悟主题、分享体会,并将思想感悟转化为实际行动。

(四)自我评量

我校利用霍兰德职业适应性测试(SDS)、MBTI职业性格评估等,设计了较为全面的量表,可以满足学生对其兴趣、能力、成就、抱负、需求、价值观等方面测量的需要,帮助他们对自己有更为清晰的了解。

(五)社会实践

职业生涯意识的形成离不开实战经验,学校将积极与社会机构联系,给在校的学生提供一定的工作岗位,进行实际操练,以积累工作经验,促使学生有机会检验其暂时性生涯决定,并发展有效的工作能力和行为。

(六)研学

学校通过组织多元形式的研学,让学生初步了解社会职业的发展态势、企业的文化精神、民族的振兴愿景,主要从自己的兴趣出发去感知职业选择的重要性和必然性。

六、课程体系建设

高一课程			
章	节	内容	目标
生涯发展的初步认识	第一节	高中学习与职业发展	了解什么是需求,需求跟职业的关系,高中生的需求
	第二节	生涯	了解生涯的内涵,面对生涯的态度,高中生生涯的特点
	第三节	生涯规划	了解生涯规划的重要性,规划的动机以及规划的方法
帮助学生认识自我	第一节	气质和性格	了解自己的性格特点,探索适合自己的职业方向,掌控自我,增加信心
	第二节	爱好和兴趣	正确认识自己的兴趣与爱好;了解兴趣与专业、职业的关系;探索与兴趣相匹配的专业和职业
	第三节	能力	了解自己的能力类型、技能倾向和优势,以及进步空间
	第四节	价值观	了解自己的内在需求和动力

续表

培养学生发展和提升自我	第一节	时间管理	科学规划自己的时间;掌握时间管理的方法
	第二节	人际关系	认识人际关系的培养是职业生涯中重要组成部分,是力量源泉;学会建立和维护自己的人际关系
	第三节	情绪管理	认识各种情绪存在的合理性,接纳每一种情绪和情绪背后的力量;学会调节自己的情绪,让情绪自然流动起来
	第四节	压力管理	认识压力是时刻存在的;学会和压力相处是重要功课;掌握调节压力的方法
高二课程			
生涯决策和行动	第一节	目标的制订与评估	学会制订初步的生涯决策,综合考虑自己的兴趣、爱好、能力等因素
	第三节	行动计划	了解行动的重要性;制订行动计划;督促自己迈出第一步,坚持执行
	第四节	生涯管理	了解生涯管理的主要内容;逐步形成较好的自我管理
高三课程			
高校探寻及职业愿景	第一节	高校与专业	让学生了解目前高校的分类;高校专业与就业的关联分析
	第二节	学姐学长母校回访交流	让在校生借助校友视角认识大学,以及大学专业和学习内容的差别,认识就业与再深造的关系
	第三节	高校生活与环境大探寻	了解不同地方的高校有着不同地域的文化特点和饮食习惯;大学生活中地域文化的碰撞会更多;生活习惯等也大有不同,学习怎样做好应对等。

七、师资建设

我校早在2015年就在重庆市率先开展了中学生的职业生涯规划教育的系列课程,并将继续加强自己师资队伍的建设,确保职业生涯规划教育高质量的开展。我校将致力于打造一批具有较高专业水准和能力的学生生涯规划指导教师,为考入我校的每一名学生提供全面而有效的生涯规划指导,进而使我校学生成为基础扎实、学风严谨、积极进取、立志报国,有较强的创新精神和持续发展能力,具有合作精神和良好人生态度,适应社会和时代需要的优秀高中毕业生。

(审校:庞梅　赵忠　张茹茂)

学校劳动教育工作方案

2020年3月,中共中央、国务院印发了《关于全面加强新时代大中小学劳动教育的意见》(以下简称《意见》),就全面贯彻党的教育方针、加强大中小学劳动教育,进行了系统设计和全面部署。同年7月,教育部印发了《大中小学劳动教育指导纲要(试行)》,是《意见》的配套文件,细化了《意见》的有关要求,面向教育系统内部,指导大中小学开展好劳动教育。我校依据多年的劳动教育实践经验,结合以上两个文件特制定本校劳动教育工作的全新方案。

一、劳动教育的意义

(一)劳动教育的指导思想

劳动教育要以习近平新时代中国特色社会主义思想为指导,全面贯彻党的教育方针,落实全国教育大会精神,坚持立德树人,坚持培育和践行社会主义核心价值观,把劳动教育纳入人才培养全过程,贯通整个中学阶段,贯穿学校、家庭和社会各方面,与德育、智育、体育、美育相融合,紧密结合经济社会发展变化和学生生活实际积极探索具有我校特色的劳动教育模式,创新教育教学机制,注重教育实效,实现知行合一,促进学生形成正确的世界观、人生观和价值观。

(二)劳动教育的基本原则、理念

1.把握育人导向。坚持党的领导,围绕培养担当民族复兴大任的时代新人,着力提升学生综合素质,促进学生全面发展、健康成长。把准劳动教育价值取向,引导学生树立正确的劳动观,崇尚劳动、尊重劳动,增强对劳动人民的感情,报效国家,奉献社会。

2.体现时代特征。适应科技发展和产业变革,针对劳动新形态,关注新兴技术支撑和社会服务新变化,深化产教融合,改进劳动教育方式,强化诚实合法劳动意识,培养科学精神,提高创造性劳动能力,

3.强化综合实施。加强统筹协同,拓宽劳动教育途径,整合家庭和社会各方面力量。形成日常化的家庭劳动教育,规范化的学校劳动教育,多样化的社会劳动教育,形成协同育人模式。

4.强调身心参与,注重手脑并用。把握劳动教育的根本特征,让学生面对真实的个人生活、生产和社会性服务情境,亲历实际的劳动过程,善于观察思考,注重运用所学知识解决实际问题,提高劳动质量和效率。

5.继承优良传统,彰显时代特征。在充分发挥传统劳动、传统工艺项目育人功能的同时,紧跟科技发展和产业变革,准确把握新时代劳动工具、劳动技术、劳动形态的新变化,创新劳动教育内容、途径、方式,增强劳动教育的时代性。

6.发挥主体作用,激发创新创造。关注学生劳动过程中的体验和感悟,引导学生感受劳动的艰辛和收获的快乐,增强获得感、成就感、荣誉感。鼓励学生在学习和借鉴他人丰富经验、技艺的基础上尝试新方法、探索新技术,打破僵化思维方式,推陈出新。

二、劳动教育的总体思路

(一)劳动教育的性质

劳动是创造物质财富和精神财富的过程,是人类特有的基本社会实践活动。劳动教育是发挥劳动的育人功能,对学生进行热爱劳动、热爱劳动人民的教育活动。当前实施劳动教育的重点,是在系统的文化知识学习之外,有目的、有计划地组织学生参加日常生活劳动、生产劳动和服务性劳动,让学生动手实践、出力流汗,接受锻炼、磨炼意志,培养学生正确劳动价值观和良好劳动品质。

劳动教育是新时代党对教育的新要求,是中国特色社会主义教育制度的重要内容,是全面发展教育体系的重要组成部分,是大中小学必须开展的教育活动,直接决定社会主义建设者和接班人的劳动精神面貌、劳动价值取向和劳动技能水平。劳动教育具有鲜明的思想性,必须将马克思主义劳动观贯彻始终,强调劳动是一切财富、价值的源泉,劳动者是国家的主人,一切劳动和劳动者都应该得到鼓励和尊重;倡导通过诚实劳动创造美好生活、实现人生梦想,反对一切不劳而获、崇尚暴富、贪图享乐的错误思想。具有突出的社会性,必须加强学校教育与社会生活、生产实践的直接联系,发挥劳动在个人与社会之间的纽带作用,引导学生认识社会,增强社会责任感;同时注重让学生学会分工合作,体会社会主义社会平等、和谐的新型劳动关系。具有显著

的实践性,必须面向真实的生活世界和职业世界,引导学生以劳动实践为主要方式,在认识世界的基础上,获得有积极意义的价值体验,学会建设世界,塑造自己,实现树德、增智、强体、育美的目的。

(二)劳动教育的总体目标

准确把握社会主义建设者和接班人的劳动精神面貌、劳动价值取向和劳动技能水平的培养要求,全面提高学生劳动素养,使学生树立正确的劳动观念。正确理解劳动是人类发展和社会进步的根本力量,认识劳动创造人、创造价值、创造财富、创造美好生活的道理,尊重劳动,尊重普通劳动者,牢固树立劳动最光荣、劳动最崇高、劳动最伟大、劳动最美丽的思想观念。

具备必备的劳动能力。掌握基本的劳动知识和技能,正确使用常见劳动工具,增强体力、智力和创造力,具备一定劳动任务所需要的设计、操作能力及团队合作能力。

培育积极的劳动精神。领会"幸福是奋斗出来的"的内涵与意义,继承中华民族勤俭节约、敬业奉献的优良传统,弘扬开拓创新、砥砺奋进的时代精神,和我校精益求精的教育理念。

养成良好的劳动习惯和品质。能够自觉自愿、认真负责、安全规范、坚持不懈地参与劳动,形成诚实守信、吃苦耐劳的品质。珍惜劳动成果,养成良好的消费习惯,杜绝浪费。

(三)中学阶段劳动教育的主要内涵

劳动教育主要包括日常生活劳动、生产劳动和服务性劳动中的知识、技能和价值观。日常生活劳动教育立足个人生活事务处理,结合新时代校园爱国卫生运动,注重生活能力和良好卫生习惯培养,树立学生的自立自强意识。生产劳动教育要让学生在工农业生产过程中直接经历物质财富的创造过程,体验从简单劳动、原始劳动向复杂劳动、创造性劳动的发展过程,学会使用工具,掌握相关技术,感受劳动创造价值,增强产品质量意识,体会平凡劳动中的伟大。服务性劳动教育让学生利用知识、技能等为他人和社会提供服务,在服务性岗位上见习实习,树立服务意识,实践服务技能;在公益劳动、志愿劳动中强化社会责任感。

初中阶段兼顾家政学习、校内外生产劳动、服务性劳动,合理安排劳动教育内容,开展职业启蒙教育,体会劳动创造美好生活,养成认真负责、吃苦耐劳的劳动品质和安全意识,增强公共服务意识和担当精神。让学生:(1)承担一定的家庭日常清洁、烹饪、家居美化等劳动,进一步培养学生自理能力和习惯,增强家庭责任意识;(2)定期开展校园包干区域保洁和美化,以及助残、敬老、扶弱等服务性劳动,初步形成对学校、社区负责任的态度和社会公德意识;(3)适当体验包括金工、木工、电工、陶艺、布艺等项目在内的劳动及传统工艺制作过程,尝试家用器具、家具、电器的简单修理,参与种植、养殖等生产活动,学习相关技术,获得初步的职业体验,形成初步的生涯规划意识。

高中阶段围绕丰富职业体验,开展服务性劳动和生产劳动,使学生理解劳动创造价值,接受锻炼、磨砺意志,具有劳动自立意识和主动服务他人、服务社会的情怀。指导学生:(1)持续开展日常生活劳动,增强生活自理能力,固化良好劳动习惯;(2)选择服务性岗位,经历真实的岗位工作过程,获得真切的职业体验,培养职业兴趣;积极参加大型赛事、社区建设、环境保护等公益活动、志愿服务,强化社会责任意识和奉献精神;(3)统筹劳动教育与通用技术课程相关内容,从工业、农业、现代服务业以及中华优秀传统文化特色项目中,自主选择1~2项生产劳动,经历完整的实践过程,提高创意物化能力,养成吃苦耐劳、精益求精的品质,增强生涯规划的意识和能力。

三、组织领导机构

为加强我校劳动教育工作建设,进一步培育我校师生热爱劳动、尊重劳动的品质,树立劳动最光荣,劳动最崇高,劳动最伟大,劳动最美丽的思想观念,进一步提高我校师生劳动知识、劳动技能水平和劳动能力,进一步完善学校劳动教育工作领导小组,实行党委书记负责制,各部门和各年级组共同参与执行的职能机构。

(一)领导机构

领导小组组长:党委书记。

领导小组成员:校长、教务处主任、学生处主任、年级主任。

执行部门:学生处、教务处、党行办、总务处、教科室、各年级组。

(二)组织机构责任与任务

领导机构学年召开一次专门主题会议,全面制定学校劳动教育规划,安排部署本学年度劳动教育方案和计划,总结上一年度全校劳动教育情况,把

握学校劳动教育工作总体方向。

学生处负责每学年度劳动教育方案的具体制定、实施、监督和反馈。

教务处负责劳动教育必修课和选修课课程的开发,做好学科渗透劳动教育工作,监督落实劳动教育课程的实施和改进机制,进行劳动教育课程评价和学生劳动知识掌握情况评价。

党行办负责劳动教育思想的贯彻执行,贯彻执行融入社会主义核心价值观的劳动教育。

总务处负责相关后勤物资等资源的调配和支持,全面做好场地、物资保障工作。

教科室负责劳动教育科学研究以及时反馈,以及有效改善劳动教育成效。

各年级根据学校制定的方案按时完成好劳动教育计划和安排,及时反馈劳动教育工作中的情况,做好劳动教育宣传、总结和表彰教育工作。

四、求精中学劳动教育的途径、方法和评价体系

(一)健全劳动教育途径,打造全方位劳动教育

1.劳动教育课程

(1)独立开设劳动教育必修课。开发《劳动与实践》校本课程,培养专任劳动教育教师,进行劳动教育课程教学,让劳动教育走进课表,保证平均每周一个课时,通过培养学生的劳动意识、讲解劳动知识、训练劳动技能,使学生掌握必备日常生活劳动能力,具备基本的生产劳动能力和服务性劳动能力。

开设校内班级劳动课程,通过专门课时,在校园内开展实地劳动行动,进行劳动思想观念和劳动技术能力的学习,提高劳动意识,劳动尊重,积极劳动。

开设校外志愿者服务课程,培养学生对服务性劳动的了解和认识,帮助学生树立服务意识,实践服务技能,在公益劳动、志愿服务中强化社会责任感。

初中阶段可以将区劳动基地实训课程纳入我校的劳动教育必修课程之中,统一计算劳动教育必修课时。

高中阶段可以将区劳动基地通识技术培训课程纳入我校的劳动教育必

修课程之中,统一计算劳动教育必修课时。

(2)开设劳动教育选修课。组织相关教师开发劳动教育校本教材,在各年级开设劳动教育选修课,鼓励学生积极参加劳动教育选修课。鼓励有兴趣的老师积极开发、开展劳动教育相关的趣味选修课,培养学生对劳动的全面认识和热爱。

(3)在其他学科教学中有机渗透劳动教育。在道德与法治、语文、历史、艺术等学科重点纳入劳动创造人本身、劳动创造历史、劳动创造世界、劳动不分贵贱等马克思主义劳动观。纳入歌颂劳模、歌颂普通劳动者的选文选材,纳入勤于尝试、勤劳节俭、艰苦奋斗等中华民族优良传统的内容,加强对学生辛勤劳动、诚实劳动、合法劳动等方面的教育。数学科学、地理技术、体育与心理健康等学科要注重培养学生劳动的科学态度、规范意识、效率观念和创新精神。

2.劳动教育活动实践

(1)开展家庭劳动活动。各班班主任与家长加强家校联系,积极与家长沟通,建立学生家庭劳动活动机制,培养学生家庭劳动的意识、行动和能力。保证每周不少于3小时的家庭劳动活动,建议每天至少半小时的家庭劳动时间,培养良好亲子关系、家庭关系、养育关系和劳动关系。

(2)建立课外劳动服务机制。与相关社区、街道、公益组织、企业等建立劳动教育联系,拓展学生课外劳动服务途径和场地,积极开展社区清洁劳动、敬老孝老服务性劳动,开展街道公益活动宣传,组织学生到职业技术学院学习相关烹饪、陶艺、布艺等技能,到相关企事业机构开展技能学习和劳动实践。

(3)开展劳动教育活动周。采用专题讲座、主题演讲、劳动技能竞赛、劳动成果展示、劳动项目实践等形式进行。开展学生财商实践活动,培养学生组织能力、动手能力、营销能力,实行策划、采购、制作、总结全自主进行,培养劳动创造价值的观念。

(4)开展劳动教育研学。通过走访生产企业、创业基地,了解社会劳动类型和发展新方向,更好规划未来劳动生涯,建立全面科学劳动观。

3.劳动教育宣传教育

(1)劳动教育专题教育。开展以劳动教育为主题的主题朝会,进行全方位的针对性教育,歌颂劳模,歌颂抗疫模范;观摩精湛技艺,学习大国工艺;了解航天工业事迹,培养航天精神。制定劳动公约、每日劳动常规、学期劳动任务单,采取与劳动教育有关的兴趣小组社团等组织形式。

(2)结合其他节日开展劳动教育。结合植树节、学雷锋纪念日、五一劳动节、农民丰收节、志愿者日等开展丰富的劳动主题教育活动。

(3)举办劳模大讲堂、大国工匠进校园、优秀毕业生报告会等劳动榜样人物进校园活动,组织劳动技能和劳动成果展示,综合运用讲座、宣传栏、新媒体等关广泛宣传劳动榜样人物事迹,特别是身边的普通劳动者事迹,让师生在校园里近距离接触劳动模范,聆听劳模故事,观摩精湛技艺,感受并领悟勤勉敬业的劳动精神,争做新时代的奋斗者。在校园文化建设中强化劳动教育,将劳动习惯、劳动品质的养成教育融入校园文化建设之中。

(二)用好劳动教育方法,提高劳动教育效果:

1.讲解说明。围绕劳动"为什么""是什么"问题有重点地进行讲解,让学生懂得劳动的意义和价值。

2.淬炼操作。围绕如何做的问题注重示范与练习,让学生会劳动。

3.项目实践。围绕劳动能力的培养,让学生完成真实综合任务,经历完整劳动过程。

4.反思交流。围绕劳动价值意义的建构,引导学生总结交流,促进学生形成反思交流习惯。

5.榜样激励。围绕劳动的精神追求,树立典型,激发劳动热情。

(三)开展好劳动教育评价,发挥评价的育人导向和反馈改进功能

1.平时表现评价。在平时劳动教育实践活动中及时进行评价,以促进学生发展。

2.学段综合评价。在学段结束时,要依据学段目标和内容,结合综合素质档案分析,对劳动观念、劳动能力、劳动精神、劳动习惯和品质等劳动要素发展状况进行综合评定。

3.开展学生劳动素养监测,联合有关组织和机构开展学生劳动素养监测,通过大数据、计算机等科学技术,帮助提高对学生劳动教育评价的科学有效性。

五、学校劳动教育体系

根据我校劳动教育规划,从这几个方面进行劳动教育体系建设:开发校本课程,开设选修课,进行学科渗透教育,开展劳动教育实践和活动,开展研究性学习和交流,在校园文化建设中融入劳动教育。

六、劳动教育的条件与保障

(一)充分的师资保障。我校具备充沛的教师资源,师生比达到1:100,中、高级教师占比较多,其中思想政治教育具有全市领先地位,我校的德育教育工作也在市、区具有引领和示范作用。学生处作为劳动教育的主要负责部门,具有共10名年富力强的教师,他们具有丰富的科学文化知识和先进的思想文化理念。加强教师劳动教育能力培养,组织校本教研,保证教师参加专业培训,以保障我校教师资源满足劳动教育的师资要求。保障劳动教育教师相关权益,建立激励机制。

此外,聘请相关家长、职业院校和高校的教师等作为学校劳动教育的兼职教师或主讲教师,拓展教学内容,补充教师资源。与此同时,充分发挥少先队、共青团和学生社团的优势和资源,充分调动各方力量保障劳动教育顺利实施。

(二)防范劳动教育中的安全风险管理。评估劳动实践活动的安全风险,认真排查、清除学生劳动实践中的各种隐患。在场所设施选择、材料选用、工具设备和防护用品使用、活动流程等方面制定安全、科学的操作规范,强化劳动过程各方的岗位职责,明确各方责任,防患于未然。制定相应的劳动实践活动风险防控方案,完善应急与事故处理机制。制定劳动过程当中的卫生工作预案,按照疾控、卫生健康部门等有关行业规定采取相应措施,切实保护学生的身心健康。针对具有一定安全风险因素的劳动教育活动购买相关保险。

(三)硬件保障。创建专门的劳动教育场所,开展劳动实验、劳动演示等专业操作,展示劳动成果。购买劳动工具和器具、教育教学器材,为劳动教育准备必备材料。

(四)开展劳动教育科研课题。为更加切合本校实际,探索更加高效、符合校园文化、具有校本特色的劳动教育方式和途径,科学可持续,形成有特色、有系统、有内涵的劳动教育内容。

七、劳动教育的协同实施

(一)校内协调。各部分和年级组分工合作,认真完成自身任务,协同其他部门完成教育教学,切实落实劳动教育责任。

(二)家校协调。积极进行家校沟通,班主任、年级组、各部门要积极做好家长的思想教育工作,利用好家长会、家长委员会、家校会议、家庭作业、家长讲座等方式,让家长与学校统一战线,积极开展学生在家庭事务中锻炼劳动能力的活动,培养劳动习惯,树立劳动思想,做实做好家庭劳动教育工作。

(三)建立学校与社会协同育人机制。充分利用社区、职校、高校、综合实践基地、青少年校外活动场所、企事业单位教育场所,合理配置实践资源,开发多样化劳动实践内容和形式,建立劳动教育协同育人机制。

(审校:赵忠　方锐)

学校学生体质健康管理方案

为了贯彻落实《教育部办公厅关于进一步加强中小学生体质健康管理工作的通知》,进一步减轻学生的课业负担,促进学生健康成长,我校牢固树立和强化"健康第一"的指导思想,坚持把增强学生体质健康作为学校教育的基本目标之一。充分保证学校体育课正常开展和学生体育活动时间及锻炼效果。进一步做好五项管理工作,结合我校体育工作的现状,切实提高学生体质健康水平,特制定此方案:

一、加强领导。学校校长是学生体质健康第一责任人,要切实加强学校体育安全教育和管理,指导学生科学锻炼。加强学校体育场地、设施的维护管理,确保安全运行。

二、保证学生每天的大课间锻炼,保证学生每天上下午的眼保健操。每天上午30分钟、下午30分钟组织大课间锻炼,课间操根据季节、气候的变化进行调整变化,力求保质保量。

三、认真执行国家课程标准,保质保量开齐上好体育课。初中每周三节课、高中每周两节课,学校及个人不得以任何理由和形式占用体育课。

四、建立学生体质健康档案。我校按照教育部要求每年实施《国家学生体质健康标准》监测工作。做到每年秋季对学生进行检测,规范监测方法,严格确保监测数据真实准确,并将监测结果在规定时间上报有关部门。

五、开展课外体育活动,丰富学校的文体活动。学校每年开展两次全校性的文体活动。秋季开展全校性的田径运动会,运动项目的设置在考虑竞技性的比赛项目外也加入学生兴趣高、积极性强的集体项目,让运动会成为全校都能参与的活动。春季开展校园艺术节,把体育与艺术相结合,丰富学生课余生活,发展学生特长。

六、体育竞赛。学校以全面锻炼学生身体为出发点,在保证开齐、开足体育课程和课间操的基础上,根据学校的实际情况,贯彻小型多样、年级分散的原则,按季节气候的不同开展丰富多样的体育竞赛活动。力争通过这些体育竞赛活动来激发学生兴趣,锻炼学生身体,在校内形成浓厚的体育氛围。体育老师与年级主任、班主任密切配合,做好组织工作,保证学生每天有一个小时的课外活动时间,还要保证活动质量。我校还积极组织有特长的学生参加市区级以及全国性的比赛,给学生搭建更大、更高的展示自我的舞台。

(审校:赵忠　方锐)

学校手机管理方案

为了贯彻落实《教育部办公厅关于进一步加强中小学生手机管理工作的通知》,进一步做好五项管理工作,维护学校正常的教育教学秩序,保障学生的身心健康,促进学生学业进步和全面发展,结合我校工作的现状特制定此方案。

一、总则

(一)学校禁止学生在校园内携带、使用手机,以确保学校的正常教育教学秩序,促进学生养成良好的学习、生活习惯。如果学生确需带手机进入学校,学生及家长必须填写承诺书,陈述学生带手机入校的理由,经班主任、年级同意。

(二)学生进入学校后需将手机交给班主任统一保管。

(三)学校将不定期开展检查,对携带手机的学生,按不同情况视其情节予以纪律处分,同时,责令学生写出书面检讨,并通知家长,手机由学校统一保管至学期末,学期末由家长领回。并取消学生的评先评优资格。

(四)任课老师发现学生在校园内使用手机,有权将学生手机扣留,并及时送交班主任、年级组或学生处,填写扣留单。

二、细则与处分

(一)禁止学生在校园内任何场所、任何时间携带或使用手机。如有违反,第一次责令写出书面检讨,并通知家长填写扣留单,手机由学校统一保管至学期末,学期末由家长领回,同时给予年级通报批评,取消各类评先评优资格;第二次违规携带或使用手机,给予校级严重警告处分,取消各类评先评优资格;屡教不改者给予校级记过及以上处分,处分结果进入学生学籍档案。

(二)禁止在各类考试期间携机进入考场,一旦发现,考试作零分处理,并给予记过处分,按上述第一条相关内容进行处理。

(三)严禁在校园内使用手机充电器等各类充电器充电,一旦发现,收缴相关物品,并对屡教不改者给予纪律处分。

(四)对于收缴手机时采取不合作、粗野的态度,拒不接受教育或拒绝交出手机的,情节属一般的,给予警告或严重警告的处分;情节严重的,给予记过及以上处分。

(五)用手机浏览不健康内容或联系校内外人员组织打架斗殴或其他非法活动,除收缴手机,给予相关纪律处分外,情节严重的,可移交公安机关处理。

三、服务与保障

(一)为保障学生在校期间与外界的通信,由学校与电信部门配合,统一安装固定电话提供通信服务。学生处、年级组、班主任在必要时,为学生提供通信服务。

(二)学生处、年级组、班主任要加强对学生的引导和教育,让学生认清利弊,切实解决思想症结,明确学校在教学区、宿舍区禁止使用手机的意义。同时,学校要做好与家长的沟通工作,以取得家长的认同和配合。

(三)每个班级、年级设专用电话,供学生与家长之间的联系。也可通过班主任、老师或门卫等途径传递信息。

四、在家使用手机建议

学生在学习之余适当使用手机放松娱乐等无可厚非,但是一定要注意手机的合理使用。特提出以下建议:

(一)家长与孩子双方商议决定《手机使用协议》,由孩子执笔。限定孩子玩手机的时间,有一定的奖惩制度,达成协议后,双方严格按照执行。比如:上学不可带手机,每周周六、周日和节假日在完成作业及其他学习任务的情况下,可以玩1个小时以内的手机等。

(二)很多手机有学生模式,视频软件也有青少年模式,家长应帮孩子开启,过滤掉不健康的信息。

(三)家长应以身作则,不在孩子面前用手机娱乐。尤其不要在陪同孩子学习的时候,在旁边娱乐打扰孩子学习。如果确因工作需要,应该作出解释。

(审校:赵忠 方锐)

学校学生睡眠时间管理建议

为保障中学生的充足的睡眠时间,提高睡眠质量,根据《关于组织责任督学进行“五项管理”督导的通知》文件精神,结合我校学生的实际情况,给予学生睡眠时间管理的建议。

一、初中生每天睡眠时间不少于9个小时。高中生每天睡眠时间不少于8小时。初中生一般不晚于22:00就寝;高中生一般不晚于23:00就寝。

二、学生尽量在延时服务时间(初中)和晚自习时间(高中)内完成当天的作业及预习。

三、学生回家后可进行适当的体育锻炼。在睡前适当听点轻松的音乐,保证尽快入睡。

四、家长应了解、响应国家的“双减”政策,配合“五项管理”的落实,不再额外给学生增加课余负担,使学生身心得到健康的发展。

五、学生回家后到就寝时间仍未完成作业的,家长应及时了解情况并反映到年级,年级应及时和班主任和相关老师进行沟通。教师应有针对性地帮助学生分析原因,加强学业辅导,提出改进策略,如有必要可调整作业内容和作业量。

六、住校学生按住读生管理条例进行管理。

(一)晚上休息时间:22:00熄灯至次日7:00;到就寝时间仍未完成作业未就寝的,生活老师应及时了解情况并反映到上级管理部门,上级管理部门应及时和年级、班主任及相关老师进行沟通;教师应有针对性地帮助学生分析原因,加强学业辅导,提出改进策略,如有必要可调整作业内容和作业量。

(二)听到起床铃后,室长配合生活老师负责催叫住宿学生起床,迅速整理内务工作。

(三)晚上必须在规定时间前返回宿舍;晚上点名后不得私自离开。

(四)严格遵守作息时间,按时起床、就寝、熄灯、熄灯后保持安静,不得讲话,不得使用其他照明工具,不得做妨碍他人休息的事。

(五)不能把手机、MP3等电子设备带入宿舍。

(六)对夜间迟归学生,作违纪处理。

(七)熄灯后,不能在宿舍内说话,影响其他人休息。

(审校:赵忠　方锐)

学校学生课后服务实施方案

为了促进学生健康成长,回应群众关切,帮助家长解决接送困难,破解学生课后监管难题,增强教育服务能力,学校按照《国务院办公厅关于规范校外培训机构发展的意见》(国办发〔2018〕80号)、《教育部办公厅关于做好中小学生课后服务工作的指导意见》(教基一厅〔2017〕2号)、重庆市教育委员会等四部门《关于全面推进中小学生课后服务工作的指导意见(试行)》(渝教发〔2019〕20号)、重庆市渝中区教育委员会等四部门《关于印发〈重庆市渝中区中小学生课后服务实施意见〉的通知》(渝中教〔2020〕57号)等文件要求,结合学生家长需求和学校办学条件实际情况,制定本实施方案。

一、指导思想

开展课后服务工作,是促进学生身心健康成长、帮助家长解决按时接送学生困难的重要举措,是进一步增强教育服务能力、使人民群众具有更多获得感和幸福感的民生工程,以拓展学生学习空间、推进素质教育、落实立德树人根本任务,满足家长接送便利和学生巩固学习成果需求,促进学生在德、智、体、美、劳各方面全面发展。

二、基本原则

(一)自愿原则

学校开设的课后服务,完全采取学生和家长自愿参加的原则,由家长申请、班级审核、学校复核、统筹安排,以学期为周期统一组织实施,杜绝一切强制行为。

(二)规范原则

杜绝集体教学、补课行为,坚持课外阅读、兴趣小组、作业辅导、答疑解惑等工作原则(根据学校办学条件以学期为周期逐步完善),学校加强监管检查力度,建立监管工作台账。

(三)安全原则

学校成立课后服务领导小组,制定工作方案和管理措施,根据家长和学生自愿需求(优先保障留守学生、家庭困难学生自愿需求),落实责任教师,安排活动场所,规范作息时间,加强管理措施,确保参加课后服务的每一名学生在校期间安全。

三、工作内容

(一)课后服务对象

我校有课后服务需求的学生。

(二)课后服务时间

课后服务实施时间为周一至周五(法定节假日、寒暑假除外)下午标准课程结束后,初一、初二年级延迟至18:00(延迟2小时),初三年级延迟至18:30(延迟2小时30分钟)。

(三)课后服务内容

1.把课后服务与“书香校园”结合起来,开展课外阅读活动。课外阅读活动打破班级单位,根据实际申请人数组织学生到学校阅览室开展课外阅读活动(若申请人数较多再开辟专用阅览教室),落实责任教师与管理措施。

2.把课后服务与发展兴趣结合起来,开展兴趣小组活动。兴趣小组活动打破班级单位,结合目前学校师资力量、活动场地等条件,开展球类运动、舞蹈、音乐、书画兴趣小组,根据实际申请人数,以兴趣小组为单位,安排活动场地,落实责任教师与管理措施。

3.把课后服务与巩固学习成果结合起来,开展作业辅导、答疑解惑活动。作业辅导、答疑解惑活动根据实际申请人数,以班级为单位开展活动,落实责任教师与管理措施,杜绝集体教学、上新课、补课行为。

四、组织实施

(一)前期调查

班主任在开学第一周根据学校工作方案调查学生家长是否有服务需求,由家长自愿申请,填写申请表,由班级审核后,学校复核汇总申请信息。

(二)统筹安排

学校根据学生和家长申请汇总情况,统筹安排工作内容、活动场所、责任教师、管理措施。责任教师根据学校统筹安排认真开展工作,提高工作主动性和积极性,提高工作质量,做到家长满意、社会认可。

(三)经费来源

课后服务经费来源执行《重庆市渝中区教育委员会等四部门关于印发重庆市渝中区中小学生课后服务实施意见的通知》(渝中教〔2020〕57号)文件要求,按照180元/月的标准,每学期按照四个月的教学时间于开学初一次性收取。对建档立卡贫困户和低保家庭儿童减免课后服务费用,由政府补贴。

五、安全保障与舆论监管

(一)加强管理,保障安全

学校建立健全课后服务安全管理制度,对学生切实负起安全管理责任。加强师生安全意识教育,增强风险防范意识,配备足够的值班人员和责任教师,明确值班人员和责任教师工作责任,制定严格的考勤、管理、交接班制度和应急预案措施。

(二)加大宣传,加强监管

年级组长、分管年级主任及分管年级校级领导统一认识、统一行动,由各班班主任向学生和家长开展课后服务政策宣传,营造良好的舆论环境,争取家庭和社会支持,形成教育合力,确保工作顺利推进。

六、经费管理及发放标准

(一)经费管理

学校制定课后服务经费管理办法,严格执行《重庆市物价局　重庆市教育委员会关于规范中小学服务性收费和代收费管理有关问题的通知》(渝价〔2010〕316号),按照有关财经制度纳入财务管理,专款专用,建立定期公示制度。课后服务经费主要用于参与课后服务的校内教师及外聘校外人员补助、保障学校开展课后服务开支,学校不截留或提取管理费,不列支其他无关费用。按照《重庆市完善事业单位绩效工资政策若干问题的处理意见(二)》(渝人社发〔2018〕144号)相关规定,向参与课后服务的教师发放的适当补助,不纳入绩效工资总量管理。

城市低保家庭子女和农村建卡贫困户子女免费;特殊困难学生家庭减免,由学生本人申请,班主任签署意见,学校课后服务办公室审批。

(二)发放标准

1. 校内参与课后服务工作的教师及班级管理人员按照其工作实际情况给予相应的劳动补贴。

2. 对学校外聘的参与课后服务的社会专业人员,由双方协议确定劳务报酬。

3. 对参与课后服务的教职工实行每年一次的绩效考核奖励,奖励金额不超过全年课时费。

学校加强师德师风建设,规范课后服务行为,对课后服务进行职责明确和界定,严禁变相补课。学校加强过程管理,对课后服务的内容、人数、时间等进行档案资料留存,做到过程清晰,有案可查。

(审校:赵忠　方锐)

学校学生课后服务告家长书

尊敬的家长:

为了促进学生健康成长,回应群众关切,帮助家长解决接送困难,破解学生课后监管难题,增强教育服务能力,学校按照《国务院办公厅关于规范校外

培训机构发展的意见》(国办发〔2018〕80号)、《教育部办公厅关于做好中小学生课后服务工作的指导意见》(教基一厅〔2017〕2号)、重庆市教育委员会等四部门《关于全面推进中小学生课后服务工作的指导意见(试行)》(渝教发〔2019〕20号)、重庆市渝中区教育委员会等四部门《关于印发〈重庆市渝中区中小学生课后服务实施意见〉的通知》(渝中教〔2020〕57号)等文件要求,结合学生家长需求和学校办学条件实际情况,拟从本学期起开展课后服务,现将有关情况说明如下。

一、课后服务指导思想

开展课后服务工作,是促进学生身心健康成长、帮助家长解决按时接送学生困难的重要举措,是进一步增强教育服务能力、使人民群众具有更多获得感和幸福感的民生工程,以拓展学生学习空间、推进素质教育、落实立德树人根本任务,满足家长接送便利和学生巩固学习成果需求,促进学生在德、智、体、美、劳各方面全面发展。

二、课后服务基本原则

1. 自愿原则

学校开设的课后服务,完全采取学生和家长自愿参加的原则,由家长申请、班级审核、学校复核、统筹安排,以学期为周期统一组织实施,杜绝一切强制行为。

2. 规范原则

杜绝集体教学、补课行为,坚持课外阅读、兴趣小组、作业辅导、答疑解惑等工作原则(根据学校办学条件以学期为周期逐步完善),学校加强监管检查力度,建立监管工作台账。

3. 安全原则

学校成立课后服务领导小组,制定工作方案和管理措施,根据家长和学生自愿需求(优先保障留守学生、家庭困难学生自愿需求),落实责任教师,安排活动场所,规范作息时间,加强管理措施,确保参加课后服务的每一名学生在校期间安全。

三、课后服务具体安排

1.课后服务对象

我校有课后服务需求的学生。

2.课后服务时间

课后服务实施时间为周一至周五(法定节假日、寒暑假除外)下午标准课程结束后,初一、初二年级延迟至18:00(延迟1小时),初三年级延迟至18:30(延迟1小时30分钟)。

3.课后服务内容

(1)把课后服务与“书香校园”结合起来,开展课外阅读活动。课外阅读活动打破班级单位,根据实际申请人数组织学生到学校阅览室开展课外阅读活动(若申请人数较多再开辟专用阅览教室),落实责任教师与管理措施。

(2)把课后服务与发展兴趣结合起来,开展兴趣小组活动。兴趣小组活动打破班级单位,结合目前学校师资力量、活动场地等条件,开展球类运动、舞蹈、音乐、书画兴趣小组,根据实际申请人数,以兴趣小组为单位,安排活动场地,落实责任教师与管理措施。

(3)把课后服务与巩固学习成果结合起来,开展作业辅导、答疑解惑活动。作业辅导、答疑解惑活动根据实际申请人数,以班级为单位开展活动,落实责任教师与管理措施,杜绝集体教学、上新课、补课行为。

四、课后服务组织实施

1.前期调查

班主任在开学第一周根据学校工作方案调查学生家长是否有服务需求,由家长自愿申请,填写申请表,由班级审核后,学校复核汇总申请信息。

2.统筹安排

学校根据学生和家长申请汇总情况,统筹安排工作内容、活动场所、责任教师、管理措施。责任教师根据学校统筹安排认真开展工作,提高工作主动性和积极性,提高工作质量,做到家长满意、社会认可。

3.经费来源

课后服务经费来源执行重庆市渝中区教育委员会等四部门《关于印发〈重庆市渝中区中小学生课后服务实施意见〉的通知》(渝中教〔2020〕57号)文

件要求,按照180元/月的标准,每学期按照四个月的教学时间于开学初一次性收取。对建档立卡贫困户和低保家庭儿童减免课后服务费用,由政府补贴。

(审校:赵忠 方锐)

学校加强作业管理实施方案

为贯彻落实《关于进一步减轻义务教育阶段学生作业负担和校外培训负担的意见》和重庆市《重庆市进一步推进中小学生减负工作实施方案》精神,深入推进素质教育,切实减轻学生过重的作业负担,结合我校实际情况,特制定本方案。

一、指导思想

以习近平新时代中国特色社会主义思想为指导,规范教育教学行为,确立"以学生发展为本"的素质教育理念;以"课程改革为契机",深入研究课堂教学,提高课堂教学效率和质量,切实减轻学生过重的作业负担,有效提高学校教育教学水平,全面推进素质教育的深入实施,成就学生大写人生。

二、组织领导及工作小组

(一)领导小组

组长:党委书记。

副组长:校长、党委副书记、副校长、纪委书记。

成员:教务处主任、行办主任、年级主任、教务处副主任、教科室主任。

(二)工作小组

组长:副校长。

副组长:教务处主任、教务处副主任。

成员:年级主任、年级组长、教研组长、备课组长。

三、工作原则

(一)坚持立德树人和全面发展的原则。坚持立德树人,落实"五育并举",认真执行课程计划,科学合理设计和布置作业,切实减轻学生过重的作业负担。

(二)坚持基础性和科学性并重的原则。学生的作业布置要基于课程标准、关注核心素养、体现课程性质。

(三)坚持多样性和发展性并举的原则。多布置适合学生年龄特点、贴近学生生活实际的实践性作业和过程性作业,逐步实现作业形式多样化、个性化。

(四)坚持遵循教育规律、学生认知规律和身心发展规律相结合的原则。

四、工作基本要求

(一)严格落实重庆市《重庆市进一步推进中小学生减负工作实施方案》的要求做好此项工作。

(二)科学制定学校教学计划,保证开齐开足国家课程。

要特别重视体育、音乐、美术、科学、综合实践等课程的开设,不得随意挤占课时。不得随意增减课程课时,不得随意增加课程难度,不得随意加快教学进度。坚决杜绝教师课堂上有意少讲、“课堂内容课外补”现象。

(三)作业设计的要求

1.科学、合理设计作业。学校各备课组必须坚持每周研究一次学生作业布置。作业要紧扣课程标准和教学进度,在作业内容、数量、要求等方面,经过组内成员集体讨论,提出学生作业布置周计划,最后由教务处和年级主任进行审批。

2.丰富作业形式,按照“五育并举”方针,每天要布置一定量的书面家庭作业,也要布置一定量的阅读作业、家务劳动和体育锻炼,每周布置一次音乐、美术方面的实践性作业。把预习类作业、巩固类作业与阅读、探究、实践、合作、体验等类型作业相结合。

3.尊重学生学习上的差异性,给学生分层设置选择的权利。提倡“必做作业+鼓励性作业+拓展性作业”模式,满足不同层次的学生的需求。

(四)作业布置的要求

1.确保初中学生书面作业平均完成时间不超过90分钟,高中学生作业适量适度。

2.建立教师“提前试做拟布置的作业”制度。凡是要求学生做的作业,教

师要先做一遍。教师在先做作业的过程中，掌握作业的难易程度、所需时间、规范要求、容易出错的地方和适宜的学生群体，做到布置作业适量且具有针对性，不得布置“繁、难、偏、旧”的作业，做好学校要求的“五化”学教案例的推进。

3.坚决杜绝给学生布置机械性、重复性、难度过大的作业。不允许教师用增加作业量的方式惩罚学生。杜绝翻印配套练习或以套题、教辅练习代替作业的现象。

4.杜绝教师“简单”“粗放式”减负和“一刀切式”减负，要处理好面向全体和因材施教的关系，更要体现精准有效，根据学生具体情况实施分层布置作业。

5.不得布置要求家长完成或需要家长代劳的作业，不得要求家长批改老师布置的作业，不得要求家长通过网络下载并打印作业，不得要求家长对书面作业检查并签字。

6.教师不得通过微信、QQ、钉钉等媒介布置家庭作业和要求家长打卡签到。

7.严禁布置电子作业，加强对学生进行用眼卫生教育，保护学生的视力健康。

8.对参加学校组织的校内课后延时服务的学生，其书面作业应当在教师的辅导下，于当天在校内延时服务时间内完成。

（五）作业批改要求

1.教师要根据作业内容特点和学生实际选择合适的作业批改方式，做到有布置必收、有收必改、有改必评、有错必纠、纠必复批。

2.作业批改教师要全批全改，提倡教师对个性学生的作业进行面批面改。倡导教师对学生作业中的错误不只用“×”号做出标识，要同时给予相应指导批语。

（六）作业讲评要求

1.学生作业情况，教师要及时反馈、及时讲评。对学生作业中的共性问题要集中讲评，个性问题要面批校正或予以个别辅导。对作业中存在的错误要求学生订正后，教师要进行二次批改。

2.通过分析、梳理学生作业存在的普遍问题和知识的薄弱环节，及时调整教学进程与教学方法策略,作为推进有效课堂教学的依据和支撑。

(七)作业管理要求

1.加强集体备课制度。学校要切实加强校本培训和校本教研,提高教师的作业设计能力,组织教师研读课程标准,梳理教材,明确学科知识体系和认知要求,掌握作业设计的依据和方法。

2.实行作业统筹把关制。建立各学校教务处牵头、年级主任协调、班主任负责、各科教师研讨的工作机制,做好各学科作业的统筹平衡工作,确保作业量和完成时间的协调。

3.建立健全作业评价体系。使用鼓励性语言,倡导阳光评价和多元评价,不断提高学生的实践能力、探究能力、创新能力。

4.学校教务处每个月对各年级作业情况督查一次。

五、实施措施

(一)学校领导小组要加强和改进学生作业管理,减轻学生课外负担、提升教育理念,提高教育质量、完善教学常规,改进教学管理,科学构建作业管理机制。

(二)加强集体备课,落实作业设计集体备课制度,组织教师研读课程标准,梳理教材,明确学科知识体系和认知要求,理清学期目标、单元重点,确保备课组内作业布置的一致性,并在学校进行备案,严格保证教、学、评的一致。

(三)坚决杜绝教师个人随意布置作业和对作业加量。组织教研组长、骨干教师进行作业管理,提高教师作业设计、布置、批改、反馈能力。

(四)学校把作业管理作为教学管理的重要内容,把作业评价纳入教师的业务考核体系。要定期对作业实施情况进行督查,及时发现和解决问题。

(五)学校将定期对学生、家长进行问卷调查,如调查作业的数量、难度和教师的批阅、辅导、落实等;根据调查结果对各学科作业的数量进行调控,按实际情况调整作业数量和难度。

(六)学校引导家长履行家庭教育职责,理解学校的作业设计、布置和批改等工作,支持配合学校、教师的作业管理要求。

(七)指导家长合理安排孩子课余生活,避免造成过重校外学习负担,保证学生每天睡眠时间不少于9小时。

六、督导检查

(一)加强督导检查,将学校作业质量和作业负担等情况纳入考核内容。建立学生作业负担监测、举报、公告和问责制度。

(二)学校督导室牵头不定期对学校学生作业情况进行检查、抽查,对严重违反管理规定、造成重大社会不良影响事件,要依法依规严肃处理并追究相关人员责任。

(三)在督导检查过程中,要善于发现典型,推广经验,确保学校教育教学管理更加规范、高效,提升教育教学质量。

(审校:赵忠　方锐)

学校教师批改作业、辅导学生的若干规定

批改作业和辅导学生是教师检查课堂教学效果的重要环节,根据学生作业情况教师可以从根本上判断教育教学质量发展情况,从而采取相应的教育教学措施,调整教学过程中的诸多元素,促进教育教学质量的提高。根据教师“六认真”基本要求,学校进一步制定教师批改作业、辅导学生若干规定,请全校教师遵照执行:

一、教师应根据课堂教学需要,根据教学大纲和教材的要求以及学生实际情况,统筹安排,布置数量适当、难度适中、体现分层教学的作业。注意防止不布置任何课外作业和课外作业负担过重的两种倾向。

二、课外作业要求学科代表及时收发,并建立登记考核制度,学生作业情况应及时在全班通报,并与班主任教师交流。

三、教师在批改作业时,要认真阅读、检查学生的文字表达、数字运算及公式推导等过程,既要“批”,还应“注”,更要“改”。不能只打“勾”“叉”。对作业优秀的要及时给予文字表扬,而对作业马虎的学生应给予文字指正。反对在批改作业中敷衍塞责、不负责任的现象。

四、教师可以在任教班级开展作业评比大赛,不断运用激励手段和方法调动学生运用知识解决问题的积极性,从而提高学科教育教学质量。

五、对未完成作业的学生,教师应及时给予批评教育,责成其补做或重做。对长期不交作业的学生,按“学生操行考核”的有关规定处理。教师要设

法杜绝学生抄袭作业的现象,使作业能真实反映学生知识及能力现状,以利于进一步提高教育教学质量。

六、教师未能及时批改作业或批改作业马虎,致使学生反映强烈的,学校将视情况,根据有关规定严肃处理。

七、教师要积极寻找时间自觉坚持课外辅导和答疑,要在该教学活动过程中解决学生学习中的疑难问题,帮助学生改进学习方法和思维方法,提高学习效率,了解教学效果和教学中存在的问题,并及时改进教学方法。

八、课外辅导及答疑方式应视实际情况而定,可以个别方式进行,也可以集体方式进行。对普遍反映的疑难问题应及时进行集体答疑。

九、教师在答疑中,应注意培养学生的独立思考能力;对于重要的和关键性的问题,应引导学生抓住问题的实质,分析问题产生的原因,帮助他们学会解决问题的方法。

十、对于一些学习较差的学生,应个别重点加以辅导。教师不能要求学生参加有偿辅导,更不得强迫学生参加“家教”。教师不得在办公室或家中单独对异性学生进行辅导。

(审校:赵忠　方锐)

学校严禁教师违规补课的规定

根据市、区教委有关教师师德师风建设若干意见精神,为了切实减轻学生课业负担和家长经济负担,我校特制定以下严禁教师违规补课的规定:

一、每位教师严格按照课程计划上课,不得随意增减国家和市规定的课程和课时或擅自提前结束新课。

二、不得挤占体育、艺术(包括音乐、美术)、信息技术、综合实践活动(研究性学习、劳动技术教育、社区服务、社会实践)等课时用于其他学科的教学。

三、禁止教师节假日组织学生集体补课或到自己家里补课。

四、教师不得以任何理由开展有偿家教。

五、教师要加强学生学习心理研究,根据教学针对性原则,积极开展对学生的个别辅导,提高欠发展学生的综合素质与能力。

六、每位教师要扎扎实实开展教学科研,深入进行课堂教学探究,改进课堂教学方法,把功夫用在优化课堂教学上,使教学安排更规范,教学管理更严格,教学方法更科学,教学手段更先进,努力提高课堂教学的效率,向课堂教学要质量,努力为学校教学质量可持续发展作出更大贡献。

七、若有违规补课者,一经查实,将严格按市、区教委有关文件精神处理。

(审校:赵忠　方锐)

学校关于严格使用教辅资料的规定

为了切实减轻学生课业负担,规范学校办学行为,进一步增强教学资料的科学性、严密性、有效性和实用性。学校特制定教辅资料使用的以下规定:

一、任何教研组、备课组和教师个人没有给学生订购教辅资料的权利和义务,所有年级备课组只能给学生推荐教学辅助资料。

二、教学辅助资料只限于中考和高考学科,一本为教材的配套练习,一本为课外读物或实验手册,或合二为一。所有资料必须由备课组集体研究通过后推荐。由班委干部或科代表向全班同学讲解,自由订购。教师不得收取任何费用。

三、教师不得以教学需要为由强制学生购买某种教辅资料,不得强行统一使用教学辅助资料。

四、区教委已经给学生增订教学辅助资料的学科不能再给学生推荐教学辅助资料,教学所需要的学具,只能由学生自由选购。

五、各年级无推荐使用教学辅助资料的权利和义务。年级组长开学第一学月后,向学校统计汇报本年级教学辅助资料使用情况。如有违规行为,要及时向学校汇报并制止相关行为。

六、参加新课程改革实验的年级使用教材和资料通过区教委统一规定后订购。

七、经学校查证有违规行为的备课组或教师个人,学校将按照教委有关规定严肃处理,给予行政处分等。

全校教师要严把教辅资料的使用关,坚决杜绝教辅资料订购使用工作中的不正之风,认真落实"减负"有关规定,积极推进素质教育在学校的实施。

(审校:庞梅　赵忠　陈星舟)

学校高中教材教辅资料征订管理制度

为规范我校高中学生教材、教辅资料的征订行为,减轻学生的经济负担和课业负担,保证资料的充分利用,杜绝教辅资料无计划征订和浪费,防范教辅资料征订过程中的不正之风,根据重庆市教育委员会、重庆市新闻出版局、重庆市物价局、重庆市人民政府纠风办《关于加强中小学教辅材料使用管理工作的通知》(渝教基〔2012〕45号)文件规定,结合学校内部监督制度,特制定本校高中学生教材、教辅资料征订管理制度,请高中各年级组长、各备课组及科任教师遵守执行。

一、加强组织,统一领导

(一)成立教材教辅资料征订管理领导小组

学校成立以校级领导、年级组长、教研组长参加的教材教辅资料征订管理领导小组,该小组由学校校长任组长,副校长任副组长,组员由年级组长、教研组长、家长委员会成员组成。具体成员名单如下:

组长:学校校长。

副组长:学校副校长等校级领导班子。

成员:学校教务处主任、学生处主任、年级组长、教研组长及各年级家长委员会成员。

(二)工作职责

学校领导小组成员要严格遵守《学校高中教材教辅资料征订管理制度》,在平时的工作中,善于观察和倾听,把滥定教辅资料的苗头抑制在萌芽之中;对于出现的违规违法现象,要及时纠正,并按学校的相关规定提请学校给予处罚。

二、教材教辅资料征订原则

(一)选择教辅资料是学生和家长的自愿自主行为,学校和教师不得强行统一组织学生集体购买教辅资料。对于高考类辅导资料,可以选择一至二种供学生和家长选择,自愿购买。

(二)各备课组、教师不得擅自联系书商进入校园推销、销售资料,干扰学

校正常的教学秩序;不得通过非法渠道征订教辅资料,杜绝盗版教材资料进入校园。

(三)严禁教师个人、备课组长等与书商私下接洽,收取各种名目的“劳务费、介绍费、咨询费”,违反规定者,学校将追究相关人员责任。

(四)学生选购的教辅材料不得作为学科教学内容,不得以教辅材料为纲目进行课堂教学,不得借教辅材料加大作业练习量,不得将教辅材料内容指定为学业考试内容。

三、征订程序

(一)教材征订流程

1.教材征订严格按区教委的统一规定,坚持以新华书店为唯一合法征订渠道。

2.教务处分管教材征订的副主任与负责教材征订的教务员一起,根据年级学科设置,负责选定教材及教学参考书,并确定数量。

3.分管教学副校长认真审核,签署意见。

4.由教务处负责教材征订的教务员按时上报新华书店,确保“课前到书,人手一册”。

5.教材到货后由教务处教务员负责验收入库,于开学初分发到班级,发现质量问题和数量问题及时告知新华书店,要求更换或退货。

6.根据征订合同,学校财务室按时付清款项。

(二)教辅资料征订流程

1.征订渠道:上级主管教育行政部门、教学业务部门指定的教辅资料按其指定的渠道征订采购;配套教辅用书从区教委招标确认的准入供应商中征订采购;上级部门和准入供应商不能提供而教学中又确需的试卷、书报等教辅资料(应当严格控制)从其他合法供应商中征订采购。

2.征订方式:上级主管教育行政部门、教学业务部门指定的教辅资料经校长或分管校长批准,由教务处教务员直接征订采购;上级部门和准入供应商不能提供而教学中又确需的教辅资料由学校教材教辅资料征订管理领导小组研究决定。其程序为:

(1)申购:由所需人员填写教辅资料申购报批单交年级组长。

(2)年级组长汇总年级各学科的申购报批单后,报请领导小组同意。

(3)组织召开年级家长委员会,告知家长委员会成员资料征订的必要性,由家长委员会决定是否购买。做好家长委员会会议记录,参会人员签字确认。

(4)经家长委员会同意后,发布采购公告,与家长委员会成员一道,接收供应单位竞标。

(5)年级组长、教研组长与家长委员会成员一起组织招标或比标,确定供应商和价格,并在申购报批单上签字确认。

(6)申购报批单交校长(法人代表),由法人代表审核后与供应商签订供货合同。

(7)收费:收费前由家长委员会在各班通报资料征订情况,公布收费金额。收费由家长委员会成员收取,必要时可委托年级组长收取,家长委员会成员全程参与和监督。

(8)接收、验货:资料到货后由年级组长负责会同备课组长负责验收,检查质量、数量,如符合合同要求,则在接收单上签字并登记明细,如不符合要求则及时更换或退货。年级组长和备课组长应在供货发票上签字。

(9)付款:由家长委员会成员根据采购合同付款。

3.教辅资料的征订应本着厉行节约、反对浪费的态度,原则上坚持“一教一辅”。高一、高二年级的高考学科允许教师向部分优秀学生推荐一至二种教辅资料,供其自愿选择购买,教师不组织。高三年级教辅资料(总复习书籍)每科允许征订一至二份(不包括教研部门提供的资料),涉及会考、高考的学科可再征订一至二套练习试卷。领导小组应积极与卖方议标、议价,防止错购或重购。在平等交易基础上供应商自愿让利部分应按实际折扣结算,让利给学生。

4.高三年级训练卷、模拟卷由年级组长、分管校长组织召开家长委员会,由家长委员会与近些年与学校有业务联系的命题机构协商征订,保存好征订单据。

四、奖惩办法

(一)对于在使用过程中,学生公认的较好的资料,学校根据议价的递减幅度给予年级组适当奖励。

(二)为了提高教学质量和出于编写资料的需要,学校每年为备课组教师

提供两种或三种资料,由备课组统一购置,其总价值在50元内。

(三)有下述情形之一者,属违反师德师风,按教学常规考核和年度考核的规定进行处罚。

1.私自向学生推销资料者。

2.未经批准购回资料发给学生者。

3.私自向学生收费购置资料者。

4.私自占有和集体私分资料回扣者。

五、说明

(一)本管理办法解释权属学校党委会议;

(二)本管理办法从公布之日起开始执行。

(审校:庞梅　赵忠　陈星舟)

学校严禁向学生乱收费的规定

根据教育部财务司《关于2022年加强教育乱收费治理工作的通知》(教财司函〔2022〕65号)等文件精神,特制定此规定,学校高度重视,认真抓好贯彻落实。

一、继续保持高压态势

(一)严禁中小学违规收取补课费、教辅资料费、空调饮水费,以校企合作名义违规收费等。

(二)不能有违反现行教育收费政策、自立名目乱收费或违规进行服务性收费和代收费现象。

(三)服务性收费和代收费不能违反自愿原则,不能合并统一收取,代收费要据实结算,多退少不补。

(四)要按现行教育收费政策及时足额收费,不能随意少收、缓收、免收。

(五)不能违规开具票据,不能用自制票据、三联收据等代替国家规定合法票据;不能不开票据。

(六)收费实行"收支两条线"规定;收取的费用纳入学校财务统一核算管理。

(七)开票、收款、核算等岗位人员实现相互分离、相互制约。

(八)不能利用私人微信、私人支付宝、私人银行账户收取费用。

(九)收取的费用要按时足额缴存规定账户。

(十)不能“公款私存”和“挪用公款”。

二、健全治理工作责任制

设置收费公示牌,对外公布教育乱收费举报投诉电话,并指定专人负责接听,加强对相关工作人员的教育,不推诿扯皮,不糊弄群众,不泄露群众隐私。对存在或反映的问题,要直查快办,按规定严肃处理,确保事事有回音、件件有着落。

(审校:邹丹　赵忠　陈星舟)

学校课外读物进校园管理办法

为丰富广大初、高中学生阅读内容,拓展阅读活动,规范课外读物进校园管理,严防问题读物进入校园,发挥课外读物育人功能。落实国家教育行政部门关于全国中小学生课外读物进校园的政策,明确推荐标准与要求,把握课外读物进校园情况,负责进校园课外读物的监督检查,学校根据实际需要做好课外读物推荐和管理工作。课外读物是指教材和教辅之外的、进入校园供中学生阅读的正式出版物(含数字出版产品)。学校课外读物推荐工作须遵守国家相关法律法规要求,坚持以下原则:

方向性。坚持育人为本,严把政治关,严格审视课外读物价值取向,助力学生成为有理想、有本领、有担当的时代新人。

全面性。坚持“五育”并举,着眼于学生全面发展,围绕核心素养,紧密联系学生思想、学习、生活实际,满足学生德育、智育、体育、美育和劳动教育等方面的阅读需要,全面发展素质教育。

适宜性。符合中学生认知发展水平,满足不同学段学生学习需求和阅读兴趣。课外读物应使用绿色印刷,适应青少年儿童视力保护需求。

多样性。兼顾课外读物的学科、体裁、题材、国别、风格、表现形式的多样性,贯通古今中外。

第一条　进校园课外读物要符合以下基本标准:

(一)主题鲜明。体现主旋律,引领新风尚,重点宣传习近平新时代中国特色社会主义思想,传承红色基因,弘扬民族精神、时代精神、科学精神,彰显家国情怀、社会关爱、人格修养,开阔国际视野,涵养法治意识。

(二)内容积极。选材积极向上,反映经济社会发展新成就、科学技术新进展,以及人类文明优秀成果,具有较高人文、社会、科学、艺术等方面价值。选文作者历史评价正面,有良好的社会形象。

(三)可读性强。文字优美,表达流畅,深入浅出,具有一定的启发性、趣味性。

(四)启智增慧。能够激发学生的好奇心、想象力、创造力,增长知识见识,提升发现问题和解决问题能力,增强综合素质。

第二条　违反《出版管理条例》有关规定,或存在下列情形之一的,不得推荐或选用为学生课外读物:

(一)违背党的路线方针政策,污蔑、丑化党和国家领导人、英模人物,戏说党史、国史、军史的;

(二)损害国家荣誉和利益的,有反华、辱华、丑华内容的;

(三)泄露国家秘密、危害国家安全的;

(四)危害国家统一、主权和领土完整的;

(五)存在违反宗教政策的内容,宣扬宗教教理、教义和教规的;

(六)存在违反民族政策的内容,煽动民族仇恨、民族歧视,破坏民族团结,或者不尊重民族风俗、习惯的;

(七)宣扬个人主义、新自由主义、历史虚无主义等错误观点,存在崇洋媚外思想倾向的;

(八)存在低俗媚俗庸俗等不良倾向,格调低下、思想不健康,宣扬超自然力、神秘主义和鬼神迷信,存在淫秽、色情、暴力、邪教、赌博、毒品、引诱自杀、教唆犯罪等价值导向问题的;

(九)侮辱或者诽谤他人,侵害他人合法权益的;

(十)存在科学性错误的;

(十一)存在违规植入商业广告或变相商业广告及不当链接,违规使用“教育部推荐”“新课标指定”等字样的;

(十二)其他有违公序良俗、道德标准、法律法规等,造成社会不良影响的。

第三条　学校教务处负责组织课外读物的遴选、审核工作。

第四条　进校园课外读物原则上每学年推荐一次。

推荐程序应包括初选、评议、确认、备案等环节。学校组织管理人员、任课教师和图书馆管理人员提出初选目录;学科组负责审读,对选自国家批准的推荐目录中的读物,重点评议适宜性,对其他读物要按推荐原则、标准、要求全面把关,提出评议意见;学校组织专门小组负责审核把关,统筹数量种类,确认推荐结果,公示并报教育行政主管部门备案。

第五条　学校图书馆购买课外读物按照《中小学图书馆(室)规程》有关规定执行。

第六条　加强课外读物其他渠道进校园的管理。

任何单位和个人不得在校园内通过举办讲座、培训等活动销售课外读物。学校要明确受捐赠课外读物来源,由学校或上级教育行政主管部门进行审核把关,明确价值取向和把关适宜性。

第七条　学校要大力倡导学生爱读书、读好书、善读书,可设立读书节、读书角等,优化校园阅读环境,推动“书香校园”建设。

注重开展形式多样的阅读活动,提高学生阅读兴趣,培养良好阅读习惯。发挥家长在学生课外阅读中的积极作用,营造家校协同育人的良好氛围。建立阅读激励机制,学校要采用适当的形式表彰阅读活动表现突出的师生。

第八条　建立监督检查机制。学校要加强对学生携带读物进入校园的管理,发现问题读物应及时予以有效处置,消除不良影响。

第九条　存在下列情形之一的,视情节轻重依法依规予以处理;学校需要追究其他纪律或法律责任的,依纪依法移交相应主管部门处理。

(一)进校园课外读物未按规定程序组织推荐的;

(二)进校园课外读物不符合本办法原则、标准、要求的;

(三)强制或变相强制学生购买课外读物的;

(四)接受请托、牟取不正当利益的;

(五)有关行政部门及其工作人员违规干预课外读物推荐的。

(审校:庞梅　赵忠　陈星舟)

学校命题要求及命题效果考核方案

一、指导思想

必须依据各学科课程标准所规定的内容和要求命题。命题应注意发挥考试的导向作用,坚持以学生发展为本,切实体现新课程理念,切合教学实际、符合学生的学习和生活实际,强调能力立意、应用立意,增强自主性、合作性、探究性,注重综合性、创新性,坚持教育性,体现时代性,切实做到“无价值,不入题;无思维,不命题;无情境,不成题”。

二、命题原则

(一)命题要充分体现课程标准的要求,要注重考查学科核心素养,又有探究性和体验类的过程与方法、思维能力、创新能力等试题。

(二)题目要具有基础性、全面性、科学性、适切性、典型性和规范性。

(三)每套试卷注意学习内容的典型性、代表性,也要注意题目的难度、梯度和题目类型的多样性。

(四)题量安排均衡适宜,赋值准确合理。

(五)尽量选用新材料、新背景、新话题的原创题,杜绝繁、难、偏、旧的试题,鼓励设计一些新内容、新体例、新风格、新形式的开放试题,鼓励学生发表自己的独立见解,作出个性化的解答。

(六)问题创设融入多样性、互动性、体验性。各科习题的类型具有多样性,部分习题以各类活动的形式展开,让学生体验探索过程和体会多样化的探究方法。

(七)问题的解决突出实践性、开放性、发展性,重点突出可使学生可持续发展的内容。

(八)习题创设过程有机地插入点拨性语言、激励性语言、警示性语言、启导性语言,以体现人文关怀,体现知、情、意合一。

(九)试题形式生动活泼,指导语言亲切、准确、明了,方便学生作答。

三、命题及审题要求

(一)试题命制要件包括:考试范围表、双向细目表、试题卷、答题卡、详解参考答案(资料不齐的按考核标准降低一个等级)。

(二)命制试题前签订保密协议,严防泄密。试题命题、审核、校对工作有序,按时完成,试题格式规范;试题及参考答案准确,赋分合理,无科学性错误。

(三)试题覆盖面广,主体内容突出,无偏题怪题。

(四)试题题量适当,约80%的学生能在规定时间内完成。

(五)试题难度适中,根据各年级学生学情提前预估各科难度系数。

(六)试题有较好的区分度,能有效拉开好、中、差学生的成绩差距。

(七)试题有新意,符合课改和教改方向,能有效测评学生的学科核心素养。

四、命题及审题考核

(一)命题及审题奖励费(英语听力增加50元)

按最高500元/科执行,考试结束后按学校考核标准进行考核,分一等奖、二等奖、三等奖进行发放。

(二)考核标准

1.一等奖:500元/科,其中命题400元,审题100元

(1)试题表述简明、准确、无勘误;

(2)试题尽量改编或原创;

(3)语文、数学、英语学科平均分在预估分±4.5分及以内,其余学科平均分在预估分±3分及以内;

2.二等奖:400元/科,其中命题320元,审题80元

(1)试题表述简明、准确、无勘误;

(2)试题尽量改编或原创;

(3)语文、数学、英语学科平均分在预估分±7.5分及以内,其余学科平均分在预估分±5分及以内;

3.三等奖:300元/科,其中命题240元,审题60元

(1)试题表述简明、准确,无勘误;

(2)试题尽量改编或原创;

(3)语文、数学、英语学科平均分在预估分±12分及以内,其余学科平均分在预估分±8分及以内;

4.其他说明

(1)平均分达到以上几个等级标准,若有勘误、则降低一个等级;

(2)若平均分未达到以上标准,则发放200元/科,其中命题160元,审题40元;

(3)以上考核标准主要针对半期、期末或大型阶段性考试,开学考试命题按照300元/科发放,其中命题240元,审题60元;若有勘误,则按200元/科,其中命题160元,审题40元;

(4)此方案自2023年11月6日起实施。

(三)出现以下错误,取消奖励资格

1.意识形态不正确;

2.英语听力录音与材料不符;

3.使用大量、成套的网络试题或往届校内(或兄弟学校)试题;

4.题目无法作答或无解。

(审校:庞梅　赵忠　陈星舟)

学校计算机教室(机房)管理制度

一、信息技术课任课教师和使用机房的同学均应加强四防(防火、防盗、防触电、防病毒)意识,学生在机房内严禁触摸电闸,不许私自插拔电源线,注意机房用电安全,发现异常管理员应立即拉闸,在室内无同学的情况下应及时切断电源并锁门。

二、学生计算机教室的四防管理由信息技术课任课教师负责,禁止其他无关人员入内,发现问题要及时向主管领导反映。

三、信息技术课任课教师应做好机房的维护和维修工作,确保教学工作顺利进行。同学上机前应检查机器的使用状况,发现问题及时向任课教师反映,否则视为该同学损坏,需照价赔偿。

四、机房使用者不得私自移动、拆开、拿走计算机及相应设备,如人为损害设备,按原价加倍赔偿,否则按学校有关规定处理。如发现微机故障应及时通知任课教师,并由任课教师做好设备的维护工作。

五、注意保持室内卫生,每位同学关机后要及时清理桌面,整理好桌椅,还原设备;不准将零食及饮料等带入机房,机房卫生由信息技术课任课教师负责组织学生每周打扫。

六、同学不得私自调换座位,不得带未经任课教师允许的硬盘、U盘等进入机房,否则任课教师有权停止其使用计算机。不得擅自带进或在网上下载任何黑客软件及破坏性的软件并在计算机上使用,如因使用而造成不良后果,必须酌情赔偿。

七、使用者应遵守国家公安部门、安全部门及教委的有关规定,严禁利用计算机观看、传播、拷贝、制作反动、淫秽、色情、暴力、迷信等内容,如有违反规定者,学校将取消其使用机房的资格,并依法处理。

(审校:吴朋　陈星舟)

学校物理实验室设备管理制度

一、实验仪器设备入库要按照教育部仪器配备标准分学科分类按编号顺序存放入柜,建立仪器明细账,填写归卡,做到账、卡、物相符。各类实验仪器设备的说明书、图纸要装订成册,妥善保管以备用,人员调动时要办理交接手续。

二、易燃、易爆、剧毒等危险物品要有专门的存放地点,办理交接手续清点并实行双人双锁保管。

三、实验仪器设备室要有防盗、防火、防毒等安全措施,并做好通风、防潮、防尘和保洁工作。

四、实验仪器设备使用后应及时进行清洁、保养并入柜,要根据各类仪器的特点,定期地进行维护与保养,使仪器经常处于完好状态。

五、实验仪器设备领用、借用,必须在登记册上完备手续,不能私自外用。凡丢失或违规操作造成仪器、设备损毁的,由当事人按学校有关规定赔偿。

六、实验仪器设备的报废,按学校固定资产的有关报废程序进行办理,经批准报废后方可办理注销手续,同时报区教育技术装备管理部门备案。

(审校:赵忠　方锐)

化学实验室使用规则

一、学生进入实验室按编组或编号入座,不准随意走动,高声喧哗,严格遵守实验室规则。

二、实验前,学生要预习实验,教师必须讲清实验目的、原理、操作方法、操作规则和注意事项,学生清点好仪器药品及实验材料。

三、实验中,严格按照操作规则进行,仔细观察实验现象,详细、准确地作好实验记录,根据实验过程认真分析实验结果,写好实验报告。

四、注意安全,谨慎处理腐蚀性强、易燃、易爆和剧毒药品。

五、如发生意外事故(如:爆炸、烫伤、中毒),不要惊慌,及时报告老师和实验员,妥善处理。

六、节约用水、用电,爱惜药品和实验材料,实验室仪器设备和器材未经教师许可不得带出实验室。

七、在实验中,遵守操作规则而损坏的仪器及材料,应立即报告教师处理,凡违反操作规则损坏的仪器及材料,由损坏者按规定赔偿。

八、实验完毕后,清理好仪器和器皿,归还原位。处理好废水、废料,做好清洁,经教师许可才能离开实验室。

(审校:赵忠　方锐)

化学实验准备室管理制度

一、实验准备室是教师准备演示实验、研究教材、进修有关实验知识的专用设施;室内一切仪器、药品,一般不作他用;学生、学生家长及非本科教师均不应该进入实验准备室。

二、实验员负责准备室的试剂配制、分装,仪器设备及药品的添置、更换,帮助教师清理演示后的仪器、药品,清洗和归放教学仪器。

三、实验准备室的活动应严格遵守实验室管理制度。

四、教师准备实验完毕,应将取用的试剂、药品放回原处。教学用的仪器、药品放在自己专用器具中待用,离开实验准备室前应做好清洁工作,危化药品取用应遵守危化品取用规则,锁好准备室门窗,严格做到双人双锁。

五、在教师准备或实验过程中,仪器若有损坏,应主动填写报损单。

(审校:赵忠 方锐)

危险药品管理制度

一、充分认识危险药品安全管理工作的重大意义,增强安全与防范意识,防止一切意外事故的发生。

二、加强实验室安全设施的管理,定期检查、维修,保持设施完好,为防止意外事故的发生提供安全保障。

三、剧毒化学品、自燃物品和遇湿易燃物品必须单独专柜存放,实行双人双发、双人双锁保管制度。

四、危险药品保管室要保持清洁、整齐、干燥、通风,注意防火防盗。

五、活泼金属K、Na、Ca要保存在煤油中,应定期检查煤油量。

六、白磷应保存在水中,应定期检查。

七、危险药品室应配备足够的灭火器具。

(审校:赵忠 方锐)

生物实验室安全规则

一、充分认识安全工作的重大意义,增强安全防范意识,防止一切意外事故的发生。

二、加强实验室安全设施的管理,定期检查、维修,保持设施完好,为防止意外事故的发生提供安全保障。

三、做好危险药品的管理工作,特别是对剧毒、强酸、强碱药品,要有专人负责,安全保管,取用时要如实作好记录;易燃、易挥发、易潮解、易腐蚀性药品要分门别类存放,妥善保管。

四、做好实验室、仪器室的安全工作,做好水灾、偷盗、爆炸、受潮、虫蛀、灼伤、中毒等意外事故的防范和处理工作。

五、离开实验室时,要关好门、窗,检查水、电,为防止意外事故的发生把好关。

(审校:赵忠 方锐)

生物实验室使用规则

一、学生进入实验室不准随意走动,高声喧哗,实验前,应认真清点实验器材。

二、实验中要严格执行操作规程,仔细观察实验现象,认真做好实验记录,根据实验过程分析实验结果,写出实验报告。

三、注意安全,一切标本和实验材料严禁食用。在实验中若发生意外事故立即报告教师处理。

四、爱护仪器和实验材料,节约用水和实验材料。凡不按操作规程造成损坏,由当事人赔偿。实验仪器和材料未经教师许可不能带出实验室。

五、实验完毕,在教师的指导下妥善处理废物并清点好实验器材,归还原位,做好清洁,经教师许可才能离开实验室。

六、实验课完成后,教师和实验教学管理人员应分别做好实验登记工作。

(审校:赵忠 方锐)

生物实验仪器设备管理制度

一、实验仪器设备入库要按照教育部仪器配备标准,分学科、分类、按编号顺序存放入柜。建立仪器明细账,填写柜卡,做到账、卡、物相符。各类实验仪器设备的说明书、图纸要装订成册,妥善保管以备用。人员调动时要办理交接手续。

二、易燃、易爆、剧毒等危险物品要有专门的存放点,并实行双人双锁保管。

三、实验仪器设备室要有防盗、防火、防毒等安全措施,并做好通风、防潮、防尘和保洁工作。

四、实验仪器设备使用后应及时进行清洁、保养并入柜,要根据各类仪器的特点,定期地进行维护与保养,使仪器经常处于完好状态。

五、实验仪器设备领用、借用,必须在登记册上完备手续,不能私自外用。凡丢失或违规操作造成仪器、设备损失的,由当事人按学校有关规定赔偿。

六、实验仪器设备的报废,按学校固定资产的有关报废程序进行办理,经批准报废后方可办理注销手续,同时报区教育技术装备管理部门备案。

(审校:赵忠 方锐)

图书管理制度

一、图书资料是学校进行教育、教学、科研及精神文明建设的重要条件。各类学校应根据其自身特点,按照藏书的分类比例和区教委推荐书目,有计划地选购适合中小学教育、教学用图书。

二、图书管理应实行计算机管理,图书报刊购回后,应及时组织验收、分类编目、上账上架。

三、工具书及珍贵图书应有专柜存放,供师生在馆(室)内查阅,原则上不外借。

四、报纸、期刊每年年终应合订成册,入库保存,以备查阅。

五、做好图书资料的防晒、防虫、防鼠、防火、防潮、防盗等工作,保证藏书安全。

六、对破损图书要及时修补。图书报损,应列详细清单,经学校组织人员鉴定后,报校领导审批同意,才能注销。报批文件及清单应存档备查。

七、做好新书推荐和读者服务工作,加强对学生图书阅读指导的知识教育,并组织开展形式多样的读书活动。

(审校:赵忠 方锐)

图书赔偿制度

一、师生污损、丢失图书均应酌情赔偿。

二、轻微损坏图书,应自觉予以修补;严重污损、丢失图书应予赔偿,并根

据图书的学术价值、资料价值、使用价值和版本价值来确定赔偿金额。

三、一般图书赔偿1倍书价;

四、多卷本按整套书价赔偿;

五、期刊的合订本应按各期书价总和进行赔偿;

六、丢失、损坏无定价资料由馆(室)酌情定价赔偿。

(审校:赵忠　方锐)

图书阅览室规则

一、在阅览室开放时间内,师生均可进入阅览室进行学习,所带书(提)包应存放在寄存处。

二、阅览书刊应随读随取,未经许可,书刊严禁带出室外。

三、要爱护书刊资料,不得在书刊资料上勾画、涂改,对私自剪裁等损坏书刊行为,一经发现将按规定照价赔偿。

四、保持室内安静,不得大声喧哗、打闹。所带通讯工具应置于静音状态,打(接)电话不得影响他人正常学习。

五、爱护室内清洁卫生,不得随地吐痰,乱扔杂物。严禁吸烟。

六、阅读完毕,将书刊放回原处,将坐凳摆放整齐,经管理人员检查后方可离开。

(审校:赵忠　方锐)

第六板块

学生管理

学校未成年人保护专项方案

未成年人作为国家的未来和希望,其健康成长关系到国家的长远发展和社会的和谐稳定。随着社会的快速发展和教育的不断进步,未成年人保护工作显得尤为重要。学校作为重庆市首批重点中学,全国文明单位,首批未成年人思想道德建设工作先进单位,一直将学生的健康成长作为首要任务,致力于构建安全、和谐、健康的校园环境。为了进一步加强未成年人保护工作,我们制定了本专项方案。

一、背景与现状

近年来,随着社会的发展和变化,未成年人面临着越来越多的挑战和风险。家庭教育的缺失、学校教育的不足、社会环境的影响等因素,都可能导致未成年人出现各种问题。在求精中学,我们虽然一直努力加强未成年人保护工作,但仍存在一些问题和不足。例如,部分家长对未成年人保护的认识不足,缺乏科学的教育方法;部分教师对学生的心理健康关注不够,未能及时发现和解决学生的心理问题;校园安全设施仍需进一步完善等。

二、指导思想与目标

本专项方案以《中华人民共和国未成年人保护法》等相关法律法规为指导,以维护未成年人合法权益为中心,以预防和控制未成年人违法犯罪为重点,以强化未成年人自我保护意识和法律素质为抓手。通过本方案的实施,我们期望达到以下目标:

(一)建立健全未成年人保护机制,形成学校、家庭、社会共同参与的格局。

(二)提高全校师生对未成年人保护工作的认识和重视程度。

(三)预防和减少未成年人违法犯罪行为的发生。

(四)提升未成年人的自我保护意识和法律素质。

(五)营造安全、健康、和谐的校园环境。

三、工作原则

为确保本方案的顺利实施,我们将遵循以下原则:

(一)依法保护:严格按照相关法律法规和政策要求,保障未成年人的合法权益。

(二)预防为主:加强预防工作,及时发现和解决问题,防止问题扩大化。

(三)综合施策:从家庭、学校、社会等多个方面入手,综合施策,形成合力。

(四)共同参与:鼓励家长、教师、学生、社区等各方共同参与,共同发力。

四、主要措施

(一)加强家庭教育指导

1.举办家庭教育讲座和亲子活动,提高家长对未成年人保护的认识和重视程度。

2.编写家庭教育指导手册,为家长提供科学的教育方法和建议。

3.建立家长学校,为家长提供系统的家庭教育培训。

(二)完善学校教育体系

1.加强心理健康教育,设立心理健康课程,配备足量的专业心理辅导教师。

2.加强法治教育,将法律知识纳入课程体系,提高学生的法律意识和法律素质。

3.加强安全教育,定期开展安全演练和应急演练,增强学生的安全意识和自我保护能力。

4.加强师德师风建设,提高教师的职业道德水平和教育能力。

(三)建立社会支持网络

1.加强与社区、公安、司法等部门的合作,共同关注未成年人保护工作。

2.鼓励社会组织和志愿者参与未成年人保护工作,为未成年人提供专业帮助和支持。

3.加强对校外活动场所的监管和管理,确保未成年人在校外活动的安全。

(四)加强校园安全管理

1.完善校园安全设施,加强校园安全巡查和监控。

2. 建立校园安全应急预案,提高应对突发事件的能力。

3. 加强校园周边环境的整治和管理,确保校园周边环境的安全和稳定。

(五)加强监督和评估

1. 建立未成年人保护工作考核机制,对相关部门和人员的工作进行定期考核和评估。

2. 设立未成年人保护投诉举报渠道,及时受理和处理涉及未成年人的投诉和举报。

3. 定期对未成年人保护工作进行自查和评估,及时发现和解决问题。

五、实施步骤

(一)制定方案

根据本方案的指导思想和目标,制定具体的实施方案,明确各项任务的责任人和完成时间。

(二)宣传推广

通过公众号、专题展板、广播讲话、班会课、德育课等各种方式宣传未成年人保护工作的重要性和意义,提高全校师生对未成年人保护工作的认识和重视程度。

(三)组织培训

针对家长、教师、学生等不同群体,组织相关的培训活动,提高他们的法律意识,增强学生的自我保护能力。

(四)实施执行

按照实施方案逐步推进各项任务,加强监督和检查,确保各项任务能够得到有效落实。

(五)评估反馈

定期对方案实施情况进行评估和反馈,根据评估结果及时调整和完善方案内容。

六、保障措施

(一)组织保障

成立未成年人保护工作领导小组,负责方案的实施和监督。设立专门的办公室和工作人员,负责未成年人保护工作的具体执行。

(二)经费保障

设立未成年人保护工作专项经费,确保各项任务能够有效落实。鼓励社会各界捐赠资金或物资支持未成年人保护工作。

(三)制度保障

制定《求精中学未成年人保护工作规章制度》,明确未成年人保护工作的各项要求和措施。建立未成年人保护工作考核机制,对相关责任人和部门进行考核和奖惩。

(审校:李峥　方锐)

学校中学生守则

一、爱党爱国爱人民。了解党史国情,珍视国家荣誉,热爱祖国,热爱人民,热爱中国共产党。

二、好学多问肯钻研。上课专心听讲,积极发表见解,乐于科学探索,养成阅读习惯。

三、勤劳笃行乐奉献。自己的事自己做,主动分担家务,参与劳动实践,热心志愿服务。

四、明礼守法讲美德。遵守国法校纪,自觉礼让排队,保持公共卫生,爱护公共财物。

五、孝亲尊师善待人。孝父母敬师长,爱集体助同学,虚心接受批评,学会合作共处。

六、诚实守信有担当。保持言行一致,不说谎不作弊,借东西及时还,做到知错就改。

七、自强自律健身心。坚持锻炼身体,乐观开朗向上,不吸烟不喝酒,文明绿色上网。

八、珍爱生命保安全。红灯停绿灯行,防溺水不玩火,会自护懂求救,坚决远离毒品。

九、勤俭节约护家园。不比吃喝穿戴,爱惜花草树木,节粮节水节电,低碳环保生活。

(审校:王定敏　方锐)

学校学生行为规范

一、一日常规

(一)上学

1.主动向父母道再见,见到老师问好。

2.仪表仪容符合中学生的要求。

3.带齐学习用品,不带与学习无关的东西入校。

4.合理用早餐,不吃着食物进校。

5.按时到校,因故不能按时到校应履行请假手续。

(二)上课(课堂学习规范)

1.做好课前准备,备好有关书籍、文具等学习用品。

2.预备铃响后,回位静息,等候上课。

3.向老师致意,迟到者口呼报告,经老师同意后方可进入教室。

4.坐姿端正,专心听讲,积极思考,认真笔记,注意用眼卫生。

5.起立答问,声音洪亮,站姿端正。

6.举手提问,经老师同意后再起立发问。

7.不讲与学习无关的话,不做与学习无关的事。

8.不吃零食,不使用未经老师允许使用的物品(如手机、游戏机、随身听等)。

9.发生突发事件,要及时举手报告老师。

10.有特殊情况需离开教室,应举手报告,经老师同意后,方能离开。

11.下课时,向老师道再见后有序离开教室。如有来宾听课,应礼让来宾先行。

12.在实验室、阅览室、计算机室等功能室上课、学习,自觉遵守相关规定。

(三)出操

1.坚持做好两操,集合做到快、静、齐。

2.做操时精神饱满,动作到位,姿态正确。

3.做操结束,按指令有序退场。

4.若在教室做眼保健操或室内操,应做完后休息。

（四）课间

1. 积极文明休息，不追逐打闹，不高声喧哗，不讲脏话。

2. 未经班主任签署同意意见，学生不得离校。

（五）课后

1. 积极参加文娱、体育、科技等课外活动。

2. 爱护公物，保护环境，节约水电，不乱刻、乱涂、乱画，不在教室、走廊、过道打球、踢球、玩球。

3. 做好教室和责任区的清洁卫生和保洁工作。

（六）放学

1. 离校前切断教室电灯、空调、电视、饮水机等电器电源，关好门窗。

2. 离开时，应主动向老师、同学道别。

3. 直接回家，不到青少年不宜的场所闲逛。

4. 回到家时，主动向家人问好。

5. 回家后，坚持复习功课，独立完成作业，坚持预习功课，养成"先复习，后作业；先预习，后听课"的良好学习习惯。

6. 主动承担家务劳动，合理作息，保证充足睡眠，养成良好生活习惯。

7. 在日常生活中，要践行"学习雷锋、奉献他人、提升自己"的志愿服务理念，每日一善，从我做起。

二、仪容仪表规范

（一）男生头发干净整洁；不理怪发；不染发，不烫发；不留长发，不剃"光头"；不留长鬓发（不超过耳朵的中间部分），不留披发，不留尖发、翘发。

（二）女生头发整洁；不染发、烫发；提倡短发，不留碎发；不留披肩发，过肩长发必须扎好。

（三）着装整洁、大方。

（四）进校必须穿校服（夹克衫拉链向下拉不得超过15厘米，纽扣装第二纽扣以下必须扣好）。

（五）不穿背心上课，不打赤膊。

（六）女生不修眉，不文眉，不化妆，不穿超短裙、露脐装、吊带装等成人服装。

(七)不佩戴首饰,不文身。

(八)不穿拖鞋、无跟鞋、高跟鞋到校。

(九)不蓄长指甲,不染指甲。

三、环保行为规范

(一)教学场所,行走脚步要轻,移动桌椅声音要小。

(二)教学环境布置简洁、大方、有特色,利于营造良好的学习氛围。黑板报、教室布置不使用不易清洗、清理的材料。

(三)教室桌椅排列整齐,桌面保持清爽,学习备用品放置在适当位置。

(四)爱护公物,保护好教室的一切设施设备,不踹门撞门,不损坏校园内的公共设施,损坏公物照价赔偿。

(五)不乱刻、乱涂、乱画、乱贴,不乱吐、乱扔、乱倒、乱放。

(六)不攀摘校园内花草树木,不进花圃、苗圃、草坪嬉戏。

(七)垃圾分类入箱,废旧电池放入指定位置。

(八)清洁工具放置适当,洁具随时清洗,坚持做好教室和责任区每天两次的小扫除和一周一次的大扫除,并有学生负责保洁工作。

四、安全规范

(一)不携带打火机、爆竹、喷沫剂、管制刀具等易造成安全事故的物品入校。

(二)不邀约校外人员到校玩耍、斗殴,同学之间文明交往,不打架斗殴。

(三)不私拉乱接电线,不玩火。

(四)不翻越栏杆、围墙,不到危险地方玩耍、学习。

(五)规范使用体育器械,不攀吊篮球筐、排球网。

(六)不在教室、过道、走廊等规定以外的场所从事体育活动,不攀吊门窗。

(七)不私自下河、下塘游泳。

(八)发现事故隐患,发现可疑人员,发生安全事故和治安事件,要及时报告。

五、卫生规范

“六要”：

(一)要有规律作息，保证睡眠。

(二)要勤换衣服勤洗澡，勤晒被褥。

(三)要勤剪指甲，勤理发。

(四)要勤洗手，饭后漱口，早、晚刷牙。

(五)要注意用眼卫生，保持良好的行坐姿势。

(六)要积极锻炼，身心健康。

“六不”：

(一)不喝生水，不吃腐烂变质的食物。

(二)不暴饮暴食，不挑食，少吃或不吃零食。

(三)不吸烟，不酗酒。

(四)不随地吐痰，不乱丢果皮纸屑，不随地大小便。

(五)不用公共毛巾、茶杯。

(六)不用脏手揉眼睛，不躺着、走着看书，不在车上和光线过强、过弱的地方看书。

六、集会规范

(一)服装统一，精神面貌好。

(二)集会前整理队伍，清点人数，不得无故缺席，有特殊情况，必须向班主任请假。

(三)进场时秩序井然，按要求入列(座)，做到快、静、齐。

(四)开会时，保持安静，做文明观众、听众。不讲话，不打闹，不打瞌睡，不吃东西，不扔纸屑，不起哄，不看其他书报和做无关事情，不得无故弄出异常响声，不无故中途退场。

(五)散会时，按统一指挥有序退场，不得喧闹、拥挤。

七、特别行为规范

(一)严禁进入网吧、酒吧、录像室、游戏机室等营业性场所。

(二)行为得体，举止适当，健康和谐，严禁有损校容校貌、有碍观瞻的行为。

(审校：王定敏　方锐)

学校学生考试守则

一、学生考试包括各类学科竞赛、期中考试、期末考试。考试均实行单人单座制,前后左右座位必须拉开一定距离,且按规定座位就座,不得随意调换。

二、学生在参加考试前必须做好各种准备,包括准备好必需的文具和考试用具。按规定时间进入考场,只准带蓝色或黑色的钢笔、圆珠笔或签字笔,铅笔、橡皮、尺、圆规、无记忆功能的计算器进入,且考试期间不得相互借用,草稿纸由学校统一发。

三、进入考场在规定座位坐定后,将考试用品放在桌面左或右上方,在已发下的试卷的规定位置填好班级、姓名、考号等内容,可以浏览试卷,但不得用笔在答卷上作答。发现试卷破损、缺页、模糊、漏印等情况时,举手向监考老师提出调换。

四、等开考铃响时开始答题,若有多张试卷的,每答完一张应放在未答试卷下面或翻过来放在桌面上,不得正面朝上摊放在桌面上,不得放在旁边桌上,不得将试卷放出桌面、拖下桌沿。

五、考试过程中,不得有任何作弊行为。有下列情况视为考试作弊:携带与考试有关的书籍、资料进考场(开卷考试规定可以带入的除外);携带有记忆功能的计算器具;相互交谈;相互传递书本纸张等物品;在桌上放置或试卷下垫放与本科考试有关的东西;任意调换座位;故意在考场周围高声谈论与考试有关的内容;其他确定的作弊行为。

六、考试过程中,对字迹不清的试题,可以举手提问,但不得要求解释试题内容。答题完毕后要认真检查,防止漏题和在答题卷答错位置,不到考试结束铃响不得交卷离开考场。

七、当考试结束铃声响时,立即停笔,并将试卷按顺序叠放整齐后迅速离开考场,不得在考场内逗留。

八、考试时要严格按照考试规程进行考试,服从监考教师的管理和指导,遵守考场纪律,凡有作弊行为发生的,按以下条款处理:

(一)本科考试记零分;

(二)给予警告处分;

(三)日常行为规范考核为不合格;

(四)取消各类先进评比资格。

九、学生应按时参加考试,不得旷考。因病因事不能参加考试者,需向班主任请假,经班主任同意报教务处批准备案。无故旷考者,该门学科以零分计算不再补考。

(审校:赵忠　方锐)

学校学生学习方法常规

一、总则

(一)为培养学生良好的学习习惯,提高学习效率,特制定本学习方法常规。

(二)本常规适用于全校所有学生,旨在引导学生掌握科学的学习方法,为未来的学习和发展奠定坚实基础。

二、课前准备

(一)提前预习:学生应提前预习即将学习的内容,了解基本知识点和难点,为课堂学习做好准备。

(二)准备学习工具:学生应准备好课本、笔记本、笔等学习工具,确保课堂学习的高效进行。

(三)调整心态:学生应调整好自己的心态,保持积极的学习态度,以饱满的精神状态投入到学习中。

三、课堂学习

(一)认真听讲:学生应认真听老师讲解,做好笔记,理解并消化课堂内容。

(二)积极思考:学生应积极参与课堂讨论,勇于提出自己的见解和疑问,与老师和同学共同探讨。

(三)互动合作:学生应加强与同学之间的合作与交流,共同解决问题,提高学习效率。

四、课后复习

(一)及时复习:学生应在课后及时复习课堂内容,巩固所学知识,加深对知识点的理解。

(二)整理笔记:学生应整理课堂笔记,形成完整的知识体系,方便查阅和复习。

(三)独立完成作业:学生应独立完成老师布置的作业,遇到问题及时请教老师或同学,确保作业质量。

五、自主学习

(一)制定学习计划:学生应根据自己的学习情况和目标,制定合理的学习计划,确保学习有条不紊。

(二)拓展阅读:学生应多阅读课外书籍、报纸杂志等,拓宽知识面,提高阅读能力和综合素质。

(三)反思总结:学生应定期对自己的学习情况进行反思和总结,找出自己的不足和进步,及时调整学习方法。

六、考试策略

(一)熟悉题型:学生应熟悉各类考试题型和答题技巧,做到心中有数。

(二)合理安排时间:学生应在考试中合理安排时间,确保每道题都有足够的时间来思考和作答。

(三)保持冷静:学生在考试中应保持冷静的心态,遇到难题不慌不乱,认真分析和解答。

七、附则

(一)本常规由学校教务处负责解释和修订。

(二)本常规自发布之日起执行,如有与上级教育部门相关规定相抵触的,以上级规定为准。

(三)学生应自觉遵守本常规,如有违反,将视情况给予相应的教育和处理。

本常规旨在引导学生掌握科学的学习方法,提高学习效率,培养良好的学习习惯。希望全校学生认真学习和遵守本常规,共同营造积极向上的学习氛围。

(审校:赵忠 方锐)

学校高中学生学分认定方案

为贯彻落实《国务院办公厅关于新时代推进普通高中育人方式改革的指导意见》(国办发〔2019〕29号),根据教育部《普通高中课程方案》(2017年版2020年修订)和普通高中学科课程标准(2017年版2020年修订)、《重庆市教育委员会关于印发重庆市普通高中课程设置及课时安排的通知》(渝教基发〔2020〕32号)等文件要求,为全面落实立德树人根本任务,不断优化育人模式和深化课程改革,提高我校办学水平,培养德智体美劳全面发展的社会主义建设者和接班人,特制定我校高中课程设置及课时安排方案。

一、指导思想

以习近平新时代中国特色社会主义思想为指导,落实全国教育大会精神,全面贯彻党的教育方针,落实立德树人根本任务,发展素质教育,遵循教育规律,推进教育公平,推动人才培养模式的改革创新,培养德智体美劳全面发展的社会主义建设者和接班人。牢固树立科学的教育理念,坚持"五育"并举,发展素质教育,改革育人方式,创新教育评价机制,结合我校教育教学实际情况,形成符合国家课程改革要求、具有校本特色、充满活力的课程体系,以社会主义核心价值观统领课程改革,着力提升课程的思想性、科学性、时代性、系统性、指导性,充分发挥课程在立德树人中的核心作用,促进学生全面而有个性的发展,促进课程改革与高考综合改革的有机衔接,促进我校特色发展,促使新课程改革落地见效。

二、学分认定组织机构

(一)课程指导委员会

主任:党委书记。

副主任:校长、副书记、副校长、纪委书记。

组员:教务处主任、学生处主任、高中年级主任、年级组长。

主要职责:负责对学校新课程实施做出正确的决策和部署,在经费投入、政策支持、办学条件、制度建设、师资培训、舆论宣传等方面提供保障,对实施过程加强指导与监督。

(二)学分认定小组

组长:分管教学的副校长。

副组长:教务处主任。

成员:高中年级主任、年级组长。

主要职责:新课程实施用学分计量学生的学习量、学业过程,并对学生在课程方面的发展水平作出评价。进行学分认定是新课程实施的重要环节,为确保学分的科学性、真实性、规范性,学校成立学分认定委员会。主要负责对学分的认定、评定的具体实施工作,以及审定结果并公示。

三、课程设置与学分、课时安排

详见本册第12页《学校高中课程设置及课时安排方案》。

四、学分管理

(一)学分认定主体

学生修习的学分由学校认定。学校建立了学分管理制度,科学、规范地加强学分管理,确保学分的认定公开、公正、公平和学分认定的权威性和真实性。在学校统一领导下,由教务处具体负责制定并实施学分认定的标准和程序。

(二)学分认定要求

学生必须全程参加学科类课程必修、选择性必修、选修(校本)课程修习,课程修习的时间记录由授课教师登记,教务处审核建档;未经学校批准,课程模块实际修习时间低于该模块规定学时数六分之五的,该课程模块学分不予认定(获得免修资格的除外)。学生修习课时、修习过程表现、考试考核等达到合格要求的,方可获得相应学分。综合实践活动和劳动课程根据学生参加修习情况、相关成果、评鉴意见、考核考查结果等,进行综合评判予以学分认定。学生学分认定结果,由教务部门书面提交校长签署后确认。建立学分认定异议申诉审查机制,保障学生的正当权益。

（三）学分认定相关管理规定

学生因考试（考核）不合格而不能获得学分的，可以申请重考或参加其他教学班相同学习模块的考试（考核），重考合格后可获得学分；重考仍不合格者，允许重修或改修其他模块（必修课程和选择性考试科目的选择性必修模块不能改修）。重修要在接到学分不被认定通知后1年内完成（高三年级要在本学年第一学期内完成）。

学生认定的学分要分别记入学生学籍档案（包括纸质档案和电子档案）和普通高中学生综合素质评价档案。学生学分认定内容应包括学生在该课程（模块）修习过程中所用课时、学习表现评定结果、考试考核考查成绩、学分认定时间等。

五、毕业资格认定

学生毕业资格由学校根据上级有关规定认定，学生毕业证书由学校上报教育行政主管部门验印后发放。凡具有我市普通高中学籍的学生并具备以下条件者，可准予毕业：

（一）三年内学生综合素质评价相关记录正常，其中劳动素养学段综合评价结果、《国家学生体质健康标准》测试综合得分应达到合格以上。

（二）学生三年内总学分达到144学分以上，其中必修课程88学分，选择性必修课程不低于42学分，选修选课（校本课程）不低于14学分。

（三）学生参加并通过规定的学业水平合格性考试。

（审校：庞梅　赵忠　陈星舟）

学校星级社团评定方案

近年来，随着我校社团规模的不断壮大，为了更好地打造校园学生社团，实行五育并举，为学生提供更多展示个人才华的平台，按照《重庆市首届中学中职优秀学生社团评估标准》，结合我校实际情况，校团委特拟定《重庆市求精中学校星级社团评定方案》，并于2023年9月正式实施。

一、星级社团介绍

“星级社团”每年9月认定，由校团委组织进行，按照量化考核分数从高到低排列顺序,依次为五星级社团、四星级社团、三星级社团、待审核社团。评分结果将予以公示和表彰。

星级社团认定标准:评估表总分在90分以上认定为五星社团;85—89分则认定为四星社团;80—84分则认定为三星社团;79分及以下社团将进入三个月考核期,考核期结束将再次认定社团星级,若依旧无法达到三星社团标准,则取消该社团的星级评定以及社团活动资格。

二、星级评定细则

学校星级社团评估表详见附件。

三、星级社团权益

校团委将通过学生干部QQ工作群、学校微信公众号等媒介以学期为单位,向全校发布学生星级社团排行,同时在每学年上期学生社团纳新期间发布学生星级社团排行榜;排名长期位于前列的学生社团将优先作为"重庆市优秀社团"推选对象,该社团社长及社团主要学生干部将优先作校、区级"优秀学生干部"等个人奖项推荐对象。该社团指导教师,在学校评职称加分的基础上,也将优先推荐为校、区级"优秀共青团干部"。

附件

学校星级社团评估表

项目	指标分数	评分细则	初审评分
组织管理(20分)	社团制度(5分)	有社团章程、财务管理制度、表彰制度、社团干部换届制度,明确准入条件、会员权利与义务。每少一项扣1分。	
	内部建设(10分)	社团内部管理规范、活动内容适宜中学学生、定期召开社团学生干部例会、有会议记录(每学期5次以上)。	
	社团管理(5分)	每位指导老师有明确分工,定期召开指导老师工作会并形成会议记录。	
常规活动(50分)	社团活动举办情况(15分)	学年度内,参与或举办全校性质的社团活动3次及以上,且每次社员参与度达80%及以上,此项即可获得满分。	

续表

项目	指标分数	评分细则	初审评分
常规活动（50分）	社团活动融合性（10分）	社团活动与共青团改革、学校文化建设、特色发展联系紧密，与学校日常教育教学有机结合，相得益彰。	
	社团活动创新性（10分）	社团活动形式创新，特色明显，有利于促进学生健康、全面和个性化发展，注重专业技术、专业能力、素养培养。	
	社团活动宣传力度（5分）	社团活动前期宣传力度强，运用展板、海报、网络等方式对活动进行有效规范宣传，每条0.5分，活动后期发布微信公众号推文，每条0.5分。	
	社团活动资料充足（10分）	活动方案、活动工作安排表、安全预案、活动简报等。前期活动材料准备充足，后期规范进行活动材料归档。	
活动成效（30分）	社团发展（10分）	社团遵守和贯彻党的教育方针，有利于活跃校园文化生活，培养学生兴趣爱好、提高学生创新能力、促进学校素质教育，成效显著（档案资料不全者扣3分）。	
	学生参与面（10分）	社团社员需涵盖全校非毕业四个年级。核心社员少于10人，此项不得分。核心社员满30人，此项即可获得满分。	
	获奖情况（10分）	社团成员代表社团或社团集体项目获得学校、区县级、市级、国家级及以上奖项，分别得3分、5分、7分、10分。同类别同系列的以最高获奖为准，上限10分。	

（审校：王颖　陈星舟）

学校学籍管理制度

学籍管理是学校规范化管理的重要内容，是稳定学校教学秩序，实现学生有序流动，有效控制辍学的必要措施。为全面贯彻党和国家的教育方针，规范全市普通高中学生学籍管理，提高普通高中科学管理水平，保障适龄少年受教育权利，根据《中华人民共和国教育法》、教育部《中小学生学籍管理办法》等法律法规，维护学校的教育教学秩序，结合我校的实际情况，特制定学籍管理制度。

一、入学

我校每届新高、初一招生必须按照区教委当年招生政策、计划招生,录取的新生一律凭入学通知书、户口簿在规定时间内到学校报到,办理入学手续。凡不符合条件的,一经查出,取消学籍。

(一)新生入学,采取入学通知书制,入学通知书发给其父母或其监护人,接到入学通知书后,应在规定时间内到指定学校办理入学手续。

(二)新生入学后,学校教务处在教委学籍管理系统注册,由教委统一编号。学生学号长期不变。

(三)学生的学籍档案内容由班主任负责填写,所有栏目要填齐。学籍档案中的学生成绩和综合性评价要实事求是,要如实反映学生真实情况。学生毕业后,学校应把学籍档案归档以备查考。

二、学生档案

(一)用蓝黑或碳素墨水钢笔填写,必须字迹工整,出现错误不能涂改,姓名、出生年月日必须与户口簿相符,不得弄虚作假。凡无档案的,一律不承认学籍,不发毕业证书,不准报考上级学校。电子学籍档案注意保存,不得随意更改和删除。

(二)学生受校级以上奖励或处分,其相关证明材料存入档案。

(三)学校每学期检查一次学籍。

三、转学与借读

(一)转入

允许转入我校就读的学生必须按以下程序经审查合格方可入学。

1.由学校校长签字同意后,初中部在网上学籍管理系统注册,报教育局基教科批准后方可办理转学手续(一周内由学生本人将手续办理完毕后交回执1份到教务处备查)。

2.办理学籍。由学校统一办理学籍。

(二)转出

1.凡有转出学生必须先由家长写出转学申请,然后由学生本人、家长、班主任、年级行政、主管校长签字批准方可办理转学手续。

2.转学手续的办理。经学校研究同意转学的学生,学校发给转学证明书,学生到拟转入的学校加盖回执，学生或学生家长持转学回执提取学籍档案。转学回执由学校备案存档。

3.转出的学生原则上不得再转回本校，极特殊情况必须经校长批准。回转学生只能回原班级，坚决不允许留级或跳班。

（三）借读

1.根据《中华人民共和国义务教育法》的相关规定，我校不收借读生。凡符合政策法规及相关文件精神，正式入学的学生（包括农民工子弟）都为在校在籍学生，享有同等的受教育权利。

2.个别学生确有特殊情况要求临时借读的，须由家长或监护人向借读学校申请，取得同意后，经当地教育部门审核，符合条件并办理有关手续，方准予借读。学校建立临时学籍，并负责向该生户口所在地教育行政部门出具已入学的证明。

3.毕业年级原则上不办理转学、借读手续。

四、休学、复学、辍学

（一）有下列情况之一者，准予休学：

1.因伤病需长期治疗，不能坚持学习者。

2.患传染性疾病未愈，不适宜集体生活者。

3.一学期内，请病、事假累计超过六周，跟班学习有困难者。

（二）符合休学条件的学生（病休学生须持县级或县级以上医疗单位证明），由学生家长提出申请，经学校审查属实后，报区教委批准，准其休学，由学校发给休学证明书。

（三）学生休学以一年为限。学生休学期间，学籍仍然保留。学生休学期满，应按时复学。复学时，应凭休学证明书和有关材料提出申请，经学校审核批准后，即可到校复学，学校原则上安排其到原年级的下一年级学习。

（四）学生休学期未满，休学原因消失并具有相关证明的，可向学校提出申请提前复学。经学校审核同意后，可提前复学。复学时，学校可视其学力程度和个人志愿安排到合适的年级学习。

（五）在学校无故不到校达15天以上或休学期已满又不具备继续休学理由且未到校复学达15天者，视为辍学。如有学生辍学，班主任应及时向校长

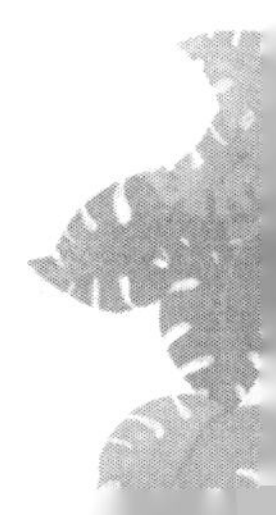

报告,并进行家访,查明原因,敦促其到校。如学生拒绝到校,则责任在监护人。

五、留级与跳级

(一)学校原则上不实行留级制度,个别学生确实需要留级的,必须经校长办公会审核批准,严格控制人数。

(二)个别学生智力超常,各科成绩优秀,确有条件跳级学习的,由学生本人和家长提出申请,班主任、任课教师研究申请,经学校同意,报区教委审批,允许跳级。跳级生一般在学年度开始时到新的班级学习。

六、毕业

对受完国家规定年限的教育,经考察达到毕业程度的,由学校发给区教委验印的统一印制的毕业证书。

七、请假

(一)学生因事因病不能到校上课时,凭家长证明或医院诊断书办理请假事宜。请假三天以内的,由班主任教师批准。请假三天至一周的,由德育处批准。请假两周以内由主管校长批准,不请假的按旷课处理。

(二)学生在校期间因病因事临时请假的必须写请假条,班主任要与学生家长电话联系,告知详情,班主任在假条上签署意见,门卫检验假条并登记后方可让学生离校。

八、考核与奖励

(一)对在校生,由学校领导、科任教师、班主任根据教育主管部门颁布的课程标准、教学内容对学生进行德、智、体和社会实践方面进行全面考核。

(二)期中、期末考核时,科任教师、班主任要根据学生素质发展情况,如实填写义务教育学生素质发展报告手册,并及时与家长联系,做好学生的教育工作。

(三)学生对学校、社会、国家做出了突出的贡献,或在某一方面取得了优异成绩,学校可按不同情况给予表扬奖励,并载入学籍卡和学生档案。

(四)对德、智、体等方面都得到较好发展的学生,学校应授予“三好学生”或“优秀学生干部”称号。

（五）对学生的奖励，由班主任或有关教师提出，属于学科类奖励的由教务处主任审核，教学校长批准；属于“三好学生”“优秀学生”称号的，由德育处审核，德育校长批准；属于活动类奖励的，由团委审核，德育校长批准。

九、处分

（一）义务教育阶段不得勒令学生退学或开除学生。

（二）对严重违反学校规章制度、学习纪律，殴打同学、聚众斗殴、严重损坏公物的学生，教师应深入了解情况，分析原因，重在教育，热情帮助他们改正错误。

（审校：庞梅　赵忠　陈星舟）

学校学生转学流程

为了维护我校良好的教育教学秩序，依据《重庆市义务教育阶段学生学籍管理办法》及《重庆市普通高中学生学籍管理办法（试行）》，结合我校实际，制定我校学生转学流程如下：

一、初中学生转学流程

（一）市内转学流程

转入学校盖章→转出学校盖章→转学申请表交两校存档→转入、转出学校完成电子学籍异动流程。

（二）市外转学流程

转入学校盖章→转出学校盖章→双方区县教委盖章（不分先后）→转学申请表交两校存档→转入、转出学校完成电子学籍异动流程。

备注：

1.转学只能在同年级之间进行，毕业年级原则上不接受转学申请。

2.市内学校之间转学无需区县教委盖章。

3.转入：凡符合文件精神允许转入我校就读的学生必须按以下程序经审查合格方可入学。

（1）试读三个月，经学校考核合格后由学生本人向教导处申请转学，经学校同意后方可办理转学手续。

(2)在原学校休学或留级的学生不予接收。

(3)手续不全或无档案材料的学生不予接收。

4.转出:凡有转出学生必须先由家长写出转学申请,然后完清相关费用,最后由学生本人、家长、班主任、年级组长、教务主任、主管校长签字批准方可办理转学手续。初一年级自入学起,三个月内不办理转学手续。

二、高中学生转学流程

(一)市内转学流程

1.学生的监护人凭相关证明材料联系转入学校。

2.监护人凭相关证明材料向转出学校提出转学申请。

3.监护人在转出学校(或转入学校)领取转学联系表并填写相关资料。

4.转出、转入学校以及转出、转入学校主管教育行政部门先后签署意见并加盖公章。

5.四章盖齐后,将转学联系表交双方学校。

(二)市外转学流程

1.市内转出的办理程序

(1)学生的监护人凭相关证明材料联系异地转入学校。

(2)学生的监护人凭相关证明材料向转出学校提出转学申请。

(3)在转出学校(或转入学校)领取转学联系表并填写相关资料。

(4)转出、转入学校以及转出、转入学校主管教育行政部门、转入地省辖市(自治州)主管教育行政部门先后签署意见并加盖公章。

(5)完成转学手续,接续学籍档案。

2.市外转入的办理程序

(1)学生的监护人凭相关证明材料联系本地转入学校。

(2)学生的监护人凭相关证明材料向转出学校提出转学申请。

(3)在转出学校(或转入学校)领取转学联系表并填写相关资料。

(4)转出、转入学校,转出、转入学校主管教育行政部门以及转出地省辖市(自治州)主管教育行政部门先后签署意见并加盖公章。

(5)完成转学手续,接续学籍档案。

(审校:庞梅　赵忠　陈星舟)

学校团员发展管理条例

一、把发展团员作为一项极端重要的基础性工作，从严把好入团关口，源源不断把青年学生中的先进分子吸纳到团组织中来。落实发展团员有关规定，坚持把政治标准放在首位，加强对入团积极分子的教育、培养和考察，落实推优、积分、评议入团制度，防止唯成绩、唯分数，做到手续完备、程序规范、公开透明。按照初中毕业班及以上年级“班班建支部”原则科学制订并落实发展团员计划，确保组织覆盖。同时，统筹做好在青年教职工中发展团员的工作。

二、规范设立中学团校，加强组织建设、师资建设、课程建设和工作保障，落实中学团课教育指导大纲，加强与思政课、综合实践课程的融会贯通，提高团课质量。

三、坚持用党的创新理论教育团员，聚焦增强政治认同、思想认同、理论认同、情感认同，结合团员学生思想实际和认知特点，采用通俗易懂、生动有效的方式开展团内政治教育，注重入脑入心，防止形式主义，避免纯知识化。

四、强化团支部在政治教育中的基础性作用。中学教职工和学生团支部一般每学年应当开展不少于4次专题政治理论学习。认真落实“三会两制一课”、主题团日等团的组织生活，增强思想性、情感性、参与感、时代感。

五、加强团员日常管理，依规管好团员档案(含电子档案)，及时转接团员组织关系，督促教职工和学生团员按规定交纳团费。加强对流动团员的管理服务，做好毕业生团员、升学团员、出国(境)学习生活团员的组织关系和团籍管理工作。

六、通过榜样宣传、志愿服务、社会实践、社区报到等载体，为团员发挥模范带头作用创造条件。落实团员激励机制，通过评议激励、荣誉激励、机会激励、发展激励等方式，激发团员的先进性和光荣感。

七、加强团员意识教育和遵纪守法教育。对团员违反团的纪律的行为，应当区分情况，及时依规教育或处理。依章依规稳妥处置不合格团员。

(审校：王颖　陈星舟)

学校团员团籍管理制度

一、团员档案管理:每位团员都应有个人档案,档案包括入团申请书、入团志愿书、志愿服务记录、思想汇报以及相关奖励处罚证明等。这些档案应由学校团委或相关组织妥善保管,确保团员的身份和团内经历得以记录。

二、团员组织关系转接:已毕业团员一定要转出自己的团组织关系,新入学团员一定要转入自己的团组织关系,保证自己拥有团员团籍。如果不及时进行转接,可能被认为是自行脱团,记入个人档案的,将可能失去团员身份,影响未来入党、评优评先、就业等。

三、团费收缴:缴纳团费是每个团员应尽的义务,各团员应按照团章的相关规定按时缴纳团费。

四、年度团籍注册:年度团籍注册是团员身份确认的重要环节,每学期开学时各团支部书记应收齐团员证,检查核实注册时间,按期交至校团委进行盖章注册。

五、团员培养与教育:学校应开展团员培养与教育活动,包括团课、讲座、主题活动等,旨在提高团员的理论水平和实践能力,培养团员的社会责任感和组织协调能力。

六、监督与指导:学校团委应对各班级团支部的工作进行监督和指导,确保团内事务的规范性和有序性。同时,各班级团支部也应积极接受学校团委的监督和指导,共同推动共青团事业的发展。

(审校:王颖　陈星舟)

学校学生管理重大事项上报制度

为有效预防、及时控制和妥善处理学生工作中的各类重大事项,尤其是突发性事件,提高快速反应和应急处理能力,实现上下联动、群策群力,确保在校学生的安全,维护学校的安全稳定,结合我校实际,特制定本制度。

一、报告范围

(一)学生管理突发事件。学生出走、失踪,或未经请假擅自离开学校,或未按时报到注册,或请假后未按期返校;学生有严重抑郁、自残、自虐、自杀等倾向或者心理危机事件;如学校楼、堂、馆、舍等发生火灾,建筑物倒塌、拥挤踩踏等重大安全事故;学生出现重大生理疾病、严重精神疾病;学生发生打架斗殴、校园欺凌、寻衅滋事等突发事件。

(二)公共卫生事件。包括传染病疫情、群体性不明原因疾病、食源性疾病、群体性异常反应、食物中毒、急性疾病发作以及其他严重影响学生身体健康的公共卫生事件。

(三)学生违反法律法规的行为。学生有违反宪法、触犯国家法律或治安管理规定的行为,如非法集会、游行、示威、请愿,集体罢餐、罢课、上访、聚众闹事、打砸、非法传销,进行邪教、封建迷信活动和宗教活动;传播、复制、贩卖非法书刊和音像制品等。

(四)学生违反学校规定,影响学校教育教学秩序、生活秩序以及公共场所管理秩序,侵害其他个人、组织合法权益的行为,扰乱考场、课堂、集会秩序,起哄闹事、吸毒、赌博、不服从管理等违规违纪事件。

(五)网络、信息安全事件。包括利用网络发送有害信息,进行反动、色情、迷信、涉恐等传播活动;影响校园安全稳定的学生重大舆情及重要思想动态,如散布网络谣言、不利于安全稳定的言论等事件;各种破坏校园网络安全运行的事件等。

(六)学生权益受到侵害的重大事项。如重大失窃、非法网贷、校园借贷、电信诈骗、敲诈勒索等重大事件以及学生拨打110寻求公安机关帮助的情况。

(七)其他与学生管理相关的重大事项。

二、报告责任人及职责

班主任是班级重大事项报告的责任人,班主任应经常深入学生群体,了解学生的思想和行为动态,善于发现突发事件或可能发生的突发事件。要坚持预防为主,宣传教育为辅,防患于未然的原则,经常了解和分析影响安全稳定的重点和热点问题,排查安全隐患,及时采取应对措施,做到早发现、早报告、早控制、早解决,确保学校稳定和校园安全。

三、责任监督

学生工作重大事项报告不得有瞒报、谎报、漏报和迟报的现象,一经发现,学校将追究相关人员的工作责任。

(审校:王定敏　陈星舟)

学校学生特殊情况强制报告制度

一、建立保障机制

(一)成立工作领导小组

为了加强对预防学生特殊情况强制报告工作的管理,特成立工作领导小组,校长任组长总负责,保卫科主任任副组长负责上下协调,组员为各班主任,具体负责日常事务。

(二)成立日常巡查小组

巡查小组由保卫科主任担任队长,保安、门卫及各班主任担任组员。主要职责:日常维护校园安全巡视;放学后巡查校园各个教室、专用教室、活动场所等;夜间门卫、保安进行安全巡查,维护学生的人身安全。

二、加强各项教育管理防范工作

(一)多渠道开展预防各种侵害教育,学校要通过心理健康教育课、专题讲座、校园广播、黑板报等多种形式开展防暴力知识教育、预防性侵害教育、防虐待教育、防遗弃教育,提高师生、家长对学生遭受不法侵害的认识。广泛宣传“家长保护儿童须知”及“儿童保护须知”,教育学生提高自我保护意识和能力,了解预防侵害的知识。

(二)切实加强教职员工管理。(1)切实加强教职工管理,把好入口关,加强与校外法治辅导员等的日常沟通。(2)将师德教育、法治教育纳入教职员工培训内容及考核范围,加强考核和评价,落实管理职责。(3)关注教职工的心理状况及工作状况,通过培训和日常关心,防止和杜绝教职员工出现极端心理问题,及时做好预防工作。

(三)定期开展隐患摸底排查。领导小组要定期开展全面排查,全面检查校园日常安全管理制度是否存在漏洞;日常巡查小组要定期重点检查校内监控设施设备运作情况及使用情况;校医和班主任要对学生每天晨检,发现有缺勤的学生第一时间了解实际情况并作好记录和上报工作。

(四)密切保持家校联系。(1)通过开展家访、召开家长会、举办家长学校等方式,提醒家长尽量多安排时间和孩子相处交流,切实履行对孩子的监护责任,特别要做好学生离校后的监管看护教育工作。(2)学校同家庭随时保持联系,如有特殊情况的学生,班主任要特别关注,及时掌握该学生的情况,如有异常表现,家校双方要及时沟通,深入了解孩子表现情况,共同分析异常原因,及时采取应对措施。(3)社区居委会、学校、班级密切联系,达成共识,形成教育合力,构筑社会、家校、家庭有效衔接的保护网络。

三、及时妥善处理各种侵害事件,建立强制报告制度

(一)一旦发现学生在校内外遭受侵犯,要第一时间启动应急预案,学校或家长要立即报警并彼此告知,同时学校要及时向上级教育主管部门报告。

(二)要注意保密,以保护学生的隐私,防止给学生造成更大的伤害和不良后果。同时要对学生及时开展心理辅导,让学生及时走出心理阴影,对要转学的要及时提供帮助。

(三)要监控好侵犯者,防止其出逃,以便将其依法处理。

四、努力营造良好社会环境和舆论氛围

学校联合派出所和街道,对学校及周边安全形势进行分析,掌握治安乱点和突出问题,大力整治学校及周边安全隐患。加强校园周边巡查防控,防止发生社会人员侵害在校学生的违法犯罪活动。

(审校:陈磊 陈星舟)

学校学生外出研学规章制度

第一章 总则

为规范和指导学校研学旅行活动,确保学生人身安全和身心健康,特制定本规章制度。

第二章 组织机构

一、学校学生外出研学活动由学校党委统一领导,学生处具体负责组织协调和实施。

二、学校外出研学活动工作小组由学校党委班子成员、学生处主管领导、年级组成员、班主任、家委会成员组成。

第三章 筹备工作

一、学生处确定研学旅行目的地、活动内容和时间,并邀请家委会成员对活动进行筹备,研学公司进行比选等。

二、研学公司制定详细的计划和安排,包括行程安排、住宿安排、饮食安排等。

三、各年级组织学生进行安全教育和研学礼仪培训,提高学生安全意识和遵守纪律的意识。

第四章 安全保障

一、学校研学旅行活动期间,学校相关负责同志、班主任和工作人员必须全程陪同,确保学生安全。

二、严格执行活动计划,师生不得私自离开团队或做违反规定行为。

三、学生在活动期间必须听从领队和教师的安排,不得擅自行动或参与危险活动。

第五章 纪律要求

一、学生在活动期间必须遵守学校规章制度和外出研学相关规定,不得违反纪律。

二、学生在活动期间必须尊重领队、教师和同学,不得有侮辱、暴力等行为。

三、学生在活动期间必须保持良好的个人形象和仪表,不得有不文明行为。

第六章 紧急处理

一、学校外出研学活动期间,如遇重大事故或突发事件,领队和班主任必须及时处理,并报告学生处。

二、学生在活动期间如有紧急情况,必须配合领队和班主任处理,并保持冷静。

第七章 费用安排

一、学校外出研学旅行活动的费用由学生本人承担,特殊活动由学校统一承担。

二、学生在活动期间如有个人消费,需自行承担。

第八章 教师安排

一、学校外出、研学活动期间,班主任必须全程陪同,负责学生的安全和教育工作。

二、带队教师必须了解学生的基本情况和特殊需求,做好个性化服务。

第九章 督促检查

一、学生处负责对研学旅行活动进行督促检查,确保规章制度的执行。

二、学生处负责对学生的行为和学习情况进行日常监督和指导。

第十章 处罚措施

一、对违反规章制度和活动纪律的学生,将按照学校相关规定进行处理。

二、对严重违纪的学生,学校保留采取进一步措施的权利。

第十一章 附则

一、本规章制度自发布之日起正式执行。

二、如有其他情况需要调整,应经学校党委会讨论通过。

(审校:陈磊 陈星舟)

学校课间操管理制度

课间操管理制度是学校体育工作的重要组成部分,旨在增强学生的体质,培养他们良好的锻炼习惯。以下为学校课间操管理制度:

一、坚持每天一次的眼保健操和一次大课间锻炼(冬季进行跑操、春秋夏季进行广播操),确保每位学生都能参与。

二、学生在下楼梯时应保持礼让,不争先恐后,前后距离适当,不得推撞打闹。到达一楼后,前往指定地点集合,集合后需迅速跑步到各班指定做操位置,在集合过程中保持安静,班主任需跟随队伍进行管理。

三、各班需在集合音乐结束前集合完毕,集合队伍要做到快、静、齐。

四、做操时要保持安静,队形整齐,动作到位。对于动作不规范的同学,体育教师和班主任有责任及时进行正确、耐心的指导。跑操时要求各班队伍整齐,形成方块,班与班之间要有间距,跑动时注意步伐节奏和呼吸的节奏。

五、年级组长作为年级的直接管理者,必须到场巡查本年级做操、跑操情况,以便发现问题及时纠正。值周体育教师作为课间操直接责任人,必须对课间操进行全程管理,及时发现和处理问题,课间操结束后值周体育教师要进行专业点评,确保课间操质量。为杜绝伤害事故的发生,班主任必须和学生同时到位。

(审校:彭进　陈星舟)

学校心理咨询室工作制度

一、咨询室工作人员要在规定的时间内按时到岗,保持心理咨询室工作的日常化、规范化。

二、咨询室内卫生由当日咨询人员负责打扫,保持室内环境整洁、优美、舒心,营造温馨的空间。

三、心理咨询人员必须态度热情、工作细致和认真,本着“积极、自信、乐观、向上”的健康心理状态以诚相待,倾情相助,引导来访者自助。

四、咨询人员在咨询时,必须善于倾听,无条件接受来访者,事后作好记录。

五、咨询人员要及时整理来访者的材料，并做好分析和总结。

六、咨询人员要严守个人秘密，违者后果自负。尊重学生人格，保护学生的隐私，切实履行保密原则，对有较为严重心理障碍的学生，必要时可通知学校和家长，取得支持和配合。

七、咨询人员若不能当场解决问题，可查阅相关资料后再约定时间解决。

八、咨询人员要在一定时间内将咨询情况归档，为今后查阅做准备。

九、咨询人员要爱护咨询室公共设施，离开时要关好门窗，及时上锁，保证财物安全。

十、心理信箱应上、下午各打开一次，保证咨询信件第二天能及时回复，同时做好存档工作。

（审校：蒋京灵　陈星舟）

学校学生心理危机干预实施方案

为贯彻落实上级主管部门《中小学心理健康教育指导纲要》《全面加强和改进新时代学生心理健康工作专项行动计划（2023—2025年）》等文件精神，更好地帮助有心理问题的学生渡过难关，及早预防、及时疏导、有效干预、快速控制学生中可能出现的心理危机事件，降低学生心理健康危机事件的发生，减少学生因心理危机带来的损失，促进学生健康成长，为建设平安校园、和谐校园、心理健康教育特色学校提供心理保障，结合我校实际情况，制定本方案。

一、指导思想

心理危机干预是指采取紧急应对的方法帮助危机者从心理上解除迫在眉睫的危机，使其症状得到立刻缓解和持久消失，心理功能恢复到危机前的水平，并获得新的应对技能，以预防将来心理危机的发生。

二、领导小组

组长：党委书记。

副组长：党委班子成员、学生处主任、教务处主任。

成员：年级组长、心理辅导教师。

三、工作目标

1.通过心理危机教育和宣传,加强中学生对危机的了解与认知,提高学生承受挫折的能力和情绪调节能力,为应对危机做好准备。

2.通过心理咨询等支持性干预,协助处于危机中的学生把握现状,重新认识危机事件,尽快恢复心理平衡,顺利度过危机,并学会正确的应对危机的策略与方法。

3.通过提供适时的介入和援助,避免或减少学生中出现自伤或伤及他人事件发生。

4.通过积极创设良好的校园环境,为学生成长营造健康氛围,努力提高学生的心理健康水平,优化学生的心理品质,促进每一位学生的健康成长和成才。

四、干预对象

存在心理危机倾向与处于心理危机状态的学生及教师。

五、预防教育

做好中学生心理危机干预工作应立足教育,重在预防。做到早发现,早报告,早评估,早治疗,力争将学生心理危机消除在萌芽状态。根据我校实际情况制定以下几点措施:

1.保证心理健康课开设,每学期不定期开展心理健康教育讲座,组织心理健康周等心理健康教育活动,对学生进行生命教育,引导学生重视自己的心理状况。

2.对教师进行必要的培训,让教师在工作中能较敏锐地发现问题学生。全体教师时刻注意学生动向,一旦发现学生有心理问题倾向应及时疏导和报告班主任、心理辅导教师。

3.学生处心理咨询室每年对初中和高中起始年级学生进行心理测评,及时形成报告,筛查出可能存在心理问题的学生,和年级共同进行观察、教育、疏导,并注意保护学生隐私。

4.对需危机干预的学生进行危机评估与心理咨询。心理咨询人员在工作时间内接待学生的咨询(特殊情况例外),处理来访学生的心理危机。

5.坚持各班心理委员制度,每学期对心理委员进行定期的培训,以心理委员为主，在班级培养“心理按摩小助手”，要求及时汇报情况，关注同学心理状况，引导学生同伴互助。

六、预警机制

(一)建立三级危机预警网络

一级预警：班级心理委员。充分联合本班其他学生干部，关心同学，广泛联系同学，通过多种方式，加强思想和感情上的联系与沟通，了解同学心理健康状况，一旦发生异常情况，及时向班主任报告。

二级预警：各班主任及科任教师、宿舍生活老师要关爱学生，密切关注学生异常心理、行为，要有针对性地与学生谈话，帮助学生解决心理困惑，对重要情况，要立即向学校分管领导、学生处、心理咨询室报告，并及时对学生进行快捷、有序的干预。

三级预警：学生处心理咨询室在心理健康课教学过程中、心理咨询过程中和接待班主任转介的学生中，发现有比较或者非常严重心理问题的学生，应该及时给予干预和心理疏通，并作好记录。

(二)具体处理方法

1.针对曾经有过少量轻微自残自伤行为、自杀念头，但近期已经较为平稳的学生，抑郁期在一年以内的学生，咨询师应当尊重来访者意愿，作为一般心理问题处理。

2.因近期自残自伤行为导致严重问题而不能正常学习生活的学生，咨询人员应当及时告知各级领导、班主任，协助班主任通知家长，要求家长加强关注和监督。同时应向学生说明清楚将如何向监护人和班主任叙述其具体情况，以保护学生的隐私。

3.近期有过自杀计划或自杀行为的学生、有严重抑郁症、焦虑症或者其他严重心理问题的学生，应当直接向学校、班主任、监护人(协助班主任联系)反映其情况，同时应向学生说明清楚将如何向监护人和班主任叙述其具体情况，以保护学生的隐私。要求家长立即带学生到大型医院就医，让医院出具相关的诊断证明和治疗建议。当学生状况极端不稳定，非常危急的情况下，要求家长根据医院建议让学生住院治疗或者在家休养。咨询人员要做好事后情况追踪，待稳定之后根据危机学生意愿进行心理危机辅导。

七、责任追究

全校尤其是参与危机干预工作的教师及各处室工作人员,应服从指挥,统一行动,认真履行自己的职责。存在以下行为者将进行责任追究:

1.危机事件处理过程中需要协助而相关人员不服从指挥者。

2.参与危机干预事故处理的班级、部门,接到学生心理危机事故报案后,拖延时间不能及时赶到现场,或在现场不配合、不服从统一指挥而延误时机者。

3.各处室对学生心理危机不闻不问,或知情不报,或不及时上报,或执行学校危机干预方案不力者。

4.具体责任认定由学校心理危机干预领导小组研究决定,对触犯刑律者将移交司法机关处理。

(审校:蒋京灵　陈星舟)

学校心理辅导伦理规范

根据中国心理学会临床与咨询心理学专业机构与专业人员伦理守则制定本规范。制定本规范的目的是让心理辅导教师、寻求帮助的学生以及广大师生了解心理辅导与心理咨询工作专业伦理的核心理念和专业责任,并借此保证和提升心理辅导与心理咨询专业服务的水准,保障寻求帮助的同学和心理辅导教师的权益,增进师生的心理健康、幸福和安宁,促进学生的发展。

总　则

善行:心理辅导教师工作目的是使寻求帮助的学生从其提供的专业服务中获益。心理辅导教师应保障寻求帮助者的权利,努力使其得到适当的服务并避免伤害。

责任:心理辅导教师在工作中应保持其专业服务的最高水准,对自己的行为承担责任。认清自己的专业、伦理及法律的责任,维护专业信誉。

诚信:心理辅导教师在心理辅导实践活动、科学研究和心理健康教学工作中,应努力保持其行为的诚实性和真实性。

公正:心理辅导教师应公平、公正地对待自己的专业工作及其他人员。

心理辅导老师应采取谨慎的态度防止自己潜在的偏见、能力局限、技术的限制等导致的不适当行为。

尊重：心理辅导教师应尊重每一个人，尊重个人的隐私权、保密性和自我决定的权利。

一、专业咨询、辅导关系

心理辅导老师应尊重寻求帮助的学生，按照专业的伦理规范与寻求帮助者建立良好的专业工作关系，这种工作关系应以促进寻求服务者的成长和发展，从而增进其自身的利益和福祉为目的。

1. 心理辅导老师不得因寻求帮助者的年龄、性别、种族、性取向、信仰、文化程度、身体状况、家庭经济状况等任何方面的因素歧视对方。

2. 心理辅导老师应尊重寻求帮助者的知情同意权。在心理咨询和辅导工作开始时和工作过程中，心理辅导老师应首先让对方了解专业服务工作的目的、工作过程、工作中可能涉及的权益、隐私权、可能的危害等相关信息。

3. 心理辅导老师应依照学校相关规定履行心理咨询室值班值守职责。免费无偿为全校学生无条件提供专业咨询和辅导。不允许心理辅导老师以收受实物、获得劳务服务或其他方式作为其专业服务的回报，因为它们有引起冲突、破坏专业关系等潜在的危险。

4. 心理辅导老师要明了自己对寻求帮助者的影响力，尽可能防止损害信任和引起依赖的情况发生。

5. 心理辅导老师应将积极、健康的思想提供给前来寻求咨询和辅导的学生。

6. 心理辅导老师应清楚地认识自身所处位置对寻求帮助者的潜在影响，不得利用对方对自己的信任或依赖利用对方，或者借此为自己或第三方谋取利益。

7. 心理辅导老师要清楚地了解双重关系（心理辅导教师与学生的关系、德育管理与学生的关系）对专业判断力的不利影响及其伤害寻求帮助者的潜在危险性，避免与寻求帮助者发生双重关系。在双重关系不可避免时，应采取一些专业上的预防措施，以确保双重关系不会损害自己的判断并且不会对寻求帮助者造成危害。

8.心理辅导老师在进行心理咨询与辅导工作时不得随意中断工作。在心理辅导老师出差、休假或临时离开工作地点外出时,要对已经开始的心理咨询或辅导工作进行适当的安排。

9.心理辅导老师认为自己已不适合对某个寻求帮助者进行辅导时,应向对方明确说明,并本着对对方负责的态度将其转介给另一位合适的心理辅导老师。

10.在专业工作中,心理辅导老师之间应相互了解和相互尊重,应与同行建立一种积极合作的工作关系,以提高对寻求帮助者的服务水平。

二、隐私权与保密性

心理辅导老师有责任保护寻求帮助学生的隐私权,同时认识到隐私权在内容和范围上受到国家法律和专业伦理规范的保护和约束。

(一)心理辅导老师在心理咨询与辅导工作中,有责任向寻求帮助者说明工作的保密原则,以及这一原则应用的限度。在家庭辅导、团体咨询或辅导开始时,应首先在咨询或辅导团体中确立保密原则。

(二)心理辅导老师应清楚地了解保密原则的应用有其限度,下列情况为保密原则的例外:

1.心理辅导老师发现寻求帮助的学生有伤害自身或伤害他人的严重危险时。

2.寻求帮助的学生有致命的传染性疾病等且可能危及他人时。

3.未成年人在受到性侵犯或虐待时。

4.法律规定需要披露时。

(三)在遇到上述情况中的前三种时,心理辅导老师有向对方合法监护人或可确认的第三者预警的责任;在遇到上述情况中的第四种时,心理辅导老师有遵循法律规定的义务,但须要求法庭及相关人员出示合法的书面要求,并要求法庭及相关人员确保此种披露不会对临床专业关系带来直接损害或潜在危害。

(四)心理辅导老师只有在得到寻求帮助的学生书面同意的情况下,才能对心理咨询或辅导过程进行录音、录像或演示。

(五)心理辅导老师专业服务工作的有关信息包括个案记录、测验资料、信件、录音、录像和其他资料，均属于专业信息，应在严格保密的情况下进行保存，仅经过授权的心理辅导老师可以接触这类资料。

（六）心理辅导老师因专业工作需要对心理咨询或辅导的案例进行讨论，或采用案例进行教学、科研、写作等工作时，应隐去那些可能会据此辨认出寻求帮助学生的有关信息（得到寻求帮助的学生书面许可的情况例外）。

三、职业责任

心理辅导老师应遵守国家的法律法规，遵守专业伦理规范。同时，努力以开放、诚实和准确的沟通方式进行工作。心理辅导老师所从事的专业工作应基于科学的研究和发现，在专业界限和个人能力范围之内，以负责任的态度进行工作。心理辅导老师应不断更新并发展专业知识、积极参与自我保健的活动，促进个人在生理上、社会适应上和心理上的健康，以更好地满足专业责任的需要。

（一）心理辅导老师应在自己专业能力范围内，根据自己所接受的教育、培训和督导的经历和工作经验，为不同人群提供适宜而有效的专业服务。

（二）心理辅导老师应充分认识到继续教育的意义，在专业工作领域内保持对当前学科和专业信息的了解，保持对所用技能的掌握和对新知识的开放态度。

（三）心理辅导老师应保持对于自身职业能力的关注，加强心理咨询和辅导的培养，加强专业技能的学习，在必要时采取适当步骤寻求专业督导的帮助。

（四）心理辅导老师应关注自我保健，当意识到个人的生理或心理问题可能会对寻求帮助的学生造成伤害时，应寻求督导或其他专业人员的帮助。

（五）心理辅导老师在工作中需要介绍自己情况时，应实事求是地说明自己的专业资历、学位、专业资格证书等情况，在需要进行宣传或描述其服务内容时，应以确切的方式表述其专业资格。

（六）当心理辅导老师需要向学校报告自己的专业工作时，应采取诚实、客观的态度准确地描述自己的工作。

四、心理测量与评估

心理辅导老师应正确理解心理测量与评估手段在心理健康教育工作中

的意义和作用,并恰当使用。心理辅导老师在心理测量与评估过程中应考虑被测量者或被评估者的个人和文化背景。心理辅导老师应通过发展和使用恰当的测量工具来促进寻求帮助者的福祉。

(一)心理测量与评估的目的在于促进寻求帮助者的福祉,心理辅导老师不得滥用测量或评估手段以牟利。

(二)心理辅导老师应接受心理测量的相关培训,熟悉相关的测量和评估方法。

(三)心理辅导老师应对测量或评估结果给予准确、客观、可以被对方理解的解释,努力避免其对测量或评估结果的误解。

(四)心理辅导老师须采用信度、效度较高的测量工具,如果没有可靠的信、效度数据,需要对测验结果及解释的说服力和局限性做出说明。心理辅导老师不能仅仅依据心理测量的结果做出心理诊断。

(五)心理辅导老师有责任维护心理测验材料(指测验手册、测量工具、协议和测验项目、量表)和其他测量工具的完整性和安全性,不得向非专业人员泄漏相关测验的内容。

(六)心理辅导老师应运用科学程序与专业知识进行测验,力求避免偏差,并提供完善的测验说明。

五、教学、咨询和辅导

心理辅导老师应努力发展有意义的和值得尊重的专业关系,对教学、培训和督导持真诚、认真、负责的态度。

(一)心理辅导老师从事教学、咨询和辅导工作的目的是促进学生的个人成长和发展,以增进其福祉。

(二)从事教学、咨询和辅导工作的心理辅导老师应熟悉本专业的伦理规范。

(三)负责教学及辅导的心理辅导老师应在课程设置和计划上采取适当的措施,确保教学及辅导能够提供适当的知识和实践训练,满足教学目标的要求或学生心理问题解决等的要求。

六、伦理问题处理

心理辅导老师在专业工作中应遵守有关法律和伦理。心理辅导老师应努力解决伦理困境，和相关人员进行直接而开放的沟通，在必要时向同行及督导寻求建议或帮助。心理辅导老师应将伦理规范整合到他们的日常专业工作之中。

（一）心理辅导老师一旦觉察到自己在工作中有失职行为或对职责存在误解，应采取合理的措施加以改正。

（二）如果心理辅导老师所在学校的要求与心理辅导的伦理规范有矛盾之处，心理辅导老师需要澄清矛盾的实质，表明自己具有按照专业伦理规范行事的责任。应在坚持伦理规范的前提下，合理地解决伦理规范与学校要求的冲突。

（三）心理辅导老师若发现同行或同事违反了伦理规范，应予以规劝。若规劝无效，应通过适当渠道反映其问题。

（审校：陈磊　陈星舟）

学校心理社《心语》内刊工作流程

岗位分工

总编：1人（部长兼任）。

文字编辑：1名组长带领组员进行文字编辑工作，其余人员均为文字编辑（培养和提升材料收集能力和文字编辑能力）。

美工编辑：1名组长带领组员进行美工编辑工作，组员有2—4人即可（善于使用办公软件，具有排版编辑能力）

工作流程

一、收集材料

文章类材料（主题内容的时事新闻事件，心理学分析，心理学原理，心理学建议），心理学实验，心理测评，心理图片，心理影视作品（电影、动画、短片）。

网络材料，如心理学空间网（视频类型资料需要自己编辑成文字），微博，百度图片。善于使用网络搜索。

书籍,专业类心理书籍,自备。

身边的故事。自己经历的,或者同学讲述的故事。

向同学进行调查或寻求建议。拿到一个主题后可以先打听一下同学对这个话题是否感兴趣,他们有什么想法,可以给什么建议。将这些内容记录下来,作为编辑《心语》内刊的素材,同时在部门例会的时候分享给大家。

二、处理材料

1. 文字处理。收集到的文章可能来自于网络,错别字、不统一的字体和字号、标点符号等较多,有背景色或者字体颜色,段落行距不一,要进行基本的文字段落处理。

2. 内容逻辑处理。通读全文,梳理逻辑,条理清晰,将复杂的文字改变为通俗易懂的内容,删繁就简,编辑成规定字数的文章。

组长负责安排督促工作,同时也要参与资料收集和处理。

总编审核

1. 挑选最合适的文章和内容,欠合适的内容返回给编辑进行修改。联系具体负责老师,讨论确定每期基本内容。将确定的内容交给美工编辑进行排版。

2. 传递信息,把控时间安排。

美工编辑

组长负责制:根据收到的内容带领组员按照模板排版,制作电子版《心语》内刊。将排好版的《心语》返回给总编。

(审校:蒋京灵 陈星舟)

学校心理社办公室工作操作流程

一、部门分工

1. 考勤纪律:2名固定人员,负责每次例会和活动等的考勤签到工作。

2. 资料保管:1名固定人员,社团的所有资料和档案的收集和保管。

3. 会议记录:2名固定人员,挑选笔记做得好的同学固定负责每次的会议记录(包括每一次活动的记录),写在社团会议记录本上。其余同学自备一个笔记本,用于每次写会议记录和活动简报。每次活动每人均要写活动简报,挑选优秀的简报作为资料存档,并作为社团评优考核指标。

4.部门内通知:1名固定人员,负责通知开会等。

5.会议记录模板:

心理社第××次会议/活动记录

会议时间:如2021年9月30日星期四。

会议地点:如学校小树林。

主讲人(主持人):×××。

主题:如"第十届学校心理社第一次大会","学校心理社例会"。

会议内容:主要记录会议流程和主要内容,如某某老师或同学发言,则需记录主要讲了一些什么内容(简单明了,列出第一点,第二点,第三点……)。

6.简报模板:

简报主要包含五要素,新闻界称做5W——When:何时,Where:何地,Who:何人,What:何事,Why:何因。连起来大意就是:什么时候在什么地方什么人因为什么发生了什么事。格式如下:

(1)标题:概括简报的主要内容。

(2)导语:导语是简报开头的一段话,要求用极简明的一句话概括简报的最基本内容。

(3)主体:主体是简报的主要部分,要求具体清楚,内容翔实,层次分明。是文字最多的部分。一篇简报主体大约300—500字。

(4)结尾是对简报内容的小结,如取得了怎样的效果,大家对活动的评价。

二、心理社工作安排表

该工作表涵盖整体社团全体工作,包括活动部和《心语》编辑部两个部门的安排,统筹安排社团一个学期的工作和发展,办公室人员应学会为社团发展做规划。工作安排几大模块如下:常规例会(大约2—3周一次),面向全校的活动(以及活动前的准备和培训会议),心理社团内部活动(团体建设),《心语》刊发,心理委员培训。工作安排模板表如下:

2021—2022学年度上期学校心理社社团工作安排表

活动时间	活动内容	负责人	负责部门
例:2021.10.21—22	心理运动会	社长	心理社

(审校:蒋京灵　陈星舟)

学校复课复工证明查验制度

为了有效预防、及时控制和消除我校校园突发公共卫生事件及其危害,规范各类突发公共卫生事件的应急处理工作,能及时了解、掌握因病缺勤师生员工的健康情况,最大程度地减少突发的公共卫生事件对我校师生员工健康造成重大危害,保障师生员工身心健康与生命安全,结合卫生部门及教育部门的文件精神和我校实际情况特制定本制度。

班主任负责做好与因病缺课学生的联系工作,如实全程掌握缺课学生详细情况并登记,如有传染病应立即报告校医务室。校医务室要对因传染病缺课缺勤的学生和员工的病因及治疗情况登记备案,其复课或复工要严格把关,必须查验上清寺社区卫生服务中心保健科开具的病愈复课证明(证明见附件),手续完备符合复课条件的,方能允许其回班级复课或返回岗位,并记录其复课或复工时间。

附件

重庆市渝中区社区卫生服务中心在校(园)学生传染病返校证明书

编号:2019

<table>
<tr><td colspan="6">临床医生填写:</td></tr>
<tr><td>学校</td><td colspan="2"></td><td>班级</td><td colspan="2"></td></tr>
<tr><td>姓名</td><td></td><td>性别</td><td></td><td>年龄</td><td></td></tr>
<tr><td colspan="6">就诊科室:</td></tr>
<tr><td rowspan="2">临床
症状</td><td>水痘</td><td colspan="4">所有疱疹是否结痂　　□是　　□否　　其他:</td></tr>
<tr><td>流行性腮腺炎</td><td colspan="4">腮腺肿大是否完全消退　　□是　　□否　　其他:</td></tr>
</table>

续表

	手足口病/疱疹性咽峡炎	所有症状是否完全消失 □是 □否 其他：
	流行性感冒	体温是否正常 □是 □否 其他：
	风疹	是否开始退疹 □是 □否 其他：
	诺如病毒感染	所有症状是否完全消失 □是 □否 其他：
	急性出血性结膜炎	所有症状是否完全消失 □是 □否 其他：
	其他传染病：	
诊断		
医生签名：		日期： 年 月 日
预防保健科填写：		
隔离时间	水痘	发病日期： 年 月 日 是否满14日 □是 □否
	流行性腮腺炎	发病日期： 年 月 日 是否满10日 □是 □否
	手足口病/疱疹性咽峡炎	发病日期： 年 月 日 是否满14日 □是 □否
	流行性感冒	发病日期： 年 月 日 是否满7日 □是 □否
	风疹	发病日期： 年 月 日 出诊后是否满5日 □是 □否
	诺如病毒感染	发病日期： 年 月 日 症状消失后72小时□是 □否 从事保育、食品和制水等重点人员症状消失后72小时且病例实验室诺如病毒核酸检测阴性 □是 □否
	急性出血性结膜炎	发病日期： 年 月 日 是否满7日 □是 □否
	其他传染病：	发病日期： 年 月 日 隔离期 日 □已满 □未满
意见	是否可返校 □是 □否	返校日期： 年 月 日
防保科工作人员签名：		开具证明日期： 年 月 日 （盖章）

注：1.其他传染病包括：甲型和戊型病毒性肝炎、细菌性痢疾、伤寒、副伤寒、猩红热、麻疹、白喉、百日咳等传染病，隔离时间按照“学校常见传染病隔离期标准”执行。

2.本证明“一式两联”，患病学生凭其中一联返校上课，开具证明的社区医院保存另外一联以备查。

3.本证明经医生签名、医院盖章后方才有效，缺一不可。

（审校：蒋卓 邓梅洁 王延杰）

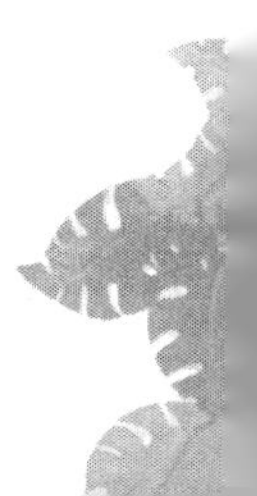

学校因病缺课缺勤登记追踪制度

为了有效预防、及时控制和消除我校突发公共卫生事件及其危害,规范各类突发公共卫生事件的应急处理工作,能及时了解、掌握因病缺勤师生员工的健康情况,最大程度地减少突发的公共卫生事件对我校师生员工健康造成重大危害,保障师生员工身心健康与生命安全,结合卫生部门及教育部门的文件精神和我校实际情况特制定本制度。

一、班级晨午检

晨午检时由班主任负责早晨及午间对到校的每个学生进行观察、询问,了解学生出勤、健康状况。发现学生有传染病早期症状(如发热、皮疹、腹泻、呕吐、黄疸等)以及疑似传染病病人时,应当及时告知校医务室,校医要进行进一步排查,以确保对传染病病人的早发现、早报告。

二、教师晨午检

各年级主任负责本年级教师的健康观察,有疑似病例的要与校医务室联系,待校医进行进一步排查,以确保对传染病病人的早发现、早报告。

三、病因追踪

班主任应告知家长学生因病缺课时要事先汇报请假,说明病因。班主任对其病情在渝中区学生晨午检微信小程序上做好登记,保持联系直至学生病愈返校。出现疑似传染病的症状时及时联系家长或陪同去医院排查确诊,并将结果报告校医务室。

四、因病缺课人数的统计与登记

班主任负责每天对因病缺课人数的统计与登记,并做好与因病缺课学生的联系工作,要将缺课情况报告校医务室,并做进一步的家庭联系,直至病愈返校。

(审校:蒋卓　邓梅洁　贾雷雷)

学生寝室纪律规定

一、作息时间

(一)开大门:早6:30;晚21:20。

(二)关大门:早7:40;晚22:00。

(三)熄灯:22:30。

(四)周末开大门:早7:00;

关大门:早9:00;周六晚21:00;周日晚21:30;

周末早上9:00寝室清场。

二、周末留宿

每周五下午15:00以前(节假日提前到中午12:00以前)由年级统一发留宿名单到学生处邮箱。严格按留宿名单管理,不私自接纳留宿名单上没有的学生。

三、行课期间

凭“住读证”和“班主任批条”方能进入寝室。

学生非正常时间离校凭“班主任批条”方能离校。

四、生病

白天学生生病由年级和班级负责;

晚上学生出现病情,及时报告楼层管理老师,如病情严重则通知年级、班主任及家长。

五、年级及班主任配合住读学生的日常管理

(审校:彭进　贾雷雷)

学生寝室防火应急处置流程

宿舍管理人员每天巡视并检查房间及楼栋的电路及学生用火用电的情

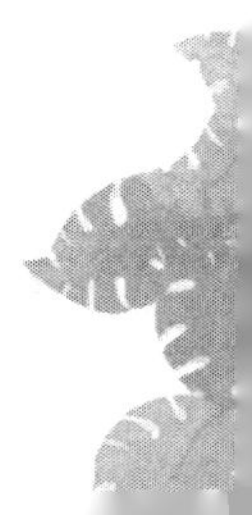

况。如发现异常情况应及时上报及处理:

一、白天如发现电路起火,应第一时间断电,并报告宿舍主管,同时按消防培训的要求用各楼层配备的灭火器进行灭火。宿舍主管及时上报学校相关部门,如情况紧急则拨打119。

二、晚上如发现起火,第一时间组织学生有序各从消防通道疏散,打开宿舍的大门;并和学校保卫科配制的宿舍夜间保安人员一起分工合作,切断电源,用各楼层配备的灭火器进行灭火,上报宿舍主管和学校相关部门,如情况紧急则拨打119。

(审校:彭进　贾雷雷)

学生资助管理工作制度

为进一步落实市、区关于学生资助工作文件精神,认真做好家庭经济特别困难学生的资助工作,确保各项特困生救助工作落到实处,特制定本工作制度。

一、加强学生资助工作的领导和管理

(一)成立学生资助工作领导小组;

(二)学生资助专项工作由学生处和校财务室分别选派两位同志负责,共同完成。

(三)学生资助专项工作应确保办公设施齐全,配备专用电脑、打印机、档案橱柜等。

二、切实做好特困生界定、建档与评审工作

(一)认真学习贯彻执行国家助学金、高中家庭经济困难学生减免学费、大学新生入学资助、"滋蕙计划"、"爱心午餐"及贫困寄宿生生活补助等学生资助评定办法的有关文件。

(二)拟定学校国家助学金、高中家庭经济困难学生减免学费、大学新生入学资助、"滋蕙计划"、"爱心午餐"及贫困寄宿生生活补助等学生相关资助评审、发放的实施细则。

(三)对符合以下情况的困难学生给予重点关注,并及时予以资助:

1.持有有效城镇/农村居民最低生活保障金领取证;

2.持有有效农村五保供养证;

3.持有有效儿童福利证;

4.革命烈士或因公牺牲军人、警察子女;

5.父母或本人残疾;

6.父母或本人患有重大疾病;

7.老、少、边及偏远农村的贫困家庭;

8.家庭主要收入创造者因故丧失劳动能力;

9.遭受天灾人祸,造成家庭贫困;

10.无稳定收入的单亲家庭;

11.无稳定收入的农民工子女;

12.父母双方失业或下岗;

13.少数民族家庭经济困难学生;

14.学生本人或父母患慢性疾病需长期治疗的贫困家庭;

15.农村建卡贫困户家庭;

16.其他贫困家庭。

(四)按照“公平、公正、公开”的“三公”原则,实事求是地确定资助对象。保证在校的持有民政部门出具的特困证(卡)或低保证的学生和城市低保户子女全部享受免学费及一定的国家助学金补助。

三、认真组织申报和发放工作

(一)将国家政策、上级精神及相关管理实施办法及时传达给学生并在学生及家长中进行广泛宣传。

(二)组织班主任指导学生填写经济困难学生享受资助的申请表,收集、整理受助学生的证明材料等,并认真核查受助学生享受资助的资格。

(三)根据要求,及时上报学生资助的有关材料。

(四)根据要求,配合相关部门并督促银行按时完成贫困生资助的发放工作。

四、完善档案管理,加强监督检查

(一)建立贫困家庭学生界定及评审、公示制度。认真做好贫困家庭学生

界定工作,享受资助学生的名单在校内公示不少于五个工作日,接受广大师生和全社会的监督。

(二)建立享受资助学生的档案管理制度。将受助学生的申请表按学年度汇集整理,在学校档案室保存5年以上备查。

(三)接待学生及家长关于学校学生资助工作等各项评审、发放问题的咨询、投诉,并及时处理。

(四)加强监督制度。学生资助是国家的一项重要惠民政策,旨在确保中学阶段家庭经济困难的学生顺利入学、安心学习、正常生活。该项工作关系到学生切身利益,政策性强,工作人员必须以严谨的态度认真对待。严禁在工作中弄虚作假,徇私舞弊。

(审校:王定敏　贾雷雷)

第七板块

校园安全

学校安全责任制(岗位责任制)

一、学校安全工作领导小组

1.全面负责学校安全工作,书记是领导小组组长,其他成员分工负责。领导小组下设安全保卫机构(保卫科),由校长分管,配备一定数量的专(兼)职保卫人员,建立高效规范的学校安全工作网络体系。

2.学校安全工作领导小组下设应急小组:指挥组、保卫组、现场处置组、现场救护组、通信联络组、后勤保障组、事故调查组等。各组根据事故实际情况,启动工作。

3.切实保证学校安全工作所需人、财、物并合理配置。

4.制定学校各项安全管理制度、预警和突发事件应急预案,完善事故防范措施,检查督导安全工作"一岗双责"制度的落实。协助有关部门对重大安全事故做出处理,并在适当范围内通报。

5.定期召开领导小组专题会议,组织学习上级部门下发的安全工作指导文件,制定年度学校安全工作计划,拟定安全目标管理责任书。结合学校特点研究部署学校常规性安全工作。

6.代表学校与家长签订安全协议书。由校车服务提供者提供校车服务的,学校应当与校车服务提供者签订校车安全管理责任书。

7.强化人防、物防、技防手段,抓好校舍设备维护、消防、治安、交通、食品、疾病预防、自然灾害防范等基础性安全工作。定期开展自查,及时排除安全隐患。重点做好校门秩序、教育教学、学生宿舍、食堂卫生、大型集体活动、集体外出等方面的安全工作。

8.组织开展师生安全宣传教育和培训,定期或不定期开展应急演练,提高师生对各类突发事件应急处置能力和逃生自救技能。

9.在上级部门的指导下和学校周边单位建立校园周边综合治理小组,或建立联席会议制度。注重学校安全长效机制建设,加大校园周边综合整治力度,维护校园及周边安全。

10.发生紧急情况立即启动应急预案,全面负责突发事件的指挥、协调等工作,及时组织抢险抢救。在有关部门领导下及时、妥善、依法处置事故。对相关人员进行责任追究。

11.严格履行事故报告制度,及时向上级有关部门报告情况,做到30分钟内电话口头报告,2小时内简要书面报告。密切配合医疗、防疫、公安、消防等部门对事故的处理,认真执行上级有关指示。

12.可设对外新闻发言人负责接待各界媒体,遇到突发事件时能冷静面对媒体采访,形成正确的舆论导向。教育师生员工共同做好稳定工作,未经同意不得随意接受采访、擅自发布信息。

13.加强对教师侮辱、体罚学生现象的监管。

二、党委书记

1.学校安全工作的第一责任人。

2.认真贯彻落实国家有关学校安全工作的法律法规和上级对学校安全工作的部署。

3.全面负责学校安全工作,建立健全组织机构和防范体系,落实责任制,依法制定学校各项安全管理制度和应急预案。

4.建立安全工作奖惩制度,把安全工作纳入各部门、个人履职考核,与评优推先和绩效考核挂钩,调动全体教职工共同做好学校安全工作的积极性。

5.组织召开学校安全工作领导小组会议,分析研究学校安全工作现状及存在的问题,有针对性地制定学校安全工作计划。

6.及时制止和处理教职工侵犯学生权益和影响学生身心健康的行为。

7.加强与所属街道、社区及派出所、消防、卫生、城管等部门的联系,取得他们的支持和配合,共同做好校园及周边安全工作。

8.遇到突发事件立即组织安全领导小组启动应急预案,并第一时间赶到现场指挥。

9.学校安全职责所必需的其他行为。

三、校长

1.学校的法定代表人,校园安全的共同责任人,对学校安全工作负主要领导责任。

2.协助党委书记管好学校安全工作,书记不在校期间,履行书记岗位安全职责。

3.通过党建工作加强安全教育,提高党员干部的安全责任意识,指导落实岗位安全职责。

4.关心教职工的生活和思想动态,及时掌握校内不稳定因素,积极化解矛盾,维护校园安全稳定。

5.督查学校安全管理制度落实,向学校安全工作领导小组提出整改建议。

6.积极组织开展反邪教工作。

四、分管安全工作的校长

1.在党委书记的领导下,具体负责学校安全工作,对学校安全工作负直接领导责任。

2.可代书记组织召开学校安全工作领导小组会议,传达学习上级有关安全工作的文件,研究学校安全工作存在的问题和隐患,提出解决问题的方法和整改意见,确保学校安全。

3.根据上级要求,依据相关法律法规,不断完善、建立健全学校安全工作管理制度,组织制定各种突发事件应急预案。

4.全面落实学校安全工作责任制,层层签订学校安全工作责任书,把学校安全工作任务分解到各处室、部门和岗位,并负责检查、督导落实。

5.指导学校安全专职干部和各部门负责人开展工作,定期或不定期检查各处室、部门、岗位的安全防范和隐患排查工作,并建立相关台账,在相关记录表上签字。

6.定期组织学校安全保卫干部和员工培训,强化安全责任意识,提高防范和应对突发事件的能力,杜绝因思想麻痹或工作失误造成的安全责任事故。

7.加强师生安全教育和培训工作,定期组织开展各类宣传和应急演练活动,提高师生安全意识和自护能力。

8.定期组织检查学校各部门的安全设施及器材,保证完好有效。

9.协助校长加强与所属街道、社区及派出所、消防、卫生、城管等部门的联系,积极开展校园及周边综合治理工作。

10.建立健全学校安全管理各类台账和档案制度,检查指导学校各类安全资料的归档备案。

11.督促检查放学前一分钟、每周一节课、每月一次专题讲座的安全教育。

五、分管教学的副校长

分管教学的副校长是学校教学工作的安全责任人，主要职责有：

1.督促全校教师严格落实教学常规。特别是认真落实体育课、劳技课、实验(训)课等教学常规，防止学生意外伤害事故的发生。

2.对必须在校外进行的教学活动要认真审批，要有严密的安全措施，确保活动安全进行。

3.督促全校教师加强师德修养，关爱学生，不得体罚和变相体罚学生，切实减轻学生过重课业负担。要采取切实可行的措施，杜绝因体罚和心灵虐待对学生造成伤害的事件，确保学生身心健康发展。

4.督促指导教师把学生安全作为教育教学的第一要事，摆在首位，认真落实各有关法规和上级文件对教育教学工作的安全规定，依法办事，依法执教。

5.完成上级交办的其他安全工作任务。

六、分管后勤的副校长

分管后勤的副校长是学校设施设备安全责任人，其主要职责有：

1.制定学校设施设备安全管理工作规章制度，做好学校设备设施安全管理工作。

2.组织对学校建筑物、设施设备的安全检查，特别是消防安全检查，及时消除安全隐患，杜绝安全事故。

3.加强对食堂、服务中心、自备水源的管理，确保学校食品及饮用水安全；加强学校卫生防疫工作。

4.加强学校宿舍设施安全管理，确保师生宿舍安全。

5.督促有关人员做好防盗工作，维护学校财产安全。

6.加强学校的安全设施建设，确保校园安全。

7.完成上级交办的其他安全工作任务。

七、法治副校长

1.协助学校按照有关法律法规制定完善校园安全管理制度，落实各项安全防范措施。

2.协助学校加强安全工作，结合中小学学生特点，开展有针对性的交通、消防、治安等安全宣传及法治教育。

3.协助学校做好对有不良行为学生的教育转化工作，落实具体帮教措施。

4.协调有关部门对学校周边治安环境进行整治，严肃查处侵害师生合法权益和滋扰校园案件，建立长效机制，维护学校周边治安秩序。

5.配合司法部门妥善处理在校师生违法案件，督促学校妥善处理校园内发生的严重违规违纪问题。

6.协助学校与社会、家庭等方面建立联系，完善“三位一体”法治教育机制，落实各项治理措施。

7.完成领导小组交办的其他安全工作。

八、工会主席

1.发挥工会组织对校园安全工作的参与和监督作用。

2.定期召开工会委员会会议，检查各部门安全工作。

3.协助学校摸查内部人员的不稳定因素，及时化解矛盾。

4.关心教职工的思想动态和文化生活，帮助教职工解决生活中的困难和问题。对发生重大事情的家庭应及时慰问并家访。

5.完成领导小组交办的其他安全工作。

九、保卫科主任

1.在党委书记和分管校长的领导下，具体负责学校日常安全管理工作。根据学校安全工作计划，制定部门实施细则，定期向分管安全工作的校长汇报学校安全工作情况。

2.按时参加上级有关部门召开的安全会议，并按相关要求上报学校安全工作计划、总结、报表、材料、信息等。

3.坚持每天对校园及重点部位进行巡查，发现安全隐患，立即责成有关部门进行整改并启动责任追究制度，规定完成整改的时间。问题严重的要及时向分管校长汇报，制定详尽的整改方案。建立健全安全隐患排查整改台账，相关负责人及时在记录表上签字。

4.结合学校安全工作实际，开展治安、消防、交通等校园安全宣传教育。

5.履行校园日常安全管理和活动安全管理职责，检查督促各部门落实各种活动安全预案及安全措施。

6.负责校园“三防”(人防、物防、技防)建设,管理安保人员,维护安防设施。

7.负责学校门卫管理,夜间、节假日值班和巡逻安排,加强对值班人员的管理和检查。

8.负责全校消防栓、灭火器、报警器、疏散通道等消防设备的日常检查和维护,保证校内消防器材的完好、有效,确保正常使用。

9.配合学校安全工作领导小组主动与相关部门联系协调,建立密切的工作关系,搞好校园周边环境综合治理。

10.校内发生安全事故或突发事件,要在第一时间赶到现场,及时向学校安全工作领导小组汇报,并根据应急预案配合指挥组落实报警、抢救、疏散、保护现场、调查取证、信息上报等工作,妥善处理突发事件。

11.根据有关规定妥善保管视频监控录像资料,并建立资料档案。

12.完成领导小组交办的其他安全工作。

十、办公室主任

1.会同有关处室负责学校安全宣传工作。

2.负责本部门安全工作。

3.负责学校安全教育和演练活动的讲话、录像等资料的收集整理工作。

4.负责全校信息沟通、信息公开、新闻发布及媒体采访等事宜。

5.完成领导小组交办的其他安全工作。

十一、德育主任

1.结合学校安全工作目标和任务,开展学生德育工作,维护校园教育教学秩序、稳定师生情绪。

2.组织落实学校安全工作领导小组安排部署的工作任务,依据部门安全岗位职责,对年级组长和班主任开展针对性的安全宣传教育和培训,指导年级和班级开展丰富多彩的安全教育和演练活动。

3.定期召开年级主任和班主任安全工作会议,组织年级主任和班主任进行校园安全隐患自查互查活动,跟踪每节课学生异动情况,增强年级主任和班主任的安全意识,落实安全责任。

4.在学生会和班委会设立安全委员,设“学生110”和班级安全员,协助做

好学生安全工作。

5.学校组织大型集体活动时,做好教育活动安全预案和活动前师生安全教育工作。

6.利用升旗、广播操等时间,开展学生安全教育。

7.通过黑板报、橱窗、广播、网络等开展对师生安全宣传教育。

8.聘请消防、治安、交通、卫生等专家对师生开展专题安全教育。

9.通过家长会、家长信、短信等多种形式向家长宣传安全知识,提出安全要求,发挥家长在学生安全工作中的主体作用。

10.做好安全教育、家长接待、事故处理及相关材料的整理归档。

11.负责住校生的教育和管理工作。

12.负责卫生、防疫安全工作。

13.完成领导小组交办的其他安全工作。

十二、教务主任

1.负责教务处所属各组(室)的安全管理工作,落实部门安全责任和各项安全管理制度,制定部门安全工作计划,并监督、检查工作落实情况。

2.定期召开部门安全工作会议。

3.做好各种教具配备、保存及使用的安全管理。

4.加强学生学籍信息的安全管理,建立信息保密制度。

5.做好教学活动和考试安全预案及管理工作。

6.配合校长积极稳妥做好学校招生、毕业工作,正确执行政策、有效化解矛盾,维护校园安全稳定。

7.完成领导小组交办的其他安全工作。

十三、总务处主任

1.负责学校总务处后勤的安全管理工作,落实部门安全责任和各项安全管理制度,做好部门安全工作计划,监督、检查工作落实情况。

2.定期召开部门安全工作会议。

3.加强总务处后勤人员的安全培训,提高各工种人员的安全意识和防范技能。

4.做好学校建筑物和水、电、气等设施设备的安全检查和维护,根据保卫主任的要求定期维护或更换消防器材和特种设备，并建立台账，及时做好相关记录。

5.切实加强学校食堂及食品卫生管理，严格执行《中华人民共和国食品卫生法》、卫生部《学生集体用餐卫生监督办法》等法律法规，建立严格的学校卫生管理制度，自觉接受卫生防疫部门监督。

6.组织相关人员按规定定期进行安全培训和体检；建立食品留样制度；随时掌握当地流行性疾病、食源性疾病和饮水污染的情况，采取切实有效的预防措施，杜绝疾病、流行性疾病和食品中毒事故的发生。

7.落实本部门不同工种安全责任。组织部门人员定期检查负责范围内的安全。

8.完成领导小组交办的其他安全工作。

十四、少先队辅导员、团委（支部）书记

1.贯彻执行安全法律法规、学校安全管理规定，履行部门岗位安全职责。

2.在少先队和共青团组织中设立安全委员。经常开展对少先队员和共青团员的安全教育。

3.制定少先队、共青团组织的各类大型集体活动应急预案，开展活动前的安全教育。

4.定期组织学生活动场所的安全检查，发现隐患及时整改，并向学校有关部门汇报。

5.熟悉学校各类安全预案及流程，协助和配合学校有关部门处置突发事件。

6.完成领导小组交办的其他安全工作。

十五、教科（研）室主任

1.指导学科教师结合所教学科内容渗透安全教育，引导每个教师要因地制宜、因势利导开展学生安全教育。

2.加强课堂特别是实验课的安全管理。

3.督促每位任课教师安全教育教案和开展“放学前一分钟安全教育”。每天最后一节课下课前，结合实际提醒学生注意交通安全、防劫防骗、防各种伤害事故等安全。

4.完成领导小组交办的其他安全工作。

十六、信息中心

信息中心是负责学校校园网的建设管理与维护,为师生教学、科研等提供全面的信息化技术服务的机构。主要工作职责是:

1,负责制定网络安全及信息化有关规章制度、行为规范、安全办法等,落实网络意识形态工作责任制和网络安全责任制。

2.负责全校计算机网络、信息系统等应用的业务指导与各部门网络信息员和网络安全员的培训工作。

3,负责校园网络硬件设施的建设、运行和管理,确保各类网络设备正常高效运行。

4.负责校园网数据中心的建设,网络资源的分配、管理和使用工作。

5,负责校园网络出口链路的建设、运行和维护,网络宽带及流量的监控和统计。

6.负责学校域名注册、维护及IP地址的统一规划和管理。

7.负责校园网门户网站(内外网)的建设、运行和维护工作。

十七、食堂

在学校食品安全管理机构负责人的领导下,承担学校食品安全具体管理工作。

1.负责监管食堂食品安全,随时关注并处理各种渠道(学校饮食服务监管群、学校食堂反馈群、学校教师群、学校食堂意见簿、学校兼职食品安全员、学校每月联检等)反映的安全问题(食品安全、消防安全、人员安全和服务质量问题,包括上级主管部门、食品安全巡查等反馈的问题,学生意见反馈、投诉等),并督促相关食堂、档口落实整改,防止舆情的发生。(及时、耐心、艺术性地化解矛盾。问题内部消化。)

2.负责管理兼职食品安全巡查员的工作,督促巡查员每日对食堂食品安全管理制度落实情况和餐饮服务操作规范情况进行检查,及时统计梳理问题,对违规情况进行通报、处罚,并要求立即整改,落实情况建册存档。

3.负责督促检查学校食品经营网点落实食品安全管理制度的情况,每月分析校园食品安全风险隐患。

4. 每天参加陪餐活动，做好陪餐记录，负责对食堂环境卫生、从业人员工作情况等进行监督。对陪餐中发现的和学生反映的食品安全问题及风险隐患，及时向上级汇报并督促立即整改，对整改结果进行复核。

5. 负责每天检查学校食堂“互联网+明厨亮灶”是否正常运行，随机检查学校食堂卫生状况和从业人员是否规范操作。第一时间处理不规范行为或师生发现的食品安全隐患。

6. 负责组织落实从业人员培训制度，每年至少组织一次从业人员培训，可使用“重庆阳光餐饮”APP的在线培训和在线考核功能，开展从业人员在线培训和在线考核。自觉参加上级部门食品安全培训和监督抽查考核，并确保考核合格。

7. 负责每天对学校食品经营网点进行现场测查。检查学校各食堂“重庆阳光餐饮”APP使用情况，可以使用“重庆阳光餐饮”APP自查自纠功能对学校食堂安全实际情况进行检查，并把发现的问题及时反馈给从业人员整改，负责把监管部门检查发现的问题清单分解落实到相应的从业人员并通报食堂管理负责人及时整改。

8. 负责每学期对从业人员进行食品安全知识培训，及时按上级部门要求进行食品安全警示性教育。

9. 负责每月食堂联合检查工作，并将联合检查中发现的问题整理后报告给食堂管理负责人，并督促整改，资料存档。

10. 负责中心每月食品安全月报的编写、安全工作用表格的审核，以及中心工作的宣传报道。

11. 负责督促食堂开展防止餐饮浪费工作，减少食物浪费，督促食品加工人员精细化操作，减少食材浪费；开展光盘行动、“美好食光”活动，提醒大家杜绝餐饮浪费。

12. 负责加强与监管部门的业务联系，积极主动报告检查情况，积极配合开展学校食品安全突发事件的应急处置、调查工作。

十八、年级组长

1. 年级组长是所在年级的安全第一负责人，负责建立年级安全工作的各项规章制度，明确本年级每位教师的安全岗位职责。

2.建立健全由年级组长、班主任、任课教师、学生组成的年级安全管理体系,定期排查年级存在的安全隐患,促进年级安全工作常态化、制度化。

3.及时传达上级有关安全工作文件精神,组织年级教师定期召开安全工作会议,落实学校安全工作有关要求,做好日常安全防范。

4.做好年级特异体质学生身体情况登记和安全管理工作。制定年级大型活动安全预案并做好活动前的安全教育工作。

5.指导班主任和任课教师加强对学生的安全教育和管理。

6.负责本年级学生楼层、楼梯的安全管理。

7.完成领导小组交办的其他安全工作。

十九、教研组长

1.教研组长是教研组安全第一负责人,负责建立教研组日常安全管理制度,落实学校各项安全管理要求。

2.定期召开教研组安全工作会议,维护学校教育教学安全。

3.制定实验室安全规章制度,督促实验员做好实验室的安全管理工作。

4.制定实验室突发事件应急预案并组织演练。

5.监督指导各学科教师在学科教学中渗透安全教育。

二十、班主任

1.班主任是班级安全管理的第一责任人,对本班学生安全及教室内的设施设备安全负责。

2.认真落实学校安全工作的各项要求,及时解决班级出现的安全问题,排除安全隐患。

3.在班委会和团支部设立安全委员,在班级设立若干安全员。

4.保证晨(午、晚)检专时专用,仔细查看学生精神和身体状态,认真记录,及时上报。

5.充分利用晨(午、晚)检、班会等时间开展学生安全教育。特别注意根据季节变化提醒学生预防疾病,防范各种可能发生的自然灾害和安全事故,提高学生安全防范意识和逃生自救技能。

6.严格执行学生考勤和请销假制度,做好学生考勤统计工作,及时了解未到校上课或中途离校学生的情况,并及时与家长取得联系,作好记录。

7.认真做好班级内各种不安全因素的排查和登记工作,发现问题及时向年级组长和校领导汇报。

8.对有特异体质和心理异常的学生,应在家长的配合下及时作好记录。在安排体育、劳动、大型活动等时予以照顾。

9.协助学校与家长签订安全协议书,并做好协议书回执留存。通过家长会、家访等形式开展家长安全教育,让家长切实担负起监护人职责,做好学生安全教育监管工作,特别是保障学生校外安全。

10.组织班级集体活动必须征得学校领导同意并报上级教育行政部门批准后方可进行,做好安全预案和活动前的安全教育工作。

11.发现学生在校出现身体不适或危险情况时,要立即采取措施、组织抢救,并及时通知家长、报告学校。

12.开展"放学前一分钟安全教育"。结合实际提醒学生注意交通安全、防劫防骗、防各种伤害事故等安全事项。

13.认真准确采集学生及家庭相关信息。

14.完成领导小组交办的其他安全工作。

二十一、任课教师

1.明确并履行岗位安全职责,落实学校安全工作的有关要求,做好安全防范工作。

2.将安全教育有机渗透到本学科教学内容和教学过程中。

3.课前清点学生人数并立即上报班主任,课堂上发现学生行为具有危险性时应及时制止、告诫、教育,并与班主任或学生家长及时沟通。课间负责本楼层就近楼梯间、楼层的安全工作。

4.密切配合班主任开展安全工作,及时将班内的安全问题向班主任反映,协助班主任对学生进行安全教育,妥善处理班级出现的安全问题。

5.课堂教学中如遇突发事件或安全问题,及时将学生有序疏散到安全地带并作妥善处理,同时立即向分管领导或校长汇报。

6.开展"放学前一分钟安全教育"。每天最后一节课下课前,结合实际提醒学生注意交通安全、防劫防骗、防各种伤害事故等安全事项。

7.完成领导小组交办的其他安全工作。

(审校:姜宇龙　贾雷雷)

学校消防安全组织机构图

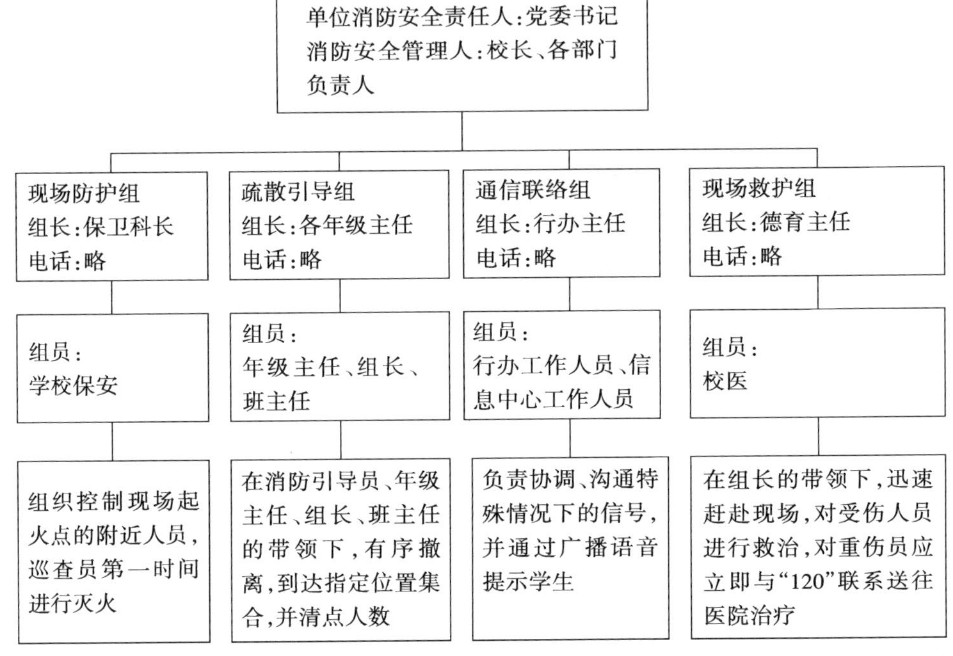

(审校:姜宇龙　贾雷雷)

学校安全教育制度

一、学校安全教育要以学生为主,同时对教职员工开展教育。

二、学校安全教育应包括交通安全、防溺水安全、消防安全、饮食卫生安全、用电安全、网络安全、实验和社会实践活动安全、校内及户外运动安全、防地震及其他自然灾害的安全教育,防中暑、防煤气中毒的安全教育,紧急情况下撤离、疏散、逃生等安全防护教育,心理健康教育,突发疾病救治常识教育。

三、学校应在每学期初组织教职员工认真学习各种安全知识,强化安全意识。要加强对教师的师德教育,牢固树立敬业爱生意识,不得体罚和变相体罚学生,注意工作方法,加强师生间沟通,注意观察学生心理变化,防止因矛盾激化发生安全事故。

四、学校应根据学生年龄特点、认知能力和法律行为能力，确定各年级段安全教育目标，形成层次递进教育。

（一）初中安全教育目标：使学生树立安全法治观念，自觉遵守安全法规，爱护公共安全设施；熟悉学校、家庭、社会中须知的安全知识，掌握事故发生后请求救助的基本途径，具备一定的危险判断能力和防范事故的能力。

（二）高中安全教育目标：使学生树立法治观念和社会公德意识，自觉维护公共安全，懂得运用法律法规保护自己的合法权益；掌握紧急状态下自救自护的基本方法，具备一定的抵御暴力侵害能力。

五、学校应根据有关法规和学校的布局状况，在公安、消防等部门的指导下，制定应急疏散预案，并组织师生进行应急撤离、疏散、逃生演练。

六、学校要根据地域、环境特点，把放假前、开学初、冬夏季来临前作为安全教育的重要时段，重点对学生进行交通安全、饮食卫生、校内外活动安全、防中暑、防溺水等方面的专题教育，并传授发生意外事故的自救、自护知识和基本技能。

七、学校应结合季节特点和"中小学生安全教育日""交通安全教育周""防灾减灾日""安全生产月""11·9消防宣传月"等系列全国专题性活动，开展校园安全"一月一主题"教育活动，针对安全教育的薄弱环节，结合安全教育主题，利用朝会、班队会、黑板报、图片资料展示等方式，开展形式多样、内容丰富的安全知识主题教育活动。

八、学校要落实安全提示铃声，任课老师要坚持每节课下课前用半分钟时间，每天下午放学和晚自习结束前用一分钟时间进行安全教育和安全提醒，警示学生注意安全风险。

九、学校要进一步加强家校联系，取得学生家长的配合，共同做好学生心理健康教育和心理障碍的疏导工作。

十、学校要积极发挥法治副校长的作用，每学期都要对全体师生进行法治安全讲座。

十一、学校应加强校园安全法治文化建设，充分利用学校各种宣传阵地和设施，开展安全法治教育，安全法治教育课必须做到计划、教材、教师、课时"四落实"，建立稳定长效的安全法治教育机制。

（审校：姜宇龙　贾雷雷）

学校安全检查制度

一、建立安全工作领导小组,由学校党委书记担任组长,定期对学校安全工作进行检查。

二、各班级、处室要设有安全员。班主任为本班级的第一责任人,处室主管领导为本处室第一责任人。各班级、处室对安全检查要自成体系,责任要落到具体人头,对重要部位和贵重物品要定时、定人、定位检查。

三、安全检查必须有计划、有步骤地进行,并明确检查内容、重点和方法,促进各项防范措施的落实。对校内校舍安全(校园围墙、护坡、堡坎、防护栏及其他所有附属设施、校园周边山体、校内外道路易发地质灾害点、户外瓷砖、空调外架、雨棚、防盗栏和门窗等)、消防安全、用电安全、食品安全、建设施工安全、危化品安全,设施设备、道路通道、地下管网、各种电器线路等可能存在的安全隐患进行安全检查;特别要加强对容易引发火灾部位的监控和管理,组织专人对教室、宿舍、食堂逐间进行检查。

四、安全检查要经常性进行。班主任每日对所在班级进行一次全面检查、各处室主任每周组织有关人员进行一次检查,学校每月组织一次对全校安全工作进行拉网式检查,检查发现隐患,应立即采取防范措施,并限期指定专人进行整改。

五、严肃安全检查报告、整改追源制度。对查出的不安全因素要及时报告相关部门领导,并要求有关部门及时整改,对一时难以排除的要及时封闭危险场所,并及时报告。

六、严肃安全检查登记制度。检查中不能走马观花,流于形式或出现漏检现象,对查出的各类隐患,要详细记录,对检查中发现的问题,要提出整改意见,尽最大可能当场落实到具体人头。记录要有检查负责人和存有安全隐患的部门负责人签字,有关落实情况检查负责人要进行再复查。

七、建立检查情况校内通报及向领导汇报制度。学校办公室除了每月1次的安全检查之外,节假日(元旦、春节、清明、五一、暑假、中秋、国庆、寒暑假等)放假前必须进行校园安全大排查,在重要阶段或特殊时期可随时进行专项或全面的安全检查,并将检查情况在校内进行通报或直接向领导汇报。

(审校:姜宇龙　贾雷雷)

学校突发事件及时报告制度

一、各班班主任每日早晨必须进行晨检并作好记录和上报工作。

二、将本班学生出勤率报至值日领导处。

三、各班班主任对于本班未到校的学生必须及时与其监护人取得联系，将情况了解清楚。

四、各班班主任向值日领导汇报后，值日领导必须作好记录，并了解相应情况。

五、如有突发事故发生，值日领导必须第一时间将所了解到的情况报告至分管领导处。

六、分管领导了解情况后，及时组织有关人员将问题解决，并及时向校长汇报。

七、分管领导如不能解决的，须向党委书记和校长汇报，由党委书记和校长解决，同时向主管部门汇报。

八、如党委书记和校长不能解决的，必须于第一时间向区教委汇报，并请主管领导协助解决。

九、发生师生伤亡等较大事故，学校必须按事故等级规定向教育主管部门、街道、公安派出所及时报告（20分钟内电话报告，40分钟内书面报告），任何部门和个人不得隐瞒事故事实，同时应积极协助有关部门做好事故调查、取证及处置工作。

十、发生传染病疫情，学校应以最快的方式向区教委、区中小学卫生保健所和区疾控中心报告，并在区疾控中心的指导下妥善处置。

（审校：姜宇龙　贾雷雷）

校园周边环境安全治理制度

一、学校周边环境治理涵盖师生人身安全、食品卫生、文化娱乐活动等方面，系综合性治理，应取得有关行业主管部门和职能部门及社会各界的广泛支持。学校对周边环境应密切关注与监控，并将情况及时向相关部门反映。

二、学校在做好内保工作的同时,应主动加强与辖区派出所、社区,工商管理、文化监管、城管执法等部门的联系,共同抓好学校周边环境的安全治理工作。

三、安全值班人员除做好校内的安全巡视工作外,还应注意对校园周边附近环境的巡查,发现社会不良人员对学生骚扰等不安全因素时,积极采取措施,针对不同情况及时处置,必要时及时与辖区派出所联系,以确保学生的生命财产安全。

四、教师要提醒、教育学生上、放学时注意交通安全、自觉维护社会公德和遵守国家法律、法规,做社会的文明人,新时代的好学生。

(审校:姜宇龙　贾雷雷)

学生校园日常安全管理制度

一、进出教室,不急行、不抢行、不追逐、不拥挤,防止因追逐打闹和奔跑造成拥挤踩踏、滑倒及摔伤。

二、严禁攀爬学校任何一处的围墙、门窗、阳台、围栏、树木、球架等。

三、不准携带易燃、易爆、有毒物品及管制刀具进校。

四、照明、电扇等电器故障,不得私自动手拆除,更不得打开配电箱、触摸电器开关,应报告教师或总务处,由学校电工进行故障排除,消防器材未经许可,不得随意搬动和玩耍。

五、大扫除时注意安全,对高处的玻璃窗,不得攀爬擦拭。

六、行课期间不准擅自离校。

七、住宿生不准擅自离校外出到公共场所进行体育和任何形式的娱乐活动;如需外出必须征得家长和学校有关部门同意,办理登记手续,方可离校。

八、做文明学生,不要有任何故意伤害他人、窃取他人财物的行为,不允许在任何场所参与打架斗殴。

九、遇有不安全因素时应及时报告老师,冷静处置,以保自身安全,不冲动蛮干。

十、上实验课要严格遵守实验室的有关安全规定。

十一、课外活动和体育锻炼，要服从指挥，听从老师教导，按有关安全规则进行。

十二、在往返家校的路上，要注意交通安全，遵守交通规则，严禁在路上逗留、玩耍，严禁下水游泳，严禁听从陌生人指使，牢固树立自我防范意识。

十三、参加学校组织的校外集体活动，要严格遵守活动纪律，不得擅自离队，个别行动。

十四、住宿生必须严格遵守学校有关安全管理规定。

（审校：姜宇龙 贾雷雷）

学生人身安全管理制度

一、学生人身安全受法律保护，任何人不得侵害学生人身安全。

二、严禁侮辱、打骂学生，不得体罚或变相体罚学生。

三、学生之间应团结友爱、相互关心，严禁欺凌同学、打架斗殴，以及玩有安全隐患的游戏、玩具等。造成他人人身伤害的，视其具体情况承担经济、法律等责任。

四、学校任何部门不得组织学生开展有害学生身心健康的活动，如擅自组织造成后果的由组织者负全部责任。

五、学校任何人无权对学生进行人身搜查、限制人身自由、扣押身份证或正常书信，更不准私拆他人信件、包裹。

六、不准歧视个别生理有缺陷和“后进”的学生，平等对待每一位学生。

七、学校不得组织学生参加商业性广告宣传、庆典、演出等活动，严禁组织学生参加超越其年龄、行为能力和自我保护能力范围的各类活动。

八、学校要深入开展中小学生行为规范的养成教育，树立学生良好的安全行为习惯，增强自我保护意识和自我防范能力。

九、学校对学生心理、身体状况进行排查，发现异常要积极采取心理疏导等措施，引导学生树立乐观向上的生活态度，培养良好生活情趣，珍惜珍爱生命。

十、加强家校联动，对心理异常的学生，学校要及时告知其监护人，请监

护人做好必要的疏导治疗工作,对不宜在学校学习的学生,应当由监护人安排治疗、休养。

(审校:姜宇龙　贾雷雷)

学校门卫安全管理制度

一、门卫人员必须恪尽职守,时刻提高警惕,严格执行学校各项规章制度,熟悉各自的岗位职责,清楚工作中的安全事项,认真履行门卫工作职责,熟悉并能使用各类安全、消防设施设备和各种安保器械,做好安保器械的管理和维护工作。

二、门卫人员要统一着装,严格遵守保安职业道德,不得擅自离岗串岗。严格执行交接班制度,严守工作岗位,因事临时需请人代班时应事前征得学校领导或派出机构领导同意,不得擅自离岗。

三、来人、来客均须办理登记手续,门卫人员应文明用语,热情接待,认真查验来访人的合法身份证件,无身份证件者、未经学校保卫部门同意或与被访问者联系不上的,均不得进入校内。

四、携带物资出门,应严格查验出门证件,手续不合规定者,应交由学校有关部门处理。

五、自行车进出校门,应主动下车推行。外来机动车辆因公进入校园,应向门卫出示有关手续或说明情况,并作好登记,经同意后方可进入。

六、学生行课期间离校,须持老师或学校相关部门出具的证明,经登记核实后方可放行。

七、住校生晚自习后一律不得出校门,有特殊情况必须离校者,应经宿管人员或老师同意并出具相关证明经登记核实后方可放行。

八、门卫要根据作息时间的安排,按时开、关校门,在正常上课期间,无班主任签批的请假条,应制止学生出校门。

(审校:姜宇龙　贾雷雷)

校园值班巡逻制度

一、实行学校值班巡逻制度，凡值班者，必须对全校治安保卫工作全面负责。

二、上课期间由保安、行政人员值班巡逻，遇节假日，由学校统一安排值班人员负责值班巡逻。

三、值班巡逻根据季节特点进行，每天巡逻次数不低于2次，加强对教学区的值班巡逻，对各重点部位加强防盗、防火巡逻。

四、值班巡逻人员必须保持高度警惕，要有应对突发事件的能力，发现问题及时处置，遇到难以解决的问题及时报告有关领导。

五、值班人员必须忠于职守，在值班巡逻期间擅自外出、玩忽职守，发生案件和治安灾害事故，造成国家、集体财产损失、人身安全损害者，学校应根据情节轻重，依法依规给予处罚。

六、值班巡逻人员必须认真填写值班巡逻记录。在值班巡逻期间，能及时发现和处置突发事件成绩显著的，学校应予以表彰和奖励。

（审校：姜宇龙　贾雷雷）

学校应急疏散演练制度

一、应急疏散演练应在确保安全的前提下，保证安全有序、有效快速。

二、通过模拟紧急情况下的真实情景，着力提高学校的应急指挥协调能力和部门的应急处置能力，以及师生的应急避险、自救互救能力。

三、应急疏散演练前应制定演练方案、应急预案，成立临时安全机构，负责演练实施前的安全教育。

四、应急疏散演练注意事项：一是要注意尽量避开雨雪等恶劣天气；二是要严防拥挤踩踏事故的发生；三是要提前问询检查师生身体情况，凡有特异体质、发烧、腿脚不宜奔跑的师生要给予特殊考虑和安排；四是注意地震、火灾留给人们的逃生时间约2分钟，所以应急演练原则上中学生2分钟以内，小学生3分钟以内完成，楼层在4层以下、安全出口合理、通道畅通的学校应控

制在2分钟以内。

五、演练实施:防震演练应包括避险和疏散两个科目,消防演练直接疏散。避险动作原则上在12秒内完成,就近蹲在课桌里、床铺下、承重墙角下等,用手或柔软物品保护头部,蜷曲身体、降低重心、不靠近窗口、避开灯扇,视情况关闭火、电、气等。疏散应做到快速、猫腰、护头、掩鼻,不拥挤、不推搡、不起哄、不高声喧哗、不争先恐后、不拉手搭肩,不嬉戏打闹、不弯腰拾物、不逆流而行。

(审校:姜宇龙 姜宇龙)

学校消防安全管理制度

一、学校在消防安全工作中,应当遵守消防法律、法规和规章,贯彻预防为主、防消结合的方针,履行消防安全职责,保障消防安全。

二、学校应当依法建立并落实逐级消防安全责任制和岗位消防安全责任制,明确逐级和岗位消防安全职责,确定各级、各岗位消防安全责任人。学校党政主要负责人对本单位消防安全工作负总责。

三、学校应当开展消防安全教育和培训,加强消防演练,提高师生员工的消防安全意识和自救逃生技能。

四、学校各单位和师生员工应当依法履行保护消防设施、预防火灾、报告火警和扑救初期火灾等维护消防安全的义务。

五、属于消防安全重点单位的学校应当确定一名消防安全工作"明白人"为消防安全管理人,负责组织实施日常消防安全管理工作,主要履行制定落实年度消防安全工作计划和消防安全制度,组织开展防火巡查和检查、火灾隐患整改、消防安全宣传教育培训、灭火和应急疏散演练等职责。校园应当明确消防工作管理部门,配备专(兼)职消防管理人员,建立志愿消防队,具体实施消防安全工作。

六、开展防火检查。学校消防安全责任人或消防安全管理人员应当每月至少组织开展一次校园防火检查,并在开学、放假和重要节庆等活动期间开展有针对性的防火检查,对发现的消防安全问题,应当及时整改。重点检查以下内容:一是消防安全制度落实情况;二是日常防火检查工作落实情况;三是教职员工消防知识掌握情况；四是消防安全重点部位的管理情况；五是消防设施、器材完好有效情况；六是厨房烟道等定期清洗情况；七是电气线路、燃气管道定期检查情况；八是消防设施维护保养情况；九是火灾隐患整改和防范措施落实情况；十是消防安全宣传教育情况。防火检查应当填写检查记录，检查人员和被检查部门负责人应当在检查记录上签名，检查记录纳入校舍消防安全档案管理。

七、开展防火巡查。学校应当每日组织开展防火巡查，加强夜间巡查，并明确巡查人员、部位。食堂、体育场馆、会堂等场所在使用期间应当至少每两小时巡查一次。对巡查中发现的问题要当场处理，不能处理的要及时上报，落实整改和防范措施，并作好记录。重点巡查以下内容：一是用火、用电、用气有无违章情况；二是安全出口、疏散通道是否畅通，疏散通道及重点部位锁门处在应急疏散时能否及时打开，安全疏散指示标志、应急照明是否完好，消防栓是否有水；三是消防设施、器材和消防安全标志是否在位、完整；四是常闭式防火门是否处于关闭状态、防火卷帘下是否堆放物品影响使用；五是学生宿舍、食堂、图书馆、实验室、计算机房、变配电室、体育场馆、会堂、教学实验、易燃易爆危险品库房等消防安全重点部位管理或值班人员是否在岗在位。

八、加强消防设施器材配备和管理。学校应当按照国家、行业标准配置消防设施、器材，并依照规定进行维护保养和检测，确保完好有效。设有自动消防设施的，可以委托具有相应资质的消防技术服务机构进行维护保养，每月出具维保记录，每年至少全面检测一次。

九、规范消防安全标识。学校应当规范设置消防安全标志、标识。消防设施、器材应当设置规范、醒目的标识，并用文字或图例标明操作使用方法；疏散通道、安全出口和消防安全重点部位等处应当设置消防警示、提示标识；主要消防设施设备上应当张贴记载维护保养、检测情况的卡片或者记录。

十、开展消防安全教育培训。学校应当每年至少对教职员工开展一次全员消防安全培训，教职员工新上岗、转岗前应当经过岗前消防安全培训。所有教职员工应当懂得本单位、本岗位火灾危险性和防火措施，会报警、会扑救初期火灾、会组织疏散逃生自救。学校应当将消防安全知识纳入学生课堂教学内容和军训活动中，确定熟悉消防安全知识的教师进行授课，并选聘消防专业人员担任学校的兼职消防辅导员。要保证一定课时对学生开展消防安全教育,并针对各学龄段特点,确定不同的消防安全教育的形式和内容。

十一、开展消防演练。学校应当制定本单位灭火和应急疏散预案,明确每班次、各岗位人员及其报警、疏散、扑救初期火灾的职责,并每学期至少演练2次,其中全校性疏散演练1次,学生宿舍疏散演练1次。举办重要节庆、文体等活动时,应制定有针对性的灭火和应急疏散预案。

(审校:姜宇龙 贾雷雷)

学校食品卫生安全管理制度

为确保师生的身心健康和学校正常的教学秩序,切实提高对学校食品卫生安全工作重要性的认识,按照《中华人民共和国食品卫生法》《学校食堂与学生集体用餐卫生管理规定》等有关法律法规和文件精神,特建立本食品卫生安全管理制度。

一、食品安全管理制度

(一)严格遵守食品安全法、食品安全标准和管理办法等法规、规范,确保食品安全。

(二)保障学校食品加工、经营的合法化,学校食堂不得承包或变相承包。拟新建、改建及扩建的食堂应向区食药监分局申报,经审批验收合格,取得餐饮服务许可证或食品经营许可证后,方可开办。

(三)建立书记负责制,配备专职或兼职的食品安全管理人员,建立食品安全事故应急预案及责任追究制度,健全食品安全管理网络,自上而下形成管理网络,责任到部门、人。

(四)制订并完善食品安全管理制度,包括:从业人员健康管理和培训制度、食品安全管理员制度、食品安全自查与报告制度、食品经营过程控制制度、场所及设施设备清洗消毒和维修保养制度、进货查验和查验记录制度、食品贮存管理制度、废弃物处置制度、食品安全突发事件应急处置方案,其他制度,如餐具清洗消毒、添加剂管理、留样管理、环境保洁、食品粗加工和烹调加工、饮用水安全管理、服务部食品安全管理制度等。

（五）加强食品从业人员的食品安全知识培训，建立培训记录。制订从业人员食品安全培训计划，针对不同岗位进行培训，内容包括食品安全法规、卫生知识教育和各岗位加工操作规程等。

（六）做好食品从业人员的健康管理工作，建立从业人员健康档案和从业人员晨检制度。食品生产经营人员每年必须进行健康体检，新参加工作和临时参加工作的食品生产经营人员必须先进行体检，取得健康证并经培训后方可上岗。

（七）建立食品安全自查制度，定期对食品安全状况进行检查评价。生产经营条件发生变化，不再符合食品安全要求的，应立即采取整改措施；有发生食品安全事故潜在风险的，应立即停止生产经营并报告。

二、食品采购索证索票管理制度

（一）食品采购定人、定责、定岗。

（二）采购食品时，应固定食品采购场所，以保证其质量。

（三）采购员须向销售方查验、索取有效的营业执照、食品流通许可证、同批次产品的质量检验报告、动物产品检验检疫合格证、销售人员的健康证复印件及加盖有供货方签字或盖章的每笔购物凭证或送货单。购物凭证应当包括供货方名称、产品名称、产品数量、送货或购买日期等内容。

（四）食品检验合格证明或化验单，应注明产品的厂名、品名、生产日期及批号。证、单只对该批号产品生效，证、单有效期限与该批食品的保质期一致，证、单不得涂改或伪造。

（五）建立食品采购、查验、索证索票记录档案，保存时间不少于2年。

（六）采购主食大米、面粉、食油必须由校领导参与对对方的资质审查，严格把握购物渠道，并亲临察看，以确保大宗食品质量的安全可靠性。

（七）把握好质量关，主副食的购置应有专人质检，对过期、发霉、变质、腐烂食品要拒之入库，对所采购的食品要从外观、质量、包装、标签等严格把关，并与对方签订责任书，拒绝无标志食品。

（八）季节（时菜）菜、小吃的配料等应实行采购招标等形式，建立供货单位责任人的信誉档案，不让农药残留或超标的蔬菜购入，从源头控制，确保质量，防止中毒事件发生。

(九)采购数量要适量,主食不得超过十天,副食不超过三天,时菜不超过两天,做到进库放心,出库放心。

三、食品采购验收管理制度

(一)食品、食品添加剂及食品相关产品采购入库前,应有专人负责查验,并建立验收台账登记,注明进货日期、名称、规格、数量、生产批号、保质期、供货单位名称及联系方式等,并签明意见和验收人的名字。

(二)对达不到食品安全标准和不符合要求的食品要坚决清退。

(三)定型包装食品的验收五要素:一看,看包装是否有厂名、厂址、日期(生产日期和保质期)。二查,查包装上内容是否与检验报告内容相符。三验,验食物外观有无破损、污损、变形、杂物、霉变等。四闻,气味是否有异味。五摸,手感是否有异样。

(四)非定型包装(散装)食物的验收四要素:一查,是否有腐烂、霉变的食物。二闻,是否有异味。三摸,手感有无异样。四看,蔬菜是否新鲜,色泽是否正常。

四、食品库房管理制度

(一)食品及食品原料库房应专用,不得与非食品和有害物质共同存放。

(二)食品及其原料应分类分架存放,并标签立卡,不得用有色袋、工业袋等非食品袋装食品。

(三)食品及其原料存放要做到离地离墙,距离地面、墙面均在10厘米以上,以利空气流通和物品搬运。

(四)散装食品应盛装于容器内,加盖密封并张贴标识。

(五)库房内应保持良好的通风,防潮、防腐,保持室内干燥整洁。

(六)库房门、窗防鼠设施齐全,应经常检查,保证功能完好。

(七)设专人负责库房管理,并建立健全采购、验收、发放登记管理制度,做到先进先出、易腐先出。

(八)库房内食品及其原料应定期检查,及时发现过期、变质食品及其原料,并进行销毁处理。

(九)食品添加剂应设专柜保存,并有标识。

(十)严格执行食品、食品原料和食品添加剂进货查验,并作好台账记录,保存两年。不得采购储存标识不齐和来源不明的食品、食品原料和食品添加剂。

五、食品添加剂管理制度

(一)食品添加剂的使用,必须符合《食品安全国家标准 食品添加剂使用标准》(GB2760-2014),严禁滥用食品添加剂。不得以掩盖食品腐败或以掺假、掺杂、伪造为目的而使用食品添加剂,不得采购、使用及贮存亚硝酸盐。

(二)不得采购散装食品添加剂,食品添加剂必须从正规经营单位购买,索取并留存经营单位营业执照,食品流通许可证和产品检验合格证明。食品添加剂标识应标明品名、产地、厂名、卫生许可证号、规格、配方或者主要成分、生产日期、批号或者代号、保质期限、使用范围与使用量、使用方法等,并标示有"食品添加剂"字样。

(三)使用食品添加剂时,要按照包装规定的使用范围和使用量,不得凭经验随意扩大使用范围和使用量,并作好记录。

(四)食品添加剂应做到专人采购、专人保管、专人领用、专人登记、专柜保存以及专用计量器具的使用管理。食品添加剂的使用品种及使用记录须报区食品药品监督管理分局备案。

(五)定期检查食品添加剂使用情况,食品添加剂应少进,先进先出,避免过量库存和过期。对已使用或库存的食品添加剂应每月检查一次,过期的食品添加剂应及时处理。

六、餐饮具清洗消毒管理制度

(一)餐饮具必须严格清洗消毒后使用,禁止使用未经消毒或检测不合格的餐饮具。

(二)采用物理消毒的程序和方法:一是清洗消毒程序,一除渣,二洗涤,三冲洗,四消毒,五保洁。二是消毒方法:红外线消毒,温度120℃保持15—20分钟;洗碗机消毒,水温控制在85℃,冲洗消毒40秒以上;蒸汽、煮沸消毒,温度应保持在100℃,保持10分钟以上。

(三)采用化学消毒的程序和方法:一是清洗消毒程序,一除渣,二洗涤,三冲洗,四消毒,五冲洗,六保洁。二是消毒方法:使用含氯消毒药物的,有效氯浓度达250ppm(mg/L),浸泡5分钟以上;使用其他消毒药物的,必须按照相

关药物使用说明书兑制使用。

(四)采购使用的消毒剂,必须要有省级以上部门批准文号,不得使用超过有效期的消毒剂。

(五)餐饮具消毒后立即存放于保洁柜内,保洁柜应干净整洁,并有明显标识,不得放置其他物品。

(六)餐饮具消毒池应专用并有标识,不得与其他淘洗池共用。

(七)使用集中消毒的餐饮具,必须索取餐饮具消毒公司资质和检测合格报告复印件。

七、食品留样管理制度

(一)每餐、每种供应的食品必须设专人负责留样。

(二)留样用的容器、取样用的工具用前必须严格消毒,取样时无菌操作,防止污染。每种食品装1个留样容器,留样量不少于100克。

(三)留样容器加盖或用保鲜膜密封后,放置于专用冰箱保存48小时。留样期满,食用者无不良反应才能解封。

(四)原则上留样食品应包括所有加工制作的食品成品,并做好留样记录和样品标记,每份样品必须标注品名、加工时间、加工人员、留样时间(××月××日××时)。

(五)一旦发生食物中毒或疑似食物中毒事故,应及时提供留样样品,配合相关部门进行调查处理工作。

八、从业人员卫生管理制度

(一)餐饮从业人员每年必须进行健康检查和食品安全知识培训,取得健康合格证明后方可上岗工作。

(二)凡患有痢疾、伤寒、甲型病毒性肝炎、戊型病毒性肝炎等消化道传染病,以及患有活动性肺结核、化脓性或渗出性皮肤病等有碍食品安全疾病的,应立即调离岗位,在彻底治愈前,不得从事餐饮服务生产经营活动,并作好记录。

(三)建立每日晨检制度。从业人员有发热、腹泻、皮肤有伤口或感染、咽部炎症等有碍食品安全病症的,应立即离开岗位,待查明原因,排除有碍食品安全疾病或治愈后,方可重新上岗。

（四）从业人员应穿戴整洁的工作衣帽，食品加工操作前、便后以及从事与食品无关的其他活动后应洗手，不得留长指甲、涂指甲油、佩戴饰物。

（五）餐饮服务单位应建立和完善从业人员培训制度，从业人员每年至少参加一次食品安全法律法规及食品安全规范操作培训学习，并建立培训档案，作好记录。

（六）新参加工作和实习人员，必须要先办理健康合格证明并经培训合格后才能上岗或实习。

九、服务部食品安全管理制度

（一）服务部需办理有效食品流通许可证方可运营，食品流通许可证应悬挂于醒目处，从业人员应持有效合格的健康证，经培训后上岗。

（二）应到具备资质的经营单位采购食品，向供货方索要并留存有效的食品流通许可证、营业执照、同批次食品的检验合格报告及供货票据等，保证为学生提供新鲜、高品质的食品。

（三）出售的食品必须有QS标志。不出售“三无”食物（无厂名，无厂址、无生产日期和保质期）和未经检验或检验不合格的食品，不出售有毒有害食品。如发现食品超过保质期、破损、鼠咬、受潮、生霉、生锈等现象应及时销毁。

（四）保证营业场所环境整洁、无裸露垃圾，墙壁、天花板无脱落、破裂，有“三防”设施。食品放置在离地离墙的平台、层架上，食品与非食品分区摆放、销售。

（五）存放食品的库房应当干燥、通风，采取消除苍蝇、老鼠、蟑螂和其他有害昆虫及其滋生条件的措施，贮存食品的容器必须安全、无害，防止食品污染。

（六）从业人员要衣着整洁，做到勤洗手勤洗澡、勤理发勤剪指甲、勤洗衣服勤换工作衣帽，养成良好的个人卫生习惯。

十、学校食堂日常监督检查重点环节

（一）把好食品采购、验收关

1.采购应遵循定人、定点、定量、索证的原则，保证在大型超市或有资质的知名商家采购食品原料，超市采购需索要超市食品流通许可证、供货小票及发票存档，其他商家采购需索要有效的食品流通许可证、营业执照、该批次食

品的检验合格证及供货发票存档,肉类采购还需索要该批次动物产品检验检疫合格证。

2.验收登记应规范。食品入库前应有专人对食品进行验收,并将肉、大米、面粉、油、佐料等归类作好台账登记。

(二)把好食品添加剂的使用、管理关

1.采购使用食品添加剂必须符合我国《食品安全国家标准　食品添加剂使用标准》(GB2760-2014)要求,严禁滥用食品添加剂,严禁采购、使用、贮存亚硝酸盐。

2.采购使用的食品添加剂必须有标签、说明书和包装,不得采购使用散装食品添加剂。

3.食品添加剂实行专人采购、专人保管、专人领用、专人登记、专柜保存以及专用计量器具的使用管理。采购使用的食品添加剂必须索证(食品流通许可证、检验合格证明等)索票,查验登记,建立进货使用台账,同时交由区仪器药品监督管理分局备案。

(三)把好食品贮存关

1.食品库房应保持干燥、通风,防蝇防鼠设施完善。

2.食品库房内不得放置非食品物质,食品、原材料应隔墙离地分类存放(离地离墙都应大于10厘米),并有标识。

3.盛装食品的容器及包装物应无毒无害,不得用有色塑料袋等非食品袋装食品,散装食品取放后应及时加盖或封紧袋口。

4.每学期期末须清库,不得留有存货。

(四)把好食品加工关

1.用于加工食品的水池、工具、容器应标志明显,分开使用。动物性与植物性食品(肉类和蔬菜)应分池清洗,菜刀、菜板及盛放生熟食品的器皿应分开使用等。

2.食品原料应清洗干净,蔬菜应先洗后切。

3.冰箱内生食品、熟食品、半成品应分类、分隔存放,并有标识。

4.食品应烧熟煮透,加工好的熟食品应按要求离地放置在食品架或台面上。食品烹调时间不能过早,备餐时间(从食品炒熟到食用前)在室温存放不得超过2小时,如超过2小时,须重新加热方可供应食用。

5.按计划加工食品，剩饭、剩菜应妥善保存，凉透后放入熟食专用冰箱内保存，不得向学生提供隔夜食品。

6.不得采购加工发芽土豆，不得加工腐败变质、霉变生虫、过期变质的食品。

7.不得制售冷荤凉菜。

（五）把好食品留样关

每日应按要求对菜品进行留样。菜品留样要求：

1.每样不少于100克，分类盛放于清洗消毒后的密闭容器内（如保鲜盒），或加保鲜膜，并注明留样时间、品名等。

2.放置于装熟食的冷藏箱，不与生食混放，保存48小时。

（六）把好餐具、食品容器的清洗、消毒关

1.严格执行一除渣、二洗涤、三冲洗、四消毒、五冲洗、六保洁制度。消毒人员应掌握并且正确运用消毒方法。

2.消毒柜内的餐具摆放应留有适当的空隙，碗、碟、盘子等餐具应竖直放在层架上，不要叠放。

3.消毒后的餐饮具应及时放入餐具保洁柜内。

4.每餐消毒后应有专人将消毒的时间、消毒餐具的种类及消毒方式、消毒人员等内容及时记录于餐饮具消毒记录本上。

（七）把好员工卫生关

1.从业人员健康证应齐全有效，新进人员需取得健康证并经培训后方能上岗。

2.从业人员应具备良好的卫生习惯，勤剪指甲，勤洗手，不得在操作间内吸烟。

（八）把好环境卫生关

1.食堂外环境、加工间、库房等应保持清洁、不得放置与食品加工无关的私人物品。

2.食堂门窗、排风扇及下水道都应有必要纱门或纱网等防蝇防鼠设施，如有破损应及时更换。

3.垃圾桶应加盖放置。

(九)把好餐厨垃圾处置关

要与卫生部门指定有资质的回收部门签订餐厨垃圾回收协议,并对每日餐厨垃圾流向及流量作好记录。

(十)把好安全保卫关

要定期检查食堂门窗的使用安全情况,进出食堂大门应随手关门,禁止非食堂操作人员进出食堂加工间及库房。

(审校:王龙锐　张茹茂)

学校消防安全培训制度

一、年度消防安全培训

所有员工每年进行两次消防安全培训并在“消防安全户籍化管理系统”在线考试,培训的内容主要包括:消防法律法规、单位消防安全管理制度;本单位的火灾危险性和防火措施;单位配备消防设施的性能、灭火器材的使用方法;报火警、扑救初期火灾以及自救逃生的知识和技能;组织、引导学生疏散的知识和技能等。

二、月度培训

月度培训采取各部门、各种不同的相关人员分别的方式进行开展,根据不同人员开展针对性的消防安全培训,月度培训不定期开展。

三、岗前培训

学校对新招入人员上岗和进入新岗位的员工进行上岗前的消防安全培训,培训内容与年度内容大致相同。

四、特有工种操作人员培训

消防控制室值班操作人员必须参加消防部门培训机构组织的消防职业培训,考试合格证后,方可上岗。并且单位对所组织的培训时间、内容及接受培训人员进行认真详细的记录并存档装入消防档案内,并且在培训后立即录入“消防安全户籍化管理系统”内。

消防安全培训由消防安全管理人负责,保卫科科长根据场所火灾危险性制定消防安全培训计划,负责培训内容、授课和技能训练。

学校防火检查制度

学校实行每月防火检查，防火检查由消防安全管理人组织，各部门负责人参加，对防火检查工作开展核查，并做好防火检查记录存档，并录入“消防安全户籍化管理系统”内。各大重要节假日的防火检查由消防安全责任人负责组织。

防火检查的内容包括：火灾隐患的整改情况以及防范措施的落实情况；安全疏散通道、疏散指示标志、应急照明和安全出口情况；消防车通道的畅通情况；灭火器材配置及有效情况；用火、用电有无违章情况；员工消防知识的掌握情况；消防安全重点部位的管理情况；易消防（控制室）值班情况和设施运行、记录情况；防火巡查记录的填写与录入系统的情况；消防安全标志的设置情况和完好、有效等情况。

防火检查应当填写检查记录。检查人员和被检查部门负责人应当在检查记录上签名。对下列违反消防安全规定的行为，应当责成当场改正并督促落实：违章使用明火作业、在禁止区吸烟等行为；将安全出口上锁、遮挡，或者占用、堆放物品影响疏散通道畅通的；消火栓、灭火器材被遮挡，影响使用或者被挪作他用的；常闭式防火门处于开启状态，防火卷帘下堆放物品，影响使用的；消防设施管理、值班人员脱岗的；违章关闭消防设施、切断消防电源的。并录入户籍系统的火灾隐患整改情况内。

检查发现的火灾隐患要在规定的期限内整改，整改完毕后在检查记录上填写整改情况，并在整改时限内由保安队长进行复查。

学校每日防火巡查制度

每日防火巡查由保安队统一组织实施，每日由指定人员进行巡查，各消防安全重点部位每日至少巡查一遍。行课期间的防火巡查每两小时进行一次，节假日对学校进行全面清查，消除遗留火种，并加强夜间防火巡查，每天开展的两小时巡查次数为12次。

巡查的内容包括：用火、用电有无违章情况；安全出口、疏散通道是否畅

通,安全疏散指示标志、应急照明是否完好;室外消火栓、水带、水枪完好在位情况;火灾探测器、手动报警按钮、电话插孔、喷头在位、是否被遮挡情况;灭火器在位、完好情况;应急广播系统扬声器完好在位情况;防排烟风口完好情况;常闭式防火门是否处于关闭状态等情况。

防火巡查应当填写每日防火巡查记录,巡查人员应当在巡查记录上签名,并规定在当日检查后按照防火巡查记录信息录入“户籍化管理系统”内。

防火巡查人员应当及时纠正违章行为,妥善处置火灾危险,无法当场处置的,应当立即报告。发现初期火灾应当立即报警并及时组织扑救。每日清除可能遗留的火种。主管人员应当每日在防火巡查记录上签字确认,消防安全管理人应当定期抽查、核查防火巡查记录的填写情况。

学校安全疏散设施管理制度

单位应保持疏散通道、安全出口畅通,严禁占用疏散通道,严禁在安全出口或疏散通道上安装栅栏等影响疏散的障碍物。

应按规范设置符合国家规定的消防安全疏散指示标志和应急照明设施。

应保持防火门、消防安全疏散指示标志、应急照明、机械排烟送风、火灾事故广播等设施处于正常状态,并定期组织检查、测试、维护和保养。

严禁在行课或工作期间将安全出口上锁。

严禁在行课或工作期间将安全疏散指示标志关闭、遮挡或覆盖。

学校消防设施、器材维护管理制度

一、消防设施日常使用管理由专职管理员负责,专职管理员每日检查消防设施的使用状况,保持设施整洁、卫生、完好。

二、消防设施及消防设备的技术性能的维修保养和定期技术检测由保卫科负责,设专职管理员每日按时检查了解消防设备的运行情况。查看运行记录,听取值班人员意见,发现异常及时安排维修,使设备保持完好的技术状态。

三、消防设施和消防设备定期测试:

(1)烟、温感报警系统的测试由保卫科负责组织实施,保安队参加,每个烟、温感探头至少每年轮测一次。

(2)消防水泵、喷淋水泵、水幕水泵每月试开泵一次,检查其是否完整好用。

(3)正压送风、防排烟系统每半年检测一次。

(4)室内消火栓、喷淋泄水测试每季度一次。

(5)其他消防设备的测试,根据不同情况决定测试时间。

四、消防器材管理:

(1)每年在冬防、夏防期间定期两次对灭火器进行普查换药。

(2)派专人管理,定期巡查消防器材,保证处于完好状态。

(3)对消防器材应经常检查,发现丢失、损坏应立即补充并上报领导。

(4)各部门的消防器材由本部门管理,并指定专人负责。

学校火灾隐患整改制度

一、各部门对存在的火灾隐患应当及时予以消除。

二、在每日防巡查、每月防火检查中,应对所发现的火灾隐患进行逐项登记,并将隐患情况书面下发各部门限期整改,同时要做好火灾隐患整改情况记录。

三、在火灾隐患未消除前,各部门应当落实防范措施,确保隐患整改期间的消防安全,对确无能力解决的重大火灾隐患应当提出解决方案,及时向单位消防安全责任人报告,并由单位上级主管部门或当地政府报告。

四、对公安消防机构责令限期改正的火灾隐患,应当在规定的期限内改正并写出隐患整改的复函,报送公安消防机构。

学校用火、用电安全管理制度

一、用电安全管理

(一)严禁随意拉设电线,严禁超负荷用电。

(二)电气线路、设备安装应由持证电工负责。

(三)各年级、部门下班后,该关闭的电源应予以关闭。

(四)禁止使用电热棒、电炉等大功率电器。

二、用火安全管理

(一)严格执行动火审批制度,确需动火作业时,作业单位应按规定向消防工作归口管理部门申请“动火许可证”。

(二)动火作业前应清除动火点附近5米区域范围内的易燃易爆危险物品或作适当的安全隔离,并向保卫科借取适当种类、数量的灭火器材随时备用,结束作业后应及时归还,若有动用应如实报告。

(三)如在作业点就地动火施工,应按规定向作业点所在单位经理级(含)以上主管人员申请,申请部门需派人现场监督并不定时派人巡查。离地面2米以上的高架动火作业必须保证有一人在下方专职负责随时扑灭可能引燃其他物品的火花。

(四)未办理“动火许可证”擅自动火作业者,本单位人员予以记小过二次处分,产生严重后果的予以开除。

学校灭火和应急疏散预案演练制度

一、制定符合学校实际情况的灭火和应急疏散预案。

二、组织全员学习和熟悉灭火和应急疏散预案。

三、每次组织预案演练前应精心开会部署,明确分工。

四、应按制定的预案,至少每半年进行一次演练。

五、演练结束后应召开讲评会,认真总结预案演练的情况,发现不足之处应及时修改和完善预案。

学校灭火应急演习预案

为确保学校师生员工生命财产安全,提高火灾报警、灭火救援、安全疏散快速反应能力,在第一时间内有效处置火灾,迅速疏散人员,将危害控制在最小范围，损失减少到最低限度，根据相关法律法规，结合学校实际，制定本预案。

一、指导思想

以《中华人民共和国消防法》为指导，贯彻预防为主、防消结合的方针，按照政府统一领导、部门依法监管、单位全面负责、公民积极参与的原则，严格落实"谁主管、谁负责"的消防安全责任，坚持党政同责、一岗双责、齐抓共管、失职追责，建立学校灭火和应急疏散的快速反应机制，强化消防安全管理，落实消防安全责任制，充分增强广大师生员工的消防安全意识，减少和 预防火灾发生，保障学校安全稳定。

二、组织领导

学校严格落实24小时校园值班制度，尤其是在节假日、夜间，当发生火灾事故时，调度学校有关部门及人员进行火灾事故处置。各相关部门均要建立本部门的消防灭火和疏散预案制度，要做到任务到人，责任到人。

灭火预案领导组设：总指挥、副总指挥、现场指挥、灭火行动组、疏散引导组、后勤保障组、通信联络兼火灾现场组、安全警戒组、医疗救护组。

1. 总指挥、副总指挥

总指挥：党委书记。

副总指挥：校长。

职责：负责火灾现场灭火行动、疏散引导、后勤保障等各组的统筹指挥工作，有权调动学校所有灭火资源进行灭火救援。总指挥不在场时副总指挥负责组织指挥，开展灭火救援工作。

2. 现场指挥

现场指挥：保卫科负责人、当日值班领导(夜间及节假日)。

职责：负责火灾现场组织和协调指挥，查明火灾性质、火势大小、蔓延方向等，同时指挥应急分队疏散人员、抢救物资、扑救火灾、维护现场秩序等。有权动用校内所有消防设备、灭火器材和物资，指挥志愿消防队。

3. 灭火行动组

组长：事故现场负责人、保卫科负责人。

组员：学院保安值班队员，消防控制室值班人员及事故现场工作人员。

职责:事故现场工作人员和学校志愿消防队,根据现场实际情况,1分钟和3分钟内,形成灭火第一和第二战斗力量,开展初期火灾扑救和火场人员搜救工作,积极配合消防部门做好灭火救援工作。

4.疏散引导组

组长:事故现场负责人。

组员:事故现场工作人员(节假日时由当日值班人员组成)。

职责:根据火灾现场实际情况、着火部位、蔓延趋势等紧急判断,及时指明方向,疏通逃生路线,引导火灾现场人员迅速疏散逃生。

5.后勤保障组

组长:总务处负责人。

组员:总务处工作人员。

职责:负责消防水源、消防电源保障、火场断电、电路控制、火场照明及车辆调配等后勤保障工作。

6.通信联络兼火灾现场组

组长:保卫科负责人。

组员:保安队、总务处、办公室工作人员。

职责:建立学校灭火救援领导小组成员及重点防火部位负责人通信联络网络,火灾发生后,立即通知相关人员赶赴火场。

7.安全警戒组

组长:校区保安队长。

组员:保安队员。

职责:接到火警后,按预案迅速到达火灾现场,设置警戒线,疏散清理无关人员和车辆离开火场,保证火灾现场周边交通畅通,消防车能够迅速到达火场,投入灭火战斗。

8.医疗救护组

组长:校医务室负责人。

组员:医务室工作人员。

职责:负责火场伤员的初期救护工作,协助“120”急救人员,做好伤员救护。

三、学校消防安全重点部位

依据《机关、团体、企业、事业单位消防安全管理规定》，确定以下部位为学校消防安全重点部位：学生宿舍、食堂、实验室、体育馆、图书馆、配电房、配电间、消防控制室、消防泵房及重要电气设备间等。学校消防安全重点部位应报当地消防机构备案，学校隶属单位的重点部位也必须加强管理和报备，消防安全重点部位应建档立制、定岗、定责，责任到人。

四、报警、接警和出警程序

（一）报警

1.《中华人民共和国消防法》第五条规定，任何单位和个人都有维护消防安全、保护消防设施、预防火灾、报告火警的义务。任何单位和成年人都有参加有组织的灭火工作的义务。火灾确认后，火灾现场人员应第一时间拨打“119”火警电话报警，同时拨打校园值班电话向学校报警。

2. 报火警的要求：首先报警人要沉着镇定，及时拨打“119”报警电话；其次要讲清失火单位和部位的名称、地址、燃烧物质、火势大小、有无人员被困以及报警人的姓名和电话号码。

（二）接警和出警

1. 学校消防控制室值班人员接警时，应问明报警的有关情况，立即启动学校“火灾应急预案”，按规范要求启动相关消防报警系统设备，将报警控制器转入“自动”状态，并确认消防、喷淋泵为“自动”状态，调动学校志愿消防队员进行灭火救援，并迅速向学校相关领导报告。

2. 指挥组人员、志愿消防队、火灾单位负责人及有关人员必须闻警而动，迅速赶到火灾现场，按照本预案的任务和分工迅速开展灭火救援工作。

3. 消防控制室及其他值班人员必须24小时坚守岗位，保证通信联络畅通，做好相关记录。

4. 交通疏导人员在校大门等待消防车，迅速将消防车带到火灾现场，沿路交通疏导人员及时打开交通障碍桩，疏通消防车道，清除障碍物。

五、火灾扑救及紧急疏散指挥程序和措施

校内发生火灾后，起火部位的员工应1分钟内形成灭火第一战斗力量，拨打“119”电话报警，距起火点近的员工负责扑救初期火灾，并组织　引导人员

疏散。消防控制中心接警后,立即启动“学校火灾应急预案”,按规范要求启动相关报警系统设备,3分钟内调动保安队员、“微型消防站队员”和志愿消防队员形成灭火第二战斗力量开展灭火救援。各楼幢的管理人员和值班人员是灭火疏散救援的第一责任人,应及时报警,同时拨打校园值班电话向学校报警。

(一)白天火警处置要求

在灭火指挥组未到达火灾现场前,由起火部位所在部门工作人员开展灭火和疏散工作。如教学楼、图书馆、实验室、学生宿舍、食堂在白天发生火灾,管理人员和值班人员要立即利用现场灭火器材扑救初起火灾,打开所有疏散通道、安全出口,为人员指明方向,有秩序地组织人员逃生。

(二)夜间及节假日火警处置要求

1.教学楼、办公楼

现场管理人员或值班人员,应立即组织初起火灾扑救和人员疏散逃生,当无法自行扑灭时,采取自救措施,打开消防通道,疏散人员,切断电源,维持火灾现场秩序,等待救援。

2.学生宿舍

各楼幢的宿管人员或值班老师,应立即组织扑救初起火灾和人员疏散逃生,具体方法如下:

(1)当宿舍着火时宿舍人员迅速用公共部位灭火器材、自来水或浸湿的被子扑灭火灾,迅速撤离火场,疏散时应弯腰低姿,湿毛巾捂口鼻,快速撤离,同时帮助受伤同学逃生,并立即报告管理员及老师。

(2)宿舍管理人员接到火情后,应迅速查明情况,立即打开疏散门,鸣紧急哨音,及时组织楼内所有学生撤离。

(3)宿舍管理人员要及时清点、核对本楼学生和员工人数,发现问题应立即报告,以便后期搜救。

(三)灭火救援要求

扑救初期火灾必须遵循:查火情、后扑救的原则;先救人、再救火的原则;先重点、后一般的原则。

1.查火情、后扑救。

(1)查起火部位、燃烧物的性质、火灾范围、火灾蔓延路线及发展方向。

(2)查是否有人被困,查清被困人员数量和所处位置及最佳疏散通道。(3)查有无爆炸及毒性物质,查清数量、存放地点、存放形式及危险程度。(4)查明贵重财物的数量和存放点及受火势威胁的程度,判断是否需要疏散和保护。(5)确认起火建筑的结构、耐火等级,与毗邻建筑的防火间距,火场建筑有无倒塌危险,需要破拆的部位。

2.先救人、再救火。

发生火灾时,如有人员被困,要立即组织力量抢救。对不能立即扑救的火灾,首先控制火势蔓延,在具备火灾扑灭条件时,展开全面的扑救工作。对密闭条件较好的室内火灾,未做好灭火准备之前,须关闭门窗,避免和减缓火势蔓延。

3.先重点、后一般

在扑救初期火灾时,要全面了解并认真分析火场情况,区别重点与一般,对事关全局或生命安全的物资和人员要优先抢救;电气线路、电气设备发生火灾,首先用干粉灭火器灭火,确定切断电源,电路无电时用水灭火。

(四)安全疏散要求

1.发生火灾时,疏散引导组根据现场指挥的命令,结合火灾现场和火灾部位的情况,迅速组织人员疏散。

2.人员密集场所,被困人员多、疏散条件差、火势发展比较缓慢时,疏散引导组先疏散火灾危险区内的人员,后组织其他人员疏散。

3.疏散引导组要将已疏散到火场外的人员,引导至安全、不影响灭火的地带,不允许学生折返抢救物品,避免造成堵塞和踩踏事故。

4.火灾现场的电梯会迅速迫降至首层,禁止使用电梯逃生。

六、火场警戒与事故调查处理程序和措施

1.划出警戒区域,禁止无关人员进入火场。

2.检查火场有无余火,有无再次发生火灾的隐患,周围建筑有无飘落的火种。

3.保护火灾现场,配合消防部门查清起火原因,核实火灾损失,写好火灾报告,查处有关责任人,吸取火灾教训。

4.处理好善后工作,事后将火灾的详细经过以书面形式向上级部门汇报。

七、其他要求

1.学校所有师生、员工和值班人员,在校内发现火情后,应立即拨打“119”火警电话报警,并向学校保卫科报告,任何人无权阻止火灾报警。

2.学校灭火救援领导小组成员及其他相关人员接到报警后,要迅速赶到火灾现场配合灭火救援工作。

3.学校发生火灾时,灭火救援领导小组成员及相关部门人员,应迅速按照本预案分工开展工作。

(审校:姜宇龙　张茹茂)

学校燃气和电气设备的检查和管理制度

一、应按规定正确安装、使用电气设备,相关人员必须经必要的培训,获得相关部门核发的有效证书方可操作。各类设备均需具备法律、法规规定的有效合格证明并经维修部确认后方可投入使用。电气设备应由持证人员定期进行检查(至少每月一次)。

二、防雷、防静电设施定期检查、检测,每季度至少检查一次、每年至少检测一次并记录。

三、电气设备负荷应严格按照标准执行,接头牢固,绝缘良好,保险装置合格、正常并具备良好的接地,接地电阻应严格按照电气施工要求测试。

四、各类线路均应以套管加以隔绝,特殊情况下,亦应使用绝缘良好的铅皮或胶皮电缆线。各类电气设备及线路均应定期检修,随时排除因绝缘损坏可能引起的消防安全隐患。

五、未经批准,严禁擅自加长电线。各部门应积极配合安全小组、维修人员检查加长电线是否仅供紧急使用、外壳是否完好、是否经检测后投入使用。

六、电气设备、开关箱线路附近按照本单位标准划定黄色区域,严禁堆放易燃易爆物并定期检查、排除隐患。

七、设备用毕应切断电源。未经试验正式通电的设备,安装、维修人员离开现场时应切断电源。

八、除已采取防范措施的部门外,工作场所内严禁使用明火。

九、使用明火的部门应严格遵守各项安全规定和操作流程,做到用火不离人、人离火灭。

十、公共场所内严禁吸烟并张贴禁烟标识，每一位员工均有义务提醒其他人员共同遵守公共场所禁烟的规定。

学校消防控制中心管理制度

一、熟悉并掌握各类消防设施的使用性能，保证扑救火灾过程操作有序、准确迅速。

二、做好消防值班记录和交接班记录，处理消防报警电话。

三、按时交接班，做好值班记录、设备情况、事故处理等情况的交接手续。无交接班手续，值班人员不得擅自离岗。

四、发现设备故障时，应及时报告，并通知有关部门及时修复。

五、非工作所需，不得使用消控中心内线电话，非消防控制中心值班人员禁止进入值班室。

六、上班时间不准在消控中心抽烟、睡觉、看书报等，离岗应做好交接班手续。

七、发现火灾时，迅速按灭火应急预案紧急处理，并拨打119通知公安消防部门并报告部门主管。

学校消防安全工作考评和奖惩制度

一、对消防安全工作作出成绩的，予以通报表扬或物质奖励。

二、对造成消防安全事故的责任人，将依据所造成后果的严重性予以不同的处理，除违反《中华人民共和国治安管理处罚法》或已够追究刑事责任的事故责任人将依法移送国家有关部门处理外，根据本单位的规定，对下列行为予以处罚：

（一）有下列情形之一的，视损失情况与认识态度除责令赔偿全部或部分损失外，予以口头告诫：

1.使用易燃危险品未严格按照操作程序进行或保管不当而造成火警、火灾，损失不大的；

2. 在禁烟场所吸烟或处置烟头不当而引起火警、火灾,损失不大的;

3. 未及时清理区域内易燃物品,而造成火灾隐患的;

4. 未经批准,违规使用加长电线、用电未使用安全保险装置的或擅自增加小负荷电器的;

5. 谎报火警;

6. 未经批准,玩弄消防设施、器材,未造成不良后果的;

7. 对安全小组提出的消防隐患未予以及时整改而无法说明原因的部门管理人员;

8. 阻塞消防通道、遮挡安全指示标志等未造成严重后果的。

(二)有下列情形之一的,视情节轻重和认识态度,除责令赔偿全部或部分损失外,予以通报批评:

1. 擅自使用易燃、易爆物品的;

2. 擅自挪用消防设施、器材的位置或改为他用的;

3. 违反安全管理和操作规程、擅离职守从而导致火警、火灾,损失轻微的;

4. 强迫其他员工违规操作的管理人员;

5. 发现火警,未及时依照紧急情况处理程序处理的;

6. 对安全小组的检查未予以配合、拒绝整改的管理人员。

(三)对任何事故隐瞒事实,不处理、不追究的或提供虚假信息的,予以解聘。

(四)对违反消防安全管理导致事故发生(损失轻微的),但能主动坦白并积极协助相关部门处理事故、挽回损失的肇事者或责任人可视情况予以减轻或免予处罚。

学校专职和志愿消防队的组织管理制度

一、单位建立由员工组成的志愿消防队,接受公安机关消防部门的业务指导,志愿消防队由消防安全管理人负责管理。

二、志愿消防队由单位的负责人和单位保安队员工组成。

三、保卫部门对志愿消防队员每半年进行一次消防培训和灭火疏散演练。志愿消防队员要服从保卫部门的统一调度、指挥,根据分工各司其职、各负其责。

四、根据人员的变化情况每半年对志愿消防队员进行调整、补充。

五、志愿消防队员要熟悉防火、灭火知识、消防器材的性能及适用的范围，消防设施、器材的操作及使用方法，火灾扑救、组织人员疏散及逃生的方法，火灾现场的保护方法等。

六、认真贯彻执行本单位的消防安全管理制度，制止和劝阻违反消防法规和制度的行为。开展防火宣传教育，进行防火安全检查和整改火灾隐患。

七、发现初期火灾时，及时报警、利用灭火器材扑救初起火灾、抢救生命、疏散物资、维护秩序、保护火灾现场。当公安消防队到达现场时，要迅速准确地提供情况，在火场总指挥的指挥下，紧密配合公安消防队，协同作战。

学校易燃易爆危险物品和场所防火防爆管理制度

一、教学区域、食堂等人员聚集场所严禁使用液化石油气，严禁存放汽油、酒精等易燃易爆化学物品，使用易燃易爆物品的部位贮存量不得超过当班的使用量。

二、易燃易爆物品应有专用的库房，要有良好的通风散热条件，配备必要的消防器材设施，仓管人员必须由消防安全培训合格的人员担任。

三、易燃易爆物品入库前应经检验部门检验，出入库应进行登记。

四、贮存易燃易爆物品要按照性质分类、分开储存，并设置明显标志，注明品名、危险特性、防火措施和灭火方法，配备相应的灭火器材。性质或灭火方法相抵触的物品不得混存。

五、库存易燃易爆物品每垛占地面积不宜大于100平方米，垛与垛之间不小于1米，垛与墙间距不小于0.5米，垛与梁、柱的间距不小于0.5米，主要通道的宽度不小于2米。

六、贮存易燃易爆物品的场所，电气设备、开关、灯具、线路必须符合防爆要求，并做好防火防爆设施的维护保养工作。

七、易燃易爆物品存取应按安全操作规程执行，仓库工作人员应坚守岗位，非工作人员不得随意入内。

学校教育教学安全制度

学校教育教学安全制度是为了保障学生在校园内的人身安全、财产安全以及心理健康,维护正常的教育教学秩序,提高教育教学质量而制定的一系列规章制度。我校教育教学安全制度如下:

一、教育教学安全基本要求

(一)制定并实施学校教育教学安全工作责任制,明确各级领导、部门和个人的安全工作职责。

(二)加强教育教学安全教育,定期对学生进行教育教学安全知识教育,提高学生的安全意识和自我保护能力。

(三)建立健全学校教育教学安全管理制度,在教学和各级各类考试期间,配备专职或兼职安全管理人员,负责学校教育教学安全工作的组织、协调和监督。

(四)配合学校安全检查制度,定期对校园教学设施、设备进行安全检查,及时发现和整改安全隐患。

(五)建立学校教育教学安全事故报告和处理制度,对发生的教育教学安全事故进行及时报告、调查和处理,防止事故扩大化和恶化。

(六)加强对学生的心理辅导,预防和干预学生的心理问题,降低学生心理安全事故的发生率。

(七)定期对学校教育教学安全工作进行总结和评价,不断提高学校教育教学安全管理水平。

(八)坚持落实好校长、教师的带班、值日、值勤制度,在学生上学、自习、考试期间,管理学生、保护学生。

二、室内课堂教学

(一)教师要努力提高职业道德水平,关心爱护学生,学习贯彻《中华人民共和国未成年人保护法》,依法维护学生的健康成长。

(二)落实"双减"的有关规定,严格控制学生在校时间,学生的作业量、完成作业时间符合上级有关规定。

（三）各学科在教学中要渗透安全教育，对学生进行交通安全、防火安全、紧急情况下的疏散安全和受到侵害时的安全保护等方面的教育。

（四）加强对学生进行心理健康教育，针对学生的心理特点，帮助学生解除心理障碍，培养良好的意志品质。

（五）要关心爱护学生，严禁体罚、变相体罚学生。

（六）按时上下课，做到不迟到，不早退，不中途离开，不拖堂。如因不按时到岗、提前下课以及上课时无故离开教室而造成学生伤害事故的教师要负全部责任。

（七）严格执行教学计划，坚持按课表上课，未经教务处和年级同意，不准私自调课。

（八）教师教育学生要讲究方法，不得采用简单粗暴的方法，严禁体罚和变相体罚学生。

（九）在课堂教学中，安全工作实行任课教师负责制和责任追究制。

（十）教师要关心学生出勤情况，上课时如有缺席，及时与班主任联系，避免学生出现意外事故。教师还要深入了解学生的身体情况，对特异性体质、患先天性疾病等的学生要建立档案，避免在课堂教学中出现意外事故。上课时如遇学生身体不适，及时与班主任或家长联系，妥善处理。

（十一）严格检查学生学习用具，不允许携带与学习无关的利器。

（十二）上课期间，学生离开课堂必须征得上课老师同意，外出校门需班主任出具手续，门卫方可放行。

（十三）学生因事因病请假，需具备有家长签名的请假条。

（十四）学校的教学安全工作应由专人负责管理，做好教师请假、代课，学生竞赛、考试等教学活动的组织安排工作；班主任、任课老师应加强对学生的安全教育，严格课堂教学管理，确保课堂教学安全。

三、室外课堂（体育课）教学

（一）体育场地（场馆）、器材的安全与保护

1. 学校的体育场地（场馆）、器材是学校的财产，要合理分配和使用；做到人人爱护、人人保护公有财产和设施。

2. 增强对体育场地、器材的保护意识，消除各种不安全因素；在各运动场馆、器材室配置足够的消防设施。

3.切实做好用电、用水的合理性和规范性,本着安全、节约、合理的原则使用。

4.定期检查体育场地、器材、器械是否符合安全卫生要求,出现的问题及时向上级反映,并及时解决。

5.做到体育场地专人专管,保证场地、场馆器械的安全,保证器材的合理使用。

(二)体育运动安全

1.体育教学必须以学生“健康第一”为原则,必须做到安全第一。

2.教师要有强烈的责任心,要重视安全教育,加强防范措施。教师要科学安排教学全过程,对教学过程中的安全隐患要有前瞻性,防止伤害事故的发生。

3.教学中必须严格执行教学常规,加强安全教育,严禁学生违规上课。

4.教育学生重视自我保护,教会学生自我保护的方法。

5.体育教学活动,必须在教师的指导、帮助和保护下进行,要对学生进行安全教育,努力提高学生的安全意识,采取积极的安全保护措施。

6.对待伤病的学生和例假期间的女学生,教师应遵循量力而行的原则,要求其适度参加体育锻炼,对确实不能参加体育活动的学生,由医院、家长或者班主任开具请假条,教师可安排其在安全区域见习。

7.上课前,教师必须认真检查上课所使用的场地、器材,排除安全隐患。

8.加强课堂组织纪律性教育,维持好课堂秩序,制止危险行为。

9.课后对课间发现的安全隐患要及时上报。

四、实验教学

(一)教师按照实验教学计划认真备课,写好教案,填写实验通知单,按规定的时间交实验室并检查所用仪器和器材的准备情况,试做实验,做到“心中有数”。

(二)教师要指导学生做好课前预习,明确实验目的,掌握实验原理,并划分实验小组,强调实验纪律,重视安全操作教育。

(三)实验室按照实验通知单积极准备实验,使需要的仪器处于完好状态,备足药品和材料,检查通风、电源、水源及其他设备。

(四)任课教师和实验教师应巡回检查,耐心指导学生进行实验,发现问题给予启发引导,及时解决,但不可代替学生做实验。

(五)实验结束后,任课教师应及时小结实验情况,对实验中普遍存在的问题作出讲评,并指导学生完成实验报告。

(六)整理好实验台面,仔细检查酒精灯、煤气、水龙头、电源是否关闭,不得将实验用品及设备带出实验室。

以上制度的实施,有助于提高我校的安全管理水平,为学生提供一个安全、健康的学习环境。

(审校:赵忠　张茹茂)

学校危化品安全管理制度

一、易燃、易爆、强酸、强碱和剧毒等实验用物品必须贮藏在专用室、柜内,并按各自的危险特性,分类存放,不得和普通试剂混存或随意乱放。

二、危险化学药品室、柜,必须有专人管理。管理人员要有高度的责任感,懂得各种化学药品的危险特性,具有一定的防护知识,并实行双人双锁管理,实行双人领发、双人使用。

三、危险化学药品室内严禁烟火,要配备相应的消防设施及物资,如灭火器、河沙等,学校主管领导和专管人员要定期检查,节假日安排值班时,要把危险化学药品室列为重点防范区。

四、定期对危险化学药品的包装、标签、状态进行认真检查,并核对库存量,做到账、卡、物相符。

五、使用危险化学药品进行实验前,必须向学生提出遵守安全操作规程的要求。教师领用危险化学药品时,必须提前计算用量,必须办理领取手续,由专管人员和教师送取,不得让学生代为领取。

六、实验中危化品的弃物及废液、废渣要及时收集,按规定妥善处理,不得在实验室存留,更不可随意倒入下水道。

七、危险化学药品的管理和使用方面如出现问题,除采取措施迅速解决外,必须及时向学校领导如实报告,并协助有关部门进行处理。

(审校:姜宇龙　张茹茂)

学校体育活动(体育教学)安全管理制度

一、体育活动遵循谁组织、谁负责的原则。要定期、不定期对体育场地、器材、设施设备进行检查维护;组织学校体育活动前,要组织专人对相关场馆、设施进行安全检查,严禁使用存在安全隐患的场地。

二、开展体育活动前必须对学生进行安全教育,讲明活动要领,做好示范、指导以及防护工作,充分做好运动前各项准备活动,防止意外事故发生。

三、不得组织学生开展危险的活动,教会学生掌握正确的运动技巧和自我保护能力。

四、在体育活动中,教师负有组织、指导的责任,因组织指导过错造成学生身体伤害事故的,教师要承担相应的责任。

五、不得强行让学生做一些力所不及的运动,避免因体力和能力不足造成伤害。

六、在组织各类体育竞赛、锻炼活动、学生军训活动前,要全面掌握学生的身心健康状况,对身体、心理不健康者要正确指导,引导其参加力所能及的体育锻炼。

七、课前教师应做好相关教学用具准备,并做好用具的日常管理。体育器材要指定专人按要求负责借用和归还。

八、在体育课或活动中发生意外伤害事故,应第一时间拨打应急电话,同时在校医指导下采取应急救护,并及时上报。

(审校:姜宇龙　张茹茂)

校内公共活动场所安全管理制度

一、学校礼堂、餐厅、体育场地、大教室等均为公共活动场所,实行谁组织活动,谁负责安全的原则。

二、活动前应认真检查电路安全,严禁私拉乱接电源。新增大功率电器,应征得总务处同意。总务处应组织电工定期检查电源开关、插座是否完好,有损坏的应及时修复。

三、活动场所所有通道畅通无阻，各种指示标志、应急照明完好，门窗开关灵活，便于随时打开。

四、科学控制活动规模，根据场地适当控制参与活动人数，不得过分拥挤，要留有充分余地。

五、大型活动要指定专人负责安全工作，落实各个环节安全责任人，遇突发事件时有专人负责指挥引导疏散撤离。

（审校：姜宇龙 张茹茂）

校内集体活动安全管理制度

一、严格落实楼道安全管理制度，根据学校实际，合理划分进出和上下通行区域，完善应急疏散标志；上下课期间（特别是晚自习），楼道就近教室的教师要配合值班教师共同做好应急值守和疏导工作。

二、大型活动的举办，坚持“谁主管谁负责，谁组织谁负责，谁审批谁负责”的原则，成立安全管理组织机构，针对活动的具体情况，制定详细缜密且符合实际的活动方案和突发事件应急处置预案，配备相应设施，安排足够的管理人员，明确专人负责统一指挥，明确所担负的安全职责，保证活动的顺利开展。

三、大型活动前应对场地（所）、路线进行安全隐患排查，同时制定周密的实施方案。

四、大型集会、活动要明确纪律，以班为单位，明确安全责任人，活动进行中，学生不得在场内随意走动，避免意外事故的发生。

五、进出场均要有教师负责带队，维持秩序，各转弯处、楼梯口，视线较暗处，均要安排人员疏导指挥，严防因拥挤发生踩踏等安全事故。

六、集体活动要注意学生的身体状况，对特殊体质、患病不适合活动的学生应妥善安排，避免事故发生。

七、学校领导及安全领导小组对活动全过程关注，及时掌握情况，处置活动中出现的问题，严防意外事故发生。

（审校：姜宇龙 张茹茂）

学校组织师生外出集体活动安全管理制度

一、师生外出集体活动应遵循“安全、有益、高效”原则,尽量减少大规模远距离集体活动。组织学生集体活动,要严格执行申报、审批、备案制度,履行相关审批手续,落实责任主体,明确“责任人”所担负的安全职责。未经申报和审批,任何单位和个人不得擅自组织学生集体活动,更不得边报批边实施或先实施后报批。

二、组织师生外出集体活动(文艺汇演、体育比赛、实践教育、学科交流、社会调查、公益活动、义务劳动、参观学习等)要制定详细缜密且符合实际的活动方案和应急预案,配备相应设施,安排足够的管理人员,落实详细的安全措施,活动方案必须经校领导审阅签字后方可实施。并按重大事项报备要求,向上级主管部门报备。

三、每次活动应明确具体的安全责任人,同时注意人员年龄、身体状况的搭配,并对所有人员进行必要的安全教育,特别是交通安全、饮食卫生、防伤害、防诈骗、防溺水、防森林火灾等容易引发事故环节的安全教育,杜绝交通事故、意外伤害、食物中毒、学生失散等意外事故的发生。

四、每次活动的路线、场所,车辆、饮食等事前应进行调查、了解,排查安全隐患,不去情况不明或有安全隐患的地方。

五、活动所用的交通工具应选择正规专业交通运输单位所属安全性能可靠、有客运资质的运营工具,配备驾驶经验丰富、无严重交通违法记录的驾驶人,并签订交通运输安全责任协议。严禁租用证件不全和有安全隐患的交通工具,严禁超载、超速行驶,同时教育乘坐人员必须遵守乘车安全规定。

六、学校组织集体活动,要严格控制外出活动时间,要选择就近、熟悉、安全的地方开展,原则上以市内为主,遵循自愿原则,须征得家长同意后,方可组织学生参加。同时,要妥善安排好不参加外出活动学生的教育活动。

七、凡外出参加各种活动,学校领导及安全小组成员必须了解活动进展情况,及时解决活动中存在的问题,确保活动安全顺利进行。

八、在活动中实行安全责任追究制,如遇安全事故,将根据事故的具体情况,依据相关法律法规,追究相关责任人的责任。

(审校:姜宇龙　张茹茂)

学校突发灾害安全防护工作制度

一、学校应制定应对各种突发事件的应急处置预案并开展演练，一旦事件发生，能有序应对，最大限度减少损害。

二、在遭遇不可预见的火灾、地震等灾害时，应有序组织学生紧急疏散和撤离现场，保证学生生命安全。

三、加强对学生进行防灾、抗灾教育，传授遇灾后的自救、互救办法，培养学生的自救自护能力。

四、遇突发事件应立即启动应急处置预案并及时向有关部门报告，第一时间采取自救措施并及时获得有关部门和社会的援助，全力保护学生的安全。

五、未经上级有关部门批准，不得组织中、小学生参加救火、救灾等。

六、组建稳定的教师护校、护生救护队，不断加强应急救护队的建设。

（审校：姜宇龙　张茹茂）

学校网络信息系统安全管理组织机构

为了规范校园内计算机信息网络系统的安全管理工作，保证校园网信息系统的安全和推动校园精神文明建设，加强网络安全技术防范工作的力度，进一步强化我校机房和办公设备的使用管理，营造出一个完全使用网络的校园环境，我校建立了学校网络信息系统安全管理组织机构：

一、组长：党委书记。

二、副组长：校长、副书记、副校长。

三、成员：中层干部及信息中心教师。

（审校：姜宇龙　张茹茂）

学校监控系统管理制度

一、监控室由专人负责,严禁携带易燃、易爆、有毒的物品进入控制室;室内严禁烟火,水杯应放置在远离电气设备的地方。

二、监控人员必须负责做好安全、卫生、秩序及其他监控范围内的工作并作好值班的记录,发现异常情况应立即向学校领导汇报。紧急情况可直接拨打110报警。

三、严格按规定步骤和程序操作,任何人不得中断监控,更不得删除监控资料。下载的监控视频应交档案室或保卫科统一保管,注明起讫日期、编号及事项,封存。监控人员不得擅自允许他人查看监控录像或调阅有关资料。公务查阅监控录像资料需经学校领导同意。

四、确保监控探头范围内夜间照明灯完好,发现路灯缺失、损坏应及时维修,恢复照明,确保夜间监控录像的质量和效果。

(审校:姜宇龙　张茹茂)

学校教学区视频监控管理制度

一、监控系统图像实行自动保存,图像保存时间不少于30天。

二、外来人员查看监控图像需经主管领导批准,填写监控信息图像查看记录表,对图像信息的内容、调取时间、调取用途等事项进行登记。

三、任何人不得擅自复制、查询或者向公安机关以外的其他单位和个人提供、传播图像信息。

四、任何人不得擅自删除、修改监控系统的运行程序和记录。

五、任何人不得擅自改变公共安全图像信息系统的用途和摄像设备的位置。

六、任何人不得干扰、妨碍监控系统的正常运行。

(审校:姜宇龙　张茹茂)

学校教室安全管理制度

一、教室的门窗必须保持完好，任何人不得故意损坏，发现损坏，及时报修，同时采取相应的安全防范措施。

二、教室门的钥匙，应指定专人保管，门窗每天由值日生关锁好。

三、学生课桌内除放课本、学习用品外，不准存放其他任何贵重物品（如现金、钱包、首饰、手表、手机等）。

四、学生不准在教室内追逐打闹，随便搬动课桌、椅。

五、学生不准在课桌上、墙壁上、门窗上乱写乱画，更不得用刀具刻划痕迹。

六、教室内不准私拉乱接电源、乱设插座、乱充电，以防发生触电和火灾事故。

七、学生不得在无保护措施的情况下，擅自登高擦洗户外窗玻璃，防止发生坠楼事故。

八、教室的电风扇、电视机、灯管灯座等吊挂件要牢固，要定期检查，并有翔实的检查记录。

九、储物柜等应靠墙固定摆设，注意稳定性。

（审校：姜宇龙　贾雷雷）

学校实验室安全管理制度

一、化学危险品应按其易燃、易爆、腐蚀、毒害等特性，分室或分柜隔离存放，剧毒药品应专柜存放，双人双锁保管，领用危险化学药品必须按规定执行，用有剩余要回收，回收数量要登记。

二、实验室供电线路的安装必须符合安全供电标准，安装漏电保护器，杜绝明线，供电线路要定期检修和更换，要严格控制学生实验用电，尽量使用36伏以下的安全电压。

三、实验室要做好防火、防爆、防污染等工作，要配备灭火器、沙箱等消防器材及化学实验急救器材等防护用品，并保持完好状态。

四、实验室要重视安全防盗工作,特别是化学药品室和仪器准备室门窗要有防盗设施,非实验室工作人员不得随意进入。

五、学校领导要高度重视学校实验室安全工作,经常督促做好安全检查。实验室工作人员是实验室安全防护的直接责任者,应熟悉各种安全防护器材的使用,随时随地做好安全防护工作,

六、任何人不得擅自将有毒物品带出实验室,违者一律严肃查处,造成后果者应依法承担有关法律责任。

(审校:姜宇龙 贾雷雷)

学校护校队工作职责

为切实加强学校安全工作,进一步落实安全工作责制,努力打造“平安校园”,为科学、迅速、有效地处置学校突发性安全事件,最大限度地降低突发性安全事件造成的危害,保障师生身体健康和生命安全,确保学校正常的教育教学秩序,特成立学校护校队。

一、领导机构

组长:保卫科主任。

成员:教师若干。

二、工作宗旨

成立护校队,以加强我校的安全防范工作为目的,保护全校师生的生命、财产、人身安全为宗旨,树立“质量立校、安全第一”意识,保证正常教学秩序。

三、护校队成员

全体中层干部及年级组长。值班时间:上午7:00—8:00,下午17:30—18:30。在轮流值班期间发现问题及时向组长报告解决。

四、工作职责及方法(总则)

1.在主管部门领导下,配合学校搞好安全防范工作,在关键时刻能够挺身而出,维护学校师生的安全。

2.对学校发生的一切突发事件及时处理,采取应急措施,保证正常的教育

教学秩序(如火灾、水灾、打架斗殴等)。

3.处理好师生内部的矛盾,解决外在矛盾,排除一切不良因素对学校教学秩序的干扰。

4.发现校内有不安全因素及时上报,及时处理,具有防范意识。

5.当师生的生命、财产、人身安全受到不法分子侵害时,护校队成员应采取正当防卫手段制止恶劣事件进一步扩展。

6.对不法人员在校内外进行危害青少年身心健康的迷信宣传或销售不健康刊物和其他非法出版物的要坚决制止。

7.严禁学生携带管制刀具、危害性玩具,一经发现立即没收。及时制止校园周围及校园内学生之间的打架斗殴事件及破坏学校财产事件,并将有关当事人移交学校教务处处理。

8.值班人员不得迟到、早退或无故缺勤,值班期间不得擅离岗位,值班后认真记好值班记录。

9.值班时队员间要团结互助,友好相处和交流,不要发生伤害队员之间感情的事。

10.工作中要虚心接受他人的意见、批评,日常行为要讲究修养。

11.护校队的工作范围是学校校门口周边地区。

(审校:姜宇龙 贾雷雷)

学校学生宿舍安全管理制度

一、学生宿舍的全体同学必须自觉做好安全工作,发现不安全的情况应及时报告宿舍管理员,同时积极主动采取防范措施,杜绝一切安全事故的发生。

二、发现可疑的人和事,应立即报告宿舍管理员或学校有关部门,并做好自身防范,以保护生命为重。

三、男、女生不准串访宿舍,任何学生不准将外人留住本宿舍内。

四、晾衣、晒被时严禁攀高登台,小心使用室外晾衣架,防止身体失重、跌落。

五、除家长外,学生一律不准在宿舍内接待外来客人。学生家长进入宿

舍,必须经宿舍管理员同意并作好登记。

六、上课时间学生宿舍实行封闭式管理,未办理请假手续的一律不准私自留在宿舍里。夜间就寝后,禁止私自外出。

七、学生宿舍严禁使用明火,禁止烧电炉、“热得快”,禁止点蜡烛、蚊香,严禁吸烟,严禁私拉乱接电源,严禁存放打火机、充气瓶、火柴等火源。

八、学生宿舍必须保持通道畅通,进出门一律内置外开,宿舍钥匙要置于十分便利取到的位置。

九、宿舍区内的消防设施、器材,任何人不准乱动,损坏,否则将严加处理。

十、精心选择和安排政治过硬、责任心强、经验丰富、身体健康的人员担任宿管员,对住宿生进行安全防范指导和必要的安全管理。

十一、提倡实行上下夜轮流值班,加强夜间巡查,确保学生宿舍安全。

十二、每学期至少开展一次住宿生应对突发事件的疏散演练。安全出口、疏散通道、消防通道应保持畅通,按规定设置消防疏散指示标志和应急照明装置,完善疏散示意图和警示标志,配备疏散引导箱等物防建设规范。

(审校:姜宇龙　贾雷雷)

学生宿舍宿管人员安全管理制度

一、宿管人员必须严格执行学生会客登记制度。除家长外,学生一律不准在宿舍内接待外来客人。学生家长进入宿舍,必须经宿舍管理员同意并作好登记。非住宿学生一律不准入内。

二、白天学生上课期间,宿管人员应对宿舍区进行定期巡查,发现可疑的人和事或闻到焦味、烟味、蚊香味等要及时报告值周教师,也可直接报告保卫科或总务处。

三、上课、上晚自习期间各房门应加锁关闭,学生晒晾的衣服掉落地面,要及时拾回,并组织学生认领。

四、学生进入宿舍区,要严加看护,防止陌生人员趁机混入;学生带物出门,要主动询问,注意观察,发现可疑之处要严加盘问。

五、严格交接班制度,上班时间不得离开工作岗位,严禁让其他无关人员代班。

六、宿舍钥匙要备两把，一把随手携带，一把挂在门后固定且便于拿到的位置。

七、宿管人员要熟知突发事件的处置流程及消防设施的使用，及应对突发事件时的疏散流程等。

（审校：姜宇龙　贾雷雷）

校内教工宿舍安全管理制度

一、凡进出教工宿舍的人员一律要接受学校管理人员及门卫的管理。

二、外来人员来访，须在门卫处登记，所携带的各类物资自觉接受检查。进入车辆按指定地点停放。

三、各住户应文明生活，提高公德水平、邻里文明礼貌，严禁黄、赌、毒等违法犯罪事件发生，加强卫生防疫工作，严防被盗、火灾等人为灾害发生，如遇突发情况，应及时向公安机关或学校有关管理人员汇报，强化安全保护意识和自我防范能力。

四、校内指派的教工宿舍管理人员，应有高度的责任心，积极协调解决住户的矛盾和有关问题，无法解决应及时向上级报告。

（审校：姜宇龙　贾雷雷）

学校出租房安全管理制度

一、实行主管部门负责制，出租房由哪个部门对外出租，则由该部门负责安全管理工作。严格控制承租者的经营范围，不得引进有损校园安全、师生身心健康的项目。严禁将学校房屋、场地出租给从事制作易燃、易爆、有毒、有害物品，以及娱乐经营活动的业主。

二、出租部门对承租方当事人和其所使用的临时人员都应严格审查身份，并及时将审查情况报校备案。

三、必须居住在租房内的人员，必须到辖区派出所、学校保卫部门办理临时居住登记手续。

四、学校或学校有关部门与其签订的合同、协议书上必须有安全责任条款和违章处罚办法,必要时应收取一定数额的治安保证金。

五、主管部门应定期派员组织用火、用电等安全检查,严禁私拉乱接电源和超负荷使用大功率电气设备,防止发生事故。

六、承租经营者不准经营有害学生身心健康的物品或劣质、过期、三无食品,严防发生中毒事故。

七、承租人应加强自身的安全管理、落实安全防范措施,确保承租期内不发生安全事故。

(审校:姜宇龙　贾雷雷)

校园车辆安全管理制度

一、进入校园内的自行车、电动车,必须按学校规定,分别停放到指定场地,严禁乱停乱放。

二、在校园内不得骑车相互追逐嬉闹,应推车慢行。

三、机动车确因需要进入校园的,一律不准鸣号,并减速慢行。

四、机动车进入校园必须征得学校有关部门同意,并应服从学校门卫及有关人员的指挥,按指定位置停放,严禁乱停乱放。

五、学校要加强内部交通安全管理,设置必要的限速标志和减速带,校内限速原则上不高于5公里/小时,实行人车分流。

(审校:姜宇龙　贾雷雷)

第八板块

膳食管理

学校食堂食品(原料)采购索证索票管理制度

为规范食品采购索证索票、进货查验和采购记录行为,保障公众餐饮安全,根据《中华人民共和国食品安全法》《中华人民共和国食品安全法实施条例》和《餐饮服务食品安全监督管理办法》等法律、法规及规章,制定本管理制度。

一、指定经培训合格的专(兼)职人员负责食品、食品添加剂及食品相关产品采购索证索票、进货查验和采购记录。专(兼)职人员应当掌握餐饮服务食品安全法律知识、餐饮服务食品安全基本知识以及食品感官鉴别常识。

二、采购食品、食品添加剂及食品相关产品,应当到证照齐全的食品生产经营单位或批发市场采购,并应当索取、留存供货方盖章(或签字)的购物凭证。购物凭证应当包括供货方名称、产品名称、产品数量、送货或购买日期等内容。长期定点采购的,与供应商签订包括保证食品安全内容的采购供应合同。

三、从生产加工单位或生产基地直接采购时,应当查验、索取并留存加盖供货方公章的许可证、营业执照和产品合格证明文件复印件;留存盖有供货方公章(或签字)的每笔购物凭证或每笔送货单。

四、从流通单位(商场、超市、批发零售市场等)批量或长期采购时,应当查验并留存加盖有公章的营业执照和食品流通许可证等复印件;留存盖有供货方公章(或签字)的每笔购物凭证或每笔送货单。

五、从流通单位(商场、超市、批发零售市场等)少量或临时采购时,应当确认其是否有营业执照和食品流通许可证,留存盖有供货方公章(或签字)的每笔购物凭证或每笔送货单。

六、从农贸市场采购的,应当索取并留存市场管理部门或经营户出具的加盖公章(或签字)的购物凭证;从个体工商户采购的,应当查验并留存供应者盖章(或签字)的许可证、营业执照复印件、购物凭证和每笔供应清单。

七、从食品流通经营单位(商场、超市、批发零售市场等)和农贸市场采购畜禽肉类的,应当查验动物产品检疫合格证明原件;从屠宰企业直接采购的,应当索取并留存供货方盖章(或签字)的许可证、营业执照复印件和动物产品检疫合格证明原件。

八、采购乳制品的，应当查验、索取并留存供货方盖章（或签字）的许可证、营业执照和产品合格证明文件复印件。

九、批量采购进口食品、食品添加剂的，应当索取口岸进口食品法定检验机构出具的与所购食品、食品添加剂相同批次的食品检验合格证明的复印件。

十、采购集中消毒企业供应的餐饮具的，应当查验、索取并留存集中消毒企业盖章（或签字）的营业执照复印件、盖章的批次出厂检验报告（或复印件）。

十一、食品、食品添加剂及食品相关产品采购入库前，餐饮服务提供者应当查验所购产品外包装、包装标识是否符合规定，与购物凭证是否相符，并建立采购记录。采购记录应当如实记录产品的名称、规格、数量、生产批号、保质期、供应单位名称及联系方式、进货日期等。

十二、按产品类别或供应商、进货时间顺序整理，妥善保管索取的相关证照、产品合格证明文件和进货记录，不得涂改、伪造，其保存期限不得少于2年。

（审校：王龙锐　张茹茂）

学校食堂库房管理制度

为防止食品污染，确保食品卫生安全，以利保管员做好库房工作，特制定库房管理制度。

一、加强食品卫生安全意识，必须保持库房内清洁整齐、通风良好。做好防火、防盗、防毒（包括防投毒）、防蝇、防尘、防鼠、防虫蛀、防霉变等工作，防止各类事故发生。

二、所有食品入库前必须严格验收，不符合食品卫生标准要求的食品不得入库，验收后认真做好登记，入库食品应注明食品名称、采购时间、数量、保质期。做到入库上账，出库下账，账物相符。

二、坚持食品与杂物、生食与熟食、半成品与成品分开存放。无包装的食品与调料必须用无毒无害、清洁干净的容器盛装加盖，并标注品名。

三、食品应分类、分架、离地隔墙20厘米(至少)存放,摆放整齐,货架整洁干净,地面清洁。食物、食品不落地,做好防潮、防霉、防鼠工作,每天清扫,库房无异味,保持良好卫生状况。

四、食品出库时检查感官性状和保质期,坚持食品先进先出原则,缩短储存时间。

五、每天要对库存食品进行检查、整理。重点检查食品有无霉变、腐败变质,包装有无损坏及保质期是否到期等情况,发现问题要及时向领导汇报,提出处理意见,及时处理。

六、库房禁止存放有毒、有害、易燃易爆、化学类物品。禁止存放外观与食品类似的有毒有害物品。禁止存放个人生活用品或临时存放其他非食品货物。

七、库房保管员需持健康证上岗,保持良好的个人卫生习惯,按照食品从业人员卫生要求,做好个人卫生。做到服装整洁,不在库房内吸烟。

(审校:王龙锐　张茹茂)

学校食堂设施设备清洁和消毒制度

一、餐具、用具消毒由专人负责,必须穿戴整洁的工作衣帽,工作人员必须取得个人健康证明和食品安全知识培训合格证明方可上岗操作。

二、餐具、用具必须严格执行“一洗、二刷、三冲、四消毒、五保洁”的程序进行洗涤消毒。

三、餐具、用具清洗消毒用水池必须专用,分设洗涤池、消毒池和清洁池,并有明显标识。

四、化学消毒剂应符合国家消毒产品卫生标准和要求,餐具消毒时消毒液浓度不得低于250mg/L,餐具全部浸泡时间不低于5分钟。接触直接入口食品的餐具、用具用蒸汽进行消毒,蒸汽消毒保持100℃,不少于10分钟。

五、清洗餐具、用具用不渗漏的容器盛装,不得随意乱放。

六、消毒后餐具专柜保存,与未消毒餐具分开放置,保洁柜应有明显标志,定期清洗保持洁净。

七、餐具消毒应有记录、存档备查。

(审校:王龙锐　张茹茂)

学校食堂食品安全自查制度

为切实加强我校食堂食品安全卫生工作,预防和控制食源性疾病及食物中毒的发生,有效提高食堂的卫生水平,保障广大师生身心健康和生命安全,依据《中华人民共和国食品安全法》《中华人民共和国食品安全法实施条例》等法律法规,制定本管理制度。

一、自查范围

食堂采购、仓储、加工、销售等关键流程的卫生状况。

二、自查内容

围绕我校食堂食品安全,按照餐饮服务量化分级管理要求对学生食堂食品安全管理制度落实情况、食物中毒预防控制措施、从业人员体检培训、环境卫生、设备设施、原料采购、食品储存、加工制作、食品添加剂使用、餐具用具清洗消毒、留样管理等是否符合规范要求进行自查。

三、自查安排

(一)各食堂经理或食品安全管理员每天按照相关规定对食堂各操作流程进行一次自查,及时整改自查中发现的问题。

(二)生活服务中心每周至少组织三次食堂食品安全自查并填报好检查表格,对自查中出现的各种情况应及时反馈给相关食堂负责人,并要求其限期整改。

(三)食堂卫生工作领导小组不定期组织人员对食堂食品安全进行自查,发现问题要求主管部门及食堂经营企业及时整改,并根据整改落实情况兑现奖惩措施。

四、自查重点

(一)索证索票

食堂经营企业采购的食品原料、食品添加剂、食品相关产品是否索取供货商、生产商有效的许可证复印件(指按照相关法律法规规定,应当取得许可的)和与购进产品批次相同的仪器合格证或批检报告。

检查规程:查看索取的材料是否反映现场抽查的原辅料情况。

(二)登记台账

食堂经营企业采购的食品原料、食品添加剂、食品相关产品是否按照相关规定填写进货台账,台账中应按要求详细填写当次原材料的详细信息。

检查规程:查看台账记录的材料是否反映现场抽查的原辅料情况。

(三)仓储管理

1.食品原材料存放是否离地、离墙,是否按区域堆放。

检查规程:查看存放情况,是否离墙10厘米、离地20厘米。

2.仓库是否符合卫生要求。

检查规程:查看现场卫生情况,仓库地面应平整,清洁无杂物,通风换气。

3.仓库内是否有过期食品原材料,过期食品原材料清理及记录是否符合要求。

检查规程:查看是否有过期食品,是否有处置记录。

(四)管理制度建设情况

食堂经营企业按照要求建立企业原辅料进货查验制度、原辅料进出库管理制度、卫生管理制度等管理制度。

检查规程:查阅制度是否上墙并在执行。

(五)加工过程控制

食堂环境清洁卫生状况;生产加工场所清洁卫生状况;设施、设备清洁卫生状况;洗消毒执行情况;原料、半成品、成品交叉污染情况;现场人员卫生防护情况;剩饭剩菜处置情况。

检查规程:

1.食堂操作、加工、销售区域环境卫生是否符合餐饮服务量化分级管理要求。

2.是否合理设置防蝇、防鼠设施。

3.查看餐具及环境消毒设备、设施是否能正常运行,查阅灭菌消毒记录。

4.查看原料、半成品及成品是否有标识并在专门区域分别存放,是否存在交叉污染。

5.查看从事食品加工、销售的从业人员是否按照规定佩戴防护用具。

6.查看食品加工过程中是否按照要求进行操作。

7.查看剩饭剩菜是否按照要求保管及毁弃,并作毁弃记录。

(六)食品添加剂管理

食品添加剂是否专柜保存,并有专人管理。

检查规程:查看是否有食品添加剂专柜及进货、领用台账。

(七)留样管理

产品留样样品是否有记录,是否按照规定的温度、重量、时间留样。

检查规程:抽查至少一个餐次的留样记录,是否与食堂售卖情况一致。

(八)从业人员管理

食堂从业人员是否取得健康证明。

检查规程:现场随机抽取至少两人,检查其健康证明是否合法有效。

(审校:王龙锐 张茹茂)

学校食堂餐厨废弃物处置管理制度

为加强食堂餐厨废弃物的管理,规范餐厨废弃物处置,杜绝食品安全隐患,保障就餐人员食品安全,特别制定食堂餐厨废弃物处置管理制度。

一、食堂管理人员要自觉遵守《中华人民共和国食品安全法》及有关法律法规,认真履行食品安全直接责任人职责,严格执行餐厨废弃物处置管理规定。

二、食堂必须按要求将餐厨废弃物进行无害化处理。严禁将餐厨废弃物直接排入下水道、倒入公共厕所或其他生活垃圾收集设施。

三、餐厨废弃物实行分类管理,分别处理。食品原料粗加工产生的垃圾(菜叶、根须、动物内脏、毛皮等垃圾物)按生活垃圾处理,即倒入垃圾桶加上盖子,运往垃圾站,由环卫工人转运处置;泔水类垃圾(食物残渣、饭、菜、汤水、锅底、留样处理物等)按规定倒入专用泔水桶。

四、泔水类垃圾按要求要与回收方签订回收协议书,注明泔水类垃圾回收仅限于养殖用,不得另作他用。

五、餐厨废弃物处置安排专人负责,建立完整处置台账,详细记录餐厨废弃物的种类、数量、去向、用途等情况,定期报告管理处,并接受监督检查。

六、管理处加强对食堂餐厨废弃物处置工作的检查监督,对不按规定处理餐厨垃圾的食堂,责令立即改正,并给予相关人员一定的处罚。

七、餐厨废弃物分类存放,做到日产日清,严禁将餐厨废弃物直接排入公共水域、倒入公共厕所或生活垃圾收集设施。

八、餐厨废弃物应当单独收集、存放,禁止与一次性餐具、酒水饮料容器、塑料台布等其他固体生活垃圾相混合。

九、设置符合标准的餐厨废弃物收集容器,不得裸露存放餐厨废弃物,保持收集容器及周边环境的干净整洁;收集容器应当保持完好和密闭,并标明餐厨废弃物(垃圾)收集容器字样。

十、按照环境保护的有关规定设置油水分离器或者隔油池等污染防治设施,并保持其正常使用。

十一、禁止将餐厨废弃物交给未经相关部门许可或备案的餐厨废弃物收运、处置单位或个人处理。

十二、禁止乱倒乱堆餐厨废弃物,禁止将餐厨废弃物中的废弃食物油脂加工后作为食用油经营性使用或销售。

(审校:王龙锐　张茹茂)

食堂从业人员健康管理制度

一、健康管理的范围和要求

(一)健康体检的范围:食品生产经营人员每年应当进行健康检查,取得健康证明后方可参加工作。参加健康检查的食品从业人员具体范围包括:食堂所有的在职工作人员。

(二)食品从业人员的健康要求:患有痢疾、伤寒、病毒性肝炎等消化道传染病的人员,以及患有活动性肺结核、化脓性或渗出性皮肤病等有碍食品安全的疾病人员,不得从事接触直接入口食品的工作。

二、健康管理的组织办法

(一)管理职责:安排所有进入食堂工作的员工到当地的防疫站进行健康体检和健康证的办理。如果发现弄虚作假导致不符合健康要求的人员进入食堂工作,将追究相关管理人员的责任。

（二）上岗体检：凡食堂每年新招的人员均须上岗体检，到食堂指定的地点进行体检，并对其开展健康知识培训。检查范围包括痢疾、伤寒、病毒性肝炎等消化道传染病，以及肺结核、皮肤病等有碍食品安全的疾病等。

（三）根据体检结果上岗：如果体检合格，健康知识考试合格，办理健康证，方可进入食堂开始上岗工作。如果检查出有碍食品安全的疾病，将不予安排进入食堂上岗工作。

（四）建立员工健康档案：食堂管理人员负责保管员工的健康证，并建立员工健康档案，记录员工个人信息、从事的岗位、健康证办理的年限、最近一次体检的时间、健康证到期日期等信息。

（五）健康证的年检：健康证有效期为一年，食堂团长负责员工健康证的年检，保证健康证合格有效，通常在员工健康证到期前，安排员工到指定地点进行统一年检。

（六）年检结果的处理：根据国家有关法律规定，患有传染性疾病的人员不得从事直接接触食品饮料生产的工作。如员工在职工作中患有法律规定的传染性疾病，如果属于暂时性的，应安排休息，待身体恢复复检合格后才能继续上岗，如果是难以治愈的有碍食品安全的疾病，应安排其到其他不予食品接触的岗位上。

（七）监督检查：食堂团长对每年的健康证年审情况进行监督管理。对违反健康管理制度的人员应立即指出，责令作出正确处理，并对违规管理人员进行考核扣罚。

三、员工其他卫生管理规定

个人卫生要求：衣着应外观整洁，做到常剪指甲、常理发、常洗澡等，保持个人卫生。食品生产操作人员操作接触食品前以及接触污染物后必须将手洗净。

（审校：王龙锐　王延杰）

食堂从业人员培训管理制度

为规范食堂服务人员培训，保障学生餐饮安全，根据《中华人民共和国食

品安全法》、《中华人民共和国食品安全法实施条例》和《餐饮服务食品安全监督管理办法》等法律、法规及规章,制定本管理制度。

一、餐饮服务从业人员(包括新参加工作和临时参加工作的餐饮服务从业人员)必须经过培训、考核合格后,方可从事餐饮服务工作。

二、食品安全管理人员应制定从业人员食品安全教育和培训计划,组织各部门负责人和从业人员参加各种上岗前及在职培训。

三、食品安全教育和培训应针对每个食品加工操作岗位分别进行,内容应包括食品安全法律、法规、规范、标准,食品安全知识,各岗位加工操作规程等。

四、培训方式以集中讲授与自学相结合,定期考核,不合格者待考试合格后再上岗。

五、建立餐饮服务从业人员食品安全知识培训档案,将培训时间、培训内容、考核结果记录归档,以备查验。

(审校:王龙锐　王延杰)

食堂家长开放日制度

一、指导思想

为认真贯彻落实上级文件精神,进一步强化学校食堂食品卫生监督,切实提高学校食堂管理水平,促进学校食堂规范管理,确保学生饮食安全,让家长能够更好地了解学校办学及食堂的食品安全、卫生管理等方面的情况,根据我校实际制定食堂开放日制度。通过学生家长与学校领导、食堂管理人员面对面、心贴心的交流,让家长走进餐厅、食堂,为学校的办学及食堂管理工作建言献策,促进学校的食堂管理工作和服务水平,办好人民满意的食堂和教育。

二、领导小组

组长:党委书记。

副组长:分管食堂校级领导。

组员:膳食科科长、各年级年级主任。

三、活动时间及内容

(一)家长开放日时间:每学期向家长开放一次。

(二)学校领导介绍学校的办学情况。

(三)食堂管理人员及分管领导介绍食堂工作开展和监管情况。

(四)让家长走进餐厅、食堂,实地查看厨房设施设备、环境卫生、餐具消毒、原料采购等方面的工作实施情况,介绍学校食堂的操作间、配餐间、洗消间、留样柜库房等,查看食堂各种记录、台账等,让家长全面了解学校食堂餐饮管理工作及食品制作过程。

(五)让家长现场品尝学校的饭菜。

(六)开展座谈,提供各种咨询,向家长解答他们关心的问题,听取家长的意见。

(七)请家长代表填写家长意见反馈卡。

四、开放日活动准备

(一)提前发放家长开放日活动通知单,邀请家长到校参与活动。

(二)各部门精心准备、通力合作,确保活动有序进行。

(审校:王龙锐　王延杰)

食堂陪餐制度

为确保我校食堂食品安全,进一步提高食堂饭菜质量和服务水平,保障师生在食堂的饮食安全,特制定本制度。

一、陪餐人员由学校校长和主管食堂领导组成,每天按时到学生食堂陪餐并听取一定比例就餐学生的意见。

二、陪餐人员应按照安排,随同学生一起就餐。负责对所食用饭菜的外观、口味、质量、价格等进行认真评价,负责对食堂卫生环境、从业人员工作情况等进行监督,负责征求就餐学生的意见建议,并做好陪餐工作台账。

三、陪餐记录由学校统一印制,内容应包括日期和餐次,饭菜的品种名称、外观、口味、质量、价格等的直观评价,学生反馈意见,发现的问题和整改情况,陪餐人签名等。陪餐记录必须由陪餐人员在本次陪餐后详细记载。

四、陪餐人员应严格履行职责,对不认真记载陪餐记录、不及时指出整改问题的,给予批评教育;对危害学生健康的安全问题不能及时发现或不及时制止、出现明显中毒或感染症状不及时报告,造成恶劣影响的,视情节轻重给予行政处分。

五、陪餐人员因故不能陪餐的,应及时向学校报告,由学校在就餐前指定其他人员陪餐,并做好相关工作。

六、食堂管理人员应认真听取陪餐人员的意见和建议,对提出的问题及时整改落实。

(审校:王龙锐　王延杰)

食堂设施设备维修保养制度

一、食品处理区设置专用的粗加工、切配、烘焙、备餐用具清洗消毒及原料贮存的场所,按照原料进入、原料加工、半成品加工、成品供应的流程合理布局,并应能防止在存放、操作中产生交叉污染。各功能间标识明显,操作流程规范。

二、各功能间地面与排水、墙壁与门窗、屋顶与天花板符合餐饮服务操作规范要求,定期检查,确保地面与排水无破损、漏水,墙面与门窗无破损、霉斑,屋顶与天花板无霉变、脱落。

三、配备冷藏、冷冻设施,烤箱、发酵箱、搅拌机等设施,餐用具消毒、保洁设施,留样设施,专用空气消毒设施,清洗设施,通风防潮设施,废弃物存放设施,防蝇、防鼠设施,定期检查和维护,确保正常运转和使用。

四、配备餐具、容器、刀具、刀架、墩板、墩架,定点定位存放使用,并有明显标识。定期检查和维护,及时清理清洗,必要时消毒。

五、定期组织对电气设备、机械设备的检查,加强对有关员工的安全操作规程培训,设备、设施维护及时且有记录。

(审校:王龙锐　王延杰)

食堂食品留样制度

一、学校食堂为师生提供的每餐、每样食品都必须由专人负责留样。

二、学校每餐、每样食品必须按要求超过125g,分别盛放在已消毒的餐具中。部分食品还要带些汤汁。

三、留样食品取样后,必须立即放入完好的食品罩内,以免被污染。

四、等留样食品冷却后,用保鲜膜密封好(或加盖,并在外面标明留样时间、品名、留样人。

五、食品留样在密封好、贴好标签后,必须立即存入专用留样冰箱内。

六、用于留样的容器必须满足消毒、无菌要求。

七、每餐必须作好留样记录,包括留样时间、食品名称、留样人,便于日后备查。

八、留样食品必须保留48小时,时间超过后方可倒掉。

九、留样冰箱为专用设备,留样冰箱内严禁存放与留样食品无关的其他食品。

十、食堂管理员要每天督促相关人员做好留样工作。

(审校:王龙锐　王延杰)

食堂食品添加剂使用与管理制度

一、使用的食品添加剂必须符合GB2760-2014《食品安全国家标准　食品添加剂使用标准》和卫生管理办法的规定,不符合卫生标准和卫生管理办法的食品添加剂不得使用。

二、购买食品添加剂必须索取卫生许可证复印件和产品检验合格证明,进口食品添加剂应索取口岸食品卫生监督机构出具的卫生证明。

三、食品添加剂使用必须符合GB2760-2014《食品安全国家标准　食品添加剂使用标准》或卫健委公告名单规定的品种及其使用范围、使用量,不得随意扩大使用范围和使用量。

四、不得使用未经批准、受污染或变质以及超过保质期的食品添加剂。

五、不得以掩盖仪器腐败变质或掺杂、掺假、伪造为目的使用食品添加剂。

(审校:王龙锐　王延杰)

食堂有害生物防治管理规范

一、基本要求

(一)有害生物防治应遵循物理防治(粘鼠板、灭蝇灯等)优先、化学防治(滞留喷洒等)有条件使用的原则,保障食品安全和人身安全。

(二)学校食堂的墙壁、地板无缝隙,天花板修葺完整。所有管道(供水、排水、供热、燃气、空调等)与外界或天花板连接处应封闭,所有管、线穿越而产生的孔洞,选用水泥、不锈钢隔板、钢丝封堵材料、防火泥等封堵,孔洞填充牢固,无缝隙。使用水封式地漏。

(三)所有线槽、配电箱(柜)封闭良好。

(四)人员、货物进出通道应设有防鼠板,门的缝隙应小于6毫米。

二、设施设备的使用与维护

(一)灭蝇灯

1.食品处理区、就餐区宜安装粘捕式灭蝇灯。使用电击式灭蝇灯的,灭蝇灯不得悬挂在食品加工制作或贮存区域的上方,防止电击后的虫害碎屑污染食品。

2.应根据餐饮服务场所的布局、面积及灭蝇灯使用技术要求,确定灭蝇灯的安装位置和数量。

(二)鼠类诱捕设施

1.学校食堂内应使用粘鼠板、捕鼠笼、机械式捕鼠器等装置,不得使用杀鼠剂。

2.学校食堂外可使用抗干预型鼠饵站,鼠饵站和鼠饵必须固定安装。

(三)排水管道出水口

排水管道出水口安装的箅子宜使用金属材料制成,箅子缝隙间距或网眼应小于10毫米。

（四）通风口

与外界直接相通的通风口、换气窗外，应加装不小于16目的防虫筛网。

（五）防蝇帘及风幕机

1.使用防蝇胶帘的，防蝇胶帘应覆盖整个门框，底部离地距离小于2厘米，相邻胶帘条的重叠部分不少于2厘米。

2.使用风幕机的，风幕应完整覆盖出入通道。

三、防治过程要求

（一）收取货物时，应检查运输工具和货物包装是否有有害生物活动迹象（如鼠粪、鼠咬痕等鼠迹，蟑尸、蟑粪、卵鞘等蟑迹），防止有害生物入侵。

（二）定期检查食品库房或食品贮存区域、固定设施设备背面及其他阴暗、潮湿区域是否存在有害生物活动迹象。发现有害生物，应尽快将其杀灭，并查找和消除其来源途径。

（三）防治过程中应采取有效措施，防止食品、食品接触面及包装材料等受到污染。

四、卫生杀虫剂和杀鼠剂的管理

（一）卫生杀虫剂和杀鼠剂的选择

1.选择的卫生杀虫剂和杀鼠剂，应标签信息齐全（农药登记证、农药生产许可证、农药标准）并在有效期内。不得将不同的卫生杀虫剂制剂混配。

2.鼓励使用低毒或微毒的卫生杀虫剂和杀鼠剂。

（二）卫生杀虫剂和杀鼠剂的使用要求

1.使用卫生杀虫剂和杀鼠剂的人员应经过有害生物防治专业培训。

2.应针对不同的作业环境，选择适宜的种类和剂型，并严格根据卫生杀虫剂和杀鼠剂的技术要求确定使用剂量和位置，设置警示标识。

（三）卫生杀虫剂和杀鼠剂的存放要求

不得在食品处理区和就餐场所存放卫生杀虫剂和杀鼠剂产品。应设置单独、固定的卫生杀虫剂和杀鼠剂产品存放场所，存放场所具备防火防盗通风条件，由专人负责管理。

（审校：王龙锐　王延杰）

食堂应急预案(一)

为切实提高学校食堂应对食品安全突发事件的应急救援能力,有效的组织救援,保障就餐人员的身体健康,深入贯彻落实《中华人民共和国食品安全法》,根据《餐饮服务许可管理办法》《餐饮服务食品安全监督管理办法》和《中华人民共和国突发事件应对法》要求,结合校本部食堂实际情况,特制定食堂突发事件应急处置预案。

一、食品安全突发事件应急处置预案

(一)组织机构——食堂突发事件应急处置小组

组长:党委书记。

副组长:分管食堂校级领导。

组员:食品安全员。

(二)小组成员工作职责

1.组长

负责学校食品安全突发事件的统一领导指挥、组织协调,具体全面负责和协调突发食品安全事故的应急处置和善后处理工作。

2.副组长

负责现场整体工作安排,配合组长对应急处置的布置安排。

3.组员下设四个专项工作组

(1)信息组

①负责与附近的卫生防疫部门和医疗机构等联系;

②负责与病人家属联系;

③负责应急事件信息收集、汇总和报送,做到信息准确、公开、透明。

(2)处理组

①负责协助医疗部门的救治工作,并及时掌握相关动态;

②负责随时了解应急事故状态、伤亡人数;

③协助处理好善后的其他各项工作。

(3)后勤组

①负责应急物资采购,建立应急物资储备保障体系;

②负责车辆的安排。

(4)现场秩序维护组

①负责维持应急事件现场秩序;

②提供一线的情况,向员工和病人家属做好解释工作。

(三)应急处理程序

在食堂建立安全值班制度,设置值班电话并保证24小时轮流值班。

如发现食品安全事故立即上报,具体程序如下:

现场第一发现人—现场值班人员或厨师长—食堂主管—食堂突发事件应急处置小组—上级部门。

食品安全事故发生后,应急救援组立即启动如下应急救援程序:

1.现场第一发现人立即向现场值班人员或厨师长报告;

2.现场值班人员(厨师长)立即上报食堂主管,并控制事态、通知就餐人员停止食用可疑食品;

3.食堂主管立即上报食堂突发事件应急处置小组,并立即保护现场组织抢救、疏导人员;

4.立即与附近的卫生防疫部门和医疗机构等联系;

5.后勤组立即组织车辆,将病人送往联系的医院;

6.处理组立即了解事故及伤亡人数等情况,收集相关病情信息;

7.现场秩序维护组立即维持应急事件现场秩序,保护现场;

8.处理组封存剩余的食物或者可能导致食物中毒的食品及其原料,临时封锁现场,采集病人排泄物和可疑食品等样本并配合卫生部门调查,如实提供材料和样品,协助卫生部门进行事件调查、处理;

9.信息组了解病人信息,联系病人家属;

10.后勤组筹备应急所需物资,建立应急物资储备保障;

11.信息组对应急事件信息收集、汇总,填写食物中毒事故报告登记表并报告上级主管部门和食品药品监管部门,说明发生食物中毒的单位、地址、时间,中毒人数,以及食物中毒等有关内容;

12.现场秩序维护组对现场员工和家属做好解释和安抚工作;

13.处理组落实卫生部门要求采取的其他措施,把事态控制在最小范围;

14.处理组协助领导做好善后处理工作;

15.在未经公司许可,任何部门和个人不得自行散布事故情况信息。

(四)善后及责任追究

1.善后处理

(1)食品消毒处理

①封存被污染的食品用具及工具,并进行清洗消毒。

②彻底清洗、消毒接触过引起中毒食物的餐具、容器以及存储过程中的冰箱、设备,加工人员的手也要进行消毒处理。对餐具,用具、抹布采取煮沸办法,煮沸时间不应少于5分钟,对不能进行热力消毒的物品,可用75%的酒精擦拭或用化学消毒剂浸泡。

(2)事件总结处理

事件处理结束后,认真做好突发事件各项记录和处理总结,分析突发事件处理过程中的经验教训,并提出改进措施,着手清查隐患,堵塞漏洞,确保食品卫生安全各项工作落实到实处,组织食品管理和从业人员培训,并对学校进行情况通报和相关教育。

2.责任追究

(1)责任追究属上级部门和司法机关管辖的,学校负责落实执行;

(2)属学校管辖的,由食堂突发事件应急处置小组依照相关法律法规之规定集体研究决定。学校将对以下几点要进行责任追究。

①对导致事故的相关责任人进行严肃追究;

②对事故瞒报、谎报和不及时上报的行为进行严肃追究;

③对事故处理中玩忽职守、推诿等影响应急预案顺利实施的行为进行严肃追究。

二、食堂火灾应急处置预案

(一)组织机构

组长:党委书记。

副组长:分管食堂校级领导。

组员:消防安全员。

(二)小组成员工作职责

1.组长

负责学校堂安全突发事件的统一领导指挥、组织协调,具体全面负责和协调火灾应急处置和善后处理工作。

2.副组长

负责现场整体工作安排,配合组长对应急处置的布置安排。

3.组员下设四个专项工作组

(1)信息组

①负责与附近的消防和医疗等机构联系;

②负责与家属联系;

③负责应急事件信息收集、汇总和报送,做到信息准确、公开、透明。

(2)处理组

①负责协助医疗部门的救治工作,并及时掌握相关动态;

②负责随时了解应急事故状态,伤亡人数;

③协助处理好善后的其他各项工作。

(3)后勤组

①负责应急物资采购,建立应急物资储备保障体系;

②负责车辆的安排。

(4)现场秩序维护组

①负责维持应急事件现场秩序;

②提供一线的情况,向员工和家属做好解释工作。

(三)火灾应急处理程序

火灾的发生一般会出现烟、味、光等现象,任何人在食堂区域内发现火情后,都应迅速做到以下事项:

1.迅速判明起火位置、起火性质(电器、油火、物品)、火势情况,报告食堂管理员;

2.迅速利用附近的灭火器材灭火,阻止火势蔓延;

3.当部分起火发展为整体着火后,根据现场最高指挥员的指令,立即拨打消防火警专用电话119通知消防队支援灭火;

4.报告火情时应报明具体位置、火势情况和自己的身份,报告用语应迅速、准确、清楚。

(四)消防灭火方法和注意事项

1.先救人,后灭火的原则;

2.食堂员工无论在任何场所发现火情,都应勇敢迅速地使用附近的消防器材或灭火物品扑灭火灾,决不临阵脱逃;

3.处置小组的成员既是灭火责任人,又是现场指挥员,应迅速组织员工灭火;

4.消防灭火时,应首先关闭排风机、鼓风机、空调,切断火源,根据火势情况切断电源,关闭防火门,防止火势蔓延;

5.正确使用消防器材,迅速有效地扑灭火灾,一般火灾采用灭火器喷射灭火,较大火灾应用高压水龙头喷射灭火,但要切记,厨房油锅着火或电器着火,严禁用水灭火,以免油锅溢出散布火苗扩大火灾面积或损坏电器;

6.食堂员工必须懂得“三懂三会”。三懂:懂得哪些是生产操作中的不安全火险隐患、懂得火灾预防措施、懂得扑救初起之火的方法;三会:会报警,会使用各种消防器材、会扑救初起之火。

(五)疏散方法和注意事项

1.疏散时机:现场火势较大,无法控制,可能危及人员安全时;

2.疏散方式:火势较大无法控制,可能危及全体人员的安全,应组织全体人员疏散;

3.疏散指令的发出:疏散指令由食堂主管或现场最高领导者根据火情发展情况决定发出,任何人不得随意发出疏散指令或疏散警报信号;

4.发布疏散指令的方法:由现场第一发现人通知食堂主管,疏散人员通知就餐客人撤离食堂;

5.餐厅的疏散:食堂管理员负责人员疏散的总协调,食堂工作人员负责组织餐厅人员疏散;

6.物资的疏散:食堂库管员负责利用最近的疏散门把重要物资搬离火灾现场;

7.要掌握好疏散时机和疏散方式,过早疏散易造成不良影响,过迟疏散可能造成损失;

8.疏散必须统一指挥,统一组织,有秩序地进行,防止混乱,疏散指令的发出必须由总指挥或现场最高领导决定发出，任何人不得随意发出疏散指令，食堂工作人员接到疏散指令后，应迅速组织，不得迟疑，以免造成损失；

9.疏散时必须严格按照疏散程序进行，保持安静，避免惊扰周围不该疏散的人员；

10.疏散时必须严格按照疏散方案组织实施，防止遗漏，应确保就餐人员的生命财产安全；

11.疏散后，应关闭所有的门窗和防火门，关闭所有电源灯光、电气设备，熄灭所有的炉火和烟头。

（六）核实上报

事故发展情况应核实清楚，由食堂主管向学校领导汇报。领导接报后，根据情况决策，联系有关部门、有关单位进行抢救。

（七）抢救结束后的处置

1.事发12小时内写出事故书面报告，及时将事发经过、原因分析、处理结果及整改措施形成正式报告，报上级领导；

2.保护好现场以便调查火灾原因；

3.冷藏、冷冻食品经防疫部门检验后方可食用；

4.事故处理完毕后，由食堂负责人总结应急抢救工作的经验教训，同时提出改进意见，完善预案。

（八）相关部门电话

火警：119。

医疗急救：120。

值班电话：××××××××。

三、食堂停水、停电、停气应急处置预案

为进一步提高食堂服务质量和管理水平，在突发停水、停电、停气的情况下，实现服务工作良性运行，保证食堂正常营业，特制定本预案。

（一）组织机构

组长：党委书记。

副组长：分管食堂校级领导。

组员：水电气安全员。

(二)小组成员工作职责

1.组长

负责学校食堂突发事件的统一领导指挥、组织协调,具体全面负责和协调应急处置。

2.副组长

负责现场整体工作安排,配合组长对应急处置的布置安排。

3.小组分工

(1)联络组

及时将突发事件上报组长,联系相关部门,查明原因,及时通知用餐单位。

(2)保障组

维持突发事件现场秩序,对就餐人员做好解释工作。安排食堂工作人员,及时清理冷藏食品、冰箱、储存水源等。

(三)设施保障

设施到位,未雨绸缪,购置电炒锅、饮水机、微波炉等防停水、停电、停气必备的设备。

(四)保证措施

做到科学预防,措施得力,确保停电、停水、停气的情况下,食堂就餐和饮用水的供应。

1.停电

食堂遇临时停电,或跳闸等特殊情况时,在正常营业期间,应做好以下工作:

(1)餐厅厨师长应第一时间上报食堂管理员,食堂管理员联系相关部门询问停电原因,如果是食堂内部供电设备问题应立即检修。如果是地区停电,或其他原因无法解决的,应向就餐人员表示歉意并做好解释工作。

(2)联络组负责解释、沟通,稳定就餐人员情绪。迅速开启应急灯或点燃蜡烛。(备足蜡烛放在固定位置,方便取用。)

停电将影响冷藏设备运作,在停电期间,冷藏保存的食品或原料的保质期应缩短,在化冰后执行常温保存条件下的保存期限,预计不能在期限内使用原料或食品时,可考虑转让或转库等以减少损失,超过期限的,应按不合格品处理。

2.停水

(1)食堂现场管理人员查明停水原因在食堂内还是食堂外,若是食堂外原因,应立即拨打自来水公司,问清事故发生地点和事故原因及停水时间。若是食堂内原因,应立即通知后勤水电工到场,迅速进行维修。

(2)自来水公司因检修或其他原因提前告知停水情况,食堂现场管理人员应提前做好储水准备,充分利用已备的所有装水容器。

(3)不能在短时间内修复,食堂储存水又不够的情况下,造成食堂无法正常用水的,食堂现场管理人员应及时上报食堂主管,并采取以下措施:

①调换操作方式,尽量做一些少用水的食品;

②立即拨打已联系好的快餐公司送餐;

③利用有限时间对食堂原材料进行变质处理。

3.停气

(1)厨师长第一时间上报食堂管理员,由食堂管理员联系相关部门询问停气原因和供气恢复时间。

(2)对于不能短期恢复的,食堂管理员应及时上报食堂主管,并采取以下措施:

①若为早餐备餐时停气,需向就餐人员做好解释工作;

②若为午餐备餐时停气,立即拨打已联系好的快餐公司送餐;

③若为晚餐备餐时停气,就餐人员较少时,采用备用电炒锅、微波炉等设备进行饭菜制作;就餐人员较多时,需立即拨打已联系好的快餐公司送餐。

食堂应急预案(二)

为维护广大师生和全体职工的生命安全,保障学校教学顺利进行,维护社会的政治稳定。根据教育部、卫生部《关于加强学校卫生防疫与食品卫生安全工作的意见》,结合食堂工作具体情况,特制定如下饮食安全应急预案:

一、防止食物中毒的措施

(一)健全食物中毒报告制度

学校的食堂要认真贯彻执行上级相关文件的精神,以便及时采取防治措施。

(二)广泛开展预防食物中毒宣传教育

广泛深入地开展预防食物中毒的宣传,结合学校的实际情况,充分利用广播、电视、报刊、黑板报、宣传画和实物标本等各种形式,宣传普及有关的卫生知识,提高食物从业人员和广大师生员工的卫生管理水平,减少食物中毒发生。

(三)细菌性食物中毒的预防措施

1.防止细菌对食品的污染:学校食堂应对食品加强卫生管理,特别是肉类,鱼类和奶类等动物性食品,要防止在生产加工和出售过程中的污染。食品须低温贮藏,用专用工具售货,食品从业人员要重视个人卫生,定期进行身体检查,发现有不适宜从事食品工作的病患者或带病者,应及时调换工作。

2.控制细菌的污染:控制细菌生长繁殖措施主要是低温保藏。按照食品低温保藏的卫生要求贮存食品,防止食品腐烂变质。

3.杀灭病原菌:杀灭病原菌的措施主要是高温灭菌,当肉类食品深部温度达80度时,经12分钟可彻底杀死沙门氏菌。隔餐的熟食品和剩菜饭,在销售或食用前必须充分加热。

(四)化学性食物中毒的预防

1.有些化学物质与食用的面碱、淀粉、食盐等形状相似,因而常发生误用、误食而造成中毒。因此,要加强对有毒物品的管理,要严格执行保管和领取制度,严禁把有毒化学物质带回家中使用。

2.加强农药的管理和使用。农药要专库保管,不能与食品同仓存放,防止污染食品。并要严格遵守农药使用的有关规定。

3.包装或盛放有毒化学物质的容器,不得用来包装或盛放食品。

(五)有毒动植物中毒的预防措施

有毒动植物往往与某些食物相似,如不加以识别而误食,就会引起中毒,如有毒的蕈类和野果等。因此,要加强宣传,提高对有毒或无毒动植物的识别能力,防止误食,对不能识别的有毒动植物,须经有关部门鉴定,确认无毒才能食用。

二、发生食物中毒的处理

(一)通报

发现食物中毒事故,立即通知卫生医疗机构做好抢救准备,同时报学校有关领导,事故严重的报医院急救电话120。

(二)紧急处理

1.后勤部门(办公室):负责车辆调度,把重病号送往医院抢救;

2.保卫科:保护现场,组织事故调查,处理临时紧急任务。

(三)原因调查

1.保护现场,对可疑食物或有毒食物取样封存;

2.留样的食物和现场取到的样品送防疫部门进行技术鉴定;

3.分析原因,根据现场调查和技术鉴定的情况进行综合分析,确定事故原因,吸取教训。

(四)情况汇报

根据事故的大小情况,及时报上级有关单位。

(审校:王龙锐　王延杰)

学校食堂财务管理办法

第一章　总则

第一条　为规范我校食堂财务管理行为,明晰学校经济关系,维护师生的合法权益,保证会计信息质量,促进教育事业健康发展,根据《中小学校财务制度》(财教〔2022〕159号)、《农村义务教育学生营养改善计划实施办法》(教财〔2022〕2号)、《重庆市教育委员会 重庆市财政局关于印发重庆市中小学校食堂财务管理办法的通知》(渝教财发〔2024〕13号)等文件规定,结合我校食堂管理的实际情况制定本办法。

第二条　本办法适用于我校食堂。

第三条　学校食堂应当坚持公益性和非营利性原则。规范学校食堂财务行为,提高食堂伙食质量,保证师生饮食卫生,是学校管理工作的重要组成部分。

第二章　财务管理体制

第四条　学校食堂财务管理实行党组织领导下的校长负责制,校长在学

校党组织领导下,依法依规管理食堂财务工作。

第五条 纳入财务室统一管理,在现有账户下分账核算,真实反映收支状况,并定期公开账务。

第六条 学校食堂根据就餐学生的规模设置食堂责任人、采购、库管等岗位,配备专、兼职会计人员。

第七条 求精中学成立由学生代表、家长代表、教师代表等组成的膳食委员会,对食堂财务活动、经费收支、会计核算等有关事项进行监督。

第八条 学校食堂的财务管理实行校长审批制度。重大开支和重要的经济事项决策,除经学校领导集体研究决定外,还应向学校膳食委员会通报有关情况,征求意见。

第三章 收入管理

第九条 学校食堂收入是指学校食堂为开展饮食服务活动依法取得的非偿还性资金。学校食堂收入包括:

(一)补助收入。指学校食堂取得的用于提高学校食堂饭菜质量、改善用餐环境等的各种补贴资金。学校食堂取得的补助收入应区分资金来源渠道进行明细核算,并在实际收到补贴资金时确认为当期收入。取得的营养膳食补助资金纳入财政补助收入,同时其收支情况应当设立专门台账,明细核算。

(二)伙食收入。指学校食堂为师生和其他个人提供饮食服务取得的收入。具体包括学生伙食收入、教师伙食收入,其他伙食收入。学生伙食费原则上按月收取,在学生及家长自愿的前提下也可按学期或者几个月一起收取。按月收取伙食费的,每月收取的伙食费直接确认为当月伙食收入;按学期收取,其收取的款项应先记入预收账款,月末按实际结算金额确认为当月伙食收入。

(三)其他收入。指学校食堂取得上述项目以外的收入。包括:利息收入、食堂残值收入、接受捐赠收入、存货盘盈收入等。

第十条 学校食堂应以服务师生为宗旨,按照"公益性、非营利性"的原则,合理确定伙食费标准和配餐方案。教职工在食堂就餐应与学生同菜同价,伙食费据实结算,不得挤占营养改善补助资金,不得侵占学生利益。家长陪餐产生的费用按参与人数核定为其他伙食收入,由学校公用经费支出。

第十一条 学校食堂取得收入应使用符合国家规定的合法票据。学校食堂收取伙食费每学期向学生开具财政专用票据,不得使用白条和三联收据。

第十二条 学校食堂取得的收入应当按照“收支两条线”的规定存入银行,严禁设立“小金库”、严禁“公款私存”等。

第四章 支出管理

第十三条 学校食堂支出是指学校食堂为开展饮食服活动发生的各项资金耗费和损失。食堂支出主要包括:

(一)伙食支出。指学校食堂为提供饮食服务而发生的各项直接支出。主要包括:

1.食材采购成本。指学校食堂在提供饮食服务过程中所耗用的粮食、肉禽蛋、蔬菜瓜果、油盐辅料等成本。

2.燃料动力。指学校食堂在提供饮食服务活动中所耗用的水、电、气以及其他燃料动力等成本。实施营养改善计划的学校自主经营食堂(伙房)发生的水电煤气等日常运行经费纳入学校公用经费开支,不列入食堂支出。

3.人工成本。指学校食堂向食堂员工支付的各种劳动报酬,以及为上述人员缴纳的各项社会保险费等。食堂支付给单位和个人的劳务费用,也属于人工成本。

为实施营养改善计划供餐增加的食材采购配送、食堂从业人员工资应纳入财政统筹保障。不得因提供早、晚餐挤占营养膳食财政补助资金。

(二)运维支出。指学校食堂购买的按国家统一的会计制度规定不符合固定资产确认标准的炊具、餐具等低值易耗品购置支出,以及食堂使用的固定资产发生的日常维护和修理支出。

(三)其他支出。指学校食堂为提供饮食服务活动中所发生的、除伙食支出、运维支出之外的各种支出。包括食堂采购存货过程中发生的各种费用、向政府部门缴纳的各种费用、存货盘亏的净损失等。

第十四条 学校食堂发生的各项支出应取得真实、有效的票据。并确保各项票据来源合法、内容真实、使用正确。如因客观原因确实无法取得正式票据的,应采用统一格式的自制原始凭证,并完善相关签章手续。

第十五条　求精中学应加强食堂支出管理,提高食堂资金使用效率,严禁以任何形式挤占、挪用食堂资金,与食堂提供饮食服务无关的支出一律不得在学校伙食账中列支。由财政经费保障的人员、设备设施等方面的支出不得在食堂专账中列支。学校食堂不得列支教职工奖金、津补贴等各项福利支出,不得为教职工发放实物,不得列支学校招待费。

第十六条　求精中学必须确保营养改善补助资金足额用于学生伙食,不得以现金形式直接发给学生个人和家长。

第五章　结余管理

第十七条　学校食堂结余是指学校食堂为师生提供饮食服务而发生的当期收入与支出相抵后的余额。

第十八条　学校食堂的收支结余实行月度结算,于每月月末将食堂取得的各种收入、发生的各种支出转入结余。

第十九条　学校食堂必须坚持非营利性的原则,尽量做到以收抵支,收支平衡。如收支相抵后确有结余,应结转下期,滚动使用。食堂的结余款要专项用于改善学生伙食,严禁用于学校教职工福利、奖金、津补贴以及非食堂经营服务方面的支出。

第六章　资产管理

第二十条　学校食堂资产是指学校食堂占有或者使用的能以货币计量的经济资源,包括货币资金、应收及预付款项、存货等。

第二十一条　学校食堂的货币资金包括库存现金和银行存款。求精中学应当加强对食堂货币资金的核查控制。指定不办理货币资金业务的会计人员定期和不定期抽查盘点食堂库存现金,定期对账。

第二十二条　学校食堂的应收及预付款项指学校食堂在开展饮食服务活动过程中形成的各项债权,包括应收账款、预付账款和其他应收款等。学校食堂对应收及预付款项应当及时清理结算,不得长期挂账。

第二十三条　学校食堂的存货指学校食堂在开展饮食服务活动中为耗用而储存的资产,包括原材料和低值易耗品。

学校食堂的原材料主要包括为提供饮食服务而购入储备的粮食、肉禽蛋、蔬菜瓜果、油盐辅料等。

学校食堂的低值易耗品主要包括学校食堂购进未达到固定资产核算标准的炊具、餐具、日常用品等物资。

学校食堂购入的各种存货，无论是存放仓库保管，还是直接送入厨房，均应建立验收、入库、领用制度，办理各种出入库手续并完善签章手续。

学校食堂在采购过程中发生的费用，直接计入其他支出。

第二十四条　学校食堂应建立健全存货的采购、验收、保管、领用等存货内部制度。对存货进行定期或者不定期的清查盘点，并对存货的盘盈、盘亏及时处理。保证账实相符。对盘盈的存货，按照同类或类似存货的实际成本或市场价格确定入账价值，确认为其他收入；盘亏或者毁损、报废的存货，按扣除责任人赔偿的金额后计算净损失，确认为当期其他支出。

第二十五条　学校食堂使用的场地、设备等由学校统一购置，作为求精中学的固定资产进行核算、管理。

学校食堂应对占用的学校固定资产建立资产台账，加强资产的实物管理。并明确资产使用和保管责任人，落实资产使用人在资产管理中的责任。求精中学应当对食堂占用的资产定期清查盘点，确保账实相符。

第七章　负债管理

第二十六条　学校食堂的负债指学校食堂承担的能以货币计量，需要用资产或劳务偿还的债务。

第二十七条　学校食堂负债包括应付账款、预收账款、其他应付款等。

学校食堂购入原材料、低值易耗品等已验收入库但货款尚未支付的，按照应付未付金额计入应付账款；按学期收取，其收取的款项应计入预收账款。

第二十八条　学校食堂应当对不同性质的负债进行分别管理，加强债务的对账和检查控制，定期与债权人核对债务余额，进行债务清理，防范和控制财务风险。

第八章　财务报告与财务监督

第二十九条　学校食堂财务报告由会计报表和补充说明构成。会计报表包括资产负债表和收入支出表；补充说明主要包括食堂就餐状况、收支情

况分析等需要补充说明的事项。

第三十条　学校食堂应按月编制财务报表,主动接受检查和监督。

第三十一条　学校食堂应实行财务公开,自觉接受学生、家长、学校膳食委员会的监督。学校食堂应定期(每学期至少一次)将食堂收支情况向学校师生和家长公示。

(审校:邹丹　张茹茂)

学校水电气管理制度

为确保我校师生学习、工作、生活正常用水、用电、用气安全及最大程度节约能源,保障学校教育教学工作正常有序进行,特制定本制度。

一、学校水电气由总务处进行统一管理,负责安装、维修以及每月一次定期全面检查。

二、学校师生员工不得私自安装电线、电灯、插座等,如确因学习、工作需要另行安装电线、电灯、插座,须先请示分管领导,经其同意后,再由总务处进行处理。

三、学校教职员工不得在办公室使用电炉等大功率电器,学生不得在学生宿舍使用电吹风等大功率电器。

四、学校教职员工不仅要注意自身用水、用电、用气安全,还应加强对学生的相关教育管理。

五、注意节约用水、用电、用气,如应做到人走灯灭。

六、加强学校食堂及学生宿舍用气安全管理,责任到人。

七、未尽事宜,解释权归总务处。

八、本制度自宣布之日开始实施执行。

(审校:姜宇龙　陈星舟)

第九板块

对外联络

学校校家社共建联络制度

为进一步加强学生管理,发挥学校、家庭、社会三者的教育合力,为学生营造良好的教育环境,及时沟通学生状况,促进学生在德、智、体、美、劳各方面全面健康发展,现将原有的学校、家庭、社会联系制度融会起来,构建新型校家社联系制度,提高校家社联系工作效率。

一、指导思想

以科学发展观为指导,在全校范围内开展以“校家社共建和谐校园”为主题的活动,加强校家社之间的联系,通过教育一个学生,带动一个家庭,影响整个社会。

二、具体措施

(一)定期召开家长会

班主任要把学校的办学方向、办学水平和教改的成果及举措告诉家长,请有经验的家长做交流,老师和家长相互通报孩子在校在家的表现,共同帮助学生,从而激发学生奋发向上、自主教育的意识。可每学期评选一次优秀家长。

(二)定期家访与家长沟通交流

结合教育教学实践活动,老师要及时地和家长沟通孩子最近的一些表现。采取上门家访或者电话家访的形式和家长沟通,更好地了解学生的一些基本情况,对学生的一些好习惯的养成和坏习惯的形成原因有更深入的了解,与家长达成一致意见,使家庭教育与学校教育相得益彰。

(三)举办学校开放日

每月固定一个时间并确定一个班级向家长开放,供家长进入班级观摩、听课、交流。让家长了解学校教学情况,了解子女的学习过程,增进家校联系,加强家长与老师的沟通。原则上一学期由学校评议一次。

(四)适度开放教育设施

在不影响教学的情况下,开放图书室、微机室等,实现学校教育资源与家庭资源共享,加快家校共建的进程。

(五)创建学生成长档案

创建学生成长档案,将学生平时在教育教学中取得的各项成果记录装入档案袋，一学期一总结，帮助学生记录成长中的痕迹。

（六）实施校家社协同育人

利用校内、外宣传阵地，邀请家长、社会与学校共同策划、组织国防教育、环保教育、生命教育、常识教育、诚信教育、养成教育等活动，实现校家社教育共谋、成果共享，同时学校选派优秀教师担任辅导员，开展文明素养、科学文化、法治等方面的教育。

（审校：陈磊　方锐）

学校公众号信息发布审核办法

第一条　为进一步加强和规范我校公众号信息发布工作，落实意识形态工作责任制，依据《中共重庆市委办公厅关于印发〈党委（党组）意识形态工作责任制实施细则〉的通知》（渝委办发〔2016〕3号）、《中共重庆市委办公厅关于印发〈重庆市党委（党组）网络意识形态工作责任制实施细则〉的通知》（渝委办发〔2017〕26号）等文件要求，结合工作实际，制定本办法。

第二条　学校公众号统筹全校各部门、各年级宣传、网络舆情引导等工作，扩展宣传栏目，加强党教育方针政策的宣传，积极利用网络传播学校教育教学优秀活动，传播正能量。

第三条　学校公众号信息发布由外联办负责。

第四条　按照“先审后发”原则，严格落实“三审三校”制度。稿件采写部门、年级领导担任一审，稿件采写部门、年级工作人员担任一校，分管党组领导担任二审，稿件采写部门、年级领导担任二校，党组主要领导担任三审，稿件采写部门领导担任三校。外联办工作人员通读后交付刊发。

第五条　各部门、年级对报送学校公众号刊发的信息，要从源头落实采编责任，真实准确全面反映教师、学生教育教学活动情况，切实履行网络意识形态责任。

第六条　各部门、年级报送稿件应注意时效性，原则上应在事件发生后三个工作日内完成。

第七条　信息稿件标题要求醒目，内容要重点突出，详略得当，语言简洁明快，注重可读性和吸引力。稿件字数建议：一般性工作信息字数不超过500

字,综合型文艺活动信息字数不超过800字,重大工作、学生教师活动信息不超过1500字。

第八条　新闻稿件中引用的资料、史实、数字,新闻中涉及的人物姓名及其职务、职称,涉及有关单位部门的名称等均应仔细核对,避免出现与事实不符、错别字、标点符号错误等情况。

第九条　关于人物称谓,首次出现人物应准确报道完整职务。政务类信息可采取“职务+姓名”的方式,信息中再次出现同一人物时只写姓名。信息中出现多个领导姓名,要严格按照职务排序。

第十条　信息稿件应重视用语规范,倡导文明规范用语,自觉抵制网络低俗语言。慎用容易引起歧义的生僻词汇和网络用语。

第十一条　信息稿件要求文字和图片分开,不能将照片图在文档内。文字统一使用电子文档,要有标题,有内容,标明采写部门或稿件来源。

第十二条　信息稿件需要配发图片的,应提供原始图片单独发送;一般性新闻可配图2—3张(重要新闻除外);图片排列应根据议程或重要性标明顺序,文件名简要描述图片;图片选择宁缺毋滥,图片重复、无序、模糊的,不予采用。

第十三条　尊重他人著作权。各部门、年级上报信息,要严格区分原创稿件和转载稿件。转载稿件的要如实填写文字、图片稿件来源。

第十四条　各部门、年级负责人是信息报送保密审查工作的直接责任人,在信息报送前按照相关规定进行保密审查。

第十五条　外联办在信息发布前再次进行保密审查,如不能判定信息是否涉密,应提交办公室审查。

第十六条　本办法由学校党委负责解释。

第十七条　本办法自印发之日起施行。

(审校:刘艳　张茹茂)

校园舆情工作制度

第一条　总则:为规范××××学校校园舆情工作,维护良好的校园舆论环境,提高校园形象和声誉,特制定本制度。本制度适用于全校师生员工及相关外部合作伙伴。

第二条　目标：校园舆情工作旨在加强信息传播、管理和引导，倡导真实客观、积极向上的舆论氛围，确保信息的及时准确性和一致性，提高校园形象和声誉。

第三条　工作原则

1.遵循公开、透明、客观、公正原则，坚持事实导向，不捏造、歪曲信息。

2.加强信息的收集、传播和管理，确保信息的可靠性和及时性。

3.坚决守护校园舆论的政治安全，严禁传播有损学校声誉和社会稳定的虚假信息。

4.尊重师生员工的言论自由，对不同意见和批评建议要包容接纳，合理引导。

5.外联办作为执行部门，负责具体的舆情工作，校党委作为领导部门，对舆情工作进行指导和监督。

第四条　职责分工

(一)外联办

1.负责收集校园内外的舆情信息，定期汇总和分析，及时报告校党委。

2.制定舆情处理方案，组织开展应急处置工作。

3.组织开展舆情引导和教育培训，提升师生员工的舆情意识和应对能力。

4.维护校园官方媒体平台，发布权威信息，回应热点问题。

5.协调各部门合作，共同维护良好的舆论环境。

(二)校党委

1.对校园舆情工作进行指导和督促，确保工作顺利开展。

2.审查和批准外联办制定的舆情处理方案，做出决策。

3.关注舆情发展态势，及时调整工作策略，防范潜在风险。

4.对外联办的工作进行考核评估，及时给予表扬或指导。

第五条　处罚措施：对于违反本制度规定，散布虚假信息、恶意攻击学校形象等行为的师生员工，将依据学校规章制度给予相应处理，包括但不限于警告、记过、停职、开除等处罚。

第六条　附则：本制度自发布之日起正式执行，如需要修改，应经校党委审批，并及时通知全校师生员工。

（审校：王曦　刘艳　王延杰）

学校校友联络制度

为加强与校友的联系,促进校友之间的交流与合作,进一步扩大求精中学的社会影响力,特制定校友联络制度,并由外联办校友工作部负责执行。

一、工作目标

(一)建立稳定的校友数据库,记录校友基本信息和发展动向。

(二)组织各类校友活动,促进校友之间的交流与互动。

(三)提供专业化的校友服务平台,为校友提供信息咨询和支持。

二、工作职责

(一)负责校友联络制度的实施和管理。

(二)维护校友数据库,定期更新和完善校友档案。

(三)策划和组织各类校友活动,如校友座谈会、校友返校日等。

(四)设立校友服务平台,为校友提供信息查询、就业咨询等服务。

三、活动方式

(一)校友联系方式采集

1.在校内活动、校友返校日等场合收集校友联系方式和职业信息。

2.建立校友数据管理系统,确保信息安全和隐私保护。

(二)校友活动策划

1.根据学校发展和校友需求,精心策划各类校友联谊活动。

2.利用校园资源和社会资源,丰富活动内容,搭建校友沟通交流平台。

(三)校友服务支持

1.设立校友热线电话和邮箱,为校友提供信息查询和业务咨询服务。

2.搭建校友网络平台,便于校友间交流互动和信息分享。

四、制度落实与评估

(一)外联办校友工作部负责校友联络制度的具体实施和管理。

(二)定期评估校友活动效果和校友互动情况,听取校友意见和建议,不断完善制度。

(三)不定期开展校友满意度调查,评估制度执行效果和社会影响。

(审校:王曦　刘艳　王延杰)

第十板块

师生公约

班规约定(建议)

一、禁触红线,不准迟到早退无故旷课。

二、尊师重教,不准傲慢无理不听招呼。

三、团结同学,不准歧视欺侮排挤他人。

四、认真学习,不准睡觉走神东倒西歪。

五、关心集体,不准乱写乱画损坏公物。

六、爱护卫生,不准乱扔乱放随地吐痰。

七、举止文明,不准打架斗殴脏话连篇。

八、习惯良好,不准抽烟饮酒进食零食。

九、严守规定,不准用手机通话玩游戏。

十、遵纪守法,不准携带危险违禁物品。

(审校:王定敏　陈星舟)

学校光盘行动公约

为大力弘扬勤俭节约的传统美德,养成健康文明、绿色低碳的生活习惯,培养同学们节约粮食的好习惯,我们在学校展开了"光盘"行动,提倡老师和同学们根据自己的食量来添加饭菜数量,做到不剩饭剩菜,节约粮食。现我们向全体师生发出倡议:让我们共同参与"光盘"行动,从我做起,从今天做起。

一、在家用餐或外出聚餐时,要根据全家人食量来准备饭菜数量。

二、不挑食不偏食,吃多少盛多少,并努力将盘中餐吃光,杜绝倾倒食物及浪费食物的现象。

三、做节约宣传员,提醒身边的亲人和朋友节约粮食。牢固树立"吃饱是福、浪费可耻"的节约意识。

四、"光盘"行动体现的是我们的基本素质和责任,让我们共同参与,从现在做起,从改变习惯做起,彼此相互影响与督促,为同学们做出表率,共同对浪费现象说“不”。让我们共同创建文明、和谐、环保的社会及学校环境，从我做起！

（审校：程明　陈星舟）

学校亲子阅读公约

学校开展校园亲子阅读活动，旨在通过学校与家庭的紧密合作，共同营造浓厚的阅读氛围，促进家长与学生之间的情感交流，同时培养学生的阅读兴趣和习惯。

一、活动目标

（一）增进亲子关系：通过亲子阅读，让家长和学生共同体验阅读的乐趣，增进亲子间的情感交流。

（二）培养阅读习惯：引导学生养成良好的阅读习惯，提高阅读能力和阅读兴趣。

（三）营造书香校园：在校园内营造浓厚的阅读氛围，推动“书香校园”的建设。

二、活动准备

（一）宣传发动：通过家长会、校园广播、微信公众号等渠道，向家长宣传亲子阅读的重要性和活动意义，鼓励家长积极参与。

（二）图书准备：学校图书馆提供丰富的图书资源，供家长和学生借阅。同时，鼓励家长和学生自己准备图书参与活动。

（三）时间安排：选择适合的时间段（周末、节假日、寒暑假），安排校园亲子阅读活动。

（四）场地布置：合理安排布置学校的学生阅览室；鼓励教师在班级内内设置专门的阅读区域，如读书角；鼓励学生家长在家里布置温馨舒适的阅读环境，如放置软垫、抱枕、书架等。

三、活动内容

（一）亲子共读：学校给每个年级的学生提供选读书单，家长与学生在同

一个时间段共同选择一本图书,进行亲子共读。

(二)阅读分享:鼓励家长和学生相互分享自己的阅读体验,可以讲述书中的故事或自己的感受。通过分享,促进家长与学生之间的交流和互动。

(三)阅读竞赛:年级组或者学校给学生设置一些有趣的阅读竞赛环节,如朗读比赛、读后感写作比赛等。通过竞赛,激发家长和学生的阅读热情,提高学生的阅读能力。

(四)专家讲座:邀请阅读专家或作家来校举办讲座,分享阅读的方法和技巧,让家长和学生有所进益。

四、活动安排

(一)启动阶段:通过家长会或班级群等方式,向家长介绍校园亲子阅读活动的目的、内容和安排,并鼓励家长积极参与。

(二)实施阶段:按照活动计划,有序开展校园亲子阅读活动。在活动过程中,注意关注家长和学生的反馈,及时调整活动内容和方法。

(三)总结阶段:在活动结束后,对活动进行总结和评估。通过问卷调查、座谈会等方式,收集家长和学生的意见和建议,为今后的活动提供参考和改进方向。

五、活动效果评估

(一)参与度评估:统计参与活动的家长和学生的人数,评估活动的参与度。

(二)满意度评估:通过问卷调查等方式,了解家长和学生对活动的满意度和评价。

(三)阅读能力评估:通过阅读竞赛等方式,评估家长和学生的阅读能力是否得到提高。

六、建议

学校开展校园亲子阅读活动,需要学校和家庭的共同努力。通过精心策划和组织,营造浓厚的阅读氛围,让家长和学生共同享受阅读的乐趣。同时,注重活动的多样性和趣味性,激发家长和学生的参与热情。在活动结束后,及时总结和评估活动效果,为今后的活动提供参考和改进方向。

(审校:赵忠　陈星舟)

学校卫生公约

一、学校的所有师生员工都是校内良好环境卫生的受益者，都有义务维护、爱护和改善校内环境卫生。

二、衣着干净整洁，讲究仪表美。

三、勤换衣服、勤换鞋袜、勤洗头、勤洗脚、勤剪指甲、饭前便后要洗手。

四、注意饮食卫生。不准买“三无产品”和不卫生的食品食用，不准将零食带进学校，不准喝生水。

五、不随地吐痰，痰应吐在自备的纸上扔在垃圾桶里。垃圾随时处理，不准堆放。

六、不乱扔果皮纸屑和各种塑料食品袋，垃圾一律丢入垃圾桶或垃圾筐内，自觉做好垃圾分类，保护校园卫生，能制止和批评不讲卫生的现象。

七、不在学校任何一面墙上乱写乱画、乱踩乱抹，不撕扯学校标语和其他张贴物。

八、积极参加学校组织的各种劳动，认真值日，不怕脏、不怕累。

九、校内环境的清洁由专业人员清扫，要做到无果皮纸屑、砖石瓦砾、零乱废弃物和杂草等一切垃圾。

十、教室布置美观大方，板报内容丰富健康。坚持每天清扫、整理，打扫时不留死角，注意保持洁净。

十一、未尽事宜，由总务处解释。

十二、本规定自公布之日起执行，如有改变，按学校新下发的文件、通知、规定执行。

（审校：凌文泉　王际川　陈星舟）